पाकिस्तान
जिन्ना से जेहाद तक

पाकिस्तान
जिन्ना से जेहाद तक

एस.के. दत्ता
राजीव शर्मा

प्रभात प्रकाशन, दिल्ली
ISO 9001:2000 प्रकाशक

प्रकाशक • **प्रभात प्रकाशन**
4/19 आसफ अली रोड,
नई दिल्ली–110002

संस्करण • 2016
मूल्य • चार सौ रुपए
अनुवाद • श्रीमती दीपिका रानी
मुद्रक • नरुला प्रिंटर्स, दिल्ली

PAKISTAN : JINNAH SE JEHAD TAK
by S.K. Dutta and Rajeev Sharma ₹ 400.00
Published by Prabhat Prakashan, 4/19 Asaf Ali Road, New Delhi-2
by arrangement with UBS Publishers' Distributors Ltd., New Delhi
e-mail: prabhatbooks@gmail.com ISBN 978-93-86231-86-4

श्री शैलेंद्र कुमार दत्ता
एवं
श्री रतन शर्मा
की
चिर-पुरातन स्मृति
को
सादर समर्पित

आमुख

12 जनवरी, 2002 को दिए गए अपने ऐतिहासिक भाषण में जनरल परवेज मुशर्रफ ने घोषणा की कि कश्मीर पाकिस्तानियों के खून में है। हालाँकि यह अच्छी भाषण-कला का उदाहरण हो सकता है, परंतु तथ्य सर्वथा भिन्न हैं। वास्तव में सिंध और बलूचिस्तान के पाकिस्तानी लोग कश्मीर के मामले में उतने ही उदासीन हैं जितना दक्षिण भारतीय वन दस्यु वीरप्पन अमेरिकी घटनाओं पर होगा। जिन्ना से लेकर मुशर्रफ तक सभी पाकिस्तानी शासक निरंतर यह समझने में असमर्थ रहे हैं कि पाकिस्तान भारतीयों, विशेषकर उत्तर भारतीयों, के खून में दौड़ता है। क्या यह बात भारत सरकार को पाकिस्तान में वह सब करने की अनुमति देती है, जो पाकिस्तान पंजाब, जम्मू-कश्मीर और भारत के अन्य भागों में करता रहा है? निश्चित रूप से नहीं। और यदि कभी भारत सरकार ने यह निर्णय कर लिया कि पाकिस्तान को उसकी भाषा में ही जवाब देना है, तो पाकिस्तान के लिए अपना अस्तित्व बचाना बहुत ही कठिन हो जाएगा। भारत दो दशकों से पाकिस्तान द्वारा प्रायोजित सीमा-पार आतंकवाद के हमलों को झेलता आ रहा है। यदि भारत पाकिस्तान के नीति-निर्माताओं को उनकी ही दवाओं का स्वाद चखा दे तो पाकिस्तान चूर-चूर हो जाएगा।

किसी राष्ट्र की बुनियाद ही जब नफरत पर रखी गई हो तो उसे ऐसे परिपक्व राजनीतिज्ञों की आवश्यकता होती है, जो अगली पीढ़ी के बारे में सोचें, न कि क्षीण दृष्टिवाले राजनेताओं की, जो केवल अगले चुनाव के बारे में सोचते हैं। यह पाकिस्तान का दुर्भाग्य है कि वहाँ हमेशा सत्तालोलुप राजनीतिज्ञों और जनरलों का गठजोड़ देखने को मिलता है, जो देश की सेवा से अधिक सत्ता में अपना स्थान स्थायी बनाने में रुचि रखते हैं। दिलचस्प बात यह है कि हर वर्तमान पाकिस्तानी शासक पिछले शासकों की निंदा करता है और उन्हें दोषी ठहराता है। 'पाकिस्तान :

जिन्ना से जेहाद तक' में ऐसे बहुत से उदाहरण और तथ्य दिए गए हैं कि किस प्रकार पाकिस्तानी शासकों ने अपने पूर्ववर्ती शासक को धोखा दिया है और प्रतिशोध में अपने पूर्ववर्ती को फाँसी देने तक से भी नहीं हिचका है। यह तथ्य कम महत्त्वपूर्ण नहीं है कि लगभग सभी पाकिस्तानी शासकों का दुःखद अंत हुआ है। सबसे उल्लेखनीय उदाहरण कायदे-आजम मुहम्मद अली जिन्ना का दुःखद अंत है। उन्होंने पाकिस्तान के निर्माण से अपने मोहभंग के बारे में लियाकत अली खान को बताया था। कभी-कभी जिन्ना ने नेहरू के पास वापस जाने और अतीत को भूलकर फिर से साथ आने का अनुरोध करने की इच्छा भी प्रकट की थी।

यह भारत और पाकिस्तान की प्रकृति की एक मूलभूत भिन्नता है। भारत में महत्त्वपूर्ण राष्ट्रीय नेताओं, जैसे—महात्मा गांधी, जवाहरलाल नेहरू, जाकिर हुसैन, सरदार पटेल, लालबहादुर शास्त्री, इंदिरा गांधी, बी.आर. अंबेडकर, जयप्रकाश नारायण, राम मनोहर लोहिया और राजीव गांधी की जन्मतिथि तथा पुण्यतिथियाँ सम्मान के साथ मनाई जाती हैं; इस बात पर इससे कोई फर्क नहीं पड़ता कि नई दिल्ली में किस राजनीतिक दल की सरकार है। किंतु पाकिस्तान में स्थिति इसके विपरीत है। इसकंदर मिर्जा, नवाज शरीफ आदि नेताओं को सत्ताच्युत करके देश से निकाल दिया गया। पाकिस्तान के सबसे करिश्माई और लोकप्रिय नेता जुल्फिकार अली भुट्टो को फाँसी दे दी गई। जनरल जिया उल-हक, जिन्होंने पाकिस्तान पर सबसे लंबे समय तक शासन किया, की मृत्यु एक रहस्यमयी विमान दुर्घटना में हुई, जिसे व्यापक पैमाने पर एक षड्यंत्र माना जाता है। इनमें से किसी भी नेता की याद पाकिस्तानी जनता के दिल में बसी हुई नहीं है। उनकी जन्मतिथि या पुण्यतिथि अतीत की बात है और वे किसी को याद नहीं रहते।

और उनमें से सबसे महान्, कायदे-आजम मुहम्मद अली जिन्ना को उस देश के मुल्ला और जनरल शायद ही याद करते हैं, जिस देश को उन्होंने लगभग अकेले निर्मित किया। बँगलादेश ने उन्हें कोई सम्मान नहीं दिया, यहाँ तक कि उनके पोट्रेट भी सरकारी दफ्तरों से हटा दिए गए।

'पाकिस्तान : जिन्ना से जेहाद तक' पाठकों को अतीत की एक संक्षिप्त और सुगम यात्रा पर ले जाने का एक प्रयास है। यह पुस्तक बताती है कि किस प्रकार पाकिस्तान का अतीत उसके वर्तमान से अभिन्न है और कई रूपों में भविष्य का संकेत देता है। पाकिस्तान आश्चर्यजनक निरंतरता के साथ अतीत के भविष्य बनने का विचित्र मामला है। हमने पाकिस्तान के नीति-नियामकों के जीवन के दिलचस्प उदाहरण देकर अपनी किस्मत और पाकिस्तान की नियति से उनकी संबद्धता

दिखाने का प्रयास किया है। पुस्तक में पाकिस्तान के महत्त्वपूर्ण नेताओं पर विशेष अध्ययन के साथ ध्यान केंद्रित किया गया है; जैसे—जिन्ना, इसकंदर मिर्जा, अयूब खान, याहया खान, जुल्फिकार अली भुट्टो, जिया उल-हक और अंत में परवेज मुशर्रफ—जिनपर विशेष फोकस दिया गया है। यह पुस्तक तर्क देती है कि सन् 1946 का जिन्ना का 'सीधी काररवाई' का कार्यक्रम जनरल मुशर्रफ के शासन की जेहादी मानसिकता से भिन्न नहीं था। हालाँकि जिन्ना ने कभी भी 'जेहाद' शब्द का उच्चारण नहीं किया, पाकिस्तान के निर्माण के आखिरी चरण के दौरान उनके नजदीकी लेफ्टिनेंटों ने खुलकर 'जेहाद' का आह्वान किया।

पाकिस्तान के अपने अध्ययन के बल पर हमने जनरल मुशर्रफ के पतन की भविष्यवाणी भी की है। इतिहास, विशेषकर पाकिस्तान का इतिहास, हमें बताता है कि जो लोग तलवार के बल पर शासन करते हैं, वे उसी से मृत्यु को प्राप्त होते हैं। क्या उक्त भविष्यवाणी हमारी उम्मीदों पर खरी उतरेगी? क्या कभी कश्मीर समस्या को मैत्रीपूर्ण तरीके से हल किया जा सकेगा? क्या भारत और पाकिस्तान के बीच चौथा प्रत्यक्ष युद्ध होगा—और क्या वह परमाणु संघर्ष में बदल सकता है? ऐसे प्रश्नों पर भी चर्चा इस पुस्तक में की गई है। भारतीय होने के कारण, पक्षपात की बात उभरने की संभावना के कारण हमने पाकिस्तानियों द्वारा लिखे गए हजारों पृष्ठों को छान डाला। और अंततः यह श्रमसाध्य कार्य तीन वर्षों में पूरा हुआ। अब यह निर्णय पाठकों को करना है कि हम अपने प्रयास में सफल हुए या विफल।

हम दोनों यह महत्त्वपूर्ण कार्य अपनी-अपनी पत्नियों—कृष्णा और प्रतिमा के बिना पूरा नहीं कर पाते। हम श्री पी.के. राजन को धन्यवाद देते हैं, जिन्होंने पांडुलिपि को टाइप किया। पाकिस्तान पर सभी उपलब्ध पुस्तकों की जानकारी देने के लिए यू.एस.आई. पुस्तकालय के स्टाफ के सदस्यों, विशेषकर रेणु गुप्ता, के हम आभारी हैं।

हम 'द ट्रिब्यून' के संपादक श्री हरि जयसिंह तथा चीफ ऑफ ब्यूरो श्री टी.आर. रामचंद्रन के भी आभारी हैं।

—एस. के. दत्ता

—राजीव शर्मा

अनुक्रम

1

मुसलिम भारत की संकल्पना

कहा जाता है कि ईश्वर अतीत को नहीं बदल सकता; लेकिन इतिहासकार ऐसा कर सकता है। यह कथा पाकिस्तान तथा उसके निर्माता मुहम्मद अली जिन्ना के संदर्भ में उचित प्रतीत होती है। दुर्भाग्यवश इतिहासकारों ने 'मुसलिम भारत' की अवधारणा पर फोकस नहीं किया है, जो पाकिस्तान आंदोलन से काफी पहले प्रतिपादित की गई थी। वह एक शक्तिशाली संकल्पना थी, जिसने उपमहाद्वीप के मुसलमानों की बुद्धि पलट दी। यह अवधारणा अब भी प्रच्छन्न है और इसपर अधिक ध्यान दिए जाने की आवश्यकता है।

क्या जिन्ना पाकिस्तान के निर्माता थे ?

क्या मुहम्मद अली जिन्ना पूरी तरह पाकिस्तान के निर्माण के लिए जिम्मेदार थे ? एम.के. अकबर ने लिखा कि जिन्ना ने भारत को दो राष्ट्रों में विभाजित किया। ऐसा बयान यह जाहिर करता है कि जिन्ना के बिना पाकिस्तान का निर्माण नहीं हो पाता। यह किस हद तक इतिहास की सही व्याख्या है ? क्या जिन्ना एक व्हिस्की पीनेवाले और सुअर का मांस खानेवाले मुसलमान थे, जिन्होंने एक खूबसूरत पारसी महिला से विवाह किया था और जो एक अलग राष्ट्र के लिए मुसलमानों की इच्छाओं तथा आशाओं को आकार देने में सक्षम थे ? भारतीय दृष्टिकोण जिन्ना को खलनायक के रूप में प्रस्तुत करता है।

इस मुद्दे का दूसरा दृष्टिकोण जानने के लिए पाकिस्तानी लेखकों तथा विद्वानों द्वारा इस संदर्भ में किए गए शोध-कार्य का अध्ययन जरूरी है। कुछ

एकतरफा हैं तो कुछ संतुलित हैं। कुल मिलाकर वे दिलचस्प हैं। चलिए, देखते हैं कि पाकिस्तान अपने निर्माण के इतिहास को किस प्रकार देखता है।

भारत पर मुसलमानों ने आठ सौ वर्षों तक और अंग्रेजों ने लगभग दो सौ वर्षों तक शासन किया। इस प्रकार, लगभग एक हजार वर्षों तक हिंदू अपने ही देश में सत्ता से बाहर रहे। इस बीच हिंदुओं ने यह महसूस करना शुरू कर दिया कि बहुसंख्यकों पर अल्पसंख्यकों का यह प्रभुत्व जल्दी ही समाप्त होगा। उधर मुसलमानों ने सोचा कि आठ सौ वर्षों तक देश पर शासन करने के कारण उन्हें देश की शासन-व्यवस्था में उचित भागीदारी मिलनी चाहिए।[1] इन दो विरोधी मानसिकताओं ने स्वतंत्रता-संघर्ष को आकार दिया। दोनों समुदायों के कुछ बुद्धिमान लोगों ने सामाजिक न्याय पर आधारित एक समानतावादी समाज, लोकतंत्र तथा आर्थिक विकास की आधुनिक अवधारणा द्वारा प्रेरित एक धर्मनिरपेक्ष तथा अखंड भारत की स्थापना, प्राचीन बंधनों से महिलाओं की मुक्ति और कृषि व औद्योगिक क्रांतियों के बाद पश्चिमी देशों को विकसित होने में मदद करनेवाली आधुनिक वैज्ञानिक संस्कृति के साथ भारत के निर्माण द्वारा हिंदू-मुसलमान मतभेदों को समाप्त करने का सपना देखा।

कई पाकिस्तानियों के दिमाग में स्थित हिंदू मनोचित्र को गांधी पर बनाई गई सर एटनबरो की फिल्म से बढ़ावा मिला, जिसमें एक कठोर चेहरेवाले जिन्ना को खलनायक की तरह पेश किया गया है। उन्हें अक्खड़ और कठोर बताया गया है। जबकि गांधी को एक संत की तरह पेश किया गया है, जो झोंपड़ियों में रहते हैं, सुख-सुविधा के साधनों से दूर हैं और संध्या की प्रार्थनाओं में 'ईश्वर' तथा 'अल्लाह' से मार्गदर्शन और दया की इच्छा करते हैं। पाकिस्तानी लेखकों के मत में, इस फिल्म के अनुसार जिन्ना का नेहरू और गांधी से व्यक्तित्व का टकराव था।[2]

पाकिस्तानी लेखकों के अनुसार, गांधी पर बनी इस फिल्म ने जिन्ना और पाकिस्तान की छवि को विश्व स्तर पर बहुत क्षति पहुँचाई है, क्योंकि यह फिल्म पूरे विश्व में देखी गई। सर एटनबरो को कई प्रतिष्ठित पुरस्कार प्राप्त हुए। प्रख्यात वैज्ञानिक अल्बर्ट आइंस्टाइन ने गांधी की छवि को तब और भी ऊँचा उठाया, जब उन्होंने कहा, 'आनेवाली पीढ़ियाँ शायद ही इस बात पर यकीन करेंगी कि ऐसा कोई हाड़-मांस का व्यक्ति वास्तव में मौजूद था।' इस फिल्म की ऐसी प्रतिक्रिया ने अकबर एस. अहमद को जिन्ना पर ऐसी ही फिल्म बनाने के लिए प्रेरित किया। वह फिल्म अंतरराष्ट्रीय स्तर पर लोकप्रिय नहीं हो पाई।

एंड्रयू रॉबर्ट आदि कुछ शोधकर्ताओं ने इस दिशा में कुछ कार्य किया है।

उन्होंने जिन्ना के बारे में कहा है कि पूर्व के सितारे का पुन: उदय हुआ है। वास्तविकता यह है कि बँगलादेश, जो पाकिस्तान का एक बड़ा हिस्सा रहा था, में जिन्ना का नाम सम्मानपूर्वक नहीं लिया जाता था। उनके नामवाली सड़कों और स्थानों का नामकरण पुन: किया गया और अब वह मात्र विभाजित पाकिस्तान के राष्ट्रपिता के रूप में याद किए जाते हैं। उनके सख्त चेहरोंवाली तसवीरें सिर्फ पाकिस्तान के उच्च पदाधिकारियों के कार्यालयों में टाँगी गई हैं। पाकिस्तानियों के लिए यह जानना अत्यंत आश्चर्यजनक था कि 'एनसाइक्लोपीडिया ब्रिटेनिका' के सन् 1977 के अंक में यह बताया गया कि 'मुहम्मद अली जिन्ना की पूरी जीवनी अभी लिखी जानी बाकी है।' अजीज बेग कहते हैं, 'यह एक दु:खद ऐतिहासिक त्रुटि है कि जिन्ना को वह स्थान नहीं दिया गया है, जिसके वह अधिकारी हैं।'[3] गांधी पर अब तक चार सौ से अधिक पुस्तकें लिखी जा चुकी हैं। यह विचार बेग को निराश करता है। जबकि गांधी की प्रतिमाएँ विश्व के कई देशों में ऊँचे आधार-स्तंभों पर लगी हुई हैं, जिन्ना की कोई प्रतिमा किसी महत्त्वपूर्ण स्थान पर नहीं है। इस प्रकार, पाकिस्तानी यह महसूस करते हैं कि जिन्ना को इतिहास में अपना अधिकारसम्मत स्थान नहीं मिला। इतिहासकार जिन्ना को गांधी के समकक्ष नहीं मानते। ये दोनों व्यक्ति भिन्न दृष्टिकोणोंवाले गुजराती थे। गांधी ने मानव-एकता, ईश्वर के एकत्व और अहिंसा का मार्ग दिखाया; जबकि जिन्ना का मिशन धर्म के आधार पर अलगाव, भारतीय राष्ट्रीयता के केंद्र का विनाश और एक अस्पष्ट रूप में इसलामी एकता था।

अब पाकिस्तानी इतिहासकार जिन्ना को इस उपेक्षित स्थान से बाहर निकालकर उन्हें एक सजीव तथा सक्रिय व्यक्ति के रूप में प्रस्तुत करने के लिए उतावले हैं। पाकिस्तान में किसी भी निष्ठावान् लेखक द्वारा जिन्ना का आलोचनात्मक विश्लेषण करना देशद्रोह माना जाता है। इसके परिणामस्वरूप, ऐतिहासिक तथ्यों को उपेक्षित किया गया, गलत कथनों को सम्मिलित किया गया। तथ्यों के उपहास का एक उदाहरण बेग का यह कथन है कि 16 अगस्त, 1946 को हिंदुओं तथा सिखों ने मुसलमानों के व्यापक संहार की योजना बनाई थी। उन्होंने कहा कि जब ढाका में जिन्ना ने उर्दू को राष्ट्रभाषा घोषित किया तो एक हिंदू के नेतृत्व में युवाओं के एक गुट ने 'नहीं, नहीं, नहीं' का नारा लगाना आरंभ कर दिया। जब जिन्ना ढाका विश्वविद्यालय के हॉल से जा रहे थे तो हिंदू छात्रों ने फिर से बंगाली नारे लगाते हुए प्रदर्शन किया। उनके इस कथन में कोई सच्चाई नहीं है। तथ्यों का ऐसा तोड़-मरोड़ क्या संस्थान के हित में है? बेग ने यह पुस्तक जिया के शासन-काल में

उनका वरदहस्त पाकर लिखी थी।

अकबर एस. अहमद ने काफी शोध के बाद जोखिम उठाते हुए 'जिन्ना, पाकिस्तान एंड इसलामिक आइडेंटिटी' नामक पुस्तक लिखी। उन्होंने हर संभव सूत्रों से दस्तावेज एकत्रित किए। उन्होंने सहजता से स्वीकार किया कि 'जिन्ना का अध्ययन इतिहास के घावों को कुरेदना है।'[4] वास्तव में ऐसा ही है, क्योंकि पाकिस्तान आंदोलन भारत के दो बड़े समुदायों के बीच स्थित नफरत का उदाहरण था। देश के विभाजन के समय लगभग डेढ़ करोड़ लोगों को अपना घर-बार छोड़ना पड़ा और सभ्यता के सभी नियमों का उल्लंघन करते हुए मानव-उत्पीड़न, वंचन, सांप्रदायिक हत्याएँ, बलात्कार और बर्बरता के निर्लज्ज रूप देखने को मिले। बीस लाख निर्दोष लोगों ने अपनी जानें गँवाईं। इस प्रकार, पाकिस्तान का जन्म गहरी नफरत और कड़वाहट के बीच हुआ, जो सकारात्मक व्यक्तिगत संबंधों के बावजूद अब भी मौजूद है।

जिन्ना कैसा पाकिस्तान चाहते थे? विडंबना यह है कि जिन्ना का दृष्टिकोण और पाकिस्तान को समर्थन दे रहे अधिकतर मुसलमानों का दृष्टिकोण समान नहीं है। इसमें जमीन से जुड़े मुसलिम नेतृत्व (विशेषकर उत्तर प्रदेश व बिहार के नेताओं) का भी संबंध है। पाकिस्तान के संबंध में जिन्ना के विचारों की अस्पष्टता पाकिस्तान आंदोलन की मजबूती थी और कमजोरी भी। पाकिस्तान को प्राप्त करने के संबंध में इस अनिश्चितता पर ही जिन्ना पनपे।

मुसलिम पहचान की तलाश

जिन्ना का विश्लेषण करने से पहले पाकिस्तानियों के दृष्टिकोण में मुसलिम समस्या के आरंभ पर दृष्टिपात करना उपयोगी होगा। इतिहासकार अकबर एस. अहमद लिखते हैं, 'सामान्य भारतीय मुसलमान के दिमाग में तीन आदर्श पुरुष थे—महमूद गजनवी (अफगान), औरंगजेब और जिन्ना। महमूद गजनवी ने भारत में मंदिरों की तोड़-फोड़ की, जिनमें सोमनाथ मंदिर को उसने कई बार क्षति पहुँचाई। यह दस शताब्दी पहले की बात है। उसका एकमात्र योगदान पूजा-स्थलों को नष्ट करना था। मुसलमान उसे एक नायक के रूप में देखते हैं। उसके बाद महान् मुगल सम्राट् औरंगजेब आता है, जिसने भारत का राजनीतिक एकीकरण तो किया, परंतु साथ-ही-साथ मुसलिम कानून के तहत हिंदुओं पर 'जजिया' कर लगाया और उनपर अत्याचार किए। उनका एक अन्य आदर्श पुरुष है मुहम्मद बिन कासिम, जिसने मात्र सत्रह वर्ष की आयु में सिंध पर विजय प्राप्त की और मुहम्मद

गोरी, जिसने तेरहवीं शताब्दी के पूर्वार्द्ध में भारत पर आक्रमण किया। इन विदेशी आक्रांताओं के हिंदू-विरोधी कार्यों के लिए उन्हें पाकिस्तान में सम्मान के साथ देखा जाता है। स्थानीय सिंधियों तथा पंजाबियों के उनसे संघर्ष को कोई महत्त्व नहीं दिया गया। नासमझ मुसलमान सिकंदर को भी मुसलमान मान लेते हैं; जबकि उस समय इसलाम का उदय भी नहीं हुआ था।

इसके विपरीत, हिंदुओं के तीन ऐतिहासिक नायक हैं—सिकंदर, अशोक और अकबर। इन तीनों ने भारत के नैतिक, आध्यात्मिक तथा सांस्कृतिक शक्ति को प्रशंसा की दृष्टि से देखा। अशोक ने शांति तथा अहिंसा का उपदेश दिया। अकबर और शाहजहाँ ने हिंदुओं तथा मुसलमानों में एकता का प्रयास किया। शाहजहाँ के ज्येष्ठ पुत्र और सिंहासन के उत्तराधिकारी दारा शिकोह ने संस्कृति के इस मिश्रण को प्रदर्शित किया। दारा शिकोह का एक महान् योगदान उपनिषदों को फारसी में अनूदित करना था। औरंगजेब ने दारा शिकोह को मरवा दिया, जो नीतिसम्मत इसलाम के अनुसार एक बड़ा अपराध है। यदि औरंगजेब के स्थान पर दारा शिकोह ने भारत पर शासन किया होता तो भारतीय इतिहास कुछ और ही होता।

अपने आदर्श पुरुष की तलाश में मुसलमानों को जिन्ना का व्यक्तित्व उस खाँचे में फिट लगा। और अंततः उसे मुसलिम लीग की राजनीति में खींच लिया गया। अपने 'कीड़े खाए हुए' पाकिस्तान को प्राप्त करने के लिए जिन्ना ने मुसलिम लीग को प्लेटफॉर्म बनाया। इस प्रकार, पाकिस्तान के निर्माण के इतिहास को अधिकतर मुसलमानों की इस मूलभूत मानसिकता के संदर्भ में समझना चाहिए। 'यह विचित्र प्रतीत हो सकता है; परंतु वे (मुसलिम नायक) आक्रामक इसलाम के प्रतीक रूप में मुसलमानों के लोकनायक हैं।' एक अन्य संदर्भ में लेखक यह स्वीकार करता है कि 'हिंदुत्व का चमत्कार उत्तरजीविता का है', क्योंकि हिंदुत्व एकाश्मवादी नहीं है और इसलाम तथा ईसाइयत की तरह ईश्वर को एक मानते हुए उसके कई रूप स्वीकार कर लेता है।[5]

इसलाम का भी एक उदारवादी चेहरा है, जो सूफी संतों (जैसे—मुईनुद्दीन चिश्ती तथा अमीर खुसरो) ने अभिव्यक्त किया, जिन्होंने आध्यात्मिक स्तर पर हिंदू और मुसलमान को एक माना। सूफीवाद और भक्ति ईश्वर के प्रति निष्ठा तथा प्रेम के एक ही केंद्रीय विषय की दो धाराएँ हैं। आध्यात्मिक स्तर पर यह समझ अब भी विद्यमान है, परंतु राजनीतिक स्तर पर यह स्थिति नहीं है। सन् 1857 के बाद शिक्षित मुसलमानों को लगा कि ब्रिटिश हिंदुओं के अधिक पक्ष में हैं। मुसलिम समुदाय एक व्यापक निष्कर्ष पर पहुँचा कि 'मुसलिम सभ्यता आत्महत्या करती-

सी प्रतीत हो रही थी, जिससे स्पेन में हुई मुसलमानों की दुर्गति की याद आती थी, जहाँ शताब्दियों के सुदृढ़ शासन के बाद भी वे लुप्त हो गए।' मुसलमानों को लगा कि ब्रिटिश लोग विद्रोह के दौरान महिलाओं व बच्चों सहित ब्रिटिशों की हत्याओं के लिए मुसलमानों को उत्तरदायी समझते हैं। 'उन्हें (मुसलमानों को) तुरंत इतिहास से बाहर कर दिया जाता और वे विस्मृति के गर्त में डूब जाते।'[6] इसलिए सर सैयद अहमद आदि लोगों ने ब्रिटिश समर्थक बनकर और स्वयं को स्वतंत्रता आंदोलन से अलग करके ब्रिटिश राज को प्रसन्न करने का प्रयास किया।[7]

इस प्रकार, भारतीय मुसलमान ऐसे किसी व्यक्ति की तलाश में थे, जो उनके पिछले गौरव को वापस ला दे। जैसा अकबर विश्लेषण करते हैं, 'मुसलमान अतीत की ओर देखते थे, जबकि ब्रिटिश और हिंदू भविष्य की ओर। मुसलमान खोए गौरव को पुन: प्राप्त करने की इच्छा रखते थे, ब्रिटिश अपने शासन को बरकरार और मजबूत करने की इच्छा रखते थे और हिंदू उस दिन की प्रतीक्षा में थे, जब उनके देश पर फिर से उनका शासन होगा।'[8] ऐसा विश्लेषण कई लोगों को स्वीकार्य नहीं होगा; परंतु ऐतिहासिक अतीत के संदर्भ में देखने पर ये बीसवीं शताब्दी के पूर्वार्द्ध की राजनीति के मूलभूत पैरामीटर प्रतीत होते हैं।

सन् 1906 में मुसलिम लीग की स्थापना में वायसराय का समर्थन और वरदहस्त था। मुसलिम लीग के पहले घोषणा-पत्र में यह स्पष्ट रूप से कहा गया कि उसका एक उद्देश्य 'भारत के मुसलमानों में ब्रिटिश साम्राज्य के प्रति वफादारी के जज्बे को प्रोत्साहित करना है।'[9] बहुत से अंग्रेजों ने मुसलिम अलगाव के विचार का समर्थन किया। सन् 1932 में अलीगढ़ के माओ कॉलेज के पूर्व प्राध्यापक सर थियोडोर मॉरिसन ने मुसलिम सांप्रदायिकता के समर्थन में एक जोशीले लेख में लिखा—'हिंदू तथा मुसलमान दो भिन्न राष्ट्र थे। मुसलिम सभ्यता एक 'भिन्न' सरकार में जीवित नहीं रह सकती, विशेषकर एक लोकतांत्रिक सरकार में, जो नागरिकों के मानकीकरण की प्रवृत्ति रखती है।'[10] इस प्रकार, ब्रिटिश प्रबुद्ध जनों तथा शासकों ने 'फूट डालो और राज करो' के सिद्धांत को एक विचारधारा से समृद्ध किया।

द्विराष्ट्र का सिद्धांत जिन्ना के साथ विकसित नहीं हुआ था। उसका उद्‌भव काफी पहले हो चुका था। धर्मनिरपेक्षवादी इतिहासकार अकसर इस उत्पत्ति के क्षेत्र की उपेक्षा कर देते हैं। उन्नीसवीं सदी के अंत में द्विराष्ट्र के सिद्धांत का विकास आरंभ हुआ, जिसने बौद्धिक और जन—दोनों स्तरों पर मुसलमानों को प्रभावित किया। भारत में अमीर अली के बारे में अधिक जानकारी नहीं है। उनकी

पुस्तक 'द स्पिरिट ऑफ इसलाम' सन् 1891 में प्रकाशित हुई। उन्होंने अतीत पर गर्व किया और भविष्य के लिए उम्मीदें जताईं। उन्होंने यहाँ तक कहा कि 'इस बात पर शायद ही कोई विवाद होगा कि भारत का वास्तविक इतिहास मुसलमानों के इतिहास के साथ शुरू होता है।' वे लंदन में बस गए। वहीं उन्होंने सन् 1908 में मुसलिम लीग की लंदन शाखा की स्थापना की। कैरिबियन द्वीप में जनमे भारतीय वी.एस. नायपॉल, जिन्होंने पाकिस्तानी मुसलिम महिला नादिरा से विवाह किया, ने कहा कि आक्रामक इसलाम पिछली सभ्यता संबंधी कड़ियों को पूरी तरह तोड़ने की सार्वभौमिक प्रवृत्ति रखता है। पॉल के दावे को सन् 1891 के अमीर अली के कथन से समर्थन मिलता है।

सन् 1872 में सिख माता-पिता से जनमे मौलाना ओबेदुल्ला बाद में एक इसलामी कट्टरपंथी बन गए। उन्होंने गांधी से कहा कि 'भारत को एक देश के रूप में नहीं, बल्कि यूरोप की तरह देखा जाना चाहिए। उसे भाषाई तथा सांस्कृतिक आधारों पर विभाजित करना चाहिए।'[11]

दूसरा सबसे महत्त्वपूर्ण व्यक्ति, जिसने मुसलमानों की कल्पना को और उड़ान दी, पंजाब के एक वकील चौधरी रहमत अली थे। उन्होंने अपना पूरा जीवन पाकिस्तान के निर्माण के लिए लगा दिया। वास्तव में, यह कहा जाता है कि 'पाकिस्तान' शब्द भी उन्हीं का गढ़ा हुआ था। वह विश्व में तथा भारत में इसलाम के संकुचन से चिंतित थे। अपनी पुस्तिका 'नाउ ऑर नेवर' में उन्होंने प्रस्तावित पाकिस्तान का एक मानचित्र पेश किया, जिसमें भारत के आठ भागों और श्रीलंका के दो भागों को पाकिस्तान में सम्मिलित किया जाना था। ऐसा प्रतीत होता है कि सबसे कट्टरवादी पाकिस्तानी राष्ट्रपति जिया उल-हक ने इस मानचित्र को अवश्य देखा होगा। वह मानचित्र इस बात की व्याख्या कर सकता है कि जनरल अख्तर, हमीद गुट और जावेद नासिर के नेतृत्व में आई.एस.आई. ने विशेष तौर पर प्रस्तावित पाकिस्तान के उन क्षेत्रों में आई.एस.आई. का नेटवर्क स्थापित करने के बारे में क्यों सोचा।

सर सईद अहमद ने बनारस हिंदू विश्वविद्यालय की स्थापना से बहुत पहले अलीगढ़ मुसलिम विश्वविद्यालय की स्थापना की थी। एक आधुनिक मुसलिम विश्वविद्यालय की स्थापना से शिक्षित मुसलमान उदारवादी बनने की बजाय पाकिस्तान आंदोलन के पथ-प्रदर्शक तथा द्विराष्ट्र के सिद्धांत के प्रतिपादक बन गए। सन् 1887 में अलीगढ़ विश्वविद्यालय के सिडन्स क्लब ने एक ज्ञापन में स्पष्ट रूप से कहा कि 'भारत में धार्मिक विभाजन पश्चिमी प्रकार के लोकतंत्र के

विकास में यदि पृथक् न करने योग्य नहीं है तो एक दुर्जेय अवरोध अवश्य है।' डर इस बात का था कि पश्चिमी प्रकार के लोकतंत्र में मुसलमानों पर हिंदुओं का प्रभुत्व होता और मुसलमानों को यह स्थिति स्वीकार्य नहीं थी। धार्मिक पहचानों को एक लोकतांत्रिक प्रणाली में समाहित कर देना मुसलमानों को पसंद नहीं था। यदि प्रतिनिधित्व की आनुपातिक प्रणाली भी लागू की जाती तो प्रभुत्व के सिद्धांत की वही समस्या होती। सर सईद अहमद ने अलगाववाद के सिद्धांत को स्पष्ट किया। उन्होंने कहा, 'क्या यह संभव है कि द्विराष्ट्र—मुसलमान और हिंदू—एक ही सिंहासन पर बैठें और सत्ता में रहें? अधिक संभावना 'नहीं' की है। यह आवश्यक है कि उनमें से एक-दूसरे पर विजय प्राप्त करे और उसे बेदखल कर दे। दोनों को समान करने की उम्मीद असंभव तथा अकल्पनीय है।'[12] उन्होंने सन् 1857 के विद्रोह को एक आपराधिक विद्रोह करार दिया और माना कि मुसलमानों की सुरक्षा के लिए ब्रिटिशों की उपस्थिति एक गारंटी थी। जिन्ना तब गलत नहीं थे, जब उन्होंने अलीगढ़ मुसलिम विश्वविद्यालय को 'पाकिस्तान का शस्त्रागार' कहा था। आगा खान ने भी ऐसा ही कुछ कहा। उन्होंने कहा, 'पाकिस्तान का स्वतंत्र प्रभुसत्ता-संपन्न राष्ट्र अलीगढ़ के मुसलिम विश्वविद्यालय में उत्पन्न हुआ।'[13]

उपमहाद्वीप में इसलामी व्यवस्था लाने के लिए महान् उर्दू कवि अल्लामा इकबाल को अकसर याद किया जाता है। उनके 'सारे जहाँ से अच्छा, हिंदोस्ताँ हमारा' गीत के लिए भी उन्हें भारत में याद किया जाता है, जो लगभग अनाधिकारिक राष्ट्रगीत बन गया है। दक्षिणपंथियों, वामपंथियों तथा अन्य लोगों द्वारा भी किसी-न-किसी कारण से इकबाल का नाम लिया जाता है। वह पाकिस्तान के पूर्व प्रधानमंत्री नवाज शरीफ की तरह पंजाब में बसे हुए कश्मीरी थे। उनके दादा, जो एक सप्रू हिंदू थे, ने कई बाध्यकारी कारणों से इसलाम को ग्रहण किया। इकबाल सर तेज बहादुर सप्रू के चचेरे भाई थे।[14] खाली समय में वह धोती पहनते थे और चारपाई पर लेटते थे। इसलाम की उदार व्याख्या के कारण मुल्लाओं के लिए वह 'काफिर' थे। एक समय वह भजन लिखते थे और दूसरे अवसर पर वह द्विराष्ट्र के सिद्धांत का समर्थन करते थे। उनके पुत्र डॉ. जावेद इकबाल (रिटायर्ड जस्टिस) ने जिया उल-हक से कहा कि उनके पिता द्वारा की गई इसलाम की व्याख्या मध्यकालीन नहीं बल्कि आधुनिक थी, जब उन्होंने कहा कि 'कोई हाथ नहीं काटा जा सकता' और 'किसी को पत्थर मारकर मौत के घाट नहीं उतारा जाएगा'। इसकी प्रतिक्रिया में जनरल जिया ने कथित रूप से कहा कि उस स्थिति में 'हमें अल्लामा इकबाल के दृष्टिकोण की अनदेखी करनी होगी।' इस बात का ध्यान रखा जाना चाहिए कि जिन्ना भी

इकबाल की तरह मुसलिम कानूनों को पूरी तरह लागू करने के पक्षधर और कट्टरवादी मुसलमान नहीं थे। वह भी इसलाम को आधुनिक रूप देना चाहते थे।

महत्त्वपूर्ण घटनाओं पर लौटते हुए, यह याद करना चाहिए कि मुसलिम लीग की स्थापना सन् 1906 में ढाका में वहाँ के नवाब की अध्यक्षता में हुई थी। ढाका मुसलिम लीग सम्मेलन के नेता इस निष्कर्ष पर पहुँचे कि 'मुसलमान एक भिन्न समुदाय है। हमारे अपने अतिरिक्त हित हैं, जो अन्य समुदायों से बाँटे नहीं जा सकते।' 1 अक्तूबर, 1906 को आगा खान के नेतृत्व में मुसलमानों के एक गुट ने शिमला में लॉर्ड मिंटो से मिलकर मुसलमानों के लिए अलग निर्वाचक मंडल की माँग की। उन्होंने स्वयं को भारत के विभिन्न भागों में राजाओं के अधीन अभिजात वर्ग, जागीरदार, तालुकदार, जमींदार, वकील और व्यापारी बताया। इसी वर्ग ने बाद में पाकिस्तान आंदोलन का नेतृत्व किया। मिंटो ने उनकी मौलिक माँगों को प्रसन्नतापूर्वक स्वीकार किया और अपने पूर्ववर्ती लॉर्ड कर्जन द्वारा किए गए बंगाल के विभाजन को बरकरार रखने तथा बंगाल के मुसलमानों को उचित पुरस्कार देने का वादा किया। इस प्रकार, द्विराष्ट्र का सिद्धांत जिन्ना द्वारा उत्पन्न किया हुआ नहीं था, जिन्होंने काफी बाद में मुसलिम राजनीति में प्रवेश किया, जैसा अकबर एस. अहमद कहते हैं, 'पाकिस्तान के लिए तर्क पहले से ही तैयार किए जा रहे थे।'[15]

एक मुसलिम राज्य की अवधारणा को सर्वप्रथम इकबाल ने 29 दिसंबर, 1930 को मुसलिम लीग के इलाहाबाद अधिवेशन में अपने अध्यक्षीय भाषण के दौरान अभिव्यक्त किया। उन्होंने कहा—

> 'पंजाब, उत्तर-पश्चिमी सीमा प्रांत तथा बलूचिस्तान का एकीकरण, ब्रिटिश साम्राज्य के तहत या ब्रिटिश साम्राज्य के बिना स्वशासन, समेकित उत्तर-पश्चिमी भारतीय मुसलिम राज्य का निर्माण मुझे मुसलमानों, कम-से-कम उत्तर-पश्चिम भारत के मुसलमानों की आखिरी नियति प्रतीत होती है।'

यह आश्चर्यजनक है कि इकबाल यह मानते थे कि इसलामी कानूनों के कार्यान्वयन द्वारा मुसलमानों में गरीबी को समाप्त किया जा सकता है। उन्होंने यह नेहरू के मुसलिम जन-संपर्क आंदोलन के जवाब में कहा था। इकबाल ने इसे 'मुसलिम महत्त्व को नुकसान पहुँचानेवाला आंदोलन' कहा था।[16]

अपने अध्यक्षीय भाषण में इकबाल ने भारत के उत्तर-पश्चिम में एक मुसलिम राज्य के निर्माण की आवश्यकता के विभिन्न कारण बताए और कहा कि ऐसा राष्ट्र विदेशी आक्रमण से भारत को सुरक्षा प्रदान करेगा। परंतु यह एक बेकार तर्क था,

क्योंकि भारत हमेशा से ही मुसलिम आक्रमणकारियों के हमलों का निशाना बनता रहा था। दूसरा तर्क यह था कि पूरे भारत में हिंदुओं के 'सांप्रदायिक प्रभुत्व' के कारण मुसलमानों का स्वतंत्र विकास असंभव है। मुसलिम राज्य की आवश्यकता का वास्तविक कारण उस पत्र में था, जो उन्होंने जिन्ना को संबोधित करके लिखा था। उन्होंने बताया कि सन् 1935 एक्ट मुसलमानों के हित में नहीं था, क्योंकि 'मुसलिम बहुल प्रांतों में भी मुसलमानों को पूरी तरह गैर-मुसलमानों पर निर्भर बनाया गया है।'[17] एक प्रकार से इकबाल संभवत: जातीय शुद्धीकरण की दृष्टि से सोच रहे थे।

स्वयं को अपनी हिंदू विरासत से दूर करने के लिए इकबाल कहते हैं—

> 'भारत से बाहर इसलामी देशों में पूरी जनसंख्या मुसलिम है। वहाँ अल्पसंख्यक, कुरान की भाषा में, 'पीपुल ऑफ द बुक' हैं। मुसलमानों तथा इन लोगों में कोई सामाजिक अवरोध नहीं है…और इसलाम का कानून इन लोगों से विवाह-संबंध स्थापित करने की अनुमति देता है।'[18]

माना जाता है कि उनकी हिंदू-विरोधी प्रवृत्ति इसलिए थी, क्योंकि लाहौर में रहनेवाले कश्मीरी पंडित उनसे ठीक से बातचीत नहीं करते थे। किंतु अप्रैल 1938 में मृत्यु हो जाने के कारण इकबाल पाकिस्तान का निर्माण नहीं देख पाए।

भारतीय राष्ट्रीय कांग्रेस ने स्वतंत्रता आंदोलन के लिए जो कुछ किया, मुसलिम लीग ने उसके विपरीत किया। जनवरी 1930 में कांग्रेस ने 26 जनवरी को स्वतंत्रता दिवस घोषित किया और नागरिक अवज्ञा आंदोलन की शुरुआत की। अप्रैल 1930 में मुसलिम लीग ने मुसलमानों से इस आंदोलन से अलग रहने का आह्वान किया। उसी वर्ष इलाहाबाद अधिवेशन में इकबाल ने मुसलमानों के लिए अलग राष्ट्र की माँग रखी। मामले को और आगे बढ़ाने के लिए चौधरी रहमत अली ने भारत तथा सिलोन (अब श्रीलंका) के दस स्थानों को लेकर पाकिस्तान के निर्माण की माँग रखी। सन् 1937 के चुनाव परिणामों को देखते हुए पाकिस्तान के निर्माण का स्वप्न असंभव-सा प्रतीत होने लगा। मुसलिम लीग को कुल मुसलिम मतों का केवल 4.6 प्रतिशत ही प्राप्त हुआ। मुसलिम लीग पंजाब में 84 आरक्षित मुसलिम सीटों में से 2, सिंध में 33 में से 3, बंगाल में 117 में से 39 और उत्तर-पश्चिमी सीमा प्रांत में कोई सीट नहीं जीत पाई।[19] इस प्रकार, असंभव कार्य को करने के लिए जिन्ना पर अत्यधिक निर्भरता थी। अत: उनके नेतृत्व को पूरी तरह से स्वीकार कर लिया गया। जब कांग्रेस ने बिना परामर्श के दूसरे विश्व युद्ध में भारत को शामिल किए जाने के खिलाफ मंत्रित्व त्याग दिया और 'भारत छोड़ो आंदोलन' शुरू किया तो

जिन्ना को मंत्रालयों में शामिल होने और मुसलिम लीग का आधार विस्तृत करने के लिए विशाल राजनीतिक क्षेत्र मिल गया। यह सन् 1945-46 के चुनावों में लाभकारी सिद्ध हुआ।

सन् 1940 का लाहौर प्रस्ताव

जिन्ना कांग्रेस की सदस्यता में रहते हुए सन् 1913 में मुसलिम लीग में शामिल हुए। सन् 1940 में लाहौर में एक अलग मुसलिम राज्य की माँग के साथ एक प्रस्ताव स्वीकार किया गया। उस प्रस्ताव में था—

> 'इस देश में कोई संवैधानिक योजना व्यवहार्य नहीं होगी या मुसलमानों को स्वीकार्य तब तक नहीं होगी जब तक उसे निम्नलिखित सिद्धांतों पर तैयार न किया जाए—भौगोलिक रूप से निकटस्थ इकाइयों को ऐसे क्षेत्रों के रूप में रेखांकित किया जाए, जो इस प्रकार पुनर्व्यवस्थित हों, ताकि मुसलिम-बहुल क्षेत्रों (जैसे—भारत के उत्तर-पश्चिमी तथा पूर्वी अंचलों) को एक साथ लाकर 'स्वतंत्र राज्यों' के रूप में गठित किया जाए, जिसमें घटक इकाइयाँ स्वायत्त तथा प्रभुसत्ता-संपन्न हों।'[20]

इस प्रस्ताव में मुसलमानों के लिए भारत से अलग एक राष्ट्र के निर्माण की बात नहीं थी। इस भ्रामक तर्क को सन् 1946 में संशोधित करने का प्रयास किया गया। 12 मई, 1946 को एक और भ्रम उत्पन्न हुआ, जब मुसलिम लीग ने न्यूनतम माँगोंवाला एक घोषणा-पत्र जारी किया, जिसमें कहा गया—

> 'संविधान-निर्माता अंग द्वारा पाकिस्तान संघीय सरकार के संविधान तथा प्रांतों को अंतिम रूप देने के बाद उस समूह के किसी प्रांत को यह स्वतंत्रता होगी कि वह समूह से बाहर जाने का निर्णय कर सके, यदि उस प्रांत के लोग एक जनमत-संग्रह द्वारा अपनी इच्छा अभिव्यक्त करें।'[21]

उस सम्मेलन की अध्यक्षता जिन्ना ने की थी। वे जल्द ही भारत में मुसलिम हितों के प्रतीक बन गए। परंतु उस समय जिन्ना एक घातक बीमारी से जूझ रहे थे, जिसका पता केवल उनके एक गैर-मुसलिम डॉक्टर को था। इसे बहुत सतर्कता से गोपनीय रखा गया। ऐसा लगता है कि लॉर्ड माउंटबेटन, गांधी या नेहरू को कभी इस संबंध में पता नहीं चला। यदि उन्हें यह बात पता होती तो मुसलिम नेताओं के साथ विचार-विमर्श को लंबा खींचा जाता और स्थितियाँ भिन्न होतीं; क्योंकि जिन्ना की क्षमता वाला दूसरी श्रेणी का कोई मुसलिम नेता नहीं था। इसलिए जिन्ना अपने जीवन-काल के दौरान पाकिस्तान के निर्माण की उतावली में थे। अपने

स्वास्थ्य तथा उर्दू बोलने की क्षमता के अभाव के कारण उन्होंने कभी भी आंदोलनों तथा धरनों की राजनीति का आश्रय नहीं लिया। यह उन्होंने कांग्रेस पर छोड़ दिया; क्योंकि स्वतंत्रता के लिए कांग्रेस का अभियान पाकिस्तान के निर्माण के लिए उनकी सहमति पर निर्भर करता।

28 जुलाई, 1946 को बंबई में मुसलिम लीग परिषद् की बैठक हुई। 16 अगस्त, 1946 को उसमें सीधी कारंरवाई की शुरुआत करने का आह्वान किया गया। चतुर राजनीतिज्ञ की भाँति मुसलिम लीग के नेताओं ने यह गणना की कि सीधी कारंरवाई दंगों, हत्याओं और व्यापक खून-खराबे को जन्म देगी, जिससे कांग्रेस को पाकिस्तान के गठन की माँग स्वीकार करने पर विवश होना पड़ेगा। उधर कलकत्ता, बिहार और पूर्वी बंगाल जल रहे थे। विनाशकारी परिणामोंवाले सांप्रदायिक दंगे केवल इसलिए हुए, क्योंकि पाकिस्तान राष्ट्र का गठन शीघ्र, जिन्ना के जीवनकाल में, ही होना था। यह मुसलिम लीग का एकमात्र आंदोलन था। 'सीधी कारंरवाई' पर पुस्तक में अलग से चर्चा की गई है।

सन् 1937 में, गवर्नमेंट ऑफ इंडिया एक्ट-1935 के तहत प्रांतीय स्वायत्तता लागू की गई। बहुत से प्रांत कांग्रेस के शासन के अंतर्गत आए, जिन्हें मुसलिम लीग ने हिंदू प्रभुत्ववाला प्रांत माना था। मुसलिम-बहुल राज्यों में मुसलमानों को गठबंधन सरकारों के निर्माण के लिए हिंदू विधायकों की मदद लेनी पड़ी। इस अनुभव से सीख लेते हुए जिन्ना के नेतृत्व में मुसलिम लीग ने सन् 1940 के पाकिस्तान प्रस्ताव पर सहमति जताई, ताकि अल्पसंख्यक कारक को समाप्त करके केवल मुसलिम लीग मंत्रालयों का निर्माण हो सके। जिन्ना हमेशा यह कहते थे कि केवल मुसलिम लीग ही भारत के मुसलमानों का प्रतिनिधित्व करती है।[22]

उत्तर प्रदेश के एक मुसलिम लीग नेता चौधरी खलीकुज्जमाँ ने कहा कि अल्पसंख्यक प्रांतों के मुसलमानों को विभाजन से भयभीत नहीं होना चाहिए। जो पंजाब और बंगाल के अल्पसंख्यकों के साथ होगा, वही उनके साथ होगा। इस प्रकार, पहले लीग द्वारा पारस्परिक प्रतिकार का सिद्धांत विकसित किया गया। जब विभाजन को स्वीकार करने में सिंधी हिचकिचा रहे थे तो वे भी इस बात को लेकर आश्वस्त थे कि पाकिस्तान में उनका उत्पीड़न होने पर भारत में उसका प्रतिकार किया जाएगा।

> 'जिन्ना स्पष्ट रूप से यह जानते थे कि विभाजन अल्पसंख्यकों के लिए समस्याएँ उत्पन्न करेगा। उन्होंने तर्क दिया कि हिंदू शासन के अंतर्गत तीन करोड़ मुसलमानों का रहना नौ करोड़ मुसलिमों के उसी

स्थिति में रहने की विवशता से अधिक उपयुक्त है।'[23]

जिन्ना ने अपने तरीके से लाहौर प्रस्ताव की व्याख्या की, जिसमें एक गृहयुद्ध की सभी संभावनाएँ थीं। उन्होंने कहा, 'लीग के प्रस्ताव के संबंध में गृहयुद्ध की बात क्यों? यहाँ कोई संघर्ष तब तक नहीं होगा जब तक कांग्रेस न चाहे।' इस प्रकार उन्हें एक गृहयुद्ध की आशंका थी और वे पहले से ही उसके लिए कांग्रेस को दोषी ठहराना चाहते थे।

जिन्ना ने उन मुसलिम राज्यों के बिनाश का एक सिद्धांत विकसित किया, जहाँ वे कांग्रेस के साथ थे। उन्होंने कहा—

> 'पाकिस्तान के विरोधी ब्रिटिश सरकार से कहते हैं कि यदि पाकिस्तान का उद्‌भव हो गया तो असम में एक फुसफुसाहट अंकारा और इसतांबुल में फिर से सुनाई देगी। पाकिस्तान हिंदुओं से अधिक ब्रिटिशों के लिए खतरनाक है। इसलिए वे ब्रिटिश सरकार से कहते हैं—'पहली आवश्यकता मुसलिम राज्यों में गड़बड़ी फैलाने की है। यदि आप (ब्रिटिश) उनमें गड़बड़ी फैलाएँगे तो पाकिस्तान नहीं बन पाएगा और आप तथा हम भारत पर शासन करेंगे।'[24]

उन्होंने चेतावनी दी कि भारतीय सेना में अधिकतर लोग मुसलमान थे और चूँकि मुसलमान हिंदुओं से अधिक आक्रामक होते हैं, अत: क्षति पहुँचाने की उनकी क्षमता हिंदुओं से अधिक है।[25] यह एक उकसानेवाला वक्तव्य था और संभावित गड़बड़ियों का संकेत था।

सन् 1940 के प्रस्ताव की प्रतिक्रिया

23 मार्च, 1940 में पाकिस्तान प्रस्ताव का अंगीकरण जिन्ना की एक सुविचारित रणनीति थी। उनका आखिरी तर्क यह था कि मुसलिम-बहुल राज्यों में भी मुसलमानों को सरकार बनाने के लिए अल्पसंख्यकों (सिखों तथा हिंदुओं) की मदद लेनी पड़ती थी, जो मुसलिम लीग को स्वीकार्य नहीं थी। जिन्ना की टाइमिंग बिलकुल सही थी। सन् 1934 में उन्होंने चौधरी रहमत अली से कहा था, 'जल्दबाजी मत कीजिए। जल को प्रवाहित होने दीजिए; वह स्वयं अपना स्तर तय कर लेगा।'[26]

उत्तर प्रदेश के मुसलिम लीग नेता खलीकुज्जमाँ, जिन्होंने पाकिस्तान प्रस्ताव का समर्थन किया, ने कहा, 'यदि हिंदुओं तथा मुसलमानों के बीच मुद्‌दों को तलवार के बल पर सुलझाना है तो मुसलमानों को कोई डर नहीं है।'[27]

डॉ. बी.आर. अंबेडकर ने दु:ख के साथ कहा कि 'द्विराष्ट्र का सिद्धांत

एकता की संवेदनशील इच्छा के विकास की कोई गुंजाइश नहीं छोड़ेगा।' डॉ. राजेंद्र प्रसाद ने भविष्यवाणी की, 'विभाजन को सबसे अधिक संबद्ध लोगों की सद्भावना से प्राप्त करने की संभावना नहीं है; यह वैमनस्य दोनों ओर विद्यमान रहेगा।'[28]

फजलुल हक, जिन्होंने सन् 1940 में पाकिस्तान-प्रस्ताव रखा था, ने एक माह बाद एकीकृत भारत का आह्वान किया। दिसंबर 1941 में उन्हें मुसलिम लीग से निष्कासित कर दिया गया, क्योंकि उन्होंने कांग्रेस तथा महासभा के एक गुट की मदद से बंगाल में सरकार बनाई थी।

अप्रैल 1941 में मद्रास में मुसलिम लीग अधिवेशन की अध्यक्षता कर रहे अब्दुल हमीद ने अपने वक्तव्य में एक भ्रम उत्पन्न किया। उन्होंने पाकिस्तान को 'संघीय दृष्टिकोण से एक स्वतंत्र तथा अलग मुसलिम राज्य की स्थापना' के रूप में परिभाषित किया। उनका कहना था कि 'यह भारत की राजनीतिक एकता के विचार के विपरीत नहीं है, न ही इसका अर्थ भारत का विखंडन है; क्योंकि पाकिस्तान का आधार इस देश में हमेशा मौजूद रहा है।'[29] इस समय भी पाकिस्तान प्रस्ताव पर स्पष्टता का अभाव था। सन् 1940 के पाकिस्तान प्रस्ताव पर 30 मार्च, 1940 को गांधी ने 'हरिजन' पत्र में अपना मत अभिव्यक्त करते हुए लिखा—

> 'विभाजन एक स्पष्ट असत्य है। मेरी पूरी आत्मा इस विचार के खिलाफ है कि हिंदुत्व और इसलाम—दो विरोधी संस्कृतियों तथा सिद्धांतों का प्रतिनिधित्व करते हैं। ऐसे सिद्धांत को मानना मेरे लिए ईश्वर को नकारना है। मैं अपनी पूरी आत्मा के साथ यह विश्वास करता हूँ कि 'कुरान' का ईश्वर 'गीता' का भी ईश्वर है। मैं इस विचार का विरोध करता हूँ कि करोड़ों हिंदुओं ने अपने धर्म के रूप में इसलाम को स्वीकार करने के बाद अपनी राष्ट्रीयता बदल दी।'[30]

जिन्ना बहुत ही चालाकी से पाकिस्तान के निर्माण को स्वीकार न किए जाने की स्थिति में एक खूनी गृहयुद्ध के लिए मुसलमानों को तैयार कर रहे थे। अगला कदम बहुत निर्णायक था। मुसलिम लीग की कार्यकारी समिति की बैठक 15 जून, 1940 को बंबई में हुई और उसमें 'मुसलमानों की जान-माल की हिफाजत के लिए' मुसलिम्स नेशनल गार्ड कोर को संगठित तथा मजबूत करने के लिए प्रांतीय मुसलिम लीगों को दिशा-निर्देश जारी करने का निर्णय किया गया।[31] यह स्पष्ट था कि मुसलिम लीग जल्दी या बाद में एक गृहयुद्ध आरंभ करने वाला था। उसने आखिरकार अगस्त 1946 में यह सब किया।

मुसलिम भारत की संकल्पना को देश भर के मुसलिम विद्यार्थियों का व्यापक

समर्थन मिला। इन सबका सरफराज हुसैन मिर्जा ने 'मुसलिम स्टूडेंट्स एंड पाकिस्तान मूवमेंट' में विशद वर्णन किया है। मुसलिम छात्रों तथा जिन्ना-लियाकत के बीच पत्राचार के कुछ नमूने यहाँ प्रस्तुत करना उपयोगी होगा। असम के मैनुल हक चौधरी ने 10 मार्च, 1943 को जिन्ना को पत्र लिखकर 'अपने हजारों निष्ठावान् तथा उत्साही समर्थकों को नए जीवन के लिए प्रेरित करने हेतु' असम आने का आग्रह किया। असम के सिबसागर मुसलिम स्टूडेंट्स फेडरेशन के मुजीब अहमद ने 29 मार्च, 1944 को जिन्ना के नाम भेजे एक पत्र में लिखा कि पाकिस्तान दिवस 'बड़े उत्साह के साथ' मनाया गया और जिन्ना से आग्रह किया गया कि असम के सभी कन्या विद्यालयों में अरबी तथा फारसी की शिक्षा आरंभ की जाए। एक छात्र नेता मुजीब अहमद मोती ने 3 जून, 1944 को जिन्ना को लिखे एक पत्र में इस बात पर क्षोभ प्रकट किया कि विचार तथा कार्यों से असमी मुसलमान हिंदू थे। पूरे भारत में विभिन्न मुसलिम स्टूडेंट्स फोरम फूल-फल रहे थे। इनमें 'पाकिस्तान स्टूडेंट्स पार्टी' नामक एक स्टूडेंट फोरम का निर्माण भी शामिल था। ये सभी मुसलिम स्टूडेंट्स फोरम सन् 1946 के चुनाव अभियान से गहरे जुड़े हुए थे। मलाबार मुसलिम स्टूडेंट्स फेडरेशन ने फरवरी 1943 में पाकिस्तान की माँग करते हुए एक प्रस्ताव पारित किया; क्योंकि हिंदू और मुसलमान एक-दूसरे से बिलकुल भिन्न थे। 27 अक्तूबर, 1943 को मुसलिम स्टूडेंट्स फेडरेशन ऑफ बंगलौर ने भी ऐसा ही प्रस्ताव जारी किया। अलीगढ़ विश्वविद्यालय का माहौल ऐसा ही था, जो बाद में पाकिस्तान के प्रमुख नौकरशाह बने रोएदाद खान ने अनुभव किया था।

क्या कम्युनिस्ट पार्टी ने पाकिस्तान आंदोलन में मदद की थी?

सन् 1940 में कम्युनिस्ट पार्टी ऑफ इंडिया ने ब्रिटिशों से संघर्ष न करने के लिए गांधी के नेतृत्व पर प्रहार किया। सन् 1941 में जब हिटलर ने सोवियत संघ पर आक्रमण किया तो मॉस्को ने विश्व के सभी कम्युनिस्ट और प्रगतिशील शक्तियों को 'सोवियत रूस के संघर्ष' या 'सोवियत संघ के मित्र राष्ट्रों के संघर्ष' में अपना योगदान देने का आग्रह किया।[32] उस समय सी.पी.आई. के महासचिव पी.सी. जोशी ने यह मत व्यक्त किया कि मुसलिम लीग 'प्रमुख राजनीतिक संगठन' है। उन्होंने कांग्रेस से 'अलग राष्ट्र की लीग की माँग को स्वीकार करने' का आग्रह किया।[33] सितंबर 1942 में सी.पी.आई. की केंद्रीय समिति ने निम्नलिखित प्रस्ताव का अंगीकरण किया—

> 'भारतीय जन-समुदाय के प्रत्येक अंग, जिसका उसके देश में संबद्ध क्षेत्र, समान ऐतिहासिक परंपरा, समान भाषा, संस्कृति, मनोवैज्ञानिक प्रवृत्ति, समान आर्थिक जीवन हो; उसे स्वतंत्र भारतीय केंद्र या संघ में एक स्वायत्त राज्य के रूप में रहने के अधिकार के साथ एक भिन्न राष्ट्रीयता प्रदान करनी चाहिए और अपनी इच्छा पर उसे केंद्र या संघ से अलग होने का भी अधिकार होना चाहिए।'[34]

सन् 1946 में ब्रिटिश कम्युनिस्ट पार्टी की एक नेता रजनी पाल्मे दत्ता के दबाव में सी.पी.आई. ने अपना रुख बदलते हुए पाकिस्तान को ब्रिटिश साम्राज्यवाद तथा मुसलिम पूँजीवाद के बीच एक षड्यंत्र बताया। उस समय तक मुसलिम कम्युनिस्टों का दृष्टिकोण बदलने के लिए काफी देर हो चुकी थी। इस प्रकार, लाहौर प्रस्ताव ने वास्तव में पाकिस्तान को एकीकृत नहीं किया, बल्कि विखंडन के बीज बोए, जिसका परिणाम सन् 1971 में पाकिस्तान के विभाजन के साथ देखने को मिला। सन् 1940 का पाकिस्तान प्रस्ताव अब चार में से तीन संघीय इकाइयों द्वारा प्रांतीय स्वायत्तता के अपने लक्ष्य को प्राप्त करने के लिए एक आधार की तरह है। यह आंदोलन 'पाकिस्तान्स ऑप्रेस्ड नेशंस मूवमेंट' (पी.ओ.एन.एम.) के नाम से जाना जाता है।

आर. वेणुगोपाल का एक पत्र 19 दिसंबर, 1996 को 'इंडियन एक्सप्रेस' में प्रकाशित हुआ। उसमें उन्होंने कहा कि ''40 के दशक के मध्य में ई.एम.एस. नंबूदिरीपाद ने ए.के. गोपालन के साथ केरल में मुसलमानों के एक जुलूस का नेतृत्व किया, जिसमें 'पाकिस्तान जिंदाबाद' और 'मोफलिस्तान जिंदाबाद' के नारे लगाए गए। इसलिए इसमें कोई आश्चर्य नहीं है कि ख्वाजा अहमद अब्बास, जो एक वामपंथी ही थे, को यह कहना पड़ा कि 'सी.पी.आई. ने भारत को नुकसान पहुँचाया, जिसने मुसलिम अलगाववादियों को एक सैद्धांतिक आधार प्रदान किया।'

लाहौर प्रस्ताव के प्रारूप ने संघीय इकाइयों को आत्मनिर्णय का विचार दिया। सन् 1966 में मुजीब-उर-रहमान ने पाकिस्तान के लिए लाहौर प्रस्ताव में उल्लिखित संघ की अवधारणा पर आधारित संविधान की माँग की, जिसमें सीमित शक्तियोंवाली संघीय सरकार की बात थी।

राजाजी-गांधी फॉर्मूला एवं लाहौर प्रस्ताव को आंशिक स्वीकृति

सितंबर 1944 में राजगोपालाचारी (राजाजी) और गांधीजी ने मुसलिम लीग के लाहौर प्रस्ताव-मार्ग द्वारा सफलता की एक संभावना को खोजा। राजाजी, जिन्ना

और गांधी के बीच लंबे समय तक पत्राचार चला। 22 सितंबर को उन्होंने जिन्ना के सामने प्रस्ताव रखा, 'यदि बँटवारा अवश्यंभावी है तो दो भाइयों की तरह विभाजन किया जाय।'[35] गांधी ने प्रस्ताव रखा कि लाहौर प्रस्ताव के अनुसार मुसलिम-बहुल क्षेत्रों में यह पता लगाना चाहिए कि प्रभावित लोग विभाजन चाहते हैं या नहीं। 25 सितंबर को जिन्ना ने यह स्पष्ट कर दिया कि प्रस्तावित पाकिस्तान की विद्यमान सीमाओं पर कोई समझौता नहीं किया जाएगा। जिन्ना पंजाब या बंगाल के विभाजन के खिलाफ थे। गांधी ने कहा, 'उनका प्रस्ताव लाहौर प्रस्ताव की अनिवार्य आवश्यकताओं को पूरा करने का एक गंभीर प्रयास है। यह प्रस्ताव पूरी तरह सांप्रदायिक शांति के उद्‍देश्य से रखा गया है।' गांधी ने इस बात की भी अपील की कि उन्हें अपने फॉर्मूले को स्पष्ट करने के लिए लीग परिषद् या खुले अधिवेशन को संबोधित करने के लिए बुलाया जाय। जिन्ना ने इस प्रस्ताव को 'असामान्य तथा अप्रत्याशित' कहकर अस्वीकार कर दिया।

लियाकत अली ने विभाजन के संबंध में प्रभावित लोगों की इच्छा का पता लगाने के गांधी के मत का अर्थ यह लगाया कि वह जनमत-संग्रह या ऐसा ही कुछ चाहते हैं। उन्होंने इस विचार का विरोध किया। उन्होंने कहा, 'आयरलैंड में तब कोई जनमत-संग्रह नहीं हुआ जब अल्स्टर और आयर अलग हुए, न ही भारत से बर्मा या सिलोन के अलगाव के समय कोई जनमत-संग्रह कराया गया।' एक माह तक चली इस कवायद से यह स्पष्ट हो गया कि कुछ राष्ट्रीय नेता भारत के विभाजन को स्वतंत्रता प्राप्त करने का एक रास्ता मानते थे। मुसलिम लीग को यह भी समझ में आ गया कि पाकिस्तान के निर्माण में बंगाल तथा पंजाब का विभाजन अनिवार्य होगा, क्योंकि वहाँ सांप्रदायिक संतुलन बहुत कमजोर था।

अक्तूबर 1944 में जिन्ना ने भारत तथा पाकिस्तान के बीच भावी संबंध पर विदेशी संवाददाताओं के सामने अपना दृष्टिकोण रखा—

> 'यह संबंध दो स्वतंत्र देशों के बीच का सामान्य संबंध होगा। हम सभी बाहरी ताकतों को भारत से दूर रखने का प्रयास करेंगे। पाकिस्तान इस उपमहाद्वीप पर किसी प्रकार का बाह्य हस्तक्षेप या आक्रमण बरदाश्त नहीं करेगा। हम 'मुनरो सिद्धांत' की तरह किसी नियम का अनुसरण करेंगे।'

लाहौर प्रस्ताव सन् 1940 में पारित किया गया था। राजाजी तथा गांधी जैसे कुछ नेता सन् 1944 में प्रभावित प्रांतों की इच्छा को देखते हुए दो भाइयों की तरह विभाजन पर तैयार हो गए थे। सन् 1946 में मुसलिम लीग की सीधी कारवाई ने

देश-विभाजन का वातावरण तैयार कर दिया। एक प्रकार से जिन्ना अपनी ही सुविचारित रणनीति की सफलता के प्रति आश्वस्त थे।

सीधी काररवाई और पाकिस्तान की स्वीकृति

एक मुसलिम संगठन के रूप में मुसलिम लीग अल्लामा इकबाल की अध्यक्षता में सन् 1930 में हुए अपने इलाहाबाद अधिवेशन के बाद से ही एक अलग राष्ट्र के लिए प्रयास कर रहा था। उसके बाद मुसलिम-बहुल प्रांतों में अलग संप्रभु मुसलिम राज्यों के निर्माण के लिए 23 मार्च, 1940 का लाहौर प्रस्ताव आया। यह मुसलिम भारत अवधारणा की ओर एक महत्त्वपूर्ण कदम था। अब तक मुसलिम लीग ने स्वयं को आंदोलनों आदि में शामिल नहीं किया था, इसलिए मुसलिम नेता गांधी, नेहरू या अन्य कांग्रेसी नेताओं की तरह जेल नहीं गए। जब ब्रिटिश सरकार ने भारत को सत्ता सौंपने का निर्णय किया तो लीग नेताओं को पाकिस्तान हासिल करने के लिए अंतिम निर्णायक कदम उठाने की आवश्यकता महसूस हुई। बंबई में हुई एक बैठक में मुसलिम लीग ने 16 अगस्त, 1946 को 'सीधी काररवाई' शुरू करने का फैसला किया।

सीधी काररवाई द्वारा हिंसा की अनुमति देकर जिन्ना ने 'कानून का पालन करने के अपने ही सिद्धांतों' का उल्लंघन किया।[36] जिस सबसे महत्त्वपूर्ण चिंता ने जिन्ना को इस हिंसक रणनीति का सहारा लेने के लिए विवश किया, वह सन् 1945-46 के चुनाव थे। मुसलिम लीग को 75 प्रतिशत मुसलिम वोट मिले। उसने 533 मुसलिम सीटों में से 460 सीटें जीतीं। अधिकतर धर्मनिरपेक्ष मुसलिम उम्मीदवारों की जमानत तक जब्त हो गई।

इस महत्त्वपूर्ण सफलता के बावजूद मुसलिम लीग को पंजाब तथा उत्तर-पश्चिमी सीमा प्रांत में भिन्न अनुभव हुए। इन प्रांतों में मुसलिम लीग के सदस्य सरकार बनाने के लिए पर्याप्त नहीं थे। पंजाब में मुसलिम लीग ने 175 सदस्यों वाले सदन में 86 मुसलिम सीटों में से 79 सीटें जीतीं। इस प्रकार पंजाब में कांग्रेस की हिंदुओं तथा सिखों के साथ विपक्ष की सरकार बनी, जो जिन्ना को हजम नहीं हुई। उत्तर-पश्चिमी सीमा प्रांत की सरकार भी कांग्रेस की थी। जब तक पंजाब तथा उत्तर-पश्चिमी सीमा प्रांत से हिंदुओं व सिखों को बाहर नहीं कर दिया जाता तब तक वहाँ मुसलिम लीग की सरकार बनने की कोई संभावना नहीं थी। चूँकि इन प्रांतों में सांप्रदायिक संतुलन मुसलिम लीग की अलग और स्वतंत्र राष्ट्र की उम्मीदों के हित में नहीं था, इसलिए सीधी काररवाई जातीय सफाई की पहली प्रक्रिया थी।

सीधी कारवाई कार्यक्रम को जान-बूझकर अस्पष्ट रखा गया। सीधी कारवाई पर जिन्ना का कहना था कि वह नीतियों की चर्चा नहीं करने जा रहे हैं। लियाकत अली ने सीधी कारवाई को 'कानून के खिलाफ कारवाई' बताया, जो हिंसा का आश्रय लेने का व्यापक संकेत था।[37]

इस आह्वान का उद्देश्य शांतिपूर्ण नहीं था। इसमें प्राणों की आहुति दी जानी थी। पूर्व सैनिकों के साथ गठित मुसलिम लीग नेशनल गार्ड सीधी कारवाई में सबसे आगे थे। उपर्युक्त विश्लेषण का समर्थन 'मॉर्निंग न्यूज' के संपादक ने तब किया जब 5 अगस्त को उन्होंने कहा कि 'मुसलमान अहिंसा की भाषा में यकीन नहीं रखते।' इसी समाचार-पत्र ने 11 अगस्त को एक मुसलिम नेता नजीमुद्दीन के इस वक्तव्य को उद्धृत किया—

> 'हम एक सौ एक तरीकों से परेशानियाँ उत्पन्न कर सकते हैं, विशेषकर इसलिए कि हम अहिंसा का सहारा लेने के लिए बाध्य नहीं हैं। बंगाल के मुसलमान सीधी कारवाई का अर्थ अच्छी तरह समझते हैं, इसलिए हमें उन्हें कोई रास्ता दिखाने की आवश्यकता नहीं है।'

इस प्रकार, सीधी कारवाई शांतिपूर्ण होनेवाली नहीं थी, जैसा जिन्ना ने कहा था। 'डॉन' के कलकत्ता संवाददाता ने कहा कि मुसलमानों का 'अहिंसा में कोई यकीन नहीं है और न ही वे पाखंडी हैं कि वैसे तो अहिंसा का उपदेश दें और वास्तव में हिंसा का सहारा लें।' ('डॉन', 12 अगस्त, 1946)

'द स्टेट्समैन' द्वारा वर्णित 'बृहत् कलकत्ता जनसंहार' कैसे हुआ था ? रिचर्ड लैंबर्ट ने 'हिंदू-मुसलिम दंगों' पर शोध किया; परंतु उनकी शोध-सामग्री पेनसिल्वेनिया विश्वविद्यालय में अप्रकाशित ही रही। सन् 1987 में ऑक्सफोर्ड यूनिवर्सिटी प्रेस द्वारा प्रकाशित अनीता इंदर सिंह का शोध 'दि ऑरिजिन्स ऑफ द पार्टिशन ऑफ इंडिया-1936-47' इस विषय पर कुछ प्रकाश डालता है। उन्होंने भारत के विभाजन पर काफी अच्छा शोध किया। उन्होंने पुराने रिकॉर्डों को छान डाला। उनमें से एक रिचर्ड लैंबर्ट का था। रिचर्ड के शोध से यह पता चला कि 10 अगस्त, 1946 से कलकत्ता से बाहर के गुंडे लाठी, भालों तथा कटारों से लैस शहर की झुग्गियों में नजर आने लगे थे। यह 16 से 20 अगस्त के बीच कलकत्ता में उपद्रवों पर वहाँ के पुलिस कमिश्नर की रिपोर्ट से पता चला। सुहरावर्दी ने 16 अगस्त को बंगाल में अवकाश का दिन घोषित कर दिया। उस दिन कलकत्ता में बहुत से हिंदू मारे गए। सुहरावर्दी के प्रभाव-स्वरूप पुलिस निष्क्रिय रही। अगले दिन वहाँ एक दिन पूर्व हुए हिंदू-संहार का व्यापक प्रतिशोध लिया गया। गिद्धों ने शहर को साफ कर दिया।[38]

लीग के एक इश्तिहार 'पाकिस्तान को बोलने दो' में लीग के इरादे स्पष्ट नजर आते हैं। उस कथित इश्तिहार में मुसलिम लीग के एस.एम. उस्मान ने कहा—

> 'रमजान के महीने में इसलाम तथा 'काफिरों' के बीच पहला खुला युद्ध शुरू हुआ और मुसलमानों को 'जेहाद' में संलग्न होने की अनुमति मिली। इसलाम को शानदार विजय प्राप्त हुई। खुदा की इच्छा के अनुसार, ऑल इंडिया मुसलिम लीग ने पाकिस्तान को प्राप्त करने के उद्देश्य से जेहाद शुरू करने के लिए इस पवित्र माह को चुना। हम मुसलमानों के पास ताज रहा है और हमने शासन किया है। हिम्मत मत हारो, तैयार हो जाओ और तलवार निकाल लो। ओ काफिर! तुम्हारा अंत दूर नहीं है। तुम्हारा संहार जरूर होगा।'

16 अगस्त को मुसलिम लीग के इरादे और अधिक तब स्पष्ट हो गए, जब बंगाल के मुख्यमंत्री सुहरावर्दी और अन्य मुसलिम लीग नेताओं ने कलकत्ता में शाम को मुसलमानों की एक जनसभा को संबोधित किया। उन्होंने कहा कि वह सेना तथा पुलिस को नियंत्रित करने में सफल रहे हैं। यह और अधिक हिंसा के लिए खुला निमंत्रण था। 16 अगस्त की सुबह बड़े पैमाने पर हिंसा हुई थी।

दंगों से पहले मुख्यमंत्री के हस्ताक्षरवाले कूपन मुसलिम लीग की लॉरियों में वितरित किए गए थे। कलकत्ता के एक दैनिक 'द स्टेट्समैन' ने कहा कि 'लॉरियों में गुंडों के समूह थे, जो कहीं-कहीं रुककर आक्रमण कर रहे थे।'[39]

बंगाल के तत्कालीन पुलिस इंस्पेक्टर जनरल एस.जी. टेलर ने अपने 'एस.जी. टेलर पेपर्स' में याद किया है कि मुसलिम लीग के मुख्यमंत्री सुहरावर्दी ने उस समय कैसा व्यवहार किया था। उन्होंने लिखा कि सुहरावर्दी का व्यवहार निंदनीय था। उपद्रवों के चरम पर उसने, आर्मी एरिया कमांडर ने और मुख्यमंत्री ने कलकत्ता का दौरा किया। सेना के स्थानीय एरिया कमांडर ने कहा, 'यह असामान्य है; सेना में हिंदू और मुसलमान खुशी-खुशी एक साथ रहते और काम करते हैं।' सुहरावर्दी ने अपनी भावनाओं को छिपाए बिना कहा, 'हम जल्द ही वह सब खत्म कर देंगे।'[40] इस प्रकार, सीधी काररवाई ने कलकत्ता में लगभग दस हजार जानें लीं।

पंजाब के एक प्रमुख मुसलिम लीग नेता ममदौत ने लीगकर्मियों से' एक उत्तेजित देश के सभी तरीकों का प्रयोग' करने को कहा, 'हम अपने सभी बंधन तोड़ चुके हैं। अब हम भारत में इसलाम की स्वतंत्रता के लिए दृढ़प्रतिज्ञ हैं।'[41] सिंध के कानून-व्यवस्था मंत्री गुलाम अली खान ने कहा कि 'पाकिस्तान के संबंध में मुसलमानों का विरोध करनेवाले हर किसी को नष्ट तथा तहस-नहस कर दिया जाएगा।'[42]

कलकत्ता के 'द स्टेट्समैन' ने सीधी काररवाई कार्यक्रम को बहुत सूक्ष्मता से परखा। कलकत्ता की घटनाओं का ब्योरा देने के अलावा उसने खबर दी कि बंबई में फिरोज खान नून ने पाकिस्तान के निर्माण के लिए एक ध्वजोत्तोलन समारोह में भाग लिया और डॉ. बी.आर. अंबेडकर को उनके सभी समर्थकों के साथ इसलाम ग्रहण करने का न्योता दिया। दिल्ली में 16 अगस्त को जामा मसजिद में मुसलमानों की एक जनसभा को संबोधित करते हुए काजी मुहम्मद ईसा ने मुसलमानों को खुद को पाकिस्तान का सैनिक मानने और अंतिम संघर्ष हेतु तैयार रहने के लिए कहा। 28 मई को धर्म-परिवर्तन के बाद राजपूत से मुसलमान बने छतारी के नवाब ने मुसलमानों के आग्रह के जवाब में अपनी जी.बी.ई., के.सी.एस.आई. और के.सी.आई.ई. की उपाधियों को लौटा दिया।[43]

ये सभी उदाहरण यह बताते हैं कि मुसलिम लीग किस प्रकार पूरे उत्तरी भारत में हिंदू-मुसलिम दंगों को बढ़ावा देकर सांप्रदायिक विभाजन उत्पन्न करने के लिए डटी हुई थी। सांप्रदायिक अग्नि की ज्वाला को गांधी और उनके समर्पित अनुयायियों ने बुझाने का प्रयास किया। ब्रिटिश गवर्नरों ने इस सांप्रदायिक उन्माद को समाप्त करने के लिए लगभग कुछ नहीं किया। वे गवर्नमेंट ऑफ इंडिया एक्ट-1935 के प्रावधानों के तहत काररवाई कर सकते थे। वे सभी निष्क्रिय तथा मूक दर्शक बने रहे। लियाकत अली खान ने अबेल के सामने स्वीकार किया कि लीग विरोध व सांप्रदायिक प्रचार की नीति के द्वारा अपनी लोकप्रियता बढ़ा सकती है। जिन्ना ने 11 अगस्त, 1947 के अपने भाषण द्वारा अपने गुनाहों से मुक्त होना चाहा। वह एक धर्मनिरपेक्ष भाषण था, जो लीगकर्मियों तथा पाकिस्तान के दक्षिणपंथी दलों से मेल नहीं खाता था।

मुसलिम लीग के 'सीधी काररवाई' कार्यक्रम के बारे में गहराई से अध्ययन करने और सभी तथ्यों को सामने लाए जाने की आवश्यकता है। इतिहास की पुस्तकों में इसके बारे में हलके ढंग से चर्चा की गई है। तथ्य यह है कि पाकिस्तान अत्यंत नफरत से उत्पन्न हुआ और इसने उपमहाद्वीप को स्थायी क्षति पहुँचाई। एक राजनीतिक उद्देश्य की प्राप्ति के लिए 'जेहाद' की अवधारणा उत्पन्न की गई और अब पाकिस्तान ने जेहाद को अपनी विदेश नीति का एक अंग बना लिया है। सीधी काररवाई की पूर्व संध्या को पूर्व सैनिकों की भरती द्वारा मुसलिम लीग नेशनल गार्डों को पुन:संगठित किया गया। 'सालार-ए-आला' और अन्य प्रांतीय 'सालारों' की नियुक्ति की गई। पाकिस्तान का सबसे खतरनाक आतंकवादी संगठन लश्कर-ए-तोयबा भी अपने कश्मीरी जेहाद के लिए इसी तरह समूह नेताओं के रूप में

'सालारों' की नियुक्ति करता है।

इस बात के प्रमाण हैं (जिसे अब पाकिस्तानी विद्वान् भी स्वीकार करते हैं) कि मुसलिम लीग के नेशनल गार्डों को बिहार में मुसलमानों की सुरक्षा के लिए भेजा जाना एक दिखावा था (बलूचिस्तान मुसलिम नेशनल गार्डों के एक मजबूत तथा शक्तिशाली समूह को कई महीनों के लिए बिहार में भेजा गया था)। 'जेहाद' तथा मुसलिम कट्टरवाद की अवधारणा सन् 1946 में सीधी कारवाई आरंभ होने के बाद मजबूत आकार लेने लगी थी। उस समय देश सांप्रदायिक आधारों पर बँटा हुआ था और इस तथ्य ने पाकिस्तान के निर्माण की राह को सरल बनाया।

29 फरवरी, 1947 को ब्रिटिश प्रधानमंत्री क्लीमेंट एटली ने घोषणा की कि जून 1948 तक ब्रिटिश लोग भारत को सत्ता सौंप देंगे। लॉर्ड लुईस माउंटबेटन ने भारत आने के बाद तुरंत यह महसूस किया कि विभाजन ही समस्या का एकमात्र हल है। पहला प्रस्ताव था 'प्रांतों या सत्ता के हस्तांतरण से पहले स्वयं को एक समूह में मिश्रित करनेवाले प्रांतों के संघ को अधिकार प्रदान करना।'[44] नेहरू ने इस योजना का विरोध किया। इसके परिणामस्वरूप एक वैकल्पिक योजना में दो सत्ता-केंद्रों में सत्ता का विभाजन करने का प्रस्ताव रखा गया। इसे ब्रिटिश कैबिनेट ने अनुमति दे दी। सभी नेताओं—जैसे नेहरू, पटेल, कृपलानी, बलदेव सिंह, जिन्ना, लियाकत अली खान तथा अब्दुर रब निश्तार—ने इस योजना को अपनी स्वीकृति दे दी। विभाजन की योजना 3 जून, 1947 को जारी की गई। सांप्रदायिक आधार पर पंजाब तथा बंगाल को संविधान सभा में शामिल होने का निर्णय करने का विकल्प दिया गया। सत्ता का हस्तांतरण 15 अगस्त, 1947 से प्रभावी होता।

14 जून, 1947 को अखिल भारतीय कांग्रेस समिति की बैठक हुई। गोविंद बल्लभ पंत तथा सरदार पटेल द्वारा विभाजन की योजना सामने रखी गई। मौलाना आजाद तथा अन्य ने इसका विरोध किया। मत-विभाजन में बहुमत विभाजन के पक्ष में था।

> कांग्रेस के नेता विभाजन का जोरदार विरोध कर रहे थे। नेहरू ने कहा—'कांग्रेस किसी भी स्थिति में पाकिस्तान के लिए सहमत नहीं होगी। किसी भी स्थिति में पाकिस्तान नहीं बनेगा, जो जिन्ना बनाना चाहते हैं।'[45]

31 मार्च, 1947 को गांधी ने कहा—

> 'यदि कांग्रेस विभाजन के लिए तैयार होगी तो यह मेरी मृत्यु के बाद ही होगा। मैं भारत का विभाजन आजीवन नहीं होने दूँगा।'[46]

जो सन् 1946 और 1947 के आरंभ में असंभव था, वह एक वास्तविकता बन गया। नेहरू ने स्पष्ट किया कि 'समस्या का कोई दूसरा हल नहीं था।' माउंटबेटन ने 'विभाजन को दुःखद बताया; परंतु इसके अलावा कोई विकल्प नहीं था।

11 जुलाई, 1947 को सिरिल रेडक्लिफ के नेतृत्व में सीमा आयोग गठित किया गया। वह एक कठिन कार्य था। पंजाब में हिंदू-सिख और मुसलिम जनसंख्या लगभग बराबर थी। आयोग की रिपोर्ट 17 अगस्त, 1947 को, यानी बिना सीमाओं के दो राष्ट्रों के गठन के बाद जारी की गई। उसके बाद करोड़ों लोगों ने खुद को सीमा के गलत ओर पाया। फलस्वरूप हिंसा द्वारा जातीय विनाश आरंभ हो गया, जिसने अशांति का वातावरण उत्पन्न कर दिया। दोनों देशों के सैद्धांतिक बम परमाणु बमों से अधिक शक्तिशाली साबित हुए। जिन्ना ने आयोग की रिपोर्ट को 'अन्यायपूर्ण, अबोधगम्य और विकृत' कहा। पाकिस्तानियों को 'अपना राष्ट्र मिला और हिंदुओं से मुक्ति प्राप्त हुई'।[47] भारतीय अपनी भूमि तथा एक राष्ट्र के सिद्धांत की क्षति के विचार से दुःखी थे, जिसने स्वतंत्रता सेनानियों को जेलों में जाने तथा फाँसी पर चढ़ने के लिए प्रेरित किया था।

जिन्ना की आशानुसार, कांग्रेस ने महात्मा गांधी की स्पष्ट अनिच्छा के साथ विभाजन के लिए स्वीकृति दी। नेहरू भी खंडित देश की सत्ता प्राप्त करने की जल्दी में थे। नेहरू की उम्र अधिक हो रही थी और उनका सपना आर्थिक नीतिवाला प्रगतिशील धर्मनिरपेक्ष भारत था, जो शीत युद्ध की विश्व राजनीति में लाभदायक सिद्ध होता। मुसलिम लीग के लिए वह उनकी इच्छित इसलामी नियति की विजय थी।

मुसलिम लीग ने कभी भी यह स्पष्ट नहीं किया कि इसलामी राष्ट्र कैसा होगा। संप्रदायवादी संघर्षों को टालने के लिए इसे अस्पष्ट ही रखा गया। 14 अगस्त, 1947 को पाकिस्तान अस्तित्व में आया। जिन्ना वहाँ के पहले गवर्नर जनरल बने। सितंबर 1948 में उनकी मृत्यु हो गई। निर्माण से पहले पाकिस्तान का स्पष्ट दृष्टिकोण प्रदान करने में जिन्ना की विफलता सुविचारित थी। वह पाकिस्तान के प्रस्ताव को विचारार्थ प्रस्तुत करने से पहले इसलाम, अल्पसंख्यकों तथा आर्थिक मामलों पर अपना दृष्टिकोण रखने की स्थिति में नहीं थे। उन्होंने प्रस्तावित राष्ट्र पाकिस्तान की एक स्वीकृत विचारधारा के लिए देश को तैयार नहीं किया। यह सुविचारित था, जैसा सन् 1944 में बंबई की एक जनसभा में दिए गए उनके भाषण से स्पष्ट होता है। उन्होंने कहा—

> 'हमारे पास आपस में लड़ने का समय होगा, हमारे पास इन मतभेदों को निपटाने और अपनी गलतियों तथा नुकसानों को ठीक करने का

समय होगा, हमारे पास घरेलू कार्यक्रमों तथा नीतियाँ बनाने का समय होगा; परंतु पहले अपनी सरकार का गठन करना जरूरी है।'[48]

सभी मुसलमान कट्टरपंथी नहीं थे, न ही बहुत से मुसलमान यह मानते थे कि उनके पूर्वज बाहर से आए थे—इसलिए वे शुद्ध मुसलमान हैं। अकबर एस. अहमद ने सटीक कहा है, 'मुसलमान एक भ्रम प्रदर्शित करते थे कि वे सभी विदेशी, शुद्ध मुसलमान हैं।' वे जोड़ते हैं, 'मुसलमानों में जो भी शुद्धता थी, उसे शताब्दियों में अंतर्विवाह, धर्म-परिवर्तन तथा सामाजिक गतिशीलता ने कम कर दिया।' जस्टिस छागला ने भी इस विषय पर लिखा है—'मुसलिम पहचान के अलावा एक भारतीय पहचान भी मौजूद है। इसलिए पाकिस्तान का सभी लोगों के लिए अलग-अलग अर्थ था।' कुछ के लिए वह धर्मशास्त्र था—पाकिस्तान का मतलब क्या—'लाइल्लाह इल्लाह', यानी ईश्वर एक है और मुहम्मद उसके पैगंबर हैं। कुछ अन्य लोगों के लिए वह अपने समाज-विज्ञान को संरक्षित रखना था। बहुत से मुसलमान अपनी संस्कृति तथा भाषा के संरक्षण के विषय में चिंतित थे। इसका अर्थ था—पूरे भारत में व्याप्त हिंदू वाणिज्यिक तथा उद्यम संबंधी व्यवस्था की विद्यमानता से पलायन कर जाना। बहुत से लोगों के लिए वह हिंदू-मुसलिम संघर्ष की एक अभिव्यक्ति थी, जो सदियों से चली आ रही थी। इस प्रकार पाकिस्तान, जिसका अर्थ स्पष्ट नहीं किया गया था, ने मुसलिम लीग को भिन्न विचारों, अवधारणाओं तथा नीतियोंवाले व्यक्तियों के लिए एक संरक्षण देनेवाला संगठन बना दिया। इसके विपरीत, कांग्रेस ने धर्मनिरपेक्षता, सामाजिक न्याय और गरीबी की समाप्ति के लिए भूमि सुधार तथा आर्थिक विकास पर अपने दृष्टिकोण को सूत्रबद्ध किया। पाकिस्तान को विरासत में सामंतवाद मिला और वह अब भी रूढ़िवादी इसलाम के आधारवाली सामंती संरचना के साथ रह रहा है। 'जिन्ना इसलिए सफल हुए, क्योंकि पाकिस्तान के विचार ने पहले औपनिवेशिक स्वामियों, फिर संभावित हिंदू सत्ता से छुटकारे की उम्मीद दिखाई।'[49]

खोजा समुदाय में वाणिज्यिक चिंता सबसे अधिक थी। बंबई में हबीब अच्छा-खासा व्यापार कर रहे थे। वे खोजा मुसलमान थे। उन्होंने मुसलिम लीग को आर्थिक मदद दी और पाकिस्तान का समर्थन किया। बंबई प्रदेश कांग्रेस समिति के अध्यक्ष रतिलाल गांधी ने पाकिस्तान पर उनके दृष्टिकोण के बारे में पता लगाया। हबीब के उत्तर यथार्थवादी थे। भारत में खोजाओं को सभी प्रकार के प्रतियोगी व्यवसायियों से प्रतिस्पर्धा करनी पड़ती, जबकि पाकिस्तान में उनके एकमात्र प्रतियोगी किसान होते।

टिप्पणियाँ एवं संदर्भ

1. अकबर एस. अहमद—'जिन्ना, पाकिस्तान एंड इसलामिक आइडेंटिटी', ऑक्सफोर्ड यूनिवर्सिटी प्रेस, कराची, पृष्ठ 86
2. वही, पृष्ठ 21
3. अजीज बेग—'जिन्ना एंड हिज टाइम्स', बाबर एंड आमेर पब्लिकेशंस, कराची, 1986
4. अकबर एस. अहमद—'जिन्ना, पाकिस्तान एंड इसलामिक आइडेंटिटी'
5. वही
6. वही, पृष्ठ 43
7. वही, पृष्ठ 42-43
8. वही, पृष्ठ 46
9. तारिक अली—'कैन पाकिस्तान सरवाइव? द डेथ ऑफ ए स्टेट', पेंगुइन बुक्स, 1983, पृष्ठ 20
10. सर जॉन कमिंग—'पॉलिटिकल इंडिया', ऑक्सफोर्ड, 1932, पृष्ठ, 96, 105 और तारिक अली—'कैन पाकिस्तान सरवाइव?' का पहला अध्याय
11. अजीज बेग—'जिन्ना एंड हिज टाइम्स', पृष्ठ 104
12. रिचर्ड सिमोंड— 'द मैकिंग ऑफ पाकिस्तान', पृष्ठ 31
13. अजीज बेग—'जिन्ना एंड हिज टाइम्स', पृष्ठ 116
14. के.एल. गौबा—'द एसेसिनेशन ऑफ महात्मा गांधी', जयको पब्लिशर्स, बंबई, 1969, पृष्ठ 9
15. तारिक अली—'कैन पाकिस्तान सरवाइव? द डेथ ऑफ ए स्टेट', पेंगुइन बुक्स, 1983; अकबर एस. अहमद—'जिन्ना, पाकिस्तान एंड इसलामिक आइडेंटिटी', पृष्ठ 110
16. डॉ. जी.एच. जुल्फिकार—'पाकिस्तान : एज विजुअलाइज्ड बाइ इकबाल एंड जिन्ना'; बज्म-ए-इकबाल, लाहौर, पृष्ठ 28
17. वही, पृष्ठ 34
18. वही, पृष्ठ 23
19. अकबर एस. अहमद—'जिन्ना, पाकिस्तान एंड इसलामिक आइडेंटिटी', पृष्ठ 119
20. वी.पी. मेनन—'द ट्रांस्फर ऑफ पावर', ओरिएंट लॉन्गमैन, नई दिल्ली, 1957, पृष्ठ 83
21. अल्ताफ गौहर—'अयूब खान : पाकिस्तान्स फर्स्ट मिलिटरी रूलर', यूनाइटेड प्रेस, ढाका, पृष्ठ 19
22. लतीफ अहमद शेरवानी—'पाकिस्तान रिजॉल्यूशन टू पाकिस्तान', दया पब्लिशिंग हाउस, दिल्ली, 1985, पृष्ठ 22
23. सिकंदर हयात—'पाकिस्तान रिजॉल्यूशन रिविजिटेड', नेशनल इंस्टीट्यूट ऑफ हिस्टोरिकल एंड कल्चरल रिसर्च, इसलामाबाद, 1999, पृष्ठ 91
24. अजीज बेग—जलालुद्दीन अहमद के 'स्पीचेज एंड राइटिंग्स ऑफ जिन्ना', लाहौर से उद्धृत करते हुए, पृष्ठ 165-66
25. अजीज बेग—'जिन्ना एंड हिज टाइम्स', पृष्ठ 559

26. सिकंदर हयात—'पाकिस्तान रिजॉल्यूशन रिविजिटेड', पृष्ठ 87
27. लतीफ अहमद शेरवानी—'पाकिस्तान रिजॉल्यूशन टू पाकिस्तान', पृष्ठ 23
28. 'द ट्रिब्यून'—29 अगस्त, 1940
29. अनीता इंदर सिंह—'दि ऑरिजिन ऑफ द पार्टिशन ऑफ इंडिया—1936-47', ऑक्सफोर्ड यूनिवर्सिटी प्रेस, बंबई, 1987, पृष्ठ 75, 356
30. वही, पृष्ठ 59
31. अजीज बेग—'जिन्ना एंड हिज टाइम्स', पृष्ठ 560
32. सरफराज हुसैन मिर्जा—'मुसलिम स्टूडेंट्स एंड पाकिस्तान मूवमेंट', खंड 2, 1988, पाकिस्तान स्टडी सेंटर, यूनिवर्सिटी ऑफ पंजाब, लाहौर
33. सिकंदर हयात—'पाकिस्तान रिजॉल्यूशन रिविजिटेड', पृष्ठ 541
34. वही, पृष्ठ 542; तारिक अली—'कैन पाकिस्तान सरवाइव?', पृष्ठ 35-39
35. 'जिन्ना-गांधी टॉक्स', बुक टॉक, लाहौर, 1991 संस्करण, पृष्ठ 67
36. अकबर एस. अहमद—'जिन्ना, पाकिस्तान एंड इसलामिक आइडेंटिटी', पृष्ठ 114
37. 'मॉर्निंग न्यूज'—2 अगस्त, 1946
38. लैरी कॉलिंस और डॉमिनिक लैपियर, 'फ्रीडम एट मिडनाइट', लंदन, 1975
39. 'द स्टेट्समैन'—18 अगस्त, 1946
40. एस.जी. टेलर—'बंगाल 1942 टू द टेकओवर', 'एस.जी. टेलर पेपर्स', 1947
41. 'द डॉन'—11 अगस्त, 1946
42. 'सिंध ऑब्जर्वर'—3 अगस्त, 1946
43. 'द स्टेट्समैन'—28 मई, 1946
44. कनीज एफ. यूसुफ—'पाकिस्तान रिजॉल्यूशन रिविजिटेड', नेशनल इंस्टीट्यूट ऑफ हिस्टोरिकल एंड कल्चरल रिसर्च, इसलामाबाद, 1990, पृष्ठ 233
45. जवाहरलाल नेहरू—15 अप्रैल, 1946 को दिया गया भाषण
46. अब्दुल कलाम आजाद—'इंडिया विन्स फ्रीडम', ओरिएंट लॉन्गमैन, 1959, पृष्ठ 203
47. मुश्ताकुर रहमान—'डिवाइडेड कश्मीर', इंडियन एडिशन, बाहरी संस, नई दिल्ली, पृष्ठ 61
48. जमालुद्दीन अहमद, संपादन—'सम रिसेंट स्पीचेज एंड राइटिंग्स ऑफ मि. जिन्ना', खंड 1, लाहौर, पृष्ठ 398
49. अजीज बेग—'जिन्ना एंड हिज टाइम्स', बाबर एंड आमेर पब्लिकेशंस, 1986, इसलामाबाद, पृष्ठ 82

□

2

मुहम्मद अली जिन्ना

जिन्ना पाकिस्तान के निर्माण से पहले एक ठोस दृष्टिकोण प्रदान करने में विफल क्यों रहे? इसका उत्तर प्राप्त करने के लिए जिन्ना के जीवन का संक्षिप्त अध्ययन आवश्यक है। भारतीय उपमहाद्वीप के क्षितिज पर जिन्ना एक विचित्र और असाधारण व्यक्तित्व थे। कोई उनके बारे में अधिक नहीं जानता था। नेहरू तथा गांधी के विपरीत वह एक बहुसर्जक लेखक नहीं थे। उन्होंने 'डिस्कवरी ऑफ इंडिया' जैसी कोई पुस्तक या कोई आत्मकथा या अपनी पुत्री डिना को पत्र नहीं लिखे, जिसने इंदिरा गांधी की तरह बहुत कम आयु में अपनी माँ रत्ती को खो दिया था। जिन्ना की केवल छोटी-मोटी रचनाएँ उपलब्ध हैं, जो उनकी स्पष्ट इसलामी दृष्टि के बारे में कुछ नहीं बतातीं। वास्तव में कई लोगों ने महसूस किया कि जिन्ना एक समर्पित मुसलमान नहीं थे, जो दिन में पाँच बार नमाज अदा करता है। संभवत: स्वभाव तथा पालन-पोषण से वह इस प्रकार के एक कट्टरवादी इसलामी कमांडर की तरह नहीं बने थे।

उनकी जन्मतिथि पर अब भी विवाद है। एक पक्ष कहता है कि उनका जन्म 26 जनवरी, 1876 को कराची में हुआ था। एम.के. अकबर कहते हैं कि जिन्ना सन् 1879 के क्रिसमस को पैदा हुए थे। उनके पिता जिन्नाभाई पुंजा गुजरात से कराची जाकर बस गए थे। भारत में यह बात प्रचलित है कि जिन्ना के पूर्वज गुजराती हिंदू थे, जबकि पाकिस्तानी यह मानते हैं कि उनके पूर्वज ईरान से आए थे। उन्होंने स्वयं को 'इसपहानी' नहीं कहा, जैसा अपनी ईरानी वंशावली को प्रमाणित करने के लिए लोग कहते थे। पाकिस्तान में अन्य लोग मानते हैं कि

उनकी वंशावली राजपूत जाति में है, जिसका अर्थ है कि उनके पूर्वज हिंदू थे। कहा जाता है कि वह जाति पंजाब के साहिवाल की थी। एक समय उनके पूर्वजों ने गुजरात के समृद्ध तथा संपन्न खोजा समुदाय में विवाह कर लिया (बकौल अकबर एस. अहमद)। यह रहस्य अब भी बरकरार है। यह पाकिस्तान तथा भारत दोनों में इतिहासकारों के लिए शोध का एक उपयोगी विषय है।

जिन्ना की बहन फातिमा जिन्ना ने अल मुजाहिद द्वारा संपादित तथा सन् 1987 में प्रकाशित अपनी पुस्तक 'माई ब्रदर' में जिन्ना की जाति, अपनी मूल जड़ों पर कुछ प्रकाश डाला है।[1] यदि यह पुस्तक सन् 1948 में जिन्ना की मौत के तुरंत बाद प्रकाशित हुई होती तो काफी रहस्यों पर से परदा उठ गया होता। फातिमा जिन्ना के काफी नजदीक थीं। वह एक शिक्षित महिला थीं। कलकत्ता में मेडिकल की पढ़ाई के बाद वह दंत विशेषज्ञ बनीं और जिन्ना की सलाह पर सन् 1923 में बंबई में एक डेंटल क्लीनिक खोला। सन् 1918 में जिन्ना ने रत्तनबाई से विवाह किया। फरवरी 1929 में रत्तनबाई की मृत्यु तक फातिमा अलग रहीं। उसके बाद उन्होंने जिन्ना के घर का दायित्व सँभाल लिया और अपना क्लीनिक बंद कर दिया। सन् 1954 में हेक्टर बोलिथो की पुस्तक 'जिन्ना' के प्रकाशन के बाद उन्होंने जिन्ना के जीवन के बारे में लिखने का निर्णय किया। उनकी मृत्यु 8 जुलाई, 1967 को हुई। उनकी वह पुस्तक सन् 1987 में कायदे-आजम अकादमी, कराची द्वारा प्रकाशित की गई।

फातिमा ने जिन्ना की मूल जाति के प्रश्न को आखिरकार सुलझा दिया। वे काठियावाड़ रियासत (अब गुजरात) से संबंध रखते थे। गोंडल काठियावाड़ की राजधानी थी। जिन्ना के दादा पुंजा एक हजार लोगों की संख्यावाले एक छोटे से गाँव पनेली में रहते थे। पुंजा के पूर्वजों ने अपना पूरा जीवन पनेली में ही बिताया था। कहीं पर भी फातिमा ने उनकी संभावित ईरानी वंशावली का जिक्र नहीं किया है। वे इस्माइली खोजा समुदाय से संबंधित थे। इस समुदाय को शिया माना जाता है। अत: अब पाकिस्तान में इसे नफरत की निगाह से देखा जाता है।

खोजा हिंदू लोहाना समुदाय के वंशज हैं। खोजा एक शिया संप्रदाय इस्माइली से संबंधित हैं, जो रूढ़िवादी शिया वाद के बारह इमामों में से केवल सात इमामों को स्वीकार करता है। तुर्की में खोजा एक उपनाम है, जबकि फारसी में यह शिक्षकों, व्यापारियों आदि से संबंधित होता है। छठे इमाम के उत्तराधिकार पर एक विवाद से इस्माइली संप्रदाय की उत्पत्ति हुई। कई मुद्दों पर इस्माइली मत सुन्नी मतों से भिन्न है। इस्माइलियों के लिए एक परिपूर्ण आत्मा द्वारा स्वर्ग प्राप्त किया

जा सकता है, जबकि नरक के बारे में अनभिज्ञता है। इस्माइली बारहवीं शताब्दी में एक धर्म-प्रचारक नूरुद्दीन या नूर सतगुर (सतगुरु) द्वारा भारत आए। गुजरात में हिंदुओं द्वारा धर्म-परिवर्तन करने के बाद इस्माइलियों की संख्या बढ़ी। जैसा भारत में होता है, जल्दी ही कुछ इस्माइली धर्म-प्रचारक हिंदुत्व से प्रभावित हो गए। नूरुद्दीन के ही एक शिष्य ने समाधि की अवस्था में उसकी हत्या कर दी। एक अन्य इस्माइली धर्म-प्रचारक सुदरुद्दीन ने अपना हिंदू नाम रख लिया। सिंधी खोजा सिंध के सूमरा समुदाय से स्थानीय शत्रुता के कारण गुजरात आ गए। सन् 1255 में बगदाद के प्रसिद्ध हालाकेर ने फारस में इस्माइलियों को बड़ी संख्या में मौत के घाट उतारा।[2] सन् 1901 में बंबई के कुछ खोजाओं ने इस्माइली सिद्धांतों को त्याग दिया और रूढ़िवादी शिया पंथ को अपना लिया, जिसे 'खोजा इस्न-अशारी' के नाम से जाना जाता है। उन्होंने आरामबाग नामक एक अलग कब्रगाह बनाई, जहाँ जिन्ना की बेगम रत्तीबाई को दफनाया गया।

जिन्ना के स्कूली रिकॉर्डों से भी उनके खोजा इस्माइली होने का पता चलता है। जिन्ना का वंशवृक्ष पुंजा से आरंभ होता है। पुंजा के पूर्वजों के नाम दरशाने के लिए रिकॉर्ड मौजूद हैं। जिन्ना ने अपने पूर्वजों की वंशावली के बारे में कुछ सतही जानकारी दी। एक बार बागपत के नवाब सर जमशेद अली खान ने जिन्ना से पूछा, 'सर, भारत में खोजा व्यवसायी राजनीतिक रूप से सौम्य माने जाते हैं; आप एक मुखर राजनेता कैसे बन गए, जिसने राज (ब्रिटिश राज) तथा हिंदुओं का मुकाबला किया?' जिन्ना ने जवाब दिया, 'नवाब साहब, क्या आप नहीं जानते कि मेरे पूर्वज पंजाबी मुसलमान राजपूत थे?' दिसंबर 1976 में एक गुजराती साप्ताहिक 'शिरॉन्ग' में रसिक मेहता ने इस घटना का जिक्र किया है।[3]

एक पंजाबी मुसलमान राजपूत साहिवाल पंजाब से एक व्यापारिक यात्रा पर काठियावाड़ (गुजरात) गया। एक खोजा धर्म-प्रचारक ने इस शर्त पर जिन्ना के पूर्वज की आर्थिक मदद करने का वादा किया कि वह खोजा समुदाय की किसी लड़की से विवाह करें। बाद में जिन्ना के पूर्वज ने एक खोजा लड़की से विवाह किया और पनेली गाँव में बस गए। जिन्ना के कथन ने यह प्रमाणित किया कि वे मूल रूप से हिंदू राजपूत थे, जो धर्म-परिवर्तन द्वारा मुसलमान बने। ऐसे किसी दावे को साबित करने के लिए कोई दस्तावेजी प्रमाण नहीं हैं। पाकिस्तान में सम्मानित मुसलमान गर्व से अपनी राजपूत वंशावली के बारे में बताते हैं।

जिन्ना के पिता जिन्नाभाई पुंजा का जन्म सन् 1857 में हुआ था, जो भारतीय इतिहास का एक स्मरणीय वर्ष है। गुजराती में 'जीना' का अर्थ है—दुबला, नाटा।

इस प्रकार, उन्होंने 'जिन्नाभाई पुंजा' का नाम धारण किया। उनके दादा पुंजा के पास कुछ हथकरघे थे और वे खुरदरे हाथ से बुने हुए सूती कपड़े बनाते थे। वह पनेली गाँव के एक संपन्न व्यक्ति थे। उनके तीन पुत्र थे—वालजी, नाथू और जिन्नाभाई पुंजा तथा एक पुत्री मनबाई थी। बाद में पुंजा अपने व्यापार को विस्तृत करने के लिए गोंडल चले गए। उनके पुत्र जिन्नाभाई पुंजा ने सन् 1874 में विवाह किया। उनकी पत्नी मीठीबाई पनेली से दस मील दूर 'धफा' नामक गाँव की थीं। जिन्नाभाई पुंजा को गोंडल एक छोटी जगह लगी। उनका परिवार कराची चला गया, जहाँ वे न्यूनहम रोड पर खारादर नामक बस्ती के दो कमरोंवाले एक घर में रहने लगे, जहाँ बहुत से गुजराती परिवार रह रहे थे। उन्होंने तुरंत अच्छी अंग्रेजी सीख ली। इससे वे ग्राहम्स ट्रेडिंग कंपनी के जनरल मैनेजर के करीब आए। उनकी घरेलू भाषा गुजराती थी। बाद में पुंजाभाई ने कराची में 'जिन्ना पुंजा' नामक अपनी फर्म स्थापित की। जिन्ना आखिरी बार सन् 1940 में पनेली गए थे।

जिन्ना का जन्म

जिन्ना का जन्म 25 दिसंबर, 1876 को कराची में हुआ। जन्म के समय उनका वजन सामान्य से कम था। उनका नाम मुहम्मद अली जिन्नाभाई रखा गया। यदि उनका जन्म गुजरात में हुआ होता तो उनका नाम काठियावाड़ की मिश्रित संस्कृति के अनुरूप होता। मुहम्मद अली जिन्नाभाई जिन्नाभाई पुंजा की ज्येष्ठ संतान थे। उनके अन्य भाई-बहनों के नाम थे—रहमत अली, मरियम, अहमद अली, शीरीन, फातिमा और बुंदेह अली।

मुहम्मद अली जिन्ना को बचपन में अपनी माँ की मन्नत पूरी करने हेतु मुंडन की रस्म के लिए काठियावाड़ के गनोड गाँव में हसन पीर की दरगाह पर ले जाया गया। हसन पीर ईरान के एक इस्माइली थे, जो इसलाम का उपदेश देते थे। उन्होंने कई लोगों का धर्म-परिवर्तन इसलाम में किया था। अब भी हिंदू तथा मुसलमान अपनी मन्नत माँगने के लिए इस दरगाह पर जाते हैं। यह निश्चित रूप से एक इसलामी रिवाज नहीं है। हसन पीर की कहानी तथ्यों और कल्पना का मिश्रण है। वह एक घुमंतू संत थे, जिन्होंने अंत में पनेली गाँव को अपना निवास बनाया। एक बार भाधर नदी के तट पर गहरी समाधि के दौरान ऊँची लहरों ने उन्हें चपेट में ले लिया और उनकी मौत हो गई। उनका शव पनेली से पचास किलोमीटर दूर गनोड गाँव में मिला, जहाँ आज पीर का मकबरा है।

जिन्ना की जन्मतिथि पर विवाद विभिन्न स्कूली प्रवेश रिकॉर्डों से उत्पन्न

हुआ। जब मुहम्मद अली जिन्ना का जन्म हुआ तब कराची नगरपालिका में ऐसे रिकॉर्ड रखने की कोई प्रणाली नहीं थी। सिंद मदरेसाबुल इसलाम (कराची) के रिकॉर्ड में उनकी जन्मतिथि का उल्लेख किए बिना उनकी आयु चौदह वर्ष बताई गई है। बंबई में कुछ समय रहने के बाद वह कराची लौटे और उसी मदरसा में निम्नांकित विवरणों के साथ फिर प्रवेश लिया—

नाम	:	मुहम्मद अली जिन्ना
जन्म-स्थान	:	कराची
जन्मतिथि	:	20 अक्तूबर, 1875
जाति	:	खोजा

मुहम्मद अली जिन्ना ने छठी कक्षा के विद्यार्थी के रूप में क्रिश्चियन मिशन स्कूल में जब प्रवेश लिया, तब स्कूली रजिस्टर में उनकी जन्मतिथि 20 अक्तूबर, 1875 थी। उन्होंने स्वयं 'मुहम्मद अली जिन्नाभाई' के रूप में प्रवेश-पत्र पर हस्ताक्षर किए। जनवरी 1883 में वे लंदन के लिए रवाना हुए। वहाँ उन्होंने कानून की पढ़ाई की। काउंसिल ऑफ लिंकन इन के रजिस्टर में तब उनकी आयु उन्नीस वर्ष बताई गई और काउंसिल ने अपना नाम मुहम्मद अली जिन्नाभाई से बदलकर मुहम्मद अली जिन्ना करने की जिन्ना की याचिका स्वीकार कर ली।

इन सभी विरोधाभासों पर एम.ए. हैरिस ने 'कायदे-आजम्स बर्थडे' शीर्षक लेख लिखा, जो 5 सितंबर, 1954 को 'सिविल एंड मिलिटरी गजेट' में प्रकाशित हुआ। उसके अनुसार, जिन्ना की वास्तविक जन्मतिथि 20 अक्तूबर, 1875 थी।

सरोजिनी नायडू, जो जिन्ना के बहुत नजदीक थीं, ने 'मुहम्मद अली जिन्ना : एन एंबेसडर ऑफ यूनिटी' की प्रस्तावना में उल्लेख किया है कि जिन्ना का जन्म 25 दिसंबर, 1875 को हुआ था। सन् 1939 से जिन्ना का जन्मदिन सार्वजनिक रूप से 25 दिसंबर को मनाया जाता था। जिन्ना ने साप्ताहिक 'अंजुमन' (दिल्ली) के 30 अप्रैल, 1946 के पत्र के जवाब में यह स्पष्ट किया कि उनका जन्म 25 दिसंबर, 1875 को भोर में हुआ था।[4]

आरंभिक वर्षों में मुहम्मद अली जिन्नाभाई पढ़ने में होशियार नहीं थे। उन्हें एक निजी शिक्षक द्वारा घर में गुजराती भाषा पढ़ाई जाती थी। बाद में उन्होंने स्थानीय मदरसा में प्रवेश लिया। फिर पढ़ाई के लिए वह बंबई गए, जहाँ पुंजाभाई की बहन मनबाई रहती थीं। वहाँ जिन्ना अधिक समय तक नहीं रहे। कराची लौटने के बाद उन्होंने घुड़सवारी सीखी, क्योंकि उनके पिता के पास कई घोड़े थे।

मात्र पंद्रह वर्ष की आयु में ग्राहम ट्रेडिंग कंपनी ने जिन्ना को अपने लंदन स्थित कार्यालय में तीन वर्ष तक प्रशिक्षु के रूप में रखने का प्रस्ताव रखा। लंदन जाने से पहले जिन्ना ने पनेली की मात्र चौदह वर्ष की एक खोजा लड़की एमीबाई से विवाह किया। यह उनका अपना निर्णय नहीं था। यह विवाह उनके अभिभावकों द्वारा तय किया गया था। एक विशाल बारात कराची से पनेली गाँव गई। विवाह समारोह का नेतृत्व ड्रमवादक कर रहे थे। महिलाएँ भी समारोह में शामिल थीं, जो गुजराती विवाह गीत गाती हुई रास्ते भर चावल छिड़कती जा रही थीं। यह एक पारंपरिक गुजराती हिंदू रिवाज था। जिन्ना एमीबाई को वहीं छोड़कर लंदन चले गए।

जिन्ना का घरेलू नाम ममद था। यह दावा किया जाता है कि जिन्ना की माँ मीठीबाई ने जिन्ना के दाहिने तलवे में एक रुपए के आकार का जन्मचिह्न देखा था। उन्होंने उसका अर्थ जिन्ना के कैरियर में उन्नति के रूप में लगाया था। मीठीबाई ने कहा था, 'मेरा बेटा राजा बनेगा।' एक ज्योतिषी ने जिन्ना की हथेली देखकर कहा था कि एक महान् भविष्य उनका इंतजार कर रहा है।[5]

लंदन में, जिन्ना ने अपने वैयक्तिक खर्चों पर अंकुश लगाते हुए एक सादगी भरा जीवन व्यतीत किया और कभी भी कोई ऐसा कार्य नहीं किया, जो उनकी पारिवारिक परंपराओं के खिलाफ हों। उन्होंने क्रिसमस के दिन अपनी मकान मालकिन की बेटी मिस ड्रेक का चुंबन का प्रस्ताव अस्वीकार कर दिया। जिन्ना का यह अनूठा चरित्र हमेशा कायम रहा। उन्होंने एक बैरिस्टर बनने का निर्णय लिया और लिंकन्स इन में प्रवेश लिया।

जिन्ना जब लंदन में थे, तभी उनकी पत्नी एमीबाई की मृत्यु हो गई। बाद में उन्हें बुंदेह अली के जन्म के समय अपनी माँ की मृत्यु की खबर मिली। युवा जिन्ना के लिए यह आघात असहनीय था। लंदन में वह अकसर अध्ययन के लिए ब्रिटिश म्यूजियम जाते थे और ग्लैडस्टोन, लॉर्ड मॉर्ले, चैंबरलेन, बैल्फर तथा अन्य प्रसिद्ध राजनेताओं के भाषण सुनने के लिए हाउस ऑफ कॉमन्स जाते थे। उन्होंने इन नेताओं के संसदीय भाषण की शैली को आत्मसात् किया, जो भविष्य में उनके लिए लाभदायक सिद्ध हुई।

क्या जिन्ना शिया थे?

खोजा इस्माइली संप्रदाय के शिया होते हैं। जन्म के अनुसार जिन्ना इस्न-अशारी इस्माइली संप्रदाय के शिया थे। सन् 1948 में जिन्ना तथा 1968 में फातिमा

की मृत्यु के बाद जिन्ना की संपत्ति तथा वसीयत के उत्तराधिकार का मामला उठ खड़ा हुआ। 24 सितंबर, 1948 को फातिमा तथा लियाकत अली ने कराची उच्च न्यायालय में एक संयुक्त याचिका दाखिल करके शिया उत्तराधिकार कानून के अनुसार जिन्ना की वसीयत सौंपने का अनुरोध किया। फिर 6 फरवरी, 1968 को फातिमा की मौत के बाद फातिमा की बहन शीरीन बाई ने शिया उत्तराधिकार कानून के अनुसार फातिमा की संपत्ति पर अपना दावा पेश किया। वह कराची से बंबई आ गई।

जिन्ना तथा फातिमा का अंतिम संस्कार शिया व सुन्नी दोनों परंपराओं के अनुरूप किया गया—निजी रूप से शिया तरीके से और सार्वजनिक रूप से सुन्नी तरीके से। जिन्ना की मृत्यु के बाद एक शिया सईद अनीसुल हुसैन ने कैद के 'गुस्ल' का इंतजाम किया और गवर्नर जनरल निवास के एक कमरे में एक निजी नमाज-ए-जनाजा का प्रतिनिधित्व किया। उसके बाद देवबंद स्कूल के शिया-विरोधी एक मौलवी शबीर अहमद उस्मानी ने सुन्नी रिवाजों के अनुसार जनाजे की रस्में अदा कीं। फातिमा जिन्ना की मौत के बाद भी ऐसी ही प्रक्रियाओं का अनुसरण किया गया। उनके निवास से 'अलम' तथा 'पंजा' जैसे शिया प्रतीक प्राप्त हुए।

फातिमा द्वारा छोड़ी गई मुख्य संपत्ति थी मोहत्ता महल, जो उन्होंने बंबई में जिन्ना के मलाबार हिल के घर के बदले में प्राप्त किया था। उसे अब भी 'जिन्ना हाउस' कहा जाता है। सन् 1993 में मोहत्ता महल को छह करोड़ अठारह लाख रुपए में बेचा गया। यह राशि सिंध उच्च न्यायालय में जमा है। अदालती मामलों का निपटारा अभी तक नहीं हुआ है।[6]

राजनीतिक कारणों से जिन्ना ने आधिकारिक रूप से अपनी सांप्रदायिक पहचान सार्वजनिक नहीं की थी। उत्तराधिकार के मुसलिम कानून के तहत सांप्रदायिक पहचान महत्त्वपूर्ण है। सभी महत्त्वपूर्ण मामलों पर अस्पष्टता जिन्ना का ट्रेडमार्क था। जिन्ना हाउस पर अब जिन्ना की पुत्री दीना दावा कर रही हैं। चूँकि अब वह पारसी हैं, इसलिए संभवत: उत्तराधिकार पर उनका दावा कमजोर हो गया है।

जिन्ना ने कई भाषणों में हिंदू जाति-व्यवस्था की आलोचना की है। उन्होंने कभी इसलाम में मतवाद की बात नहीं की। इसलाम में किसी पंथ से ताल्लुक रखना अनिवार्य है। कोई मुसलमान पंथरहित नहीं हो सकता; जबकि ऐसे हिंदू हैं, जो किसी जाति विशेष से संबंध रखने से इनकार करते हैं। हिंदू पर्सनल लॉ में जाति की कोई अहमियत नहीं है।

जिन्ना का कैरियर

जिन्ना शुरू से ही एक महत्त्वाकांक्षी व्यक्ति थे। वह गंभीरता से यह मानते थे कि वह महानता हासिल करेंगे। उन्होंने इंग्लैंड के लिए रवाना होने से पहले अपनी चचेरी बहन फातिमा गंजी वाल्जी से कहा था, 'मैं इंग्लैंड से एक महान् व्यक्ति की तरह लौटूँगा और तब केवल तुम्हें या हमारे परिवार को ही नहीं, पूरे देश को मुझ पर गर्व होगा।'[7] पिता का व्यवसाय उनकी प्राथमिकता में नहीं था। हालाँकि वह बिजनेस मैनेजमेंट का अध्ययन करने तथा व्यापार की बारीकियों को सीखने के लिए इंग्लैंड गए थे; लेकिन जल्द ही वह वकालत के प्रति आकर्षित हो गए। कानून के लिए उनका प्रेम वास्तव में पहली नजर का प्रेम था।

इंग्लैंड में उन्होंने शेक्सपियर को पढ़ा। वह शेक्सपियर से संबंधित एक थिएटरिकल कंपनी में शामिल होने का निर्णय लगभग कर चुके थे; परंतु उनके पिता को यह विचार पसंद नहीं आया। थिएटर के प्रति उनका यह आकर्षण अधिक दिनों तक नहीं रहा। अभिनय उनकी कानूनी वकालत् तथा सार्वजनिक जीवन का एक हिस्सा था। प्रत्येक गुजराती की तरह वह धीमी आवाज में मृदुलता से बोलते थे। सार्वजनिक भाषणों में वह नाटकीय मुद्राओं का सहारा लेते थे, जो उन्होंने जरूर अपनी युवावस्था के अभिनय के शौक से प्राप्त किया होगा।[8]

लंदन में जिन्ना नियमित रूप से कानून की अपनी कक्षाओं में जाते थे और खाली समय में पुस्तकालय या संसदीय कारवाई देखने के लिए हाउस ऑफ कॉमन्स में जाना पसंद करते थे। सादा तथा आडंबरहीन जीवन व्यतीत करने के कारण वे कभी भी 'सिहरानेवाला पिकेडली सर्कस देखने नहीं जाते थे, साथ ही सोहो की बदनाम गलियों में घूमना-फिरना या कबूतरोंवाले ट्राफलगर स्क्वायर में समय बिताना पसंद नहीं करते थे।' उन्होंने लिंकन्स इन में प्रवेश लिया, क्योंकि वहाँ मुख्य द्वार पर विश्व के महान् कानून-निर्माताओं की सूची में पैगंबर मुहम्मद का नाम भी शामिल किया गया था।[9]

जिन्ना का कानूनी कैरियर

जिन्ना सन् 1896 में भारत लौटे। तीन वर्षों तक उनके पास कोई मुकदमा नहीं था। पहला ब्रेक उन्हें तब मिला जब एक अस्थायी प्रेसिडेंसी मजिस्ट्रेट के रूप में उन्हें नियुक्ति मिली। इसने एक ऐसे व्यक्ति के रूप में उन्हें प्रतिष्ठित किया, जो जटिल मामलों को सरल तरीके से निपटा सकता था। 'वह एक सतर्क मजिस्ट्रेट थे, जो कानूनी विवरणों पर विशेष ध्यान देते थे।' जल्द ही वह एक अत्यंत सफल

वकील बन गए। शांत तथा निर्विकार रहनेवाले जिन्ना में विनोदप्रियता भी थी। इस संदर्भ में कुछ किस्से उल्लेखनीय हैं—

एक बार जस्टिस मार्टिन ने जिन्ना से कुछ ऊँचा बोलने का अनुरोध किया। जिन्ना ने जवाब दिया, 'मैं एक बैरिस्टर हूँ, अभिनेता नहीं।' जज ने एक बार फिर जिन्ना को अपनी आवाज ऊँची करने के लिए टोका। जिन्ना ने कहा, 'यदि आप अपने सामने से पुस्तकों का वह ढेर हटा दें तो शायद आप मेरी आवाज सुन सकेंगे।' एक बार जस्टिस डेविस को कोर्टरूम में शोरगुल सुनाई दिया। वह दरवाजों को बंद करवाना चाहते थे। जिन्ना ने यह कहकर विरोध किया कि न्याय का दरवाजा खुला रखना चाहिए।[10]

जस्टिस डावर को, लोकमान्य तिलक को छह वर्ष के कठिन कारावास की सजा देने के बाद, 'नाइटहुड' उपाधि प्राप्त हुई। जिन्ना यह मानते थे कि यह उपाधि डावर को सरकार के इच्छित कार्यों को करने के लिए प्राप्त हुई है। उन्होंने इस सजा को क्रूर बताया।[11] उन्होंने जस्टिस डावर के सम्मान में दिए गए भोज का बहिष्कार किया।[12] वह भारतीय राष्ट्रवाद के लिए किए गए कार्यों के कारण तिलक के बड़े प्रशंसक थे। उस समय वह धार्मिक भेदभाव से दूर थे।

समकालीन कानूनी दिग्गजों ने उनके इस साहस की काफी प्रशंसा की।

> 'न्यूनतम प्रयासों से अधिकतम परिणाम प्राप्त करना कारीगरी की निशानी है। जिन्ना अपने शिल्प में निष्णात हैं। वह मुकदमे की गहराई में जाना पसंद करते हैं, किसी मामले की अनिवार्यताओं को बताने का उनका तरीका उत्कृष्ट है। जब वह बोलते हैं तो अदालत में एक वातावरण निर्मित हो जाता है। जूनियर इस लंबे, सुव्यवस्थित व्यक्ति की प्रत्येक गतिविधि के बारे में जानने के लिए आगे की ओर झुके रहते हैं, वरिष्ठ कानूनी सलाहकार तन्मयता से सुनते हैं और जज का पूरा ध्यान जिन्ना की ओर होता है।'[13]

स्वभाव तथा झुकाव की दृष्टि से जिन्ना कानून तथा संविधान के प्रति समर्पित थे। बाद में पाकिस्तान के लिए उनका आंदोलन बड़े पैमाने पर मामले के कानूनी तथा संवैधानिक प्रतिपादन पर आधारित था। 'वह भावनाओं से दूर तथा एक ठंडे व्यक्ति थे और कानून व राजनीति के अलावा उनका कोई अन्य शौक नहीं था। उन्होंने पूरे जीवन में कभी कोई गंभीर पुस्तक नहीं पढ़ी। वह केवल अखबार, मुकदमों तथा कानून की पुस्तकों का अध्ययन करते थे।'[14] वह एक डायरी तक रखने की जरूरत महसूस नहीं करते थे।[15]

अपनी पत्नी की मृत्यु के बाद जब वह कुछ वर्षों तक लंदन में रहे और कानून की प्रैक्टिस आरंभ की तब वह पश्चिमी परिधानों पर काफी खर्च करते थे; एक अंग्रेज शोफर तथा इंग्लिश स्टाफ रखते थे। गुजराती होने के कारण उन्हें कढ़ी-चावल बहुत पसंद था। वह सिर्फ बिलियड्र्स खेल में रुचि रखते थे। अपने कानूनी कैरियर में उन्होंने आत्मनिर्भर जीवन व्यतीत करने के लिए पर्याप्त धन अर्जित किया।[16]

सन् 1939 में उन्होंने अपनी वसीयत तैयार की। वसीयत के अनुसार फातिमा जिन्ना प्रमुख उत्तराधिकारी थीं। उन्होंने अपनी बेटी दीना के लिए भी पर्याप्त संपत्ति रखी। वे अलीगढ़ मुसलिम विश्वविद्यालय को नहीं भूले, जिसने 'पाकिस्तान की नींव रखने में मदद की।'[17]

एक वकील के रूप में वह उत्कृष्ट बहस करते थे और साहस व धैर्य से वरिष्ठ वकीलों का सामना करते थे। यहाँ एक मामले का उल्लेख करना उचित होगा। जम्मू-कश्मीर के एक पुलिस अधिकारी मिर्जा मेहर अली को एक विधवा से इद्दत की अवधि, यानी तीन वर्षों की मुद्दत, पूरा होने से पहले विवाह करने के जुर्म में एक निचली अदालत ने पाँच वर्षों के कारावास की सजा दी। इसलामी कानून में ऐसा विवाह वैध नहीं है। जिन्ना कागजात तथा मुकदमे के दस्तावेजों के साथ अदालत के सामने प्रस्तुत हुए। उन्होंने अभियोग पक्ष द्वारा प्रमाणित विवाह की तिथि तथा समय को मान लिया। उन्होंने यह तर्क उपस्थित करके लोगों को हैरान कर दिया कि मुसलिम कानून के तहत ईसाई कैलेंडर की कोई अहमियत नहीं है। मुसलिम लुनार कैलेंडर के अनुसार इद्दत की समाप्ति के कुछ घंटों पश्चात् यह विवाह हुआ था। उनके केवल इस एक तर्क से अभियोग पक्ष की धज्जियाँ उड़ गईं।[18]

जिन्ना के कानूनी ज्ञान का एक अन्य उदाहरण है भोपाल वक्फ मामला। स्कॉलरशिप के पुरस्कारों के लिए जनरल अब्दुल्ला खान द्वारा एक वक्फ बनाया गया था। अब्दुल्ला के निधन के बाद उनके उत्तराधिकारियों ने वक्फ को रद्द कर दिया। इस मामले के लिए जनरल अब्दुल्ला के उत्तराधिकारियों ने सर तेज बहादुर सप्रू की सेवाएँ लीं। राज्य ने जिन्ना को नियुक्त किया। सर तेज बहादुर सप्रू ने कानूनी पुस्तकों तथा नियमों से उद्धरण देते हुए तीन दिनों तक बहस की। चौथे दिन की सुनवाई में जिन्ना एक पतली सी फाइल तथा एक उर्दू पुस्तक के साथ अदालत में पहुँचे। उन्होंने खड़े होकर कहा कि इस मामले की सुनवाई तथा निर्णय करने का अधिकार अदालत को नहीं है। उन्होंने जज के सामने वह उर्दू पुस्तक पेश की।

भोपाल के एक पुराने कानून के अनुसार, एक लाख या उससे अधिक की राशि से संबंधित सभी मामलों पर न्याय करने से अदालतों को मना किया गया था। ऐसे मामलों का निर्णय स्वयं शासक को करना था। यह विशिष्ट एक्ट न तो कभी दोहराया गया था, न संशोधित किया गया था और न ही हटाया गया था। सर तेज बहादुर सप्रू ने अपनी हार कुबूल कर ली।[19]

जिन्ना की ईमानदारी तथा सत्यनिष्ठा

जिन्ना के पूरे जीवन-काल के दौरान उनकी ईमानदारी पर कोई प्रश्नचिह्न नहीं लगा। उन्होंने मुसलिम लीग उम्मीदवारों को कभी विपक्षी उम्मीदवारों को खरीदने की अनुमति नहीं दी। उस समय एक वकील के रूप में उनकी फीस प्रति सुनवाई पाँच सौ रुपए थी। एक मुवक्किल ने पाँच हजार रुपए अग्रिम जमा करा दिए थे। तीसरी सुनवाई के बाद मुवक्किल के पक्ष में मुकदमे का फैसला हो गया। मुवक्किल खुश था। वह अपनी रकम के बारे में भूल चुका था। जिन्ना ने उसे बुलाकर अपनी फीस से बचे हुए उसके साढ़े तीन हजार रुपए वापस कर दिए।[20]

एक हजार रुपए के नोटों का प्रचलन समाप्त होने के बाद एक तस्कर ने मुसलिम लीग को योगदान के रूप में दस लाख रुपए देने का प्रस्ताव रखा। किंतु जिन्ना ने यह प्रस्ताव अस्वीकार कर दिया और तस्कर को अपनी जमा संपत्ति घोषित करने तथा कर अदा करने के लिए कहा। उन्होंने उससे कहा, 'हमें तुम्हारे काले धन का एक आना भी नहीं चाहिए।' गवर्नर जनरल के रूप में वह एक रुपया से अधिक वेतन नहीं लेते थे।

जब वह गवर्नर जनरल के रूप में कार से बाहर निकलते थे तब चौराहे पर लाल बत्ती होने पर उनकी कार भी रुक जाती थी। यह जुल्फिकार अली भुट्टो के स्वभाव के विपरीत था, जो समझते थे कि ट्रैफिक की लाल बत्तियाँ सिर्फ आम नागरिकों के लिए होती हैं। जिन्ना ने लोगों की माँग के बावजूद अपने पारसी पुलिस सुरक्षा अधिकारी को बदलने की अनुमति नहीं दी।

जिन्ना ने जनता को प्रभावित करने के लिए अपनी विवादास्पद जीवन-शैली में कोई बदलाव नहीं किया। उन्होंने सभी प्रकार के कट्टरवाद को उपेक्षित किया, तब भी जब वह उनकी जीवन-शैली में हस्तक्षेप करता था। जब वह वायसराय से मिलने शिमला गए तो उन्होंने एक सफेद हैट पहन रखा था, जिसे उन्होंने मुसलिम समर्थकों के अनुरोध करने पर भी हटाने से इनकार कर दिया। उन्होंने कहा, 'मैं पाखंडी नहीं हूँ।'

एक बार मुसलमानों के उपवासवाले रमजान के पवित्र माह में नई दिल्ली में विधानसभा से बाहर आते समय वह सिगरेट पी रहे थे। इस बात की ओर ध्यान आकर्षित कराए जाने पर उन्होंने वही जवाब दिया। तीसरी श्रेणी के रेलवे कंपार्टमेंट से गांधी की यात्रा को उन्होंने 'सस्ती लोकप्रियता पाने के लिए ढोंगी व्यवहार किया गया' करार दिया। वह सरोजिनी नायडू के इस कथन से सहमत थे—'महात्मा को गरीबी की स्थिति में रखने की कीमत देश को चुकानी पड़ रही है।' उन्होंने कहा कि संगमरमर के महल में गांधी का आमरण अनशन उसी तरह है जैसे सूली पर चढ़ने के लिए रॉल्स रॉयस में बैठकर ईसा मसीह का जाना।[21]

लेकिन पाकिस्तान की प्राप्ति के लिए उन्होंने विरोधाभासी कथनों द्वारा पाखंड का सहारा लिया। उनकी सबसे बड़ी नाइनसाफी और बेईमानी भारतीय मुसलमानों के लिए थी, जिन्हें पाकिस्तान के निर्माण के बाद अपने जीवन-यापन का प्रबंध स्वयं करने को कहा गया। उन्होंने अपने बंबईवाले मकान को बेचा नहीं, बल्कि उसके बदले अपनी बहन फातिमा को कराची में एक मकान दिया। उन्होंने मुसलमानों में एकता बनाए रखने के लिए विभिन्न गुटों से अलग-अलग वादे किए। उनका सबसे बड़ा पाखंड सार्वजनिक रूप से अपने हिंदू अतीत से इनकार करना था; जबकि व्यक्तिगत रूप से उन्होंने स्वीकार किया था कि उनके पूर्वज पंजाब के राजपूत थे।

रत्ती से प्रेम

जिन्ना अपनी जिंदगी में सिर्फ एक बार सार्वजनिक रूप से बच्चे की तरह रोए, जब उनकी पत्नी रत्ती का देहांत हुआ; अन्यथा वह एक अनासक्त और निर्लिप्त व्यक्ति थे। लंदन प्रवास के दौरान जब उन्होंने अपनी पहली पत्नी एमी बाई की मृत्यु के बारे में सुना तब भी वह नहीं रोए। फातिमा को छोड़कर किसी अन्य भाई-बहन से उनकी नजदीकी का कोई संदर्भ या तथ्य नहीं मिलता है। रत्ती की मृत्यु के बाद वह कभी भी भावनात्मक रूप से किसी महिला के करीब नहीं आए। एक प्रकार से वह एक निर्लिप्त योगी की तरह थे।

रत्तनबाई (रत्ती) का जन्म 20 फरवरी, 1900 को तब हुआ था, जब जिन्ना खुद को एक वकील के रूप में स्थापित करने के लिए संघर्ष कर रहे थे। वे सन् 1916 में एक-दूसरे से मिले। सोलह वर्ष की आयु में रत्ती कविताएँ लिखने में निष्णात हो गई थी। सन् 1911 में उसके पिता ने उसे टेनीसन की संपूर्ण रचनावली उपहार में दी थी। जिन्ना दार्जिलिंग में सर दिनशॉ पेटिट, लेडी पेटिट और उनकी

बेटी रत्ती के साथ छुट्टियाँ मना रहे थे। जिन्ना और रत्ती एक-दूसरे से प्रेम करने लगे। किंतु रत्ती के माता-पिता को यह स्वीकार नहीं था।[22] उस समय रत्ती नाबालिग थी। इस संबंध को विकसित होने से बचाने के लिए सर दिनशॉ ने दो वर्षों तक रत्ती को जिन्ना से अलग रखा। पर रत्ती ने अठारह वर्ष की आयु में अपना घर छोड़ दिया और 16 अप्रैल, 1918 को इसलाम ग्रहण करने के बाद बंबई की जामा मसजिद में जिन्ना से विवाह कर लिया। 19 अप्रैल को 'द स्टेट्समैन', 'द टाइम्स ऑफ इंडिया' तथा अन्य समाचार-पत्रों में निम्नलिखित समाचार प्रकाशित हुआ—

> 'सर दिनशॉ पेटिट की एकमात्र पुत्री सुश्री रत्तनबाई ने कल इसलाम ग्रहण कर लिया और आज श्री एम.ए. जिन्ना से उनका विवाह हो गया। जिन्ना तथा रत्तनबाई का विवाह 16 अप्रैल, 1918 को हुआ।'

कई चीजों की बाध्यता के कारण रत्ती को इसलाम कुबूल करना पड़ा। उन दिनों सिविल मैरेज एक्ट में यह प्रावधान था कि उसके तहत विवाह करनेवालों को यह प्रमाणित करना होगा कि वे किसी धर्म से संबंध नहीं रखते।[23] जिन्ना ऐसा कैसे कर सकते थे? वह तब इंपीरियल लेजिस्टेलिव काउंसिल में मुसलिम विधानसभा क्षेत्र का प्रतिनिधित्व कर रहे थे। यदि वह सिविल मैरेज एक्ट के अंतर्गत विवाह करना चाहते तो उन्हें काउंसिल में अपनी सीट से त्यागपत्र देना पड़ता। परंतु रत्ती ने अपना धर्म बदलकर एक बड़ा त्याग करते हुए इस समस्या का समाधान निकाला। उसका धर्म-परिवर्तन केवल ऊपरी था, क्योंकि उसने अपनी पोशाक या दृष्टिकोण में कोई परिवर्तन नहीं किया था।

सर दिनशॉ पेटिट ने जिन्ना के खिलाफ अपनी बेटी को बहकाने के आरोप में अदालत में अपील की। जब यह मामला सुनवाई के लिए अदालत के सामने आया तो अदालत के पूछने पर जिन्ना कुछ कहते, इससे पहले रत्ती सामने आई और कहा, 'सर, जिन्ना ने मुझे नहीं बहकाया, वास्तव में मैंने उन्हें बहकाया है। इसलिए कोई मामला नहीं बनता है। उन्हें तुरंत सभी आरोपों से मुक्त किया जाना चाहिए।' अदालत यह सुनकर भौंचक्की रह गई। पिता का मनोबल गिर गया। माँ स्तब्ध रह गई और जिन्ना को मुसकराते हुए देखा गया।[24]

उक्त दंपती ने अपना हनीमून नैनीताल में मनाया। उनकी पुत्री दीना का जन्म 14 अगस्त, 1919 को इंग्लैंड में हुआ। रत्ती को स्टाइलिश पोशाकों, अधिकतर पाश्चात्य पोशाकों का बहुत शौक था और वह हाई सोसाइटी की पार्टियों में जिन्ना के साथ शरीक होती थी। जिन्ना ने कभी उसपर कोई प्रतिबंध लादने का प्रयास नहीं किया। रत्ती का बोलने का अंदाज भी अलग ही था—व्यंग्यपूर्ण, परंतु कटु

नहीं। जब उसने भारतीय तरीके से लॉर्ड चेम्सफोर्ड का अभिवादन किया तो चेम्सफोर्ड ने उसे वह करने को कहा, जो रोमन रोम में करते हैं। उसका जवाब था, 'मैंने बिलकुल ऐसा ही किया, योर एक्सीलेंसी। मैंने भारत में भारतीय तरीके से आपका अभिवादन किया।'

एक अन्य अवसर पर लॉर्ड रीडिंग ने रत्ती को बताया कि वह किस तरह जर्मनी जाना चाहते थे। रत्ती ने पूछा, 'योर एक्सीलेंसी, फिर आप वहाँ क्यों नहीं गए?' लार्ड रीडिंग ने कहा, 'जर्मन हमें पसंद नहीं करते, इसलिए मैं वहाँ नहीं जा सकता।' इसपर रत्ती ने व्यंग्यपूर्ण तरीके से कहा, 'फिर आप भारत कैसे आए?' इस सवाल ने लॉर्ड रीडिंग को बातचीत का विषय बदलने पर मजबूर कर दिया।

एक बार रत्ती की रुचि ज्योतिष विज्ञान में हुई। संभवत: वह अपने भविष्य को लेकर अधिक आश्वस्त नहीं थी। भविष्यवाणी करनेवाली एक आयरिश महिला हार्कर ने रत्ती को देखने के बाद सरोजिनी नायडू से कहा, 'मैं एक पीड़ादायी व दुर्भाग्यपूर्ण संकेत देख रही हूँ। मैं अपनी आँखों के सामने इस खूबसूरत बच्ची की मौत देख रही हूँ। दस वर्षों के बाद उसके जन्मदिन पर उसकी मौत होगी।' यह भविष्यवाणी बिलकुल सच निकली।[25]

बंबई में जिन्ना के बहुत से हिंदू मित्र थे। उनमें से एक थे कांजी द्वारकादास, जो जिन्ना तथा रत्ती के काफी करीब थे। उन्होंने जिन्ना पर एक पुस्तक लिखी। उन्होंने रत्ती का वर्णन 'सबसे नरम दिल, सबसे कुलीन तथा सबसे उदार' कहकर किया है।[26] वह कविता, कला तथा उन सभी चीजों से प्यार करती थी, जो जीवन में श्रेष्ठ तथा सुंदर हों। समाज में वेश्यावृत्ति जैसी बुराइयाँ देखकर उसे दु:ख होता था। वह बिल्ली, कुत्तों तथा घोड़ों आदि जानवरों पर किए जानेवाले अत्याचार को बरदाश्त नहीं कर सकती थी। वह जिद्दी थी। जब उसकी अंग्रेज शिक्षिका ने उसके बाल पकड़कर उसे गिरा दिया तो उसने शिक्षिका को बेंत से पीटा था।[27] 'द वाइसरायज वाइफ' नामक पुस्तक से उद्धृत करते हुए उस महिला ने लिखा कि रत्ती आगे तथा पीछे से कमर पर कटी हुई तंग पोशाक पहनती थी, जिसकी बाजुएँ नहीं होती थीं। उसकी पोशाक रूढ़िवादी मुसलमानों के लिए चुनौती थी।

वह किसी भी परिस्थिति का मजाक उड़ा सकती थी। कश्मीर में उसे एक फॉर्म में अपनी यात्रा का उद्देश्य स्पष्ट करना था। उसने लिखा—'यहाँ आने का उद्देश्य राजद्रोह फैलाना है।' केवल रत्ती ही ऐसा कर सकती थी।

जब जिन्ना ने रत्ती से विवाह किया तो उनकी आयु बयालीस वर्ष थी। रत्ती के लिए जिन्ना का प्रेम बाह्य नहीं, बल्कि आंतरिक था। उसकी मौत के बाद

उन्नीस वर्षों तक वह एक अनुशासित विधुर की तरह रहे; रत्ती का कोई विकल्प तलाश करने का प्रयास उन्होंने नहीं किया। उन्होंने कभी रत्ती को पोशाक या किसी अन्य मामले में इसलामी रीति-रिवाजों का पालन करने के लिए बाध्य नहीं किया। इतिहास में जिन्ना हमेशा एक ऐसे महान् प्रेमी के रूप में याद किए जाएँगे, जिन्होंने इसके बारे में कोई डींग नहीं हाँकी। इसमें वह वास्तव में गांधी और नेहरू से अलग थे।

रत्ती एक निश्चिंत और सामाजिक महिला थी। इससे कपूरथला के राजा के एक भतीजे ने गलत अर्थ लगा लिया। वह रोज उसका पीछा करने लगा। एक बार उसकी हरकतों से तंग आकर रत्ती ने उसका सामना करने का निर्णय किया। वह उसके करीब आई और उसे इस नजर से देखा कि वह व्यक्ति अपनी हरकतों से बाज आ गया। वह एक शराबी बन गया और बाद में उसकी मृत्यु हो गई।[28]

रत्ती को चाट और कबाब बहुत पसंद थे। वह शिमला तथा बंबई के मध्य वर्गीय स्नैक बारों में उसे खाना पसंद करती थी। यह जिन्ना को पसंद नहीं था; पर उन्होंने कभी उसे ऐसे स्थानों पर जाने से मना नहीं किया। वह आदत से काफी फिजूलखर्च थी। एक बार उसने श्रीनगर में एक हाउसबोट की सजावट में पचास हजार रुपए खर्च कर दिए।

जिन्ना तथा रत्ती में स्वभावगत मतभेद थे। जनवरी 1928 में वे दोनों अलग हो गए। 3 अप्रैल, 1928 को जिन्ना इंग्लैंड चले गए और एक सप्ताह बाद रत्ती भी उनके पास चली गई। लेकिन कुछ दिन बाद वह फिर से जिन्ना को छोड़कर पेरिस में रहने लगी। सन् 1928 के मध्य में वह पेरिस में गंभीर रूप से बीमार पड़ गई। उससे तलाक के बावजूद जिन्ना उसकी देखभाल के लिए पेरिस जाते रहे। ठीक होने के बाद वह बंबई आकर अपनी माँ के साथ रहने लगी। कुछ दिनों बाद वह फिर बीमार हो गई। 19 फरवरी, 1929 को वह कोमा में चली गई और 20 फरवरी को चल बसी, जो उसका जन्मदिन भी था। जिस समय उसकी मृत्यु हुई, जिन्ना दिल्ली में थे। रत्ती से जिन्ना के विवाह के बाद पहली बार दिनशॉ पेटिट ने जिन्ना को फोन किया और उसकी मृत्यु की खबर को छिपाते हुए उसकी गंभीर अवस्था की जानकारी दी। 22 फरवरी को रत्तीबाई को आरामबाग के एक शिया कब्रगाह में दफना दिया गया।[29]

'जब रत्ती के शव को कब्र में डाला जा रहा था तो वह एकाएक टूट गए और एक बच्चे की तरह रोने लगे।'[30] एम.सी. छागला, जिन्होंने अंतिम संस्कार में हिस्सा लिया था, ने कहा, 'इतनी युवा तथा खूबसूरत महिला को मौत के आगोश में

देखना वास्तव में एक हृदयविदारक दृश्य था।'

रत्ती की मृत्यु के वास्तविक कारण के संबंध में कोई आधिकारिक तथ्य नहीं है। एक तथ्य यह था कि वह आंत्रशोथ (कोलाइटिस) की रोगी होने के कारण नींद की गोलियाँ लेने की आदी थी। कोमा में जाने से पहलेवाली शाम को उसने संभवत: आत्महत्या के लिए अधिक मात्रा में नींद की गोलियाँ ले लीं। हालाँकि उसका पेट साफ किया गया; परंतु उसने फिर से वही मात्रा ले ली और उसकी मृत्यु हो गई।[31]

यह कहा जाता है कि रत्ती के जीवित रहते जिन्ना धर्मनिरपेक्ष रहे। यदि वह अधिक आयु तक जीवित रहती तो संभवत: बाद में भी जिन्ना धर्मनिरपेक्ष ही रहते। किंतु रत्ती की मौत के बाद जिन्ना का जीवन परिवर्तित हो गया। वह फातिमा जिन्ना से प्रभावित हो गए, जो उनके काफी करीब थी। फातिमा ने जिन्ना के जीवन को मुसलिम भारत और हिंदू-विरोधी राह पर मोड़ दिया।

पाकिस्तान के निर्माण की पूर्व संध्या पर जिन्ना रत्ती की कब्र पर अंतिम श्रद्धांजलि देने के लिए बंबई (अब मुंबई) आए। उन्होंने रत्ती के मकबरे पर फूल चढ़ाए। यह अपनी तलाकशुदा पत्नी के लिए उनके अगाध प्रेम का अंतिम सार्वजनिक चिह्न था। संभवत: उसमें एक राजनीतिक संदेश था। रत्ती एक प्रबल हाजिरजवाब राष्ट्रवादी थी। जिन्ना 11 अगस्त, 1947 को पाकिस्तान की संविधान सभा में एक अप्रत्याशित धर्मनिरपेक्ष भाषण देकर अपने पहले रंग में लौट आए।[32]

जिन्ना का राजनीतिक जीवन

जिन्ना दादाभाई नौरोजी से काफी निकटता से जुड़े हुए थे। वे आरंभ में कांग्रेस में शामिल हुए थे। गोपाल कृष्ण गोखले जिन्ना के प्रशंसक थे और उन्हें 'हिंदू-मुसलिम एकता का बेहतरीन दूत' कहते थे। धर्मनिरपेक्ष, आधुनिक और अग्रद्रष्टा—ये सब उनकी विशेषताएँ थीं। जिन्ना जल्द ही भारतीय राजनीति के केंद्र में आने के लिए बिलकुल तैयार थे। यहाँ तक कि उन्होंने आरंभ में मुसलिम लीग की अलग निर्वाचक मंडल की माँग का विरोध भी किया था।

उसी वर्ष गांधी और नेहरू भी राजनीतिक परिदृश्य में उभरे। गांधी ने महसूस किया कि धार्मिक प्रतीकों के इस्तेमाल द्वारा जनता को पास लाना संभव है। धर्म, भजनों, स्वतंत्रता के आह्वान, सत्याग्रह, अहिंसा पर जोर देकर उन्होंने जनता को प्रभावित किया। हमारे पास केवल अबुल कलाम आजाद नहीं, मौलाना आजाद थे। इसके विपरीत, पाकिस्तान आंदोलन के संस्थापकों तथा प्रमुख नेताओं के पास ऐसा कोई धार्मिक संकेत नहीं था। उन्हें खुद को नवाब लियाकत अली खान,

सरदार अब्दुर रब निश्तार कहलाने में गर्व महसूस होता था।

जल्दी ही जिन्ना को यह महसूस हुआ कि भारत के स्वतंत्रता संघर्ष में उनके तरीके की राजनीति का कोई स्थान नहीं है। गांधी-नेहरू की जोड़ी ने उनका राजनीतिक क्षेत्रफल कम कर दिया। इसलिए वह मुसलिम लीग की ओर आकर्षित हुए। किसी ने उन्हें रोकने का प्रयास नहीं किया, क्योंकि इसे एक अच्छा छुटकारा माना गया। कई इतिहासकारों को इसपर आपत्ति हो सकती है; परंतु उस समय की घटनाओं तथा गतिविधियों से इसकी संभावना से इनकार नहीं किया जा सकता।

मुसलमान ऐसे नेता की तलाश में थे, जो उनकी उम्मीदों तथा आशाओं को आकार दे सके। जिन्ना में उन्हें वह नेता मिल गया। सन् 1920 में जिन्ना को मुसलिम लीग का अध्यक्ष चुन लिया गया। सन् 1930 तक वह उस पद पर रहे। सन् 1930 से लेकर 1936 तक वह अपनी पत्नी की मृत्यु के कारण मुसलिम लीग के अध्यक्ष नहीं रहे। इस प्रकार यह स्पष्ट है कि जिन्ना तथा मुसलिम लीग एक तथा समान थे। मुसलिम लीग के दूसरी श्रेणी के नेता जिन्ना तथा अन्य से लोकतांत्रिक प्रक्रिया पर बात करने के मामलों में काफी अशक्त थे। इसी कारण लियाकत अली खान की मृत्यु के तत्काल बाद पाकिस्तान में लोकतांत्रिक प्रक्रिया विफल हो गई और एक राष्ट्र के रूप में पाकिस्तान के उद्भव के बाद के तिरपन वर्षों में से सत्ताईस वर्षों तक मार्शल लॉ लगा रहा।

जिन्ना का जीवन एक प्रकार से गोपनीय जैसा रहा, क्योंकि वह कभी भी दूसरों से अधिक बात नहीं करते थे या अपनी जिंदगी के बारे में नहीं लिखते थे। इसके विपरीत अन्य भारतीय नेता सबकुछ लिखने में विश्वास रखते थे। फिर उन्होंने इस प्रकार का व्यवहार क्यों किया? क्या यह इसलिए था कि वे अपने निजी जीवन को सार्वजनिक छान-बीन का विषय नहीं बनाना चाहते थे? या इसलिए कि उनके वृत्तांत धार्मिक तथा कट्टरपंथियों के विरोध का शिकार बन सकते थे, जिनका एकमात्र एजेंडा केवल मुसलमानों के लिए राष्ट्र बनाना और अन्य धर्मों को सहन न करना था?

जिन्ना ने रत्तनबाई (रत्ती) पेटिट से प्रेम-विवाह किया, परंतु इसका कोई लिखित वृत्तांत नहीं है कि बयालीस वर्षीय जिन्ना तथा किशोरवय रत्ती में प्रेम कैसे हुआ। जिन्ना का पहला विवाह काफी कम आयु में हुआ था। जिन्ना अकेले ही रहे; क्योंकि उन्होंने फिर विवाह नहीं किया, न ही वह नेहरू की तरह रोमांटिक व्यक्ति थे, जिनके जीवन-काल में ही एडविना माउंटबेटन के साथ उनके प्रेम-संबंध सार्वजनिक हो गए थे और एडविना को लिखे गए उनके प्रेम-पत्र इसके

प्रमाण के रूप में मौजूद हैं। अकबर एस. अहमद ने कहा है कि एक बार किसी करीबी व्यक्ति ने एडविना को लिखे नेहरू के तीन पत्र जिन्ना को लाकर दिए। उन्हें पढ़ने के बाद जिन्ना ने यह कहते हुए उसे वापस कर दिया कि निजी जीवन को राजनीतिक उद्देश्य के लिए इस्तेमाल नहीं किया जा सकता। यदि यह प्रसंग सच है तो इससे जिन्ना के चरित्र की यह विशेषता प्रकट होती है कि निजी जीवन को सार्वजनिक करने से बचना चाहिए।[33]

विवाह के एक वर्ष चार माह बाद 14 अगस्त, 1919 में जिन्ना की बेटी दीना का जन्म हुआ। उसका नाम मुसलिम से अधिक पारसी था। उसका बचपन बड़े अकेलेपन में बीता, विशेषकर जल्दी ही उसकी माँ की मृत्यु हो जाने के बाद। इस अवधि के दौरान जिन्ना काफी दु:खी और अकेले थे तथा अपनी पारिवारिक त्रासदी से उबरने के लिए वह लंदन चले गए; हालाँकि उनकी युवा पत्नी से उनके संबंध पहले ही टूट चुके थे। सन् 1940 के मुसलिम लीग प्रस्ताव के अंगीकरण से दो वर्ष पहले सन् 1938 में दीना ने पारसी से ईसाई बने श्री नेविले वाडिया से विवाह कर लिया। वर्तमान में लगभग नब्बे वर्ष से अधिक की आयु की हो चुकी दीना न्यूयॉर्क में अकेले रहती हैं। अकबर एस. अहमद द्वारा उनका साक्षात्कार लिये जाने पर उन्होंने एक महत्त्वपूर्ण बात कही, 'सभी पाकिस्तानी मेरे पिता के बारे में सिर्फ यही जानना चाहते हैं कि क्या वह व्हिस्की पीते थे और सूअर का मांस खाते थे।'

सूअर का मांस खानेवाले जिन्ना के संबंध में एम.सी. छागला को एक घटना याद आई—एक चुनाव के दौरान रत्ती जिन्ना के लिए टिफिन लेकर बंबई टाउन हॉल में आईं। रत्ती सूअर के मांस के स्वादिष्ट सैंडविच लेकर आई थी। जिन्ना ने कहा, 'यह तुमने क्या किया? क्या तुम चाहती हो कि मैं चुनाव हार जाऊँ? क्या तुम्हें ज्ञात है कि मैं एक मुसलिम निर्वाचक सीट का उम्मीदवार हूँ और यदि मेरे मतदाताओं को पता चल गया कि मैं दोपहर के भोजन में सूअर के मांस के सैंडविच खाता हूँ तो क्या तुम्हें लगता है कि मैं चुनाव जीत पाऊँगा?' जिन्ना कभी भी कट्टरपंथी मुसलमान नहीं रहे। 'विश्व के प्रति जिन्ना की दृष्टि में खुदा और कुरान का कोई स्थान नहीं था।'[34]

रत्ती टिफिन लेकर चली गई। जिन्ना और छागला ने पास के एक रेस्त्राँ में जाकर स्वाद लेकर सूअर के मांस के व्यंजन खाए। जिन्ना उन मुसलमानों की भावनाओं को जानते थे, जो सूअर का मांस नहीं खाते हैं। व्यक्तिगत रूप से जिन्ना ऐसे प्रतिबंधों में विश्वास नहीं रखते थे। रत्ती ने उन्हें राष्ट्रवादी मंच पर बनाए रखा

था। छागला ने महसूस किया कि रत्ती की मृत्यु के बाद अपनी बहन फातिमा के प्रभाव में आकर जिन्ना सांप्रदायिक हो गए। उनके जीवनकाल में ही अयूब खान ने पाकिस्तान को लोकतंत्र से बेदखल कर दिया था। फातिमा जिन्ना ने सन् 1964 में अयूब खान के खिलाफ चुनाव लड़ा था, जिसमें वह पराजित हो गईं। कुछ लोगों के अनुसार उस चुनाव में हेराफेरी की गई थी; परंतु उनकी हार पाकिस्तान में जिन्ना की गिरती छवि का संकेतक थी। फातिमा की मृत्यु सन् 1967 में हुई।

सर एटनबरो की फिल्म 'गांधी' और गांधी व नेहरू की विफलताओं के बावजूद उनकी लोकप्रियता को दोष देने की बजाय स्वतंत्र पाकिस्तान के शोधकर्ताओं को यह पता लगाना चाहिए कि कालांतर में जिन्ना ने उस छवि को क्यों खो दिया, जिसने पाकिस्तान के निर्माण में उन्हें मदद दी थी? क्या इसलिए कि जिन्ना अधिक धर्मनिरपेक्ष थे और महमूद गजनवी या औरंगजेब जैसे इसलामी नायकों की छवि के साँचे में सटीक नहीं बैठते थे? क्या उपमहाद्वीप में इसलाम के पिछले गौरव को वापस लाने में पाकिस्तान को किसी और सलाहुद्दीन या औरंगजेब की जरूरत थी?

जिन्ना की राजनीति—कालक्रमानुसार

सन् 1906 में जिन्ना ने कांग्रेस अध्यक्ष दादाभाई नौरोजी के सचिव के रूप में कांग्रेस के कलकत्ता अधिवेशन में भाग लेकर अपना राजनीतिक कैरियर आरंभ किया। सन् 1906 से सन् 1920 तक वह एक राष्ट्रवादी थे, जो खुद को पहले भारतीय, फिर मुसलमान कहलाना पसंद करते थे। वह होमरूल लीग के अध्यक्ष थे। उन्होंने बंबई के शांताराम हॉल, जो राजनीतिक बैठकों का स्थान था, में जोरदार भाषण दिए। अमीर तथा गरीब—सभी लोगों के योगदान से वहाँ जिन्ना के नामवाला एक हॉल बनाया गया। 'जिन्ना हॉल' जिन्ना की राष्ट्रवादिता तथा भारत की सहनशीलता के प्रतीक के रूप में वहाँ अब भी स्थित है। इस तथ्य के बावजूद कि वह बाद में विभाजन के प्रमुख कर्ता-धर्ता रहे, भारत ने उस हॉल का नाम नहीं बदला।[35] जब तक जिन्ना राष्ट्रवादी रहे, छागला मुसलिम लीग के साथ रहे।

जिन्ना ने लॉर्ड रीडिंग का 'नाइटहुड' की उपाधि का प्रस्ताव अस्वीकार कर दिया। एक स्वागत-भोज में रीडिंग ने रत्ती जिन्ना से कहा कि वह जिन्ना से यह प्रस्ताव मंजूर करने का अनुरोध करें। रत्ती ने कहा, 'यदि मेरे पति ने नाइटहुड की उपाधि स्वीकार कर ली तो मैं उनसे अलग हो जाऊँगी।' धीरे-धीरे जिन्ना ने अपना दृष्टिकोण बदला और इस निष्कर्ष पर पहुँचे कि मुसलमानों को सभी स्तरों पर सीटों के आरक्षण के साथ अलग इलेक्टोरेट की आवश्यकता है, 'जो मुसलमानों

के लिए अत्यंत आवश्यक है।'[36]

सन् 1906 में मुसलिम लीग के निर्माण से यह मूलभूत माँग थी। शरीफ अल मुजाहिद जैसे पाकिस्तानी इतिहासकारों ने इस बात पर बल दिया है कि 'अलग निर्वाचक मंडलों के बिना पाकिस्तान का निर्माण नहीं हो सकता था।' कांग्रेस ने लखनऊ समझौते के तहत अलग निर्वाचक मंडल के सिद्धांत को स्वीकार कर लिया; परंतु जल्दी ही उसे अपनी भूल का एहसास हो गया। बाद में उसने उसके खिलाफ प्रचार किया। यदि फिर कभी भारत के मुसलमानों के लिए आरक्षणों के साथ अलग निर्वाचक मंडल की माँग होगी तो उसके बाद भारत के एक और विभाजन की माँग होगी। यह पाकिस्तान आंदोलन की प्रकृति से इतिहास ने प्रमाणित किया है। छागला कहते हैं, 'यदि चुनावों का आधार संयुक्त निर्वाचक मंडल है तो क़भी भी अलगाव या विभाजन की माँग नहीं होगी।'[37]

मुसलिग लीग की अलग निर्वाचक मंडल नीतियाँ मुसलिम बहुसंख्यक प्रांतों में भी एक प्रकार का मुसलिम शासन लागू नहीं कर पाईं, क्योंकि उन प्रांतों में अधिकतर हिंदू सदस्यों के समर्थनवाले धर्मनिरपेक्ष मुसलिम प्रधानमंत्रियों/मुख्यमंत्रियों का शासन था। इसलिए जिन्ना ने मुसलिम लीग को मुसलमानों के एकमात्र प्रतिनिधि के रूप में स्वीकार करने की विचित्र माँग रखी। इस रणनीति ने मुसलिग लीग को काफी लाभ पहुँचाया। सन् 1945-46 के चुनावों में मुसलिम लीग ने उत्तर भारत में अधिकांश मुसलिम सीटें जीतीं। अलबत्ता, मुसलिम लीग सन् 1945-46 के चुनावों में प्रस्तावित पश्चिमी पाकिस्तान के चार प्रांतों में बहुमत लायक सीटें जीतने में विफल रहा। प्रभुत्व हासिल करने के लिए मुसलिग लीग ने 16 अगस्त, 1946 से सीधी काररवाई शुरू करने का आह्वान करने का निर्णय किया।

5 अगस्त, 1929 को जिन्ना ने हिंदू-मुसलिम प्रश्न को एक 'राष्ट्रीय समस्या' कहा था। दस वर्षों बाद (5 अगस्त, 1939 को) बंबई की एक जनसभा में उन्होंने कहा कि पश्चिमी लोकतंत्र भारत के अनुकूल नहीं है। बहुसंख्यक के शासन को हिंदुओं के शासन के रूप में देखा गया। लंदन के 'टाइम एंड टाइड' में प्रकाशित एक लेख में जिन्ना ने स्पष्ट किया कि पश्चिमी लोकतांत्रिक प्रणाली मुसलमानों के हित में नहीं है। एक वर्ष बाद, सन् 1940 में, पाकिस्तान प्रस्ताव रखते हुए उन्होंने कहा कि हिंदू तथा मुसलमान एक राष्ट्रीयता के नहीं हो सकते। फिर 23 मार्च, 1941 को उन्होंने कहा कि 'सामाजिक व सांस्कृतिक मतभेद हिंदू तथा मुसलमानों को संयुक्त रूप से शासन करने की अनुमति नहीं देंगे।'

जिन्ना ने सन् 1942 में मुसलमानों को मुसलिम नेशनल गार्ड में भरती होने

के लिए कहा, ताकि मुसलिम हित के लिए किसी संकटकालीन स्थिति का सामना किया जा सके। यह मुसलिम लीग की आक्रामक प्रवृत्ति के लिए एक मोड़ था, हिंदुओं के साथ एक खूनी संघर्ष की तैयारी थी। मुसलिम नेशनल गार्ड्स में बाद में पूर्व मुसलिम सैनिकों को स्थान दिया जाने लगा। यह संगठन सीधी काररवाई कार्यक्रम को कार्यान्वित करने में सबसे आगे था, जिसने कलकत्ता में दस हजार निर्दोष लोगों की हत्याओं को प्रेरित किया। इसी प्रकार सेवा संगठन भी सांप्रदायिक आधारों पर विभाजित किए गए, जैसे ऑल इंडिया रेलवे मुसलिम एंप्लॉइज एसोसिएशन।

पाकिस्तान के निर्माण के लिए जिन्ना का दृढ़ संकल्प सन् 1940 के प्रस्ताव के अंगीकरण के बाद दिए गए उनके विभिन्न भाषणों में देखने को मिलता है। नवंबर 1945 को पेशावर में इसलामिया कॉलेज में भाषण देते हुए उन्होंने कहा—

> 'हम ब्रिटिशों से छुटकारा चाहते हैं; परंतु मालिकों का परिवर्तन हम नहीं चाहते। भारत के तीन-चौथाई हिस्से पर हिंदू अपनी इच्छानुसार शासन कर सकते हैं; लेकिन मुसलमानों को भारत का एक-चौथाई हिस्सा दिया जाए, जहाँ वे बहुमत में हैं। दोनों को स्वतंत्र होना चाहिए। इसमें बुरा क्या है।'[38]

सन् 1946 में पंजाब, बंगाल तथा बिहार में सांप्रदायिक दंगे हुए। जिन्ना पाकिस्तान की माँग के परिणामों से वाकिफ थे। नवंबर 1946 में एक संवाददाता सम्मेलन में उन्होंने अल्पसंख्यकों को सांप्रदायिक अत्याचारों से बचाने के लिए स्पष्ट रूप से जनसंख्या की अदला-बदली की माँग की। इस प्रकार उन्होंने भारत में मुसलमानों को पाकिस्तान आने का प्रस्ताव देते हुए उनके जीवन को जोखिम में डाल दिया। जैसा कि एम.सी. छागला ने संयुक्त राष्ट्र महासभा में कहा, 'पाकिस्तान में जातीय विनाश द्वारा अल्पसंख्यक समस्या को सुलझा दिया गया।'[39]

3 जून, 1947 को नेहरू, बलदेव सिंह तथा जिन्ना द्वारा विभाजन की योजना स्वीकार कर ली गई। 14 अगस्त, 1947 को अलग मुसलिम राज्य पाकिस्तान के निर्माण द्वारा जिन्ना का सपना पूरा हुआ। 11 अगस्त, 1947 को उन्होंने एक अप्रत्याशित धर्मनिरपेक्ष भाषण दिया, जिसमें उन्होंने कहा कि 'राजनीतिक रूप से कोई हिंदू हिंदू नहीं होगा और कोई मुसलमान मुसलमान नहीं होगा।' सांप्रदायिक स्थिति को बदलने के लिए बहुत देर हो चुकी थी। भाषण का यह अंश पाकिस्तान के आधिकारिक दस्तावेजों से हटा दिया गया। जिन्ना भारत में छूट गए मुसलमानों के लिए अपराध-बोध महसूस करते थे। बाद में उन्होंने भारत के मुसलमानों को अपने कल्याण तथा

सुरक्षा के लिए पाकिस्तान पर निर्भर रहने का आश्वासन (18 अगस्त, 1947 का ईद संदेश) देते हुए उनके लिए समस्या उत्पन्न कर दी। उस संदेश में उन्होंने स्वीकार किया कि 'उपमहाद्वीप के मुसलिम अल्पसंख्यक प्रांतों ने ही पाकिस्तान के हमारे लक्ष्य को प्राप्त करने में सबसे अधिक योगदान दिया और हमारे आंदोलन को ऊँचा उठाया।'[40] तब से पाकिस्तान ने कभी भी भारत के सर्व-इसलामी दृष्टिकोण को नहीं त्यागा है। सन् 1947 से भारत के खिलाफ नफरत ही पाकिस्तानी सत्ता प्रतिष्ठान की आधिकारिक नीति रही है। भारत के लिए आई.एस.आई. का अस्थिरीकरण कार्यक्रम अधिक बड़े पाकिस्तान की जिन्ना की अपेक्षा से जुड़ा हुआ है, जिसे अमीर अली तथा चौधरी रहमत अली द्वारा विकसित किया गया था। जब गांधी की हत्या हुई तो जिन्ना का सांत्वना संदेश यह था कि गांधी आधुनिक युग के सबसे महान् 'हिंदू नेता' थे।

विभाजन से बहुत पहले जिन्ना ने एम.सी. छागला से कहा कि पाकिस्तान के निर्माण के बाद भारतीय मुसलमानों को अपना खयाल खुद रखना होगा। अजीज बेग इससे अलग पक्ष रखते हैं, जिनके अनुसार दिसंबर 1947 में (पाकिस्तान के निर्माण के बाद) कराची में मुसलिम लीग बैठक की परिषद् में तीन सौ सदस्य शामिल हुए, जिनमें से एक सौ छह भारत से थे। बैठक में जिन्ना ने भारत में छूट गए मुसलमानों के लिए अपनी गहरी सहानुभूति व्यक्त की और उनके हितों की सुरक्षा की अपील की। जिन्ना ने कहा कि यदि परिषद् निर्णय ले तो वह भारतीय मुसलमानों का नेतृत्व करने के लिए भारत लौट जाएँगे। यह उनका पाखंड से भरा वक्तव्य था। उन्होंने यह भी कहा कि 'भारत में एक मुसलिम लीग अवश्य होना चाहिए।' यह जिन्ना के दोहरे वक्तव्य का मामला था।[41]

जब लॉर्ड माउंटबेटन ने भारत के विभाजन की स्थिति में बंगाल तथा पंजाब के विभाजन की भी बात जिन्ना से कही तो जिन्ना दहल गए और पंजाब तथा बंगाल की एकता को बरकरार रखने की आवश्यकता पर काफी बहस की। जिन्ना ने एक बार लोगों की अदला-बदली का विचार रखा था। यह महत्त्वपूर्ण मुद्दों पर उनकी स्पष्टता के अभाव का एक और उदाहरण है।

जिन्ना : तानाशाह या लोकतंत्रवादी ?

पाकिस्तान आंदोलन के प्रमुख प्रवर्तक ने अपना राजनीतिक दृष्टिकोण स्पष्ट नहीं किया। उन्होंने सबको पाकिस्तान के प्रस्तावित राष्ट्र की संरचनात्मक स्थिति के बारे में सोचने में व्यस्त रखा। विभाजन से पूर्व उन्होंने वर्गीकरण से बचते हुए भारत

में मुसलमानों के सभी वर्गों को साथ लाने का प्रयास किया। इस प्रकार वे जमींदारों, समाजवादियों, साम्यवादियों, व्यवसायियों, वकीलों, मुसलिम बुद्धिजीवियों तथा मध्य वर्ग को आंदोलन में शामिल कर सकते थे। धर्म की शरण लेकर वह मुसलिम धार्मिक नेताओं को प्रभावित कर सकते थे। मुसलिम जनता उपमहाद्वीप में मुसलमानों के लिए एक 'पवित्र भूमि' के सपने को देखकर सम्मोहित हुई। मैकग्राथ ने सही कहा था, 'हर लीग सदस्य पाकिस्तान की अपनी छवि निर्मित करने के लिए स्वतंत्र था।'[42]

जिन्ना पाकिस्तान के संस्थापक गवर्नर जनरल बने। उन्होंने लॉर्ड माउंटबेटन को भारत तथा पाकिस्तान का संयुक्त गवर्नर जनरल बनने की अनुमति नहीं दी। उन्होंने पहले से यह तय नहीं किया कि पाकिस्तान में लोकतंत्र की रूपरेखा क्या होगी। सन् 1947 में, जब वह आधिपत्य की स्थिति के लिए समझौतों में व्यस्त थे, उन्होंने अपने लेटर पैड पर लिखा—'लोकतांत्रिक सरकार के खतरे—(1) अब तक सिर्फ इंग्लैंड में ही उसकी सफलता संतोषजनक रही है, अन्य कहीं नहीं। (2) पाकिस्तान के लिए राष्ट्रपति के प्रभुत्ववाली सरकार अधिक उपयुक्त है।'[43] जहाँ तक जिन्ना की पहली संभावना का प्रश्न है, इतिहास ने उन्हें गलत सिद्ध कर दिया है; क्योंकि भारत ने सफलतापूर्वक लोकतांत्रिक शासन के पचपन वर्ष पूरे कर लिये हैं, जिसमें पचास से अधिक वर्षों का संसदीय लोकतंत्र शामिल है। प्रधानमंत्री की प्रमुखतावाली संसदीय सरकार का प्रयोग किए बिना उन्होंने राष्ट्रपति की प्रमुखता वाले लोकतंत्र का समर्थन आरंभ कर दिया। ऐसा उन्होंने पाकिस्तान के निर्माण के बाद बलूचिस्तान में एक भाषण में किया। उन्होंने क्वेटा स्टाफ कॉलेज में अधिकारियों के सामने फिर यही दोहराया और तर्क दिया कि गवर्नमेंट ऑफ इंडिया एक्ट-1935 के अनुसार कार्यकारी अधिकार गवर्नर जनरल से आरंभ होते हैं।

जिन्ना ने राष्ट्रपति के प्रभुत्ववाली प्रणाली पर न सिर्फ अपने मत व्यक्त किए, बल्कि प्रधानमंत्री की शक्तियों को कम करके उसे कार्यान्वित भी किया। उन्होंने लॉर्ड माउंटबेटन से कहा कि पाकिस्तान में 'मैं गवर्नर जनरल रहूँगा और प्रधानमंत्री वही करेगा, जो मैं उसे कहूँगा।'[44]

यही नहीं, जिन्ना कैबिनेट बैठकों की अध्यक्षता करते थे। प्रधानमंत्री हाशिए पर रहता था। 30 दिसंबर, 1947 को कैबिनेट ने एक प्रस्ताव पारित किया कि कैबिनेट तथा गवर्नर जनरल के बीच मतभेद की स्थिति में गवर्नर जनरल का दृष्टिकोण अंतिम तथा बाध्यकारी होगा। कैबिनेट नियुक्तियाँ गवर्नर जनरल करता था, प्रधानमंत्री नहीं। 30 दिसंबर, 1947 को कैबिनेट ने संकल्प किया—

'कायदे-आजम की अध्यक्षता में होनेवाली कैबिनेट बैठकों के अलावा

किसी नीति या सिद्धांत के मुद्दे पर निर्णय नहीं लिया जा सकेगा और उनमें तथा कैबिनेट में किसी प्रकार के मतभेद की स्थिति में कायद का निर्णय अंतिम तथा बाध्यकारी होगा।'[45]

11 अगस्त, 1947 को संविधान सभा ने जिन्ना को सभा का अध्यक्ष चुना। इस प्रकार गवर्नर जनरल संविधान सभा का अध्यक्ष भी बन गया, ऐसा किसी लोकतंत्र में नहीं देखा गया। इससे भी आश्चर्यजनक तथ्य यह था कि एक गवर्नर जनरल के रूप में वह कुछ नए निर्मित मंत्रालयों को अपने प्रत्यक्ष प्रभार में रखते हुए एक कैबिनेट मंत्री के रूप में भी कार्य करते थे।

गवर्नर जनरल के रूप में जिन्ना ने राजनीतिक मुद्दों पर सार्वजनिक कमान सँभाली। वह पूर्ण शक्तिवाले एक पूर्ण नेता थे। पाकिस्तान आंदोलन के नेताओं ने इस प्रकार की व्यवस्था पर भले ही आपत्ति प्रकट नहीं की, किंतु लोकतंत्र के सिद्धांतों के खिलाफ है। चूँकि वहाँ कोई विपक्ष नहीं था, अत: अपनी भूमिका स्पष्ट करने की कोई आवश्यकता उन्हें नहीं थी।

इस प्रकार पाकिस्तान में लोकतांत्रिक प्रयोग की गलत शुरुआत हुई। इसने गुलाम मुहम्मद, इसकंदर मिर्जा और अयूब खान को यह दावा करने का प्रोत्साहन और शक्ति दी कि एक इसलामी लोकतंत्र में राष्ट्रपति के प्रभुत्ववाली प्रणाली अधिक उपयुक्त है। एक प्रकार से जिन्ना ने एक संवैधानिक समस्या को जन्म दिया, जिसने पाकिस्तान के भविष्य को प्रभावित किया। आज तक पाकिस्तान के लिए यह निर्णय करना अभी शेष है कि देश को राष्ट्रपति के प्रभुत्ववाली या संसदीय प्रणाली सरकार की आवश्यकता है। नज़ीमुद्दीन तथा फजले इलाही को छोड़कर सभी पूर्व राष्ट्रपति नौकरशाहों में से लिये गए थे और सेना स्वाभाविक रूप से एक शक्तिशाली राष्ट्रपति के पक्ष में थी, जिसके पास निर्वाचित प्रधानमंत्री की बरखास्तगी की शक्ति हो। जिन्ना इस समस्या का एक स्पष्ट संवैधानिक समाधान करने में विफल रहे। उन्होंने गवर्नर जनरल, प्रधानमंत्री, राष्ट्रपति तथा संविधान सभा की सभी शक्तियों से स्वयं को लैस कर लिया और यह व्यवस्था उनकी मृत्यु तक जारी रही।

जिन्ना की तरह उनके अनुयायी लियाकत अली खान ने भी लोकतंत्र के महत्त्व पर बल नहीं दिया। सन् 1948 में उन्होंने सेक्शन 92ए को शामिल करके सन् 1935 के एक्ट को संशोधित किया, जिसके बल पर किसी प्रौंतीय सरकार को बरखास्त किया जा सकता था। सन् 1949 में उन्होंने पंजाब में मामदोत मंत्रिमंडल को बरखास्त कर दिया और वर्षों तक चुनाव नहीं कराया। जब मई 1949 में

मेमनसिंह जिले के तंगेल में मुसलिम लीग का एक उम्मीदवार हार गया तो उन्होंने चुनाव परिणाम को दरकिनार कर दिया। वह दृढ़ता से विश्वास करते थे कि पाकिस्तान में विपक्ष की कोई भूमिका नहीं है। उन्होंने कहा, 'मैंने खुद को लीग का प्रधानमंत्री माना है। मैंने कभी भी खुद को संविधान सभा के सदस्यों द्वारा चुना गया प्रधानमंत्री नहीं माना है।'[46] उनका मत था, 'मुसलिम लीग के विरुद्ध नए राजनीतिक दलों का उभरना पाकिस्तान के हित में नहीं है।'[47]

यह तथ्य कि उपमहाद्वीप के सलाहुद्दीन के रूप में देखे जानेवाले जिन्ना के कई महँगे शौक थे; जैसे—बहुत सी कारें रखना, अच्छे और महँगे होटलों में रहना, पश्चिमी परिधान में सुसज्जित रहना, महँगे सिगरेट पीना, महँगी व्हिस्की पीना तथा अच्छा भोजन करना। इन सबसे मुसलिम समाज में उनकी नकारात्मक छवि नहीं बनती। अकबर स्पष्ट करते हैं कि मुसलिम समाज में 'मुसलमानों को एक महान विजय की ओर ले जानेवाले अधनंगे फकीर की कोई परंपरा नहीं है।' मुसलमान एक विलक्षण व्यक्ति, एक नेता की तलाश करते हैं, जिसका परिधान और व्यवहार उसकी शान या गौरव को दरशाते हों। मुसलमान अपने कमांडरों व नेताओं को गर्वीला, गरिमामय तथा शानो-शौकतवाला देखना चाहते हैं। यह दावा किया जाता है कि जिन्ना के इस तानाशाही आचरण ने मुसलमानों के दिमाग में उनकी छवि बनाने में मदद की। परंतु क्या वाकई ऐसा था? यहाँ तक कि फातिमा को भी इसलामी पहचान के नाम पर अपनी साड़ी छोड़कर सलवार-कमीज पहनना पड़ा था। समकालीन युग में ओसामा बिन लादेन भड़कीला जीवन नहीं बिताता। वह केवल अपने कार्यों की वजह से नहीं, बल्कि अपनी कठोर जीवन-शैली की वजह से भी एक केंद्रीय सर्व-इसलामी व्यक्तित्व के रूप में उभरा है।

मुसलमानों के लिए सलाहुद्दीन बने जिन्ना हमेशा सर्वप्रमुख नेता रहे, जिसपर प्रश्न नहीं उठाया जा सकता तथा कोई चुनौती नहीं दी जा सकती। इस प्रकार, पाकिस्तान आंदोलन ने राष्ट्रीय नेता उत्पन्न नहीं किए, जिनकी आवश्यकता लोकतंत्र को बरकरार रखने के लिए थी। पाकिस्तान आंदोलन से सिर्फ प्रांतीय नेता उत्पन्न किए जा सके, जबकि भारतीय राष्ट्रीय कांग्रेस ने ढेर सारे राष्ट्रीय नेता पैदा किए।

जिन्ना का आकलन

जिन्ना के बारे में किया गया अध्ययन भारतीय उपमहाद्वीप में सांप्रदायिक राजनीति के विकास का अध्ययन है। आक्रामक मुसलिम पहचान की ओर उनके क्रमिक परिवर्तन तथा एक अलग मुसलिम राज्य के लिए उनके आह्वान ने भारतीय

राजनीति में एक घातक विष भर दिया। इकबाल और जिन्ना ने यह स्पष्ट कर दिया कि ब्रिटिश भारत के दो अंग हैं—मुसलिम भारत और हिंदू भारत। मुसलिम लीग के लाहौर अधिवेशन में इस विभाजन को अंतर-सांप्रदायिक न मानकर अंतरराष्ट्रीय माना गया। उस अवसर पर जिन्ना का भाषण इसी विषय पर था। रफीक जकारिया कहते हैं—

> 'जिन्ना ने जो क्षति पहुँचाई, वह अनिश्चित है। मध्यकाल के बुरे-से-बुरे मुसलिम शासक ने भी हिंदुओं को मुसलमानों से इतनी बुरी तरह से अलग नहीं किया, जितना तथाकथित कायदे-आजम ने किया।'

उन्होंने कभी अपनी वास्तविक पहचान जाहिर नहीं की। जुल्फिकार अली भुट्टो ने बहुत स्वाभाविक तरीके से यह स्वीकार किया कि उनके पूर्वजों ने इसलाम कुबूल किया था और वे मूल रूप से राजस्थान के भाटी नामक राजपूत वंश के थे। पाकिस्तानी इतिहासकार जिन्ना को साहिवाल जिले का पंजाबी मानते हैं। वह एक शिया थे, परंतु राजनीतिक कारणों से उन्होंने सुन्नी होने का दिखावा किया। पाकिस्तानियों के लिए वह एक सलाहुद्दीन तथा दूसरे औरंगजेब थे। अधिकतर भारतीयों के लिए वह एक ऐसे व्यक्ति थे, जिन्होंने भारत को दो भागों में बाँट दिया। उनकी वर्तमान स्थिति बँगलादेश के निर्माण से काफी प्रभावित हुई है। पाकिस्तान की वास्तविकता के कड़वे अनुभव के आधार पर मुहाजिरों ने उनकी द्विराष्ट्र की नीति को अस्वीकार कर दिया है। अब पाकिस्तान में उनकी प्रस्तावित भूमि के रूप में 'जिन्नापुर' के लिए कोई झगड़ा नहीं है।

जिन्ना इस बात के उदाहरण हैं कि सूअर का मांस खानेवाला तथा व्हिस्की पीनेवाला एक गैर-रूढ़िवादी मुसलमान किस प्रकार सर्वप्रमुख नेता, कायदे-आजम के रूप में उभर सकता है। जिन्ना इतिहास के सबसे बड़े विरोधाभास हैं। उन्होंने उपमहाद्वीप को एक शताब्दी पीछे कर दिया। पाकिस्तान के दक्षिणपंथी दल जिन्ना तथा उनकी विरासत से सम्मोहित नहीं हैं। जमात के फजलुर रहमान ने एक बार कहा था कि यदि जिन्ना का दृष्टिकोण धर्मनिरपेक्ष पाकिस्तान का था तो उन्होंने भारत को दो भागों में क्यों विभाजित किया ?[48] ऐसा विवाद अब पाकिस्तान में उभर रहा है, क्योंकि जिन्ना ने अपने 11 अगस्त, 1947 के भाषण में धर्मनिरपेक्ष पाकिस्तान की बात कही थी। जिन्ना ने सन् 1946 में रायटर्स के संवाददाता से कहा था—

> 'नया राज्य आधुनिक लोकतांत्रिक राज्य होगा, जहाँ लोग प्रभुत्व-संपन्न होंगे और नए देश के सदस्यों के पास नागरिकता के समान अधिकार होंगे, चाहे वे किसी भी धर्म, जाति या पंथ के हों।'

पाकिस्तान ने उपमहाद्वीप में मुसलमानों की स्थिति में सुधार नहीं किया है। वर्तमान पाकिस्तान पहले से ही एक मुसलिम-बहुल क्षेत्र था। स्वतंत्रता से पूर्व भारत में प्रांतीय सरकारों का नेतृत्व मुसलमान कर रहे थे। जिन्ना को यह स्थिति पसंद नहीं थी, क्योंकि इन चारों प्रांतों में धर्मनिरपेक्ष सरकारें थीं और मुसलिम लीग की सरकार नहीं थी। वे सर्वोच्च नेता के रूप में अपनी स्थिति मजबूत करने के लिए इन प्रांतों में मुसलिम लीग की सरकार चाहते थे।

जिन्ना ने 'जेहाद' शब्द का प्रयोग नहीं किया, परंतु उनके प्रमुख लेफ्टिनेंटों ने पाकिस्तान के निर्माण के अंतिम चरण के दौरान उदारतापूर्वक 'जेहाद' का आह्वान किया। अशिक्षित जनता, जो अंग्रेजी नहीं समझती थी, तब उनकी प्रशंसा करती थी जब वह अंग्रेजी बोलते थे। पाकिस्तान के उनके उन्मादी विचार ने उत्तर प्रदेश, बिहार, केंद्रीय प्रांतों तथा बंबई के मुसलमानों की कल्पना को प्रभावित किया, जो पूर्णतः पाकिस्तान नहीं जा सकते थे। इस प्रकार, हमने दो शत्रु राष्ट्रों के प्रति निष्ठा रखनेवाले मुसलिम परिवारों को विभाजित कर दिया। बिहारी मुसलमानों, जिन्होंने नजदीकी के कारण पूर्वी पाकिस्तान जाना पसंद किया, को विस्मृति के कूड़ेदान में डाल दिया गया। उन्हें वापस पाकिस्तान में नहीं लिया गया, जिसके लिए उन्होंने सबकुछ बलिदान कर दिया। पाकिस्तान द्वारा बिहारियों को धोखा देना धोखेबाजी का सबसे बड़ा उदाहरण है। बेचारे बिहारी मुसलमान, जिन्होंने पश्चिमी पाकिस्तान का साथ दिया और सन् 1971 में बंगालियों से लड़े, उनसे घर बदलनेवाले पालतू कुत्तों की तरह व्यवहार किया गया।

दिसंबर 1946 में ब्रिटिश सरकार ने विचार-विमर्श के लिए भारतीय नेताओं को लंदन आमंत्रित किया था। एक ऐसी ही बैठक में जिन्ना सरदार बलदेव सिंह को एक ओर ले गए और कहा—

> 'बलदेव सिंह, आप इस माचिस को देख रहे हैं। यदि इस आकार का पाकिस्तान भी मुझे दिया जाए तो मैं खुशी-खुशी स्वीकार कर लूँगा— परंतु यहाँ पर मुझे आपके सहयोग की आवश्यकता है। यदि आप मुसलिम लीग से हाथ मिलाने के लिए सिखों को तैयार कर लें तो हमें एक गौरवपूर्ण पाकिस्तान मिल जाएगा, जिसके दरवाजे दिल्ली न सही, दिल्ली के नजदीक होंगे।'[50]

माउंटबेटन ने कहा—

> 'जिन्ना एक 'मनोरोगी थे; वास्तव में जब तक मैं उनसे नहीं मिला था तब तक मैं कभी नहीं सोचता था कि प्रशासनिक ज्ञान या उत्तरदायित्व

की भावना के पूर्ण अभाववाला कोई व्यक्ति इतनी शक्तिशाली स्थिति प्राप्त कर सकता है या उसे बरकरार रख सकता है।' (वायसराय की व्यक्तिगत रिपोर्ट नं. 3, 17 अप्रैल, 1947)

पाकिस्तान का निर्माण कड़वाहट तथा नफरत से हुआ था और वह पाकिस्तान के निर्माण के पचपन वर्षों बाद भी जारी है।

विभाजन के बाद भारत में मुसलमानों के प्रति जिन्ना की चिंता पूरी तरह भावशून्य थी। विभाजन के बाद भी उन्होंने सुरक्षा का वादा किया, जो एक बेतुका वादा था। विभाजन से पहले एम.सी. छागला ने जिन्ना के सामने यह बात उठाई, 'आप (जिन्ना) पाकिस्तान के लिए मुख्यत: मुसलिम-बहुल राज्यों के हित में लड़ रहे हैं; लेकिन कम मुसलिम जनसंख्यावाले राज्यों, जैसे—उत्तर प्रदेश के मुसलमानों का क्या होगा?' छागला ने कहा कि वह कभी भी जिन्ना का उत्तर नहीं भूल सकते। जिन्ना ने एक पल के लिए छागला की ओर देखा और कहा, 'वे अपना ध्यान खुद रखेंगे। मुझे उनकी नियति में कोई दिलचस्पी नहीं है।'[51]

यह बात स्वीकार करने योग्य है कि जिन्ना में कुछ विशेषताएँ थीं। वह एक समर्पित पति रहे। रत्ती की मृत्यु के बाद उन्होंने पुन: विवाह नहीं किया, न ही किसी महिला के साथ रोमांस किया। उन्होंने अपनी बेटी का पारसी नाम 'दीना' रखे जाने पर कोई एतराज नहीं किया। शुरुआती आपत्ति के बाद उन्होंने दीना को बंबई में रहनेवाले एक पारसी से विवाह करने की अनुमति दे दी। दीना के पुत्र नुस्ली वाडिया आगे चलकर एक व्यावसायिक साम्राज्य की अध्यक्षता करनेवाले भारतीय उद्योगपति बने। जिन्ना ने पाकिस्तान के गवर्नर जनरल की हैसियत से कभी वेतन नहीं लिया। वह भावुक नहीं थे। वह नियमों के पाबंद थे। उन्होंने गवर्नर जनरल रहते हुए भी कभी अपने ड्राइवर को ट्रैफिक नियमों के उल्लंघन की अनुमति नहीं दी। उन्होंने अपने एक भाई से केवल इसलिए मिलने से इनकार कर दिया, क्योंकि उसने अपने विजिटिंग कार्ड में खुद को जिन्ना का भाई लिख दिया था। वह अपने परिधान के बारे में बहुत सजग थे। वह शायद ही मुसकराते थे और एक सख्त आवरण बरकरार रखते थे। वह एक श्रेष्ठ वकील थे, जो अपने केस को बहुत दृढ़तापूर्वक लड़ते थे। वह किसी सांप्रदायिक वर्गीकरण के बिना एक मुसलमान थे। वह जानते थे कि संप्रदाय संबंधी ध्रुवीकरण विनाश का कारण बन सकता है, जैसा अब हो रहा है। बंबई में रहनेवाले उनके भाई अहमद अली जिन्ना ने सन् 1946 में अपने एक हिंदू मित्र से कहा था कि कलकत्ता के भीषण नरसंहार के समय उनके भाई कायद की इसलाम या पाकिस्तान में कोई दिलचस्पी नहीं थी।

वह सिर्फ एक बादशाह बनना चाहते थे।[52] पाकिस्तान के निर्माण के लिए उनकी दीवानगी एक पहेली है, जिसपर गहराई से शोध नहीं किया गया है।

जिन्ना गांधी द्वारा धार्मिक प्रतीकों का इस्तेमाल करने के विरोधी थे। बाद में उन्हें भी लगा कि धार्मिक प्रतीकों का प्रयोग मुसलिम जनता को आकर्षित करने के लिए बढ़िया तरीका है; जबकि गांधी राम तथा रहीम की प्रार्थना करते थे। जिन्ना ने राम को छोड़ दिया और केवल मुसलमानों के हित का प्रश्न उठाया। धर्म ने सहनशीलता, शांति तथा प्रेम का पाठ पढ़ाने की बजाय असहिष्णुता, आपसी घृणा तथा पाशव हिंसा पर आधारित एक शैतान की भूमिका ग्रहण कर ली। सन् 1947 में जो हुआ, वह सबसे निकृष्ट प्रकार के सांप्रदायिक उन्माद तथा नरसंहार का प्रदर्शन था। तब गहरे सर्जिकल ऑपरेशन के बावजूद उपमहाद्वीप में कोई शांति या पवित्रता नहीं थी।

मुसलिम भारत आंदोलन द्वारा बोए गए धार्मिक असहिष्णुता के बीज ने पाकिस्तान को एक असहिष्णु देश में बदल दिया। धीरे-धीरे असहनशीलता के तर्क ने पूरे विश्व को अपने कब्जे में ले लिया है। ओसामा बिन लादेन ने इसलामिक 'उम्माह' के नाम पर इसलामी जेहादी भावना की वृद्धि में एक नया आयाम जोड़ दिया है। क्या जिन्ना मध्यकालीन अवधारणा के पुनर्जीवन के लिए उत्तरदायी नहीं हैं; क्योंकि उन्होंने इस आधार पर मुसलिम भारत की अवधारणा पर जोर दिया कि मुसलमान तथा हिंदू दो भिन्न राष्ट्र हैं। नेहरू ने अपनी आत्मकथा में लिखा है—

> 'स्वभाव से वह (जिन्ना) नई कांग्रेस में पूरी तरह फिट नहीं थे। हिंदुस्तानी में भाषण की माँग करनेवाले वह खादी पहने, भीड़ में बिलकुल अलग महसूस करते थे।'[53]

अकसर यह पूछा जाता है कि किस गहरी बाध्यता ने हिंदुओं और मुसलमानों को उस उपमहाद्वीप को बाँटने पर मजबूर कर दिया, जो भौगोलिक रूप से एक इकाई बन चुका था? जिन्ना यह मानते थे और कहते थे कि 'यह उसी पल शुरू हुआ, जब पहले गैर-मुसलमान ने मुसलिम धर्म ग्रहण किया; क्योंकि इसलाम में उसके धर्म-परिवर्तन ने उसे समाज में एक बिलकुल भिन्न व्यक्ति बना दिया। इससे अलगाव की भावना उत्पन्न हुई, क्योंकि हिंदू तथा मुसलमान आपस में खाने-पीने या विवाह का संबंध नहीं रखते थे।' यह भारतीय राष्ट्रीयता की एक जटिल अवस्था की सरल व्याख्या थी। वह संविधान सभा के अध्यक्ष के रूप में अपने चुनाव के बाद 11 अगस्त, 1947 के अपने भाषण में एकीकृत भारतीय राष्ट्रीयता पर लौट गए। उन्होंने कहा—

> 'इस देश (पाकिस्तान) में आप स्वतंत्र हैं, आप अपने मंदिरों में जाने के लिए स्वतंत्र हैं, आप अपनी मसजिदों या किसी अन्य प्रार्थना-स्थल पर जाने के लिए स्वतंत्र हैं। आप किसी भी धर्म या जाति या पंथ के हो सकते हैं—इसका इस मूलभूत सिद्धांत से कोई लेना-देना नहीं है कि हम सभी एक देश के नागरिक और समान नागरिक हैं। अब मुझे लगता है कि हमें यह बात ध्यान में रखनी होगी कि समय आने पर हिंदू हिंदू नहीं रहेंगे और मुसलमान मुसलमान नहीं रहेंगे—धार्मिक रूप में नहीं, क्योंकि वह प्रत्येक व्यक्ति की व्यक्तिगत आस्था है; परंतु इस देश के नागरिक के राजनीतिक रूप में।'[54]

लॉर्ड माउंटबेटन ने एक सहिष्णु शासक के रूप में अकबर का उदाहरण दिया। जिन्ना ने अकबर की सहिष्णुता को पैगंबर के समान माना, जिन्होंने यहूदियों तथा ईसाइयों पर विजय के बाद भी उन्हें अपने बराबर माना।

14 अगस्त, 1947 की मध्य रात्रि को भारतीय संसद् में जवाहरलाल नेहरू ने मन को छू जानेवाला तथा प्रेरक भाषण दिया और भारत की एक ऐसी दृष्टि प्रस्तुत की, जिसे आनेवाली पीढ़ियाँ याद रखेंगी। उन्होंने कहा—

> 'बहुत वर्षों पहले हमने नियति का सामना किया था और अब समय आ गया है कि हम अपने वादे को पूरा करेंगे। मध्य रात्रि में, जब विश्व सो रहा है, भारत जीवन तथा स्वतंत्रता की ओर उन्मुख होगा। इतिहास में शायद ही ऐसा पल आता है, जब हम प्राचीन से नवीन में कदम रखते हैं, जब एक युग का अंत होता है और लंबे समय तक दबाए गए राष्ट्र की आत्मा को आवाज मिलती है।'

विभाजन के काफी समय बाद ऑल इंडिया मुसलिम लीग की अंतिम बैठक दिसंबर 1947 में कराची में हुई। चार सौ पचास सदस्यों में से तीन सौ ने बैठक में भाग लिया। उस बैठक में एक सदस्य जानना चाहता था कि क्या जिन्ना फिर से भारत के मुसलमानों का नेतृत्व अपने हाथ में लेंगे? जिन्ना ने तुरंत जवाब दिया कि यदि परिषद् ऐसा फैसला लेगी तो वह भारतीय मुसलमानों का नेतृत्व करने तथा उनकी कठिनाइयों को बाँटने के लिए तुरंत भारत लौट जाएँगे। चूँकि यह स्वीकारणीय नहीं था, इसलिए उन्होंने कहा—

> 'हिंदुस्तान में एक मुसलिम लीग अवश्य होना चाहिए। यदि आप लीग को समाप्त करने का विचार कर रहे हैं तो आप ऐसा कर सकते हैं; परंतु मुझे लगता है कि यह एक बड़ी भूल होगी। मैं जानता हूँ कि वहाँ

> कुछ प्रयास हो रहा है। मौलाना अबुल कलाम आजाद तथा अन्य लोग भारत में मुसलमानों की पहचान समाप्त करने का प्रयास कर रहे हैं। ऐसा मत होने दीजिए। ऐसा मत कीजिए।'

भारत तथा पाकिस्तान के लिए दो स्वतंत्र लीग गठित करने का निर्णय किया गया। बैठक कायदे-आजम, जो सन् 1934 से लगातार ऑल इंडिया मुसलिम लीग के अध्यक्ष थे, के श्रेष्ठ नेतृत्व की प्रशंसा के साथ समाप्त हुई। यह दिलचस्प तथ्य है कि अब पाकिस्तान के जेहादी गुटों ने भारत के मुसलमानों के प्रति जिन्ना की चिंता का भार अपने ऊपर ले लिया है।

पाकिस्तान के निर्माण ने भारतीय उपमहाद्वीप के मुसलमानों को एक बेहतरीन भविष्य नहीं दिया। भारत के मुसलमान स्वयं को मुसलिम लीग से छला गया महसूस करते हैं और पाकिस्तान आंदोलन को अपना जन-समर्थन देने के लिए अपराध-बोध महसूस करते हैं। उत्तर प्रदेश तथा बिहार के मुहाजिर अपनी पवित्र भूमि में खुद को अलग-थलग महसूस करते हैं। उन्हें सम्मान या गरिमा नहीं दी जाती। सितंबर 2000 में उनके नेता अल्ताफ हुसैन ने लंदन में सार्वजनिक रूप से घोषणा की कि पाकिस्तान का निर्माण 'सबसे बड़ी ऐतिहासिक भूल' थी।

जिन्ना हमेशा एक पहेली रहे। वह कभी एक भाषा में नहीं बोले। वह विभिन्न जन-समुदायों को साथ रखने के लिए भिन्न-भिन्न अवसरों पर अलग-अलग भाषा बोलते रहे। सन् 1945 में उन्होंने एसोसिएट प्रेस के संवाददाता को बताया कि राजनीतिक रूप से पाकिस्तान एक लोकतांत्रिक देश होगा। कुछ दिनों बाद उन्होंने एक धार्मिक नेता से कहा कि प्रस्तावित राज्य पाकिस्तान में कानून शरीअत के हिसाब से होंगे। इसकंदर मिर्जा, जो नई सरकार के स्वरूप के बारे में जिन्ना के विचारों को जानने के लिए उत्सुक थे, ने पूछा, 'सर, हम सभी पाकिस्तान जाने के लिए तैयार हो गए हैं; परंतु आप किस प्रकार की सरकार बनाएँगे? क्या उस सरकार में इसलाम पर बल दिया जाएगा?' जिन्ना ने जवाब दिया, 'नहीं, मैं एक आधुनिक सरकार बनाऊँगा।'[55] 11 अगस्त, 1947 को वह नेहरू की तरह धर्मनिरपेक्ष पाकिस्तान के बारे में बोले। पाकिस्तान के लिए किसी एक मत को बढ़ावा न देना उनकी राजनीतिक बाध्यता थी। उन्होंने देश के महत्त्वपूर्ण मुद्दों पर बहुत से विरोधाभासी बयान दिए। किंतु जल्दी हुई उनकी मृत्यु ने उन्हें अधिक ऐतिहासिक छानबीन से बचा लिया। पाकिस्तान के निर्माण द्वारा उन्होंने अपनी व्यक्तिगत उपलब्धि हासिल की। वह खुद को गांधी तथा नेहरू के समकक्ष साबित करना चाहते थे। उन्होंने अपनी राजनीतिक तरक्की के लिए मुसलिम कार्ड का

सहारा लिया। मुसलिम रीति-रिवाज, जैसे दिन में पाँच बार नमाज पढ़ना, उनकी बुद्धि से परे थे। वह सूअर का मांस खाते थे और व्हिस्की पीना पसंद करते थे—ये दोनों ही चीजें इसलाम में वर्जित हैं। यह एक बड़ा रहस्य है कि ऐसे धर्मनिरपेक्ष व्यक्ति में भारतीय मुसलमानों ने अपना सलाहुद्दीन और औरंगजेब देखा।

जिन्ना की मृत्यु के पश्चात् कराची में उनका एक आकर्षक मकबरा बनाया गया, जहाँ उनके शव को दफनाया गया था। पाकिस्तानी विद्वान् रत्ती या दीना का जिक्र करने से बचते रहे हैं। वे उनकी तसवीरें हटाने में व्यस्त रहे। केंद्रीय फोकस फातिमा जिन्ना पर दिया गया, जिन्हें गर्व से 'मदर-ए-मिल्लत' कहा जाता था। शरीफ अल मुजाहिद, जिन्होंने जिन्ना पर मौलिक शोध किया, ने कायदे-आजम जिन्ना पर अपनी पुस्तक में इन दोनों महिलाओं का उल्लेख तक नहीं किया।

अपनी उन्नति के शिखर पर जिन्ना 'कायदे-आजम' बने। यह पदवी उन्हें गांधी ने दी थी। बाद में वह एक आधुनिक मोजेज बन गए और अंत में द्विराष्ट्र के सिद्धांत का समर्थन करते हुए जेहादी के वेश में एक वहीउल्लाह बन गए। उन्हें एक कट्टर इसलामी के पद पर विभूषित किया गया, जो वह नहीं थे। जिन्ना से जेहाद उनके द्विराष्ट्र के सिद्धांत का सबसे तार्किक परिवर्तन है, जो 11 अगस्त, 1947 को व्यक्त किए गए उनके धर्मनिरपेक्ष दृष्टिकोण से मेल नहीं खाता है।

पत्रकार जमर नियाजी की प्रसिद्ध पुस्तक 'प्रेस इन चेन्स' ने एक आश्चर्यजनक रहस्य खोला। यह स्पष्ट था कि अपने द्वारा निर्मित किए गए देश से जिन्ना का पूरी तरह मोहभंग हो चुका था। उन्होंने यह भी पाया कि लियाकत अली खान ने उनकी और उनके निर्देशों की उपेक्षा शुरू कर दी थी। 'इस सबने जिन्ना को बिना बात के लियाकत अली खान को झिड़कने के लिए उकसाया और उन्होंने निराशा में यह भी कह दिया कि वह वापस जाकर नेहरू से यह कहना पसंद करेंगे कि अतीत को भूलकर फिर से साथ हो जाएँ।' जिन्ना के फिजीशियन, जो इस अप्रिय घटना के साक्षी थे, ने इस कथन को प्रमाणित किया है। यह बीमार जिन्ना के दुःखद अंत के कुछ ही दिनों पहले की बात है।[56] यह सच है कि लियाकत अली खान जिन्ना की मृत्यु से कुछ दिन पहले क्वेटा आए थे, जैसा फातिमा जिन्ना ने अपनी पुस्तक 'माई ब्रदर' में लिखा है; परंतु उन्होंने इस घटना का उल्लेख नहीं किया है। जब बीमार जिन्ना कराची हवाई अड्डे पर पहुँचे तो उनका स्वागत करने के लिए कोई वहाँ उपस्थित नहीं था। फातिमा ने कहा है कि ऐसा लियाकत अली के निर्देश पर हुआ। जो भी हो, राष्ट्र प्रमुख का स्वागत उपयुक्त तरीके से किया जाना चाहिए था। यदि यह सच है तो जिन्ना किस प्रकार सड़क पर दो घंटों से अधिक असहाय अवस्था

में रहे होंगे, क्योंकि रास्ते में एंबुलेंस खराब हो गई थी। यह सब जिन्ना और लियाकत अली के बीच गहरी दरार के संकेतक थे।

विभाजन की त्रासदी

विचित्र संयोगवश पाकिस्तान का निर्माण उसी दिन, उसी महीने तथा उसी समय हुआ, जो दीना के जन्म का था। 3 जून, 1947 को जिन्ना ने दिल्ली से दीना को बंबई फोन किया।

जिन्ना (दीना से) : हमें वह मिल गया है।
दीना : क्या मिल गया है?
जिन्ना : हमें पाकिस्तान मिल गया है।

फिर से संयोगवश भारत के लिए 15 अगस्त महर्षि अरविंद के जन्मदिन से मिलता है और यह दिन माउंटबेटन को भी काफी प्रिय था, क्योंकि इसी दिन सिंगापुर में जापानी सेना ने उनके नेतृत्व के अधीन आत्मसमर्पण किया था।

विभाजन के अंतर्गत मूल रूप से बड़ी संख्या में जनता का एक क्षेत्र से दूसरे क्षेत्र में जाना शामिल नहीं था। इस प्रकार बड़ी संख्या में लोगों का आना-जाना विश्व के इतिहास में कभी नहीं सुना या देखा गया था। अनेक लोग मारे गए, महिलाओं का शील-हरण किया गया और बच्चों के टुकड़े-टुकड़े कर दिए गए। खून की होली खेली गई और मानवीय मूल्यों को ताक पर रख दिया गया। सभी जगह पशुता और नृशंसता का प्रदर्शन हो रहा था। यह पश्चिम में पूर्व से अधिक था। यह स्थिति वैसी ही थी जैसी नाजी जर्मनी में यहूदियों के साथ हुआ था। पूर्वी पाकिस्तान में गैर-बंगाली अधिकारी जातीय विनाश में व्यस्त थे। पाकिस्तान के स्पष्टवादी इतिहासकार प्रो. के.के. अजीज ने बिलकुल सही लिखा है—

> 'मुसलिम जनता ने ब्रिटिश गोलियों का सामना नहीं किया। जो लोग सन् 1947 में मरे या बुरी तरह प्रभावित हुए, वे अपने घरों से भाग रहे थे, क्योंकि उनका जीवन खतरे में था। वे सांप्रदायिक दंगों के शिकार थे, अंग्रेज-विरोधी संघर्ष के नहीं।'

पाकिस्तान में प्रतिष्ठित मुसलमान स्वयं को राठौर, सहगल, सेठी आदि कहलाना पसंद करते हैं। अल्लामा इकबाल के दादा सप्रू हिंदू थे। मंजूर कादिर ने स्वयं को कायस्थ समुदाय का तथा एक धर्मांतरित मुसलमान होने का दावा किया। जिन्ना के दादा को पुंजा कहा जाता था और उनके भाई वालजी तथा नाथू थे। लियाकत अली ने इर्नी पंत से विवाह किया, जिसके दादा मूल रूप से उत्तर प्रदेश की पहाड़ियों के

एक हिंदू पंत थे। उनकी बहनों ने हिंदुओं से विवाह किया। जनरल मिथा ने पंजाब के एक प्रतिष्ठित हिंदू परिवार की लड़की इंदु चटर्जी से शादी की। जिन्ना का यह कथन गलत था कि हिंदू और मुसलमान आपस में खाने-पीने तथा विवाह का संबंध नहीं रखते। उन्होंने अपनी बेटी की शादी एक पारसी से होने दी। जिन्ना की राजनीति निर्माण की नहीं, विध्वंश की राजनीति थी। उनकी तहस-नहस की राजनीति इस उपमहाद्वीप को आनेवाले वर्षों में दु:खित व पीड़ित करेगी। इंग्लैंड में एक विद्यार्थी के रूप में जिन्ना ने एक पुस्तक के भीतरी आवरण पर लिखा—'यह पुस्तक तब तक मेरी है जब तक मेरी मौत न हो जाए।' यह जिन्ना के जिद्दी रवैए को प्रतिबिंबित करता है। एक प्रयोगशाला में बहुत तरह के प्रयोग होते हैं। लियाकत अली खान ने कहा, 'इस देश को व्यावहारिक इसलाम की प्रयोगशाला के रूप में काम करना है।' पाकिस्तान आज वही है।

दूसरी ओर भारतीय संविधान लोकतंत्र की पंथनिरपेक्ष भावना को बल देने के लिए तैयार किया गया। नेहरू ने 8 जुलाई, 1948 को भोपाल के नवाब को लिखे गए एक पत्र में कहा, 'भारत केवल तभी महान् बन सकता है, जब यह उस एकीकरण संस्कृति को संरक्षित रखे, जो इसने युगों में विकसित की है।' जिन्ना के जीवित रहते पाकिस्तान राज्य की प्रकृति भी निर्धारित नहीं कर पाया था; परंतु बाद में अल्लाह के तहत राज्य की प्रभुसत्ता के विषयवाला प्रस्ताव लाया गया। अयूब ने कहा कि पंथनिरपेक्षता को अपनाकर नेहरू ने हिंदू इतिहास की गति में रुकावट डाली है। उपमहाद्वीप में धर्मनिरपेक्षता तथा सांप्रदायिकता अब भी एक-दूसरे का सामना कर रहे हैं। पाकिस्तानियों की कई ऐतिहासिक पुस्तकों आदि में भारतीय नेताओं को हिंदू नेताओं की तरह प्रस्तुत किया गया। नेताओं के नामों के आगे 'हिंदू' शब्द जोड़ा गया।

जो शरणार्थी पाकिस्तान पहुँचे, उन्हें स्वीकार नहीं किया गया। एक सिंधी नेता कुहरो ने कहा कि भारी संख्या में शरणार्थियों के आने पर स्थानीय लोगों को परेशानी हो रही है। तत्कालीन शरणार्थी तथा पुनर्वास मंत्री राजा गजनफर अली ने इसे 'प्रांतवाद का वायरस और ऐसा घातक हथियार' कहा, जिसका समाधान न होने पर वह हमारे नए जनमे राज्य की जड़ों को नष्ट कर देगा।[57] दूसरी ओर भारत में ऐसी कोई समस्या नहीं पाई गई। यहाँ तक कि सिंधियों, जो अपना क्षेत्र खो चुके थे, को भारतीय मुख्यधारा में शामिल कर लिया गया। शरणार्थी समस्या को हल करने के लिए वामपंथी झुकाववाले, शरणार्थी एवं पुनर्वास मंत्री मियाँ इफ्तिकार-उद-दीन ने जमींदारी की उच्चतम सीमा पचास एकड़ करने का प्रस्ताव रखा।

पंजाब के प्रधानमंत्री एवं मामदौत के नवाब, जो स्वयं एक शरणार्थी थे, ने इन सुधारवादी मतों को मानने से इनकार कर दिया। सामंती भूस्वामियों को खाली की गई संपत्तियों पर अवैध रूप से कब्जा करने तथा हिंदुओं से साहूकारी व्यवसाय हथियाकर अपनी स्थिति को मजबूत करने का एक और अवसर मिल गया।[58] यदि जिन्ना के 'जनसंख्या की अदला-बदली के सिद्धांत' के आधार पर विभाजन हुआ होता तो पाकिस्तान शाश्वत समस्याओंवाला एक राष्ट्र बनकर रह जाता। पाकिस्तान का यह सौभाग्य रहा कि ऐसा नहीं हुआ।

भारत तथा पाकिस्तान के आधिकारिक तथा अनाधिकारिक इतिहासकारों ने विभाजन संबंधी हिंसा को अलग तरीके से देखा है। विभाजन पर एक राजनीतिक निर्णय से फैली हिंसा की स्थिति में किसी विशिष्ट समुदाय को इसका दोषी नहीं माना जा सकता। हिंसा का विस्फोट सन् 1946 में कलकत्ता से आरंभ हुआ और नोआखाली तथा बिहार में इसकी गूँज सुनाई दी। पंजाब तथा उत्तर-पश्चिमी पाकिस्तान में हिंसा स्वाभाविक थी; क्योंकि एक देश से दूसरे देश तक स्थानांतरण शुरू हुआ। पाकिस्तान के आधिकारिक इतिहासकारों ने विभाजन संबंधी हिंसा को हिंदू विश्वासघात तथा मुसलिम संस्कृति को नष्ट करने की साजिश से जोड़ा।[59]

विभाजन के अनुभव तथा पाकिस्तान के निर्माण ने उपमहाद्वीप में राजनीति की व्यवस्था ही बदल दी। इस एक कारक को सांप्रदायिक राजनीति के विकास का उत्तरदायी ठहराया जा सकता है। जिन्ना दो स्वतंत्र राष्ट्रों के महासंघ को स्वीकार करके इसे रोक सकते थे। मई 1947 तक कांग्रेस नेताओं ने द्विराष्ट्र के सिद्धांत के आधार पर पाकिस्तान की अवधारणा को ठुकराया। जून 1947 में उन्होंने आत्मसमर्पण कर दिया। जिन्ना एकमात्र विजयी के रूप में उभरे। उन्होंने केवल अपने बलबूते पर पाकिस्तान के पक्ष में मुसलिम जनता को आंदोलन के लिए संगठित किया, जो सन् 1945-46 के चुनावों में सिद्ध हुआ। अल्पसंख्यक प्रांतों के मुसलमानों ने धर्मनिरपेक्ष राष्ट्रवादी मुसलमानों का साथ न देकर जिन्ना का साथ दिया। जिन्ना ने यह प्रमाणित किया कि वह भारत के मुसलमानों के एकमात्र प्रवक्ता हैं। कई हिंदू मित्रों के साथ अपने अच्छे संबंधों के बावजूद जिन्ना खतरनाक रूप से सांप्रदायिक हो गए।

पाकिस्तान की यात्रा—सन् 1947

जिन्ना की स्वप्नभूमि पाकिस्तान की यात्रा उनके लिए एक भावुक घटना थी। उससे पहले उन्होंने नई दिल्ली में अपने 10, औरंगजेब रोडवाले बँगले को

डालमिया के हाथों बेच दिया। बंबई में मलाबार हिल्स में स्थित अपने भव्य मकान को बेचने का उनका कोई इरादा नहीं था। इसका कारण संभवतः यह था कि पाकिस्तान में कुछ अप्रत्याशित होने पर वह बंबई में बस सकते थे। उन्होंने अपनी संपत्ति के लिए सरकार से मुआवजा नहीं लिया। उन्हें बंबई महानगर का जीवन पसंद था, जहाँ उनके अनेक हिंदू मित्र थे। द्वारकादास कोंजी आदि हिंदू मित्रों ने राजनीतिक रूप से उनकी मदद की। अपने चुनाव के लिए उन्हें अन्य दलों से राजनीतिक संबंध रखनेवाले हिंदू मित्रों से कारों का काफिला मिला।[60]

7 अगस्त, 1947 को जिन्ना घुटनों तक की तंग शेरवानी, टखनों तक के चूड़ीदार पाजामा तथा चप्पल पहने दिल्ली हवाई अड्डे से कराची के लिए रवाना हुए। लॉर्ड माउंटबेटन ने उनके लिए एक डीसी 3 विमान का प्रबंध किया था। जिन्ना ने खुशी या दुःख की कोई भावना प्रदर्शित नहीं की। उनके ए डी सी सईद अहसान और बहन फातिमा जिन्ना के सहयात्री थे। फाती और जिन, जैसा वे एक-दूसरे को पुकारते थे, रत्ती की मौत के बाद काफी करीब आ गए थे। सईद अहसान, जो बाद में नौसेना प्रमुख बन गए, ने टिप्पणी की कि जिन्ना कभी भी एक सिल्क टाई को दोबारा नहीं पहनते थे। उनके वार्डरोब में हाथ के बने हुए दो सौ सूट टँगे रहते थे।[61] वह साफ तथा ताजा दिखने के लिए एक दिन में दो या तीन बार अपनी ड्रेस बदलते थे।

कराची हवाई अड्डे पर उन तीनों को 'पाकिस्तान जिंदाबाद' के नारे सुनाई दिए। बड़ी मुश्किल से जिन्ना अपने चेहरे पर उल्लास या खुशी की कोई भावना दिखाए बगैर विमान से बाहर आए। भावशून्य चेहरा लिये वह कराची की सड़कों पर से गुजरे, जहाँ वह एक गुजराती मुहल्ले में जनमे थे और एक गुजराती बच्चे की तरह उनका पालन-पोषण हुआ था। एक प्रकार से वह सिंधी नहीं, मुहाजिर थे।

मोटरों का काफिला जल्दी ही अपनी मंजिल (गवर्नर जनरल के निवास) पर पहुँच गया। वह संभवतः पिछले कुछ अशांत वर्षों के बारे में सोच रहे थे। चूँकि तब उनका स्वास्थ्य खराब चल रहा था, अतः बहुत मुश्किल से वह सीढ़ियों पर चढ़े, अपने सहायक सैन्य अधिकारी अहसान की ओर मुड़े और फटी आवाज में फुसफुसाते हुए कहा, 'क्या आप जानते हैं, मैंने पाकिस्तान को देखने की उम्मीद नहीं की थी?'[62]

हाँ, वह अपने जीवन-काल में पाकिस्तान को प्राप्त करने की जल्दबाजी में थे। पाकिस्तान एक 'अंतिम पल का निर्माण' था।[63] 15 अगस्त, 1947 को सीमाओं का कोई चिह्नीकरण नहीं हुआ। पंजाब और बंगाल के लोग अनिश्चितता में डूब-उतरा रहे थे। वे स्वतंत्रता दिवस नहीं मना पाए, क्योंकि उन्हें यह पता नहीं था कि

वे भारतीय हैं या पाकिस्तानी। उनकी नियति 13 अगस्त को रेडक्लिफ द्वारा माउंटबेटन को दिए गए सीलबंद लिफाफे में बंद थी। अगले बहत्तर घंटों में वह लिफाफा नहीं खोला गया। यह निर्णय स्वतंत्रता दिवस का खूनी संघर्ष टालने के लिए माउंटबेटन का था।

संयुक्त भारतीय सेना के हिंदू, सिख एवं मुसलमान सैनिकों और अधिकारियों द्वारा एक अलग ही दृश्य पेश किया गया। अपनी आँखों में आँसू के साथ उन्होंने एक-दूसरे को अलविदा कहते हुए गले लगाया। सेकेंड कैवेलरी (घुड़सवार सेना) के कर्नल इदरीस ने कहा, 'तुम कहीं भी जाओ, हमने अपना खून साथ बहाया है।' एक अन्य विदाई समारोह में ब्रिगेडियर करियप्पा ने भावुक होकर कहा, 'हम भाई हैं, हम हमेशा भाई रहेंगे और कभी भी उन अच्छे दिनों को नहीं भूलेंगे, जो हमने साथ बिताए हैं।' उन्होंने भाँगड़ा किया, एक-दूसरे के कल्याण की कामना की और बिना किसी दुर्भाव अथवा नफरत के एक-दूसरे से अलग हुए।

जून से अगस्त 1947 तक के तेजी से घटे घटनाक्रम ने जिन्ना को आश्चर्यचकित कर दिया। उन्होंने उसे 'तूफानी क्रांति' कहा, जिसका 'इतिहास में कोई जोड़ नहीं है।'[64] जिन्ना का स्वप्न साकार हो रहा था। वह इन घटनाओं से बिलकुल भ्रमित नहीं थे। उन्होंने पाकिस्तान की संविधान सभा की पहली बैठक दिल्ली में आयोजित करने का फैसला किया। वह बंबईवाले अपने घर को भी रखना चाहते थे, क्योंकि वह बंबई वापस लौटना चाहते थे, जहाँ उन्होंने अपना कैरियर बनाया था।

जिन्ना की बेटी दीना अपने पति के साथ बंबई में ही रहीं। वह अपनी माँ की तरह स्वतंत्र विचारोंवाली महिला थीं। उन्होंने श्री नेविले वाडिया से सन् 1938 में विवाह किया। जिन्ना ने अपनी बेटी से पूछा कि भारत में हजारों मुसलमान युवाओं में से वह एक मुसलमान को अपने पति के रूप में क्यों नहीं चुन सकी, तो उसने उतना ही सयाना जवाब दिया। उसने कहा कि भारत में लाखों मुसलमान लड़कियाँ थीं, फिर भी उन्होंने उसकी माँ (एक पारसी) से शादी क्यों की? दीना अपने पिता के अंतिम संस्कार में कराची गईं और फिर बंबई लौट आईं। इस प्रकार पाकिस्तान में जिन्ना की वंश-बेल बढ़ानेवाला कोई नहीं था।

जिन्ना के आखिरी दिन

जिन्ना पाकिस्तान के निर्माण के बाद अधिक दिनों तक शासन नहीं कर पाए। मुंबई के एक फिजीशियन डॉ. जे.ए.एल. पटेल को जिन्ना की क्षय रोग की घातक बीमारी के बारे में पता था। यह बात सबसे गुप्त रखी गई। यदि यह ब्रिटिश

अधिकारियों या भारतीय राजनेताओं को पता होता तो इतिहास की शक्ल कुछ और होती। उनके गिरते स्वास्थ्य का पता 14 जुलाई, 1948 से चलने लगा। वह जियारत (बलूचिस्तान) चले गए। 13 अगस्त, 1948 को अपने डॉक्टर की सलाह पर वह क्वेटा चले गए। 5 सितंबर से उनके पैरों में सूजन आ गई और उनके कमजोर शरीर पर लाल दाने उभर आए। 9 सितंबर को उनकी हालत और बिगड़ गई। आखिरकार, 11 सितंबर को उन्हें कराची ले जाया गया। वह 6 बजकर 40 मिनट पर अपने निवास पर पहुँचे, जहाँ 10 बजकर 25 मिनट पर उन्होंने अंतिम साँस ली।[65] वह अपने परिधान के प्रति इतने सजग थे कि बीमारी की हालत में एक स्थान से दूसरे स्थान पर ले जाते समय भी वह आरामदेह पाजामे की बजाय पश्चिमी परिधान पहनने पर जोर देते थे।

किंतु पाकिस्तान में भारत के तत्कालीन उच्चायुक्त श्रीप्रकाश ने इसका खंडन किया है। उनके अनुसार—

> 'सभी तथ्यों की जानकारी किसी को नहीं है और न ही कभी होगी।…यह बिलकुल स्पष्ट है कि जिन्ना गवर्नर जनरल के विशेष विमान से क्वेटा से कराची के सैन्य हवाई अड्डे मौरीपुर पहुँचे। किसी को उनके आने की जानकारी नहीं दी गई थी। मौरीपुर में उन्हें संभवतः किसी एंबुलेंस वैन में रखा गया, जो बहुत खराब हालत में थी। वह गवर्नमेंट हाउस की ओर जाते समय रास्ते में ही खराब हो गई।…कई लोगों का मानना है कि क्वेटा में ही उनकी मौत हो गई। बहरहाल, यह स्पष्ट है कि मध्य रात्रि तक प्रधानमंत्री तथा अन्य लोगों को उनकी मृत्यु के बारे में नहीं बताया गया।'[66]

यहाँ फातिमा जिन्ना तथा अन्य लोगों के बयान को संक्षेप में दोहराना समीचीन होगा। फातिमा दो दशकों से अधिक समय से जिन्ना के सबसे करीब थी। जिन्ना को सन् 1941 से फेफड़ों के संक्रमण तथा खाँसी की शिकायत थी। वह बहुत सिगरेट पीते थे। उनका पसंदीदा ब्रांड था क्रेवन ए। वह दिन भर में पचास सिगरेट पी जाते थे, जिसे वह छोड़ नहीं सकते थे। विभाजन के दौरान जन-संहार से उनके अंदर कुछ अपराध-बोध उत्पन्न हुआ। 30 अक्तूबर, 1947 को लाहौर में उन्होंने कहा, 'कुछ लोग जरूर यह सोच सकते हैं कि 3 जून की योजना का अंगीकरण मुसलिम लीग की एक भूल थी।' और लाखों लोगों की मौत तथा विशाल संपत्ति की क्षति के लिए उकसानेवाली अव्यवस्था तथा बरबादी के लिए सेनाओं को दोषी ठहराया। अंत में मौतों का स्पष्टीकरण देते हुए उन्होंने कहा, 'हमारा धर्म हमें

सिखाता है कि हमें मौत के लिए सदैव तैयार रहना चाहिए।...एक धार्मिक कारण के लिए शहीद की मौत से अधिक बेहतर उद्धार मुसलमानों के लिए कोई नहीं है।'[67]

लगता है कि उनकी बीमारी के अलावा विभाजन के विक्षोभ ने उन्हें भावनात्मक रूप से प्रभावित किया। 24 जुलाई, 1948 को डॉ. कर्नल इलाही बक्श ने इस तथ्य की पुष्टि की कि जिन्ना को क्षय रोग था, जो लियाकत अली खान द्वारा जिन्ना के स्वास्थ्य की पूछताछ के लिए जियारत आने पर उन्हें बताया नहीं गया; क्योंकि रोगी की अनुमति के बिना गोपनीयता भंग नहीं की जा सकती थी।

डॉक्टर की सलाह पर 13 अगस्त, 1948 को उन्हें क्वेटा लाया गया। अगस्त के अंत तक जिन्ना ने फातिमा से कहा कि वह और जीने की इच्छा नहीं रखते। 'जितनी जल्दी मैं जाऊँगा उतना ही अच्छा होगा!' यह डॉ. इलाही बक्श के बयान से मेल खाता है। जिन्ना ने उनसे कहा, 'जब आप पहली बार जियारत आए तो मैं जीना चाहता था; पर अब यह मायने नहीं रखता कि मैं जिंदा रहूँ या मर जाऊँ!' डॉक्टर ने जिन्ना की आँखों में आँसू देखे। बह पूरी तरह जीने की इच्छा खो चुके थे। डॉक्टर ने यह संकेत दिया कि कुछ ऐसा घटित हुआ था, जिसने 'उनकी जीने की इच्छा को खत्म कर दिया।'[68]

क्वेटा में उनका स्वास्थ्य निरंतर गिरता रहा। उनकी अवस्था गंभीर हो गई। फिर से डॉक्टर की सलाह पर 11 सितंबर को उन्हें विमान द्वारा संध्या 4 बजकर 15 मिनट पर कराची के मौरीपुर हवाई अड्डे ले जाया गया। उड़ान के दौरान उन्हें ऑक्सीजन पर रखा गया। उनके सैन्य सचिव कर्नल नॉलर को छोड़कर हवाई अड्डे पर जिन्ना की अगवानी के लिए कोई नहीं था। कर्नल को कार के साथ एक एंबुलेंस लाने की हिदायत दी गई थी। साथ ही उन्हें सबकुछ गोपनीय रखने के भी निर्देश दिए गए थे। जिन्ना को एक स्ट्रेचर पर एंबुलेंस तक लाया गया। हवाई अड्डे तथा गवर्नर जनरल निवास के बीच दस मील की दूरी थी। एंबुलेंस को पाँच मील प्रति घंटे की रफ्तार से चलाकर ले जाया गया था, ताकि रोगी को झटके न लगें। एक मत यह है कि कुछ दूर चलने के बाद एंबुलेंस खराब हो गई। कर्नल नॉलर ने कहा कि धीमी गति के कारण एंबुलेंस गरम हो गई थी। वहाँ कोई दूसरी एंबुलेंस नहीं थी। कर्नल नॉलर को व्यक्तिगत रूप से जाकर एक अन्य एंबुलेंस का प्रबंध करना पड़ा। 'यह दुःखद आश्चर्य है कि किसी के दिमाग में यह बात नहीं आई कि गवर्नर जनरल की कार से उस हलकी एंबुलेंस को खींचा जा सकता था।'[69] लगभग 8 बजे नई एंबुलेंस आई। तब तक जिन्ना एंबुलेंस में पसीने से

लथपथ पड़े रहे। कराची की गरमी असहनीय थी। बहुत सी मक्खियाँ उनके चेहरे पर भिनभिना रही थीं। जिन्ना का जीवन 'बूँद-बूँद करके, साँस-दर-साँस कम हो रहा था।'[70]

एक गोपनीय टिप्पणी में कर्नल नॉलर ने लिखा कि उसे कायदे-आजम के लिए एक कार के साथ एक एंबुलेंस लाने का निर्देश दिया गया था और सख्ती से गोपनीयता बरती जानी थी, यह बात किसी तक भी नहीं पहुँचनी चाहिए थी। यह एक आधिकारिक कारण था कि प्रधानमंत्री लियाकत अली खान को विश्वास में क्यों नहीं लिया गया। जिन्ना के एक स्टाफ सदस्य फारूख अमीन ने अपनी अप्रकाशित रिपोर्ट में लिखा था कि प्रधानमंत्री को हवाई अड्डे पर आने से मना किया गया था।[71] किसी देश के प्रधानमंत्री के पास राष्ट्र प्रमुख की अवस्था के बारे में पता लगाने के अपने सूत्र होते हैं। जिन्ना विशेष विमानों से जियारत से क्वेटा और फिर कराची गए, यह उन सैकड़ों लोगों को पता रहा होगा, जो सुरक्षा व्यवस्था, एयरपोर्ट कंट्रोल टॉवरों तथा दोनों प्रांतों की प्रांतीय सरकारों से संबंधित रहे होंगे। यह बात स्पष्ट थी कि जिन्ना तथा लियाकत अली के बीच कुछ मन-मुटाव और विरोधाभास थे। डॉ. बक्श ने अपनी पुस्तक में इस बात का संकेत दिया है। इस पुस्तक के प्रसार ने विवादों को जन्म दिया और डॉक्टर को इस पुस्तक को वापस लेने के लिए विवश किया; लेकिन उस समय तक उसकी काफी प्रतियाँ प्रसार के लिए जा चुकी थीं। इस पुस्तक को लिखने के लिए सरकार की अनुमति न लेने का आरोप डॉ. बक्श पर लगाया गया, क्योंकि वह अभी सेवामुक्त नहीं हुए थे।

गवर्नर जनरल के निवास पर किसी नर्स, स्थानीय डॉक्टर या रोगी के बिस्तर का कोई प्रबंध नहीं था। यह अकल्पनीय है कि जिन्ना बिना उचित चिकित्सकीय मदद के रहे। डॉ. बक्श ने मुँह से ली जानेवाली एक दवा मँगाई; परंतु रोगी उस दवा को निगल नहीं सकता था। डॉ. बक्श बिस्तर को कुछ ऊँचा करना चाहते थे। उन्होंने शरीर के महत्त्वपूर्ण अंगों तक खून का प्रवाह बढ़ाने के लिए जिन्ना के पैरों के लिए पट्टियाँ लाने के लिए कहा। बिस्तर को ऊँचा करने के लिए भी कोई उपलब्ध नहीं था। अत: डॉक्टर को स्वयं यह करना पड़ा। बिस्तर अत्यंत भारी था और वह उसे छह इंच तक ऊँचा उठाने में सफल हो भी गए, परंतु वह उसे अधिक समय तक बरकरार नहीं रख पाए। उन्होंने ईंटों के स्थान पर प्रयोग में लाने के लिए फातिमा जिन्ना को कुछ किताबें लाने को कहा।[72]

9 बजे रात तक जिन्ना की नाड़ी की गति मंद पड़ने लगी थी। डॉ. बक्श ने उनकी हालत में सुधार के लिए एक इंजेक्शन का निर्देश दिया। उनकी नसों में

इंजेक्शन नहीं दिया जा सकता था, क्योंकि उनकी नसें क्षतिग्रस्त हो चुकी थीं। जिन्ना होश में थे। जब डॉक्टर ने उनसे कहा, 'सर, आप जीवित रहेंगे।' जिन्ना ने एक चौंकानेवाला उत्तर दिया, 'नहीं, मैं अब नहीं बचूँगा।' इसके बाद वह अचेत हो गए और 10 बजकर 25 मिनट पर उनकी नाड़ियों की गति बंद हो गई। उनकी मृत्यु के समय वहाँ केवल तीन लोग—डॉक्टर, एक नर्स और फातिमा थे। जब फातिमा को जिन्ना की मृत्यु के बारे में बताया गया तो वह चीखकर गिर पड़ीं।

फातिमा जिन्ना ने जिन्ना की मृत्यु का इससे अलग विवरण दिया है। उसके अनुसार, दो घंटों की नींद के बाद जिन्ना ने अपनी आँखें खोलीं, फातिमा को बुलाया और धीमी आवाज में बोले, 'फाती, खुदा हाफिज!' और फिर एक कलमा पढ़ा। उनका सिर दाहिनी ओर लुढ़क गया और उनकी आँखें बंद हो गईं।[73]

अजीज बेग ने महान् ऐतिहासिक शख्सियतों की मौतों का एक अध्ययन किया और मृत्यु के समय के बारे में कुछ समानताएँ पाईं। जिन्ना के राजनीतिक गुरु गोपाल कृष्ण गोखले की मृत्यु भी रात में 10 बजकर 25 मिनट पर हुई। अंत में जब जिन्ना ने हिंदू नेताओं की आलोचना की तब भी उन्होंने कभी गोखले या तिलक के खिलाफ एक भी शब्द नहीं कहा। उन्हें एक अलग श्रेणी में रखा।

जिन्ना की मृत्यु की आधिकारिक घोषणा दूसरे दिन प्रातः 3 बजे की गई। तब तक लोग इस संबंध में जान चुके थे। मंत्रिमंडल ने एक शोक-प्रस्ताव पारित किया।

12 सितंबर, 1948 को दोपहर में 3 बजे जिन्ना के अंतिम संस्कार की प्रक्रिया शुरू हुई। वह रक्षा सेवाओं के नियंत्रण और कमांड में होनेवाला एक राष्ट्रीय अंतिम संस्कार था। लाखों लोग सड़क के किनारे और कब्रगाह के मैदान में उमड़ पड़े। हर कोई कलमा पढ़ रहा था। 6 बजकर 15 मिनट पर अंतिम संस्कार का कार्यक्रम पूरा हुआ। मौलाना शाबित अहमद उस्मानी ने नमाज-ए-जनाजा का नेतृत्व किया। अब इस बात के कुछ प्रमाण मिले हैं कि गवर्नर जनरल के निवास पर गुप्त रूप से शिया रीति-रिवाजों का पालन किया गया। मौलाना उस्मानी अंतिम संस्कार के समय दिए गए भाषण में लोगों को यह याद दिलाना नहीं भूले कि जिन्ना 'औरंगजेब के बाद सबसे महान् मुसलमान थे।'[74]

रात्रि 6 बजकर 24 मिनट पर जिन्ना के शरीर को कब्र में दफना दिया गया। रात्रि 8 बजकर 30 मिनट पर प्रधानमंत्री लियाकत अली खान ने रेडियो पर देश के नाम संदेश दिया। चालीस दिन के आधिकारिक शोक की घोषणा की गई। विश्व के सभी भागों से शोक-संदेश आए। अमेरिकी राष्ट्रपति हैरी टूमेन का संदेश सबसे

अनूठा था। उन्होंने इस बात पर शोक व्यक्त किया कि भारत-पाकिस्तान के दो महान् व्यक्ति कम समय के अंतराल में चले गए। अजीज बेग लिखते हैं कि 'भारत के बड़े शहरों में भी नमाज-ए-जनाजा निकाला गया।'

पाकिस्तानी लेखकों ने पाया कि 11 सितंबर को जिन्ना की मृत्यु के कारण भारत ने हैदराबाद में एक पुलिस काररवाई की। यह सही नहीं हो सकता, क्योंकि इतना महत्त्वपूर्ण फैसला एक दिन में नहीं किया जा सकता। ऐसी पुलिस काररवाई शुरू करने से पहले काफी तैयारियाँ करनी होती हैं।

> 'पूर्वी पाकिस्तान के तत्कालीन मुख्यमंत्री ख्वाजा नजीमुद्दीन को गवर्नर जनरल नियुक्त किया गया। वर्षों तक जिन्ना का मकबरा तक नहीं बनाया गया। बारह वर्षों के बाद अयूब खान ने यह करवाया। बंबई के एक शिल्पकार याहया मर्चेंट ने उसका डिजाइन तैयार किया था। इसकी नींव 28 जनवरी, 1960 को रखी गई और उद्घाटन समारोह 18 जनवरी, 1961 को हुआ।'[75]

जिन्ना के जीवनकाल में कट्टरपंथियों ने उन्हें 'काफिर' कहा। पाकिस्तान के निर्माण के बाद उन्हें एक 'मूर्ति' का दर्जा दिया गया। कट्टरपंथी अकसर 11 अगस्त, 1947 को संविधान सभा में दिए गए जिन्ना के धर्मनिरपेक्ष भाषण के लिए उन्हें दोषी ठहराते रहे।

सन् 1971 में बँगलादेश के एक स्वतंत्र देश के रूप में उभरने के बाद उनका द्विराष्ट्र का सिद्धांत बिखर गया। उन्होंने पाकिस्तान में मुहाजिरों का एक वर्ग उत्पन्न कर दिया। जनसंख्या की दृष्टि से पचास प्रतिशत से अधिक पंजाबियों की तुलना में मुहाजिर अधिक उत्पीड़ित वर्ग है। पाकिस्तान के पंजाबी प्रभुत्व ने इसलाम के एक राष्ट्र की अवधारणा को हलका बना दिया है। प्रमुख मुहाजिर नेता अल्ताफ हुसैन ने सितंबर 2000 में लंदन में घोषणा की कि 'उपमहाद्वीप का विभाजन एक बड़ी भूल थी।'

इतिहास तथ्यों के प्रति क्रूर होता है। जिन्ना की व्यक्तिगत महत्त्वाकांक्षा, उपमहाद्वीप के राजनीतिक तथा भौगोलिक यथार्थों पर हावी हो गई। यह दरार बहुत गहरी हो गई है। कोई भी भारतीय अब सन् 1947 से पूर्व के एकीकृत भारत के विचार से खिलवाड़ करना नहीं चाहेगा। विभाजन से हुए घावों के जल्दी भरने की उम्मीद नहीं है। ऐतिहासिक तथा सामाजिक कारणों से पाकिस्तान को भारत का शत्रु देश बने रहना होगा। पाकिस्तान में कट्टरवाद के विकास के कारण जिन्ना विस्मृति के गर्त में जा सकते हैं। कोई नहीं जानता कि उन्हें बिना विरोध के फिर से

काफिरे-आजम कहा जाएगा या नहीं।

जिन्ना का अंत एक युग का अंत था—एक युग, जो धमाके के साथ शुरू हुआ और धीमी आवाज के साथ समाप्त हुआ। इसके बाद पाकिस्तान में लोकतंत्र के बलात्कार में इसकंदर मिर्जा की बारी हेतु उनके लिए सिंहासन खाली किया गया।

टिप्पणियाँ एवं संदर्भ

1. फातिमा जिन्ना—'माई ब्रदर', शरीफ अल-मुजाहिद द्वारा संपादित, कायदे-आजम एकेडमी, कराची, 1987
2. अजीज बेग—'जिन्ना एंड हिज टाइम्स', बाबर एंड आमेर पब्लिकेशंस, 1986, इसलामाबाद, पृष्ठ 84-89
3. वही, पृष्ठ 89
4. सईद शरीफुद्दीन पीरजादा—'सम ऑस्पेक्ट्स ऑफ कायदे-आजम्स लाइफ', नेशनल कमीशन ऑन हिस्टोरिकल एंड कल्चरल रिसर्च, इसलामाबाद, 1978
5. अजीज बेग—'जिन्ना एंड हिज टाइम्स', पृष्ठ 101-3
6. खालिद अहमद—'इंडियन एक्सप्रेस', 23 मई, 1998, पृष्ठ 8
7. शमीम अहमद—'ए लीफ फ्रॉम कायदे-आजम्स लाइफ', डॉन, 27 सितंबर, 1948
8. इकबाल सिंह—'इलस्ट्रेटेड वीकली', 12 अक्तूबर, 1952
9. अजीज बेग—'जिन्ना एंड हिज टाइम्स', पृष्ठ 158-60
10. सईद शरीफुद्दीन पीरजादा—'सम ऑस्पेक्ट्स ऑफ कायदे-आजम्स लाइफ', पृष्ठ 30-31
11. वही, पृष्ठ 32
12. एम.सी. छागला—'रोजेज इन दिसंबर—एन ऑटोबायोग्राफी', भारतीय विद्या भवन, नई दिल्ली, पृष्ठ 14
13. फ्रैंक मोर्स—'टाइम्स ऑफ इंडिया', 10 सितंबर, 1939
14. एम.सी. छागला—'रोजेज इन दिसंबर—एन ऑटोबायोग्राफी', पृष्ठ 55
15. अजीज बेग—'जिन्ना एंड हिज टाइम्स', पृष्ठ 165
16. अकबर एस. अहमद—'जिन्ना, पाकिस्तान एंड इसलामिक आइडेंटिटी', पृष्ठ 9
17. वही
18. अजीज बेग—'जिन्ना एंड हिज टाइम्स', पृष्ठ 196
19. वही, पृष्ठ 196-98
20. वही, पृष्ठ 34-35
21. वही, पृष्ठ 36-37
22. एम.सी. छागला—'रोजेज इन दिसंबर—एन ऑटोबायोग्राफी', पृष्ठ 119
23. अजीज बेग—'जिन्ना एंड हिज टाइम्स', पृष्ठ 302

24. वही, पृष्ठ 303
25. हेक्टर बोलिथो—'जिन्ना', पृष्ठ 74
26. अजीज बेग—'जिन्ना एंड हिज टाइम्स', पृष्ठ 305
27. वही, पृष्ठ 306
28. वही, पृष्ठ 311
29. 'द फ्राइडे टाइम्स', पाकिस्तान, 16-24 फरवरी, 2000
30. कांजी द्वारकादास—'रत्ती जिन्ना—द स्टोरी ऑफ ग्रेट फ्रैंडशिप', बंबई, 1963, पृष्ठ 73
31. अजीज बेग—'जिन्ना एंड हिज टाइम्स', पृष्ठ 312
32. लैरी कॉलिन्स एंड डोमिनिक लेपियर—'फ्रीडम एट मिडनाइट', विकास पब्लिशिंग हाउस, दिल्ली, 1976
33. अकबर एस. अहमद—'जिन्ना, पाकिस्तान एंड इसलामिक आइडेंटिटी', पृष्ठ 147
34. लैरी कॉलिन्स एंड डोमिनिक लेपियर—'फ्रीडम एट मिडनाइट', पृष्ठ 102
35. एम.सी. छागला—'रोजेज इन दिसंबर—एन ऑटोबायोग्राफी', पृष्ठ 78
36. शरीफ अल-मुजाहिद—'कायदे-आजम', लो प्राइस पब्लिकेशंस, दिल्ली, 1993, पृष्ठ 11
37. एम.सी. छागला—'रोजेज इन दिसंबर—एन ऑटोबायोग्राफी', पृष्ठ 76
38. 'मुसलिम स्टूडेंट्स एंड पाकिस्तान मूवमेंट', खंड 1, सरफराज हुसैन मिर्जा द्वारा संकलित, पाकिस्तान स्टडी सेंटर, पंजाब यूनिवर्सिटी, लाहौर, 1988, पृष्ठ 811
39. एम.सी. छागला—'रोजेज इन दिसंबर—एन ऑटोबायोग्राफी', पृष्ठ 309
40. शरीफ अल-मुजाहिद—'कायदे-आजम', पृष्ठ 642
41. अजीज बेग—'जिन्ना एंड हिज टाइम्स', पृष्ठ 312 और शरीफ अल-मुजाहिद—'क़ायदे-आजम', पृष्ठ 646
42. एलन मैकग्रॉथ—'द डिस्ट्रक्शन ऑफ डेमोक्रेसी इन पाकिस्तान', ऑक्सफोर्ड यूनिवर्सिटी प्रेस, कराची, पृष्ठ 53
43. वही, पृष्ठ 35
44. लैरी कॉलिन्स एंड डोमिनिक लेपियर—'फ्रीडम एट मिडनाइट', पृष्ठ 221
45. जईफुल्लाह सईद और सैमुअल बेड—'पाकिस्तान : एन एंड विदाउट ए बिगनिंग', लांसर इंटरनेशनल, दिल्ली, पृष्ठ 14
46. डॉन, 9 अक्तूबर, 1950
47. सुलक्षण मोहन (रिटायर्ड मेजर)—'पाकिस्तान अंडर मुशर्रफ', इंडियन पब्लिशर्स, नई दिल्ली, 1999, पृष्ठ 15
48. 'द फ्राइडे टाइम्स', पाकिस्तान, 19 जून, 1999
49. के.के. भारद्वाज—'पाकिस्तान्स मार्च टू डेमोक्रेसी एंड लिबरलिज्म', अमोल पब्लिकेशंस, नई दिल्ली, 1996, आमुख
50. गोपाल नेहरू—खंड 1, पृष्ठ 338
51. एम.सी. छागला—'रोजेज इन दिसंबर—एन ऑटोबायोग्राफी', पृष्ठ 80
52. 'पायनियर', 10 नवंबर, 2000, संपादक के नाम पत्र
53. जवाहरलाल नेहरू—'ऑटोबायोग्राफी', पृष्ठ 67-68

54. वी.पी. मेनन—'द ट्रांसफर ऑफ पावर', ओरिएंट लॉन्गमैन, पृष्ठ 40
55. हुमायूँ मिर्जा—'फ्रॉम प्लासी टू पाकिस्तान', यूनिवर्सिटी प्रेस ऑफ अमेरिका, न्यूयॉर्क, 1999, पृष्ठ 243
56. वी.टी. जोशी—'पाकिस्तान : जिया टू बेनजीर', कोणार्क पब्लिशर्स, नई दिल्ली, पृष्ठ 67
57. इयान टालबोट—'इंडिया एंड पाकिस्तान', अर्नाल्ड, लंदन, 2000, पृष्ठ 199
58. वही, पृष्ठ 200
59. वही, पृष्ठ 158
60. सफद कमरुल अहसान—पॉलिटिक्स एंड पर्सनेलिटीज इन पाकिस्तान, मोइनुद्दीन एंड संस, ढाका, 1967, पृष्ठ 61
61. अकबर एस. अहमद—'जिन्ना, पाकिस्तान एंड इसलामिक आइडेंटिटी', पृष्ठ 8
62. लैरी कॉलिन्स एंड डोमिनिक लेपियर—'फ्रीडम एट मिडनाइट', पृष्ठ 227
63. एलन मैकग्रॉथ—'द डिस्ट्रक्शन ऑफ डेमोक्रेसी इन पाकिस्तान'
64. वही, पृष्ठ 1
65. फातिमा जिन्ना—'माई ब्रदर'
66. श्रीप्रकाश—'पाकिस्तान : बर्थ एंड अर्ली डेज', मीनाक्षी पब्लिकेशंस, भारत, पृष्ठ 113
67. फातिमा जिन्ना—'माई ब्रदर', पृष्ठ 14
68. अजीज बेग—'जिन्ना एंड हिज टाइम्स', पृष्ठ 857–58
69. वही, पृष्ठ 862
70. फातिमा जिन्ना—'माई ब्रदर', पृष्ठ 37
71. अजीज बेग—'जिन्ना एंड हिज टाइम्स', पृष्ठ 861
72. वही, पृष्ठ 865
73. फातिमा जिन्ना—'माई ब्रदर', पृष्ठ 38
74. अकबर एस. अहमद—'जिन्ना, पाकिस्तान एंड इसलामिक आइडेंटिटी', पृष्ठ 36
75. अजीज बेग—'जिन्ना एंड हिज टाइम्स', पृष्ठ 877–82

□

3

जिन्ना के बाद का पाकिस्तान

इसकंदर मिर्जा

सैयद इसकंदर मिर्जा ने पहली बार सन् 1955 से लेकर सन् 1958 तक राष्ट्रपति के रूप में पाकिस्तान पर शासन किया। उनके पुत्र हुमायूँ द्वारा बताया गया उनका वंशवृक्ष बंगालियों के लिए विशेष महत्त्वपूर्ण है; क्योंकि वह सिराजुद्दौला के प्रधान सेनापति नवाब नाजिम मीर जाफर के वंशज थे। सन् 1757 में प्लासी के युद्ध में लॉर्ड क्लाइव ने सिराजुद्दौला को पराजित किया था। इस हार का कारण सामान्यतः मीर जाफर का लॉर्ड क्लाइव का साथ देना माना जाता है। हुमायूँ मिर्जा ने मीर जाफर के दल-बदल के कारण भी बताए हैं। अलबत्ता, इसकंदर मिर्जा ने कभी भी अपने वंशवृक्ष के बारे में बात नहीं की; क्योंकि यह पाकिस्तान, जिसमें तब पूर्वी पाकिस्तान, यानी बँगलादेश भी शामिल था, के मुसलमानों के लिए यह सहज नहीं होता।

पृष्ठभूमि

इसकंदर मिर्जा का जन्म 13 नवंबर, 1899 को हुआ था। उनकी माँ दिलशाद बेगम एक सख्त अनुशासन-पसंद महिला थीं। वह इसकंदर को शिक्षा के लिए बंबई ले गईं। उन्होंने उसे शिक्षित बनाने के लिए एक निजी शिक्षक ली विल्सन को रखा। इसकंदर ने सन् 1918 में बंबई के प्रसिद्ध एलफिंस्टन कॉलेज से अंडर ग्रेजुएट डिग्री हासिल की और 1920 में कैंबरले (इंग्लैंड) के सैंडहर्स्ट मिलिटरी

कॉलेज से ग्रेजुएशन किया। वह सैंडहर्स्ट में प्रशिक्षित किए जानेवाले भारतीयों के पहले दल में थे। सन् 1922 में उन्होंने रिफात शिराजी से विवाह किया। उसके दादा फारस से शिपिंग व्यवसाय करने भारत आए थे और बाद में बहुत समृद्ध हो गए थे। संयोगवश मिर्जा लोग शिया थे।

कर्नल के रूप में भारतीय सेना में अपनी सेवाएँ देने के बाद इसकंदर मिर्जा ने सन् 1926 में त्याग-पत्र दे दिया और भारतीय राजनीतिक सेवा में शामिल हो गए। इस सेवा में आधे आई.सी.एस. अधिकारियों और आधे भारतीय सेनाधिकारियों को भरती किए जाने की परंपरा थी। परिणामस्वरूप उन्हें अधिकतर समय सीमांत प्रांत में उनकी विभिन्न क्षमताओं के साथ सेवारत रखा गया। सीमांत प्रांत में उन्हें जनजातीय प्रमुखों तथा 'सीमांत गांधी' के नाम से लोकप्रिय खान अब्दुल गफ्फार खान के लाल कुरती स्वयंसेवकों से निपटना पड़ा। लाल कुरती स्वयंसेवकों से निपटनेवाले युवा अधिकारी के रूप में उन्हें चाय में क्रोटिन तेल मिलानेवाले के रूप में प्रसिद्धि मिली। क्रोटिन तेल एक प्रकार का जुलाब था, जो स्वयंसेवकों को प्रदर्शन आरंभ करने से तुरंत पहले दिया जाता था। वह कभी भी खान अब्दुल गफ्फार खान के लाल कुरती स्वयंसेवकों को पसंद नहीं करते थे।

उड़ीसा की रियासतों से निपटने के लिए उन्हें वहाँ भी नियुक्त किया गया। बाद में अप्रैल 1946 में वह रक्षा मंत्रालय में संयुक्त सचिव बने। वह जिन्ना के करीब आए और सीमांत प्रांत में मामलों को मुसलिम लीग के हित में सुलझाया। तत्पश्चात् राष्ट्रपति गुलाम मुहम्मद ने उन्हें रक्षा मंत्री के रूप में नियुक्त किया। सन् 1955 में गुलाम मुहम्मद को इस्तीफा देने के लिए मजबूर किया गया। और तब मिर्जा पाकिस्तान के राष्ट्रपति बने। उन्होंने जनरल अयूब खान को रक्षा मंत्री बनाया और उन्हें पाकिस्तानी सेना में भी मुख्य सेनापति के पद पर बरकरार रखा। यह उनकी एक ऐसी भूल थी, जिसके लिए उन्हें बाद में बहुत पछताना पड़ा।

सन् 1956 के संविधान के अंतर्गत नवंबर 1956 में आम चुनाव होना था, परंतु चुनाव फरवरी 1959 तक स्थगित कर दिया गया। उस समय विश्व के विभिन्न क्षेत्रों में विद्रोह का माहौल था। मिस्र में जमाल अब्दुल नासिर ने एक सैन्य विद्रोह द्वारा सत्ता पर कब्जा कर लिया था; इसी प्रकार जुलाई 1958 में कासिम ने इराक की गद्दी हथिया ली थी। सितंबर में यू नू ने बर्मा (अब म्याँमार) में सत्ता पर कब्जा कर लिया था। इन घटनाओं ने पाकिस्तान में भी सेनाधिकारियों को प्रभावित किया। राष्ट्रपति इसकंदर मिर्जा को आम पाकिस्तानियों के ऐसे सैकड़ों पत्रों से प्रोत्साहन मिला, जिनमें उन्हें सत्ता पर अपना कब्जा करने के लिए कहा गया था;

जबकि वरिष्ठ सैन्यकर्मी उनसे अनुरोध कर रहे थे कि 'वह सुहरावर्दी, फिरोज खान नून तथा मुसलिम लीग के षड्यंत्रकारियों से सहिष्णुता निभाना बंद करें और जिस समय स्थिति भ्रामक तथा उचित समय हो, तानाशाही की घोषणा कर दें।'[1]

अमेरिकी दूतावास तथा विदेश मंत्री के बीच गोपनीय संपर्कों द्वारा अब इस बात के विवरण उपलब्ध हैं कि किस प्रकार जनरल अयूब खान सत्ता हथियाने के लिए इसकंदर मिर्जा को प्रेरित कर रहे थे। अयूब ने 19 मई, 1958 को अमेरिकी राजदूत से कहा कि 'ऐसी भूमिका के लिए मिर्जा सर्वाधिक उपयुक्त व्यक्ति हैं।'

अमेरिकी दूतावास, जो इन गतिविधियों के बारे में पूरी तरह जानता था, ने 5 अक्तूबर, 1958 को कराची में तैयार की गई इंटेलिजेंस रिपोर्ट में कहा—

> 'पाकिस्तान के लिए मिर्जा के भय का तात्कालिक कारण है (1) राष्ट्रपति द्वारा कोई काररवाई न करने पर स्वयं सेना द्वारा सत्ता हथियाने का भय और (2) प्रांतीय अलगाववादी तत्त्वों के साथ कम्युनिस्ट, यू.ए.आर. तथा भारतीय अराजक गतिविधियों का बढ़ना। इस तात्कालिक कारण के पीछे एक अशिक्षित तथा मुसलिम देश में लोकतांत्रिक प्रक्रिया की बजाय तानाशाही की उपयुक्तता के प्रति मिर्जा की व्यक्तिगत राय तथा सत्ता में बने रहने की चाह है।'[2]

इस प्रकार कराची में स्थानीय अमेरिकी दूतावास अमेरिका के बेहतरीन रणनीतिक हित में अपरिहार्य को स्वीकार करने के लिए सरकार को तैयार कर रहा था। अमेरिका की मुख्य चिंता कम्युनिज्म के प्रसार को लेकर थी। उसके लिए भारत तथा यू.ए.आर. (मिस्र) से खतरे पर बल दिया गया। ये खतरे काल्पनिक थे, क्योंकि पाकिस्तान के घरेलू मामलों में भारत के हस्तक्षेप का कोई प्रमाण नहीं था।

अमेरिका द्वारा जनरल अयूब का समर्थन किए जाने का एक कारण यह था कि मिर्जा पेशावर से यू-2 विमानों को उड़ान भरने के लिए निगरानी सुविधा उपलब्ध कराने के प्रति अनिच्छुक थे। सोवियत संघ अपने मिसाइल विकास कार्यक्रम के साथ आगे बढ़ रहा था और ऐसे मिसाइल स्थलों की स्थिति अमेरिका के लिए अत्यधिक चिंता का विषय थी। यू-2 निगरानी विमान सोवियत संघ के गुप्त वायु सर्वेक्षण में मदद कर सकते थे। ऐसी सुविधा प्रदान करने में मिर्जा की हिचकिचाहट अमेरिका को नाराज कर रही थी। तब तक अयूब ने सी.आई.ए. प्रमुख एलन डुल्स से नजदीकी और अच्छे संबंध बना लिये थे। अप्रैल 1958 में अयूब की अमेरिका यात्रा महत्त्वपूर्ण थी। वह वहाँ एलन डुल्स से मिले और अमेरिकी जनरलों के साथ गोल्फ खेला। उन्होंने पेशावर के निकट एक अमेरिकी बेस के लिए दस साल का

लीज एग्रीमेंट किया, जो सोवियत संघ जानेवाले यू-2 विमानों द्वारा प्रयोग किया जाना था।[3]

मध्य सितंबर तक राष्ट्रपति इसकंदर मिर्जा सन् 1956 के संविधान को रद्द करने और एक नया संविधान तैयार होने तक सरकार से राजनीतिज्ञों को दूर रखने का मन बना चुके थे। वह सेना के समर्थन के प्रति आश्वस्त थे। मिर्जा को पता था कि यदि विद्रोह विफल रहा तो वह खतरे में पड़ सकते हैं। जनरल अयूब खान को इन गतिविधियों से अवगत रखा गया था; क्योंकि सेना की सहायता के बिना कोई सत्ता-पलट संभव नहीं था। उन्हें न केवल मुख्य सेनापति से, बल्कि दूसरी श्रेणी के सेना जनरलों, जैसे—मूसा, बर्की तथा उमराव से भी सकारात्मक संकेत मिले। अयूब खान एक सतर्क और चालाक व्यक्ति थे। सत्ता-पलट को समर्थन देने के साथ वह महत्त्वपूर्ण क्षणों में चुपचाप गिलगित चले गए। अल्ताफ गौहर के अनुसार, यह संकट के समय दूर रहने की अयूब की रणनीति थी।

7 अक्तूबर, 1956 को रात्रि लगभग साढ़े दस बजे मिर्जा ने संविधान को रद्द करते हुए, केंद्रीय व प्रांतीय सरकारों को बरखास्त करते हुए, संसदीय व प्रांतीय विधानसभाओं को भंग करते हुए, सभी राजनीतिक दलों को खत्म करते हुए तथा अयूब खान के नेतृत्व में पूरे देश में मार्शल लॉ स्थापित करते हुए एक उद्घोषणा जारी की। यह सत्ता-पलट सहज था और इसके खिलाफ कोई आक्रामक गतिविधि या हिंसा नहीं हुई।

अपनी स्थिति को मजबूत करने के लिए इसकंदर मिर्जा ने राष्ट्रपति आइजेनहॉवर, हेरॉल्ड मैकमिलन, ईरान के शाह तथा ऑस्ट्रेलिया के प्रधानमंत्री को लिखित सूचना दी। उन्होंने अमेरिकी राष्ट्रपति को लिखा—

> 'देश को बरबादी से बचाने के लिए मुझे संविधान को भंग करना पड़ा और सत्ता ग्रहण करना पड़ा। देश की वर्तमान परिस्थितियों के मद्देनजर हमारा वर्तमान संविधान उपयुक्त नहीं है। यथासंभव कम समय तक मार्शल लॉ लागू रखा जाएगा। आनेवाले कठिन समय में मैं आपसे सहानुभूति तथा सहयोग का अनुरोध करता हूँ। हम अपने सभी वादों को पूरा करेंगे और स्वतंत्र विश्व के प्रति निष्ठावान् बने रहेंगे।'[4]

सहानुभूति तथा सहयोग प्राप्त करने के लिए मिर्जा की चिंता का अमेरिकी राष्ट्रपति से आदान-प्रदान हुआ। मिर्जा अमेरिकी राष्ट्रपति के जवाब को प्रेस में जारी करना चाहते थे, ताकि सेनाधिकारियों की महत्त्वाकांक्षाओं को नियंत्रित रखा जा सके। वह अयूब की महत्त्वाकांक्षाओं को जानते थे। शांतिपूर्ण सत्ता-पलट को

सेना द्वारा आगामी सत्ता-पलट के लिए एक सकारात्मक संकेत के रूप में लिया गया, क्योंकि इसका कोई विरोध जनता में नहीं हुआ था। अमेरिका मिर्जा के समर्थनवाला पत्र प्रेस में जारी करने के लिए तैयार नहीं हुआ। इसका एक कारण संभवत: यह था कि अमेरिका को सेना द्वारा एक और विद्रोह की आशंका थी। उसके बारे में अमेरिका को पर्याप्त जानकारी थी।

मिर्जा के सत्ता-पलट का एक बड़ा कारण उनका यह भय था कि वह राष्ट्रपति के रूप में निर्वाचित नहीं हो पाएँगे, जैसा अपने पुत्र के साथ उनके पत्र-व्यवहार से पता चलता है। किसी चुनाव में उनके निर्वाचित होने की कोई संभावना नहीं थी। उन्होंने सार्वजनिक रूप से यह घोषणा करके कि वह जल्द ही मार्शल लॉ उठा लेंगे, एक और भूल की; क्योंकि इसका अर्थ सेना की भूमिका घटाना होता। अयूब के लिए इसका अर्थ उनके कैरियर का अंत था, क्योंकि वह सेवा-विस्तार पर काम कर रहे थे, जो सन् 1960 के अंत में समाप्त हो जाती।

अयूब ने एक सुनियोजित रणनीति पर काम करना शुरू कर दिया। 8 अक्तूबर को उन्होंने एक प्रसारण में कहा, 'आप नहीं जानते होंगे, लेकिन मैंने कई अवसरों पर देश के सत्ता-पलट के गुलाम मुहम्मद के प्रस्ताव को अस्वीकार कर दिया।'[5] धीरे-धीरे उन्होंने मार्शल लॉ की अवधि पर राष्ट्रपति के सार्वजनिक पक्ष के विपरीत बोलना आरंभ कर दिया। उन्होंने कहा, 'जब तक इसे लगाने के पीछे का उद्देश्य पूरा नहीं हो जाता, उससे एक मिनट पहले भी इसे उठाया नहीं जाएगा।' इसे पश्चिमी प्रेस में व्यापक रूप से 'मार्शल लॉ बरकरार रहेगा' के रूप में लिया गया।

राजभवन के षड्यंत्र पूर्ण आकार ले रहे थे। उस समय जुल्फिकार अली भुट्टो को मिर्जा के चमचे के रूप में देखा जाता था। सेना ने दुकानदारों को लागत से कम कीमत पर अपनी वस्तुएँ बेचने के लिए बाध्य करके अपना मिशन आरंभ किया। मिर्जा ने अयूब को शक्ति के इस गलत प्रयोग को रोकने के लिए कहा; परंतु अयूब ने इससे इनकार कर दिया। मिर्जा यह सोच रहे थे कि अयूब उनको सत्ता से बेदखल नहीं करेंगे, क्योंकि उन्होंने कई अवसरों पर अयूब का साथ दिया था। उन्होंने अयूब को एक कोर्ट मार्शल प्रक्रिया से बचाया था। जनरल अयूब ने राष्ट्रपति के सैन्य सचिव को हटाकर अपने वफादार कर्नल को उस पद पर नियुक्त कर दिया। राष्ट्रपति की गतिविधियों से अवगत होते रहने के लिए यह अयूब के लिए जरूरी था।

मिर्जा की नई सरकार की घोषणा 27 अक्तूबर, 1958 को की गई। अयूब को प्रधानमंत्री बनाया गया। उस शाम को अयूब और अन्य जनरल मिर्जा से मिले

तथा अत्यंत सम्मान के साथ उनसे पेश आए। उस शाम मिर्जा ने रात का भोजन जल्दी कर लिया था और बिस्तर पर लेट गए थे।

27–28 अक्तूबर की रात बड़ी नाटकीय थी। 'रात को लगभग दस बजे एक नौकर ने राष्ट्रपति के शयनकक्ष के दरवाजे पर दस्तक दी और कहा कि कुछ जनरल उनका इंतजार कर रहे हैं।'[6] जब मिर्जा बाहर बाथरोब में आए तो अपने घर में हर जगह स्वचालित हथियारों से लैस सैनिकों को देखकर आश्चर्यचकित रह गए। वह नीचे आए और जनरल बुर्की, आजम खान तथा शेख और एक ब्रिगेडियर बहादुर शेर को देखा। उन्होंने उन्हें राष्ट्रपति पद से हटने का अयूब का संदेश दिया। हुमायूँ के विवरण में यह नहीं था कि मिर्जा के आपत्ति करने पर एक जनरल ने पिस्तौल निकाल ली। अयूब ने दिन में प्रधानमंत्री पद की शपथ ली थी और रात में वह पाकिस्तान के राष्ट्रपति बन गए। प्रेस ने 28 अक्तूबर को दोनों घटनाओं की रिपोर्ट दी। स्थिति बहुत हास्यप्रद थी। ऐसा सिर्फ पाकिस्तान में ही हो सकता था।

राष्ट्रपति के रूप में इसकंदर मिर्जा का आखिरी दिन बहुत करुणाजनक था। तीनों जनरलों के जाने के बाद ब्रिगेडियर शेर बहादुर को वहाँ छोड़ दिया गया था, ताकि वह मिर्जा और उनकी पत्नी नाहिद को बंदूक की नोक पर राष्ट्रपति निवास छोड़ने के लिए बाध्य करके पदच्युत राष्ट्रपति के साथ दुर्व्यवहार कर सके। सैन्य वाहनों के एक काफिले ने उन्हें मौरीपुर हवाई अड्डे तक पहुँचाया। केवल अमेरिकी राजदूत जेम्स एम. लैंगले अयूब से अनुमति लेने के बाद वहाँ मौजूद थे। मिर्जा को अकेले में राजदूत से बात करने की अनुमति नहीं दी गई। वे सिर्फ ब्रिगेडियर शेर बहादुर की उपस्थिति में ही बात कर सकते थे। ऑस्ट्रेलियाई उच्चायुक्त जनरल कॉथ्रोन ने मिर्जा का मित्र होने के बावजूद न कुछ प्रतिक्रिया की, न कुछ भाव दरशाया। मिर्जा केवल दो बैग ले जा रहे थे। वे सेना द्वारा किए गए प्रबंध के अंतर्गत एक विमान से क्वेटा के लिए रवाना हुए। चार दिनों तक वे लोग बदतमीज सेनाधिकारियों, जो उन्हें धमकाने के लिए हथियारों का प्रयोग करते थे, से घिरे रहे। यदि वह एक भी गलती करते तो उन्हें गोली मार दी जाती। मिर्जा को खत्म करने का दबाव बर्की तथा आजम की ओर से अयूब पर पड़ रहा था; परंतु अमेरिका तथा अन्य देशों के दबाव के कारण उस योजना को छोड़ना पड़ा। उसके बाद अयूब ने मिर्जा को पाकिस्तान से निर्वासित करने का फैसला किया।

2 नवंबर, 1958 को मिर्जा व उनकी पत्नी नाहिद को कराची ले जाया गया और फिर लंदन के लिए रवाना कर दिया गया। ऑस्ट्रेलियाई उच्चायुक्त जनरल कॉथ्रोन तथा कुछ अन्य लोग उन्हें विदा करने के लिए हवाई अड्डे पर मौजूद थे।

कॉथ्रोन पहले पाकिस्तानी सेना से जुड़े हुए थे और इंटेलिजेंस सामग्री जुटाने के लिए आई.एस.आई. को एक संस्था के रूप में आकार देने में उन्होंने महत्त्वपूर्ण भूमिका निभाई।

लंदन में मिर्जा का जीवन दु:खद बना दिया गया; क्योंकि अयूब ने उन्हें ब्रिटिश अधिकारियों से बात करने पर बुरे परिणाम भुगतने की धमकी दी थी। मिर्जा की पहली पत्नी रिफात बेगम और बच्चे उस समय भी पाकिस्तान में थे। लंदन में मिर्जा के पास दरबान को टिप देने के लिए भी पैसे नहीं थे। उनकी निजी संपत्ति कुर्क करके सेना के उच्चाधिकारियों के बीच बाँट दी गई। उनके निजी दस्तावेज तथा डायरियाँ भी जब्त करके अयूब के आदेश से नष्ट कर दी गई थीं। यह भावी राष्ट्रपतियों व प्रधानमंत्रियों के लिए एक सबक था। पाकिस्तान में संपत्ति से वंचित करने की इस वास्तविकता से ही उच्च पदाधिकारियों में विदेश में गुप्त बैंक खाते रखने का चलन बढ़ा।

एक बार मिर्जा ने याहया खान के शासन काल के दौरान पाकिस्तान वापस जाने की इच्छा जताई। इस अपील को खारिज करते हुए एक रूखा जवाब दिया गया—'पाकिस्तान आने का आपका आवेदन अस्वीकार कर दिया गया है।' मिर्जा लंदन के अपने कुछ शुभचिंतकों की वित्तीय मदद पर जीवन-यापन कर रहे थे। अयूब के वफादारों ने ये मनगढ़ंत कहानियाँ फैला दीं कि मिर्जा ने पद पर रहते हुए काफी वित्तीय लाभ उठाया था। मिर्जा द्वारा लंदन में एक दुकान चलाने की कहानी एक और झूठी कहानी थी, जो सत्ता प्रतिष्ठान द्वारा उसे बदनाम करने के लिए गढ़ी गई थी।

मिर्जा इतने दिवालिया थे कि अस्पताल की उनकी चिकित्सा एक समस्या बन गई। उन्होंने अपनी पत्नी से कहा, 'हम मेडिकल ट्रीटमेंट का खर्च नहीं उठा सकते हैं, इसलिए मुझे मरने दो।' अपने सत्तरवें जन्मदिन पर, यानी 13 नवंबर, 1969 को लंदन में निद्रावस्था में ही मिर्जा की मृत्यु हो गई।

ईरान के शाह तेहरान में पाकिस्तान के पूर्व राष्ट्रपति (मिर्जा) का अंतिम संस्कार राष्ट्रीय सम्मान के साथ करना चाहते थे। मिर्जा का शव ले जा रहा विमान पेरिस, रोम तथा कैरो में रुका, जहाँ स्थानीय सरकारी प्रतिनिधि अपनी श्रद्धांजलि अर्पित करने आए; परंतु इन स्थानों के पाकिस्तानी दूतावास के अधिकारियों ने अपने पूर्व राष्ट्रपति के लिए ऐसा कोई शिष्टाचार नहीं दिखाया। पाकिस्तान स्थित मिर्जा के परिजनों को उनके अंतिम संस्कार के लिए ईरान जाने की अनुमति नहीं दी गई।

नाहिद प्रकरण

इसकंदर मिर्जा की गद्दी छिनने का सबसे बड़ा कारण नाहिद प्रकरण था। एक ईरानी महिला नाहिद अफखामी के साथ इसकंदर मिर्जा के अंतरंग संबंधों की कहानी लंबी है। वह पाकिस्तान में ईरान के डिफेंस अटैची की पत्नी थी। इसकंदर मिर्जा के पुत्र हुमायूँ मिर्जा ने वर्णन किया है कि किस प्रकार वह महिला लंदन में भी उसके पिता तक पहुँच जाती थी। अकसर नाहिद के फोन उनका बेटा सुनता था और अपने पिता के निर्देश पर वह लंदन के निवास में अपने पिता के न होने की जानकारी देता था। उस समय मिर्जा पाकिस्तान के रक्षा सचिव थे।

कुछ समय बाद नाहिद पाकिस्तान आई। उसने इसकंदर मिर्जा को टेलीफोन पर चेतावनी दी कि वह उन्हें बेनकाब कर सकती है। उस समय मिर्जा की पत्नी रिफात बेगम चीन में थीं। मिर्जा ने जल्दबाजी में नाहिद से विवाह कर लिया; लेकिन मिर्जा की बेटी ने नाहिद को घर में आने से मना कर दिया। उसने कहा, 'यह हमारी माँ का घर है, यहाँ किसी दूसरी औरत को घुसने की अनुमति नहीं दी जाएगी।'[7] मिर्जा उसको लेकर पंजाब सरकार के गेस्ट हाउस में चले गए और अपनी पहली पत्नी के पास फिर कभी भी लौटकर नहीं आए।

सुन्नी प्रभुत्ववाले पाकिस्तान में मिर्जा शिया होने के बावजूद एक शक्तिशाली नेता के रूप में उभरे। उन्होंने पंजाब में अहमदिया-विरोधी दंगों से निपटने में तीव्रता और दृढ़ता से काम किया। इसमें मुल्लाओं को भी नहीं बख्शा गया। जब पंजाब के मार्शल लॉ प्रशासक जनरल आजम खान ने मारे गए मुल्लाओं की संख्या बताते हुए टेलीग्राम भेजना शुरू किया तो प्रधानमंत्री नजीमुद्दीन डर गए और आदेश दिया कि ऐसे संदेश नहीं भेजे जाने चाहिए ('प्लासी टू पाकिस्तान')। मिर्जा कभी वित्तीय हेरा-फेरी या भ्रष्टाचार में लिप्त नहीं रहे। आखिरकार, वह लंदन में दिवालिया अवस्था में मरे थे। उन्हें पाकिस्तान जाने की भी अनुमति नहीं दी गई। उन्होंने अयूब खान को कोर्ट मार्शल से बचाया और उन्हें पाकिस्तानी सेना का पहला कमांडर-इन-चीफ बनाया। जिस प्रकार उनके पूर्वज मीर जाफर ने सिराजुद्दौला को धोखा दिया था उसी प्रकार अयूब ने उन्हें धोखा दिया और उन्हें पद छोड़ने के लिए विवश किया। वह गरिमापूर्वक बाहर चले गए। लंदन से उन्होंने कभी भी अयूब-विरोधी बयानबाजी नहीं की।

नाहिद प्रकरण ने मिर्जा को कुछ परेशानी में डाल दिया था। नाहिद युवा तथा जिद्दी थी। उसकी कुछ राजनीतिक महत्त्वाकांक्षाएँ थीं तथा अवांछित तत्त्वों तक उसकी पहुँच थी। वह दूसरों के सामने अपने पति को झिड़कने में भी नहीं हिचकिचाती

थी। इसने मिर्जा की प्रतिष्ठा को चोट पहुँचाई। 'इसलिए इसमें कोई आश्चर्य की बात नहीं थी कि इसकंदर मिर्जा का निष्कासन विरोध के एक भी स्वर के बिना स्वीकार कर लिया गया।'[8]

मिर्जा पाकिस्तान के अपूर्ण अतीत थे। पाकिस्तान के परिवर्तनशील राजनीतिक क्षितिज का नया सितारा था अयूब खान।

अयूब खान और याहया खान

अयूब खान ने इसकंदर मिर्जा के साथ मिलकर सन् 1957 में पाकिस्तान में लोकतांत्रिक प्रक्रिया को बाधित किया था। असैनिक सरकार को बरखास्त करने के लिए पहले मिर्जा को प्रेरित किया गया तथा बाद में अयूब ने बलपूर्वक मिर्जा को बाहर का रास्ता दिखा दिया। पाकिस्तान के चीफ जस्टिस मुनीर ने इस परिवर्तन को एक 'सफल क्रांति' की संज्ञा दी और बलपूर्वक सत्ता हड़पने को वैध बताया। यह पाकिस्तान के इतिहास का एक अलग ही मोड़ था।

अयूब ने लगभग एक दशक तक पाकिस्तान पर शासन किया। उन्होंने लोकप्रियता हासिल करने के लिए सन् 1965 में भारत के खिलाफ युद्ध छेड़ा। अंत में वह अपने सिपहसालारों को एक साथ नहीं रख पाए। उनके एक प्रिय सिपहसालार भुट्टो ने विद्रोह करके अपनी राजनीतिक पार्टी बना ली। मुजीब को अगरतला षड्यंत्र मामले में दोषी नहीं ठहराया जा सका। उन्हें रिहा कर दिया गया। उसके बाद पूर्वी पाकिस्तानियों का आंदोलन और अधिक बढ़ गया। सभी राजनीतिक दल अयूब खान के खिलाफ थे। उनके अपने कमांडर-इन-चीफ याहया खान ने परदे के पीछे उनके खिलाफ काम किया। उनका स्वास्थ्य गिर रहा था। निराशा में उन्होंने याहया खान के लिए गद्दी छोड़ दी, जिन्होंने अपने प्रेरणाविहीन नेतृत्व से पाकिस्तान को दो भागों में बाँट दिया।

पृष्ठभूमि

अयूब का जन्म 14 मई, 1907 को रावलपिंडी से पचास मील उत्तर रेहाना गाँव में हुआ था। उनके पिता भारतीय सेना में एक रिसालदार मेजर थे। युवा अयूब खान अत्यंत आकर्षक व्यक्तित्व के थे। उनका आचरण अच्छा था। अलीगढ़ मुसलिम विश्वविद्यालय की एक रिक्रूटमेंट टीम द्वारा उन्हें चुना गया। परिणामस्वरूप वह प्रशिक्षण के लिए सन् 1926 में सैंडहर्स्ट गए। सन् 1945 में जब द्वितीय विश्व युद्ध लगभग समाप्त हो चुका था, तो उन्हें बर्मा (अब म्याँमार) में सक्रिय सेवा में

रखा गया। वैसे, उन्हें युद्ध का कोई व्यावहारिक अनुभव नहीं था।

सन् 1948 में ढाका में पूर्वी कमांड (पाकिस्तान) के जी.ओ.सी. के रूप में उन्होंने राजनीतिक मामलों में दखलंदाजी शुरू की और राजनेताओं से संपर्क बनाया। ढाका में उन्होंने एक बंगाली राजनेता मुहम्मद अली बोगरा को पूर्वी पाकिस्तान विधानसभा में अव्यवस्था को नियंत्रित करने के लिए धमकाया। उन्होंने कहा, 'क्या आप गोली की राह देख रहे हैं?' बोगरा को चुप रखने के लिए इतना पर्याप्त था। सन् 1949 में वह पाकिस्तानी सेना के सहायक जनरल बने।

17 जनवरी, 1951 को अयूब कम आयु में ही सर फ्रैंक मैसेवी के स्थान पर पहले पाकिस्तानी कमांडर-इन-चीफ बने। भाग्य ने अयूब का साथ दिया, क्योंकि उनके दो वरिष्ठ जनरलों—इफ्तिखार अली खान और शेर खान, जो इस पद के संभावित उम्मीदवार थे—की मौत एक विमान दुर्घटना में हो गई। वास्तव में सन् 1949 में जनरल सर डगलस ग्रेसी और रक्षा सचिव इसकंदर मिर्जा की संयुक्त टीम ने मेजर जनरल इफ्तिखार अली खान को भावी कमांडर-इन-चीफ के रूप में चुन लिया था। उसके बाद इफ्तिखार को लंदन के इंपीरियल डिफेंस कॉलेज में भेजने का निर्णय लिया गया। लंदन जाते समय ही विमान दुर्घटनाग्रस्त हो गया।

16 अक्तूबर, 1951 को जब एक अफगान ने लियाकत अली खान की हत्या कर दी, तब अयूब लंदन में थे। कुछ लोगों का मानना था कि लियाकत की हत्या से अयूब का कोई-न-कोई संबंध था। अपनी पुस्तक 'फ्रेंड्स—नॉट मास्टर्स' में उन्होंने बहुत चतुराई से अपना मत व्यक्त किया—'मुझे महसूस हुआ कि वे (राजनेता) सभी इस बात से राहत महसूस कर रहे थे कि उन्हें नियंत्रण में रखनेवाला एकमात्र व्यक्ति अब सदा के लिए समाप्त हो चुका है।' अयूब की मृत्यु के बाद अल्ताफ गौहर ने कहा कि उनमें विवाद से स्वयं को असंबद्ध रखने के लिए किसी दूरस्थ स्थान पर चले जाने की अनूठी सूझ थी। जब इसकंदर मिर्जा को गद्दी से हटाया गया तो उन्होंने ऐसा ही किया। कश्मीर में ऑपरेशन जिब्राल्टर शुरू होते समय वह स्वात में छुट्टियाँ मना रहे थे।

सन् 1954 का अमेरिका-पाकिस्तान आपसी रक्षा सहयोग समझौता, जिसके लिए अयूब ने काफी मेहनत की थी, ने पाकिस्तानी सेना को दो ब्रिगेडों के सशस्त्र डिवीजन रखने, सात इन्फैंट्री (पैदल सेना) डिवीजन रखने, लड़ाकू विमान और एयरफील्ड बनाने तथा चिटागोंग और कराची बंदरगाहों को विकसित करने में सक्षम बनाया। अधिकारियों को नियमित रूप से सैन्य प्रशिक्षण के लिए अमेरिका भेजा जाता था। इससे पेंटागन तथा पाकिस्तानी सेना में प्रत्यक्ष संबंध स्थापित हुआ।

सीटो (SEATO) तथा सेंटो (SENTO) की सदस्यता से पाकिस्तान को सैन्य सहयोग का अतिरिक्त लाभ मिला। 'ईरान के साथ एक गोपनीय समझौता यह था कि भारतीय आक्रमण की स्थिति में ईरान सक्रिय रूप से पाकिस्तान की मदद करेगा।'[9]

अयूब को सेवा में तीन विस्तार मिले। वह आठ वर्षों तक कमांडर-इन-चीफ रहे। सेना को राजनीति में हस्तक्षेप न करने की सलाह पर वह स्वयं अमल नहीं करते थे।

जब एक प्रस्ताव द्वारा कैबिनेट के निर्णय के बिना संसद् को भंग करने के गवर्नर जनरल के अधिकारों को कम करने का निर्णय किया गया तो गवर्नर जनरल गुलाम मुहम्मद ने तेजी से काम किया और 24 अक्तूबर, 1954 को संसद् को भंग कर दिया। गुलाम मुहम्मद ने जनरल अयूब को उनके कमांडर-इन-चीफ के पद पर रहते हुए ही रक्षा मंत्री के रूप में कैबिनेट में शामिल कर लिया। यह उनके आग्रह पर किया गया। यह एक गलत उदाहरण बन गया, जिसका पालन जनरल जिया उल-हक ने अपने पूरे शासनकाल के दौरान किया। 12 अक्तूबर, 1999 के तख्तापलट के समय बागडोर अपने हाथ में लेते समय जनरल परवेज मुशर्रफ ने भी इसपर अमल किया। इस प्रकार गुलाम मुहम्मद ने राजनीति में नौकरशाहों तथा सेनाधिकारियों के आने का रास्ता तैयार किया। स्वयं एक नौकरशाह होने के नाते उनके पास सक्रिय लोकतंत्र का कोई अनुभव नहीं था।

तख्तापलट का विचार

जनरल अयूब की सेना जन-आंदोलनों को दबा देती थी। सन् 1953 में पंजाब में भीषण अहमदिया-विरोधी दंगे हुए। एक सैद्धांतिक आधार पर अहमदिया संप्रदाय हजरत मुहम्मद को इसलाम का आखिरी पैगंबर नहीं मानता। '50 के दशक में दो सबसे महत्त्वपूर्ण धार्मिक दल—एहरार-ए-इसलाम तथा जमात-ए-इसलाम ने अहमदिया वर्ग को गैर-मुसलमान घोषित करने की माँग की। 6 मार्च, 1953 को पहली बार मार्शल लॉ लगाया गया, जिसमें मेजर जनरल आजम खान प्रमुख मार्शल लॉ प्रशासक थे। अड़तालीस घंटों के अंदर पंजाब सामान्य तथा शांतिपूर्ण हो गया। अगले दो महीनों में सेना बैरकों में वापस आ गई। यह बार-बार होनेवाले सैन्य हस्तक्षेपों का पहला रिहर्सल था। जनरल आजम खान इतने लोकप्रिय हो गए कि सन् 1964 के राष्ट्रपति चुनाव में वह अयूब खान के खिलाफ एक मजबूत विपक्षी उम्मीदवार के रूप में उभरे। 'आजम खान को राजनीति से बाहर रखने के लिए अयूब ने कंबाइंड अपोजिशन पार्टी (COP) के कुछ सदस्यों को खरीदा।'[10]

अधिकतर लोगों ने पंजाब में सैनिक गतिविधियों की तारीफ की। सेना को भी जन-प्रशासन के कमजोर ढाँचे का एहसास हो गया। पंजाब में जो काम दो दिनों में किया गया, ऐसी स्थिति आने पर सेना अपने बलबूते पर पूरे देश के लिए इस विकल्प का इस्तेमाल कर सकती थी। ऐसी मानसिकता को अमेरिकी समर्थन से बढ़ावा मिला। दिसंबर 1955 में बुल्गानिन तथा ख्रुश्चेव की अफगानिस्तान यात्रा ने अमेरिकी नीति-निर्माताओं की नींद उड़ा दी। इसने पेंटागन तथा जनरल अयूब के नेतृत्ववाली पाकिस्तानी सेना के बीच नजदीकी संबंधों को प्रेरित किया।

पूर्वी पाकिस्तान को केंद्रीय सत्ता से दूर रखने के लिए सन् 1956 का संविधान लाने से पहले 1955 में एक ऐसी प्रणाली लाई गई, जिसमें बराबरी की व्यवस्था थी। उच्च सदन में प्रभुत्व की दृष्टि से इस व्यवस्था के अंतर्गत पश्चिमी पाकिस्तान को पूर्वी पाकिस्तान पर शासन करने का अधिकार दिया गया। संसदीय व्यवस्था की सरकार नहीं लाई गई, जो राष्ट्रीय तथा प्रांतीय विधानसभाओं के सदस्यों द्वारा राष्ट्रपति को चुनती है।

यह गवर्नर जनरल गुलाम मुहम्मद को बाहर जाने का आदेश देने का बिलकुल सही समय था, जो सितंबर 1955 में दिया गया और सेना द्वारा मेजर जनरल इसकंदर मिर्जा, जो एक कैबिनेट मंत्री भी थे, को गवर्नर जनरल बना दिया गया। अपने स्वभाव तथा प्रशिक्षण के कारण जनरल इसकंदर मिर्जा देश के शासन के लिए लोकतंत्र के सिद्धांतों को पसंद नहीं करते थे। जनरल अयूब की तरह वह भी नियंत्रित 'लोकतंत्र' में विश्वास रखते थे।

सन् 1958 में अयूब की अमेरिका यात्रा उनके राजनीतिक जीवन के लिए एक महत्त्वपूर्ण मोड़ थी। उनकी पुस्तक 'फ्रेंड्स—नॉट मास्टर्स' में उनकी डायरी की गोपनीय टिप्पणियों को स्थान दिया गया है। 2 मई, 1958 को डायरी में लिखा गया—

> 'ट्विनिंग ने मुझे बताया कि वह 5 मई को मेरे लिए दोपहर के भोजन की व्यवस्था कर रहे हैं, जिसमें सभी सेवा-प्रमुख उपस्थित होंगे। वे हमारी समस्याओं के बारे में अनौपचारिक ढंग से उनसे बात करने का अवसर मुझे देंगे। उन्होंने (ट्विनिंग ने) कहा—मैं चाहता हूँ कि आप यथासंभव स्पष्ट शब्दों में बात करें।'

5 मई को वह लंच पर सेवा-प्रमुखों से मिले और सुरक्षा-समस्याओं तथा पाकिस्तान को अमेरिकी सहायता से संबंधित समस्याओं को स्पष्ट किया।

लियाकत अली खान की मृत्यु के बाद पाकिस्तानी राजनेताओं ने हमेशा

सत्ता हथियाने में सेना की मदद की। 28 सितंबर, 1958 को मुसलिम लीग के एक धड़े ने मिर्जा को हटाने का प्रस्ताव पास किया। 7 अक्तूबर को मिर्जा ने सन् 1956 का संविधान निरस्त कर दिया, राजनीतिक दलों को समाप्त कर दिया, राष्ट्रीय संसद् तथा प्रांतीय विधानसभाओं को भंग कर दिया और पूरे पाकिस्तान में मार्शल लॉ लागू करने की घोषणा कर दी।

अयूब को राजनेताओं से चिढ़ थी। वह उन्हें भ्रष्ट मानते थे। इसलिए उन्होंने 'इलेक्टोरल बॉडीज डिसक्वालिफिकेशन ऑर्डिनेंस' जारी किया। इस अध्यादेश के प्रावधानों के तहत राजनेताओं को दो विकल्प दिए गए थे—या तो अपने कथित गलत कामों के लिए मुकदमों का सामना करें या छह वर्षों तक राजनीति से स्वैच्छिक संन्यास ले लें। तब अधिकतर राजनीतिज्ञों ने राजनीति से बाहर जाने का फैसला किया। इस प्रकार एक चाल में दो सौ राजनीतिज्ञ समाप्त हो गए। यह स्थिति अयूब तथा उनकी सेना के लिए लाभदायक थी।

सन् 1958 में सुप्रीम कोर्ट के मुख्य न्यायाधीश मुनीर ने सैन्य तख्तापलट को वैधता प्रदान की। उसने एक विचित्र व्यवस्था स्थापित की कि यदि सैन्य तख्तापलट विफल हो जाता है तो उसे प्रायोजित या कार्यान्वित करनेवाले लोगों को विद्यमान संविधान द्वारा देशद्रोही माना जाएगा। यदि क्रांति (तख्तापलट) सफल रही तो क्रांति अपनी सफलता द्वारा स्वयं एक नया कानून बन जाएगी। मुख्य न्यायाधीश मुनीर ने कहा, 'एक सफल तख्तापलट की विजयी क्रांति संविधान बदलने का अंतरराष्ट्रीय स्तर पर स्वीकृत एक वैध तरीका है।' इस प्रकार कानून की नई व्याख्या द्वारा मुख्य न्यायाधीश ने पाकिस्तान में निरंतर तख्तापलट के लिए मार्ग प्रशस्त किया। उन्होंने न्यायिक प्रणाली को नई सैन्य शासन-व्यवस्था के नियंत्रण में रखा; क्योंकि 'नया कानून निर्माता अंग' उभर चुका था। लोकतंत्र को एक सुस्त न्यायिक व्यवस्था नहीं, बल्कि मजबूत न्यायिक प्रणाली बरकरार रख सकती है। इस निर्णय ने पाकिस्तान में लोकतांत्रिक प्रक्रिया को बेदखल कर दिया और सेना को पाकिस्तान पर सत्ताईस वर्षों से भी अधिक समय तक शासन करने में सक्षम बनाया।

उदार अमेरिकी सहायता के कारण सन् 1960 तक पाकिस्तान को एक ऐसा देश माना जाने लगा था, जो पहली एशियाई शक्ति बनने की राह पर था।[11] अर्थव्यवस्था की विकास दर 6 प्रतिशत से अधिक थी। यह दर भारतीय विकास दर से काफी अधिक थी, जिसे उस समय 'हिंदू विकास दर' कहा जाता था।

अयूब ने भूस्वामियों की उच्चतम सीमा निर्धारित करने के लिए भूमि-

सुधार शुरू किया, जो कार्यान्वयन के समय विफल सिद्ध हुआ। यह एक पूर्ण विफलता थी, क्योंकि वह राजनीतिक रूप से कलाबाग के नवाब जैसे भूस्वामियों से जुड़े हुए थे।

जनमत-संग्रह की राजनीति

जनरल अयूब ने राजनीतिक वैधता प्राप्त करने के लिए जनमत-संग्रह की पूर्ण अस्वीकार्य अवधारणा रखी। उन्होंने पहले ही अप्रत्यक्ष चुनाव द्वारा चुने गए अस्सी हजार मूल लोकतंत्र समर्थकों की संरचना का निर्माण कर लिया था। तानाशाह के लिए उपयुक्त लोकतंत्रवादियों का चुनाव केवल प्रशासकों और नई राजनीतिकृत एजेंसियों, जैसे—आई.एस.आई. और इंटेलिजेंस ब्यूरो के लोगों की सहायता से ही किया जा सकता था। 14 फरवरी, 1960 को यह जनमत-संग्रह किया गया। मतदाताओं के सामने एक प्रश्न था, जिसमें हामी भरने के अलावा अन्य कोई विकल्प नहीं था। प्रश्न था—क्या आपको राष्ट्रपति फील्ड मार्शल मुहम्मद अयूब खान, 'हिलाल-ए-पाकिस्तान', 'हिलाल-ए-जुरत' पर विश्वास है? ये सभी पदवियाँ अयूब ने खुद ही धारण की थीं। उन्होंने कोई युद्ध लड़े बिना स्वयं को नायक बना लिया। आशा के अनुसार सभी ने निष्ठापूर्वक 'हाँ' में जवाब दिया। उन्होंने एक बेतुके जनमत-संग्रह द्वारा जनता को बेवकूफ बनाया, क्योंकि इसमें पाकिस्तान के लोगों के लिए कोई भूमिका नहीं थी।

अयूब का जनमत-संग्रह सिर्फ अमेरिकी प्रशासन तथा लोगों को संतुष्ट करने के लिए था। उन्हें दो विदेशी भाइयों से सहारा मिला, जिन्हें उन्होंने विकसित किया था और साम्यवाद के खिलाफ प्रमुख राष्ट्र की तरह लड़ने के लिए आश्वस्त किया। जनरल जिया उल-हक, जो अयूब के प्रशंसक नहीं थे, ने भी उस समय जनमत-संग्रह की राजनीति का सहारा लिया, जब अमेरिका उनसे रूसी साम्यवाद के खिलाफ एक प्रमुख राष्ट्र के रूप में काम करने की अपेक्षा कर रहा था। बाद में जनरल मुशर्रफ ने भी ऐसा ही किया है।

सन् 1964 का राष्ट्रपति चुनाव

सन् 1964 में आत्मविश्वास से भरे अयूब खान ने राष्ट्रपति चुनाव में भाग लेने का निर्णय किया। वह पहले ही मूल लोकतंत्र की संरचना बना चुके थे—अस्सी हजार मूल लोकतंत्रवादियों को पाकिस्तान का राष्ट्रपति चुनना था। विपक्षी दलों ने कंबाइंड अपोजिशन पार्टियों के उम्मीदवार के रूप में चुनाव लड़ने के लिए

फातिमा जिन्ना को तैयार कर लिया। राजनीति में उनके प्रवेश ने अयूब को चिंता में डाल दिया। फातिमा जिन्ना विशाल भीड़वाली चुनावी सभाओं को संबोधित करती थीं। अयूब और फातिमा एक-दूसरे पर भारत का एजेंट होने का आरोप लगाते थे। अयूब ने एक फतवा जारी किया कि एक महिला राष्ट्रपति का पद सँभालने के योग्य नहीं है। कट्टरवादियों ने फातिमा के पक्ष में एक विरोधी फतवा जारी किया कि संकट के समय एक महिला को ऐसा पद सँभालना चाहिए। अयूब ने अपने लाभ के लिए सभी सरकारी एजेंसियों का लाभ उठाया और कथित तौर पर हेरा-फेरी का भी सहारा लिया। फलतः फातिमा जिन्ना जनरल अयूब से पराजित हो गईं। हार के बाद फातिमा जिन्ना राजनीति से वापस लौट गईं और फिर कभी भी सार्वजनिक मंच पर प्रकट नहीं हुईं।

ऑपरेशन जिब्राल्टर

जनरल अयूब की सबसे बड़ी गलती कश्मीर को पाकिस्तान में मिलाने के लिए 'ऑपरेशन जिब्राल्टर' तथा 'ऑपरेशन ग्रैंड स्लैम' शुरू करना था। जुल्फिकार अली भुट्टो ने उन्हें इस कठिन परिस्थिति में फँसाया। भुट्टो ने अपना आकलन बताया कि लाल बहादुर शास्त्री के कमजोर नेतृत्व में भारत पाकिस्तान पर हमला नहीं करेगा। युद्ध केवल कश्मीर तक ही सीमित रहेगा। अयूब के आशानुरूप कश्मीरियों ने विद्रोह नहीं किया। अमेरिका ने यह मानने से इनकार कर दिया कि भारत ने कोई आक्रमण किया है। इस प्रकार सन् 1954 की अमेरिका-पाक संधि को लागू नहीं किया जा सका। चीन ने कुछ शोर मचाया और भारत की उत्तरी सीमा पर सैनिक गतिविधियाँ बढ़ा दीं। 'ऑपरेशन ग्रैंड स्लैम' के मध्य में कमांड जनरल मलिक से लेकर जनरल याहया खान को दे दी गई। सन् 1965 के युद्ध में पाकिस्तान को कुछ भी हासिल नहीं हुआ। अयूब ने महाशक्तियों से समर्थन प्राप्त करने की जी-तोड़ कोशिशें कीं; परंतु उन्होंने सहयोग करने से इनकार कर दिया। वास्तव में चीन प्रकरण ने विश्व के दृष्टिकोण को जटिल बना दिया। यह भुट्टो का युद्ध था। अयूब के व्यक्तिगत सहयोगी क्वाद्रतुल्लाह शहाब ने अपने 'शहाबनामा' में लिखा है कि अयूब इस युद्ध के पक्ष में नहीं थे।

सोवियत संघ की मदद से तैयार किए गए (भारत तथा पाकिस्तान के बीच) 'ताशकंद समझौते' को पाकिस्तानियों ने धोखा करार दिया। आरंभ में वे सन् 1965 के युद्ध की सफलता की कहानियों से ऊब चुके थे। पाकिस्तानियों के लिए यह जानना एक बड़ा आघात था कि भारत ने पाकिस्तान के अधिक क्षेत्रों पर कब्जा

किया था। सन् 1965 के युद्ध ने अयूब की प्रतिष्ठा धूमिल कर दी। तब जुल्फिकार अली भुट्टो एक सशक्त नेता के रूप में उभरे। उन्होंने स्वयं को अयूब से दूर कर लिया और अंत में अयूब ने उन्हें कैबिनेट से बरखास्त कर दिया। तारिक अली आदि युवा नेताओं के नेतृत्व में छात्र आंदोलन ने पाकिस्तानी राजनीति में आंदोलनों का दौर ला दिया। भुट्टो ने अयूब के पतन को सुनिश्चित करने के लिए याहया खान के साथ एक गुप्त समझौता किया।

पूर्वी पाकिस्तान के अविवादित नेता मुजीबुर रहमान ने अपने छह सूत्रीय कार्यक्रम के तहत पूर्वी पाकिस्तान को अधिक स्वायत्तता देने की माँग की। इसने राष्ट्रपति शासन के तहत शक्तिशाली पाकिस्तान की अयूब की अवधारणा की जड़ें हिला दीं। सभी दल संसदीय सरकार की बहाली के लिए एकमत थे। कई ने तो पश्चिमी पाकिस्तान तथा पूर्वी पाकिस्तान के बीच बराबरी रखने के लिए दो-इकाई प्रणाली को समाप्त करने का समर्थन किया। सन् 1955 में अयूब ने कहा था कि पाकिस्तान को मजबूत तथा प्रभावशाली रहने के लिए एक स्वच्छंद और निर्भीक देश बनना चाहिए और किसी भी देश से दबना नहीं चाहिए। यकीनन उनका इशारा भारत की ओर था। अयूब न तो जिन्ना के प्रशंसक थे और न उनके धर्मनिरपेक्ष दृष्टिकोण में विश्वास रखते थे। पाकिस्तान की एकता के लिए उसके एक शत्रु का आविष्कार करना जरूरी था। वह अकसर भारतीयों को 'हिंदू' के अर्थ में लेते थे और कहते थे कि हिंदुओं के पास 'लड़ने का दम नहीं है' और वे 'बंकरों में छिप जाते हैं'।[12] उन्हें लगता था कि हिंदुओं का भय दिखाकर पाकिस्तान को एक रखा जा सकता है। उनके प्रिय सूचना सचिव अल्ताफ ने कहा था कि भारत-विरोध उनके लिए एक सिद्धांत बन गया था; परंतु सन् 1969 में इस सिद्धांत को किसी ने भी भाव नहीं दिया, जिसका उन्हें दुःख था। पाकिस्तान के हाथ से पूर्वी पाकिस्तान फिसल रहा था। वह समझ रहे थे कि विखंडन के बाद पाकिस्तान का कोई भविष्य नहीं होगा। वह 'बस घिसटता रहेगा।'[13] एक प्रकार से यह पूर्व कल्पना सच साबित हुई।

पद-त्याग की स्थिति में उन्हें सन् 1962 के संविधान के अनुसार विधानसभा के अध्यक्ष को शक्ति हस्तांतरित करनी पड़ती। इससे एक असैनिक सरकार का गठन हो सकता था। उन्होंने जनरल याहया खान के पक्ष में पद-त्याग क्यों किया? यह उत्तर कलाबाग के नवाब ने दिया था, जब अयूब जनरल याहया खान को कमांडर-इन-चीफ नियुक्त करने का विचार कर रहे थे। 'यदि अयूब याहया को कमांडर-इन-चीफ बनाते हैं तो अपने जीवन की सबसे बड़ी भूल करेंगे; क्योंकि

वह एक ऐयाश और पियक्कड़ व्यक्ति हैं।'[14] 14 अगस्त, 1966 को अयूब ने याहया को कमांडर-इन-चीफ बना दिया।

कमांडर-इन-चीफ बनने के बाद याहया ने अपने उपकारी के प्रति असम्मान दिखाना शुरू कर दिया। वह जान-बूझकर अयूब का अभिवादन नहीं करते थे। वह एक कोने में चले जाते। भुट्टो ने गुप्त रूप से जनरल याहया खान से मिलीभगत कर ली। अयूब जानते थे कि सेना उन्हें पद पर बरकरार रखने के पक्ष में नहीं है। वह अब भी सोच रहे थे कि परिस्थिति एक और सैन्य शासन की माँग करेगी। एक और तख्तापलट से बचने के लिए उन्होंने सोचा कि विधानसभा के बंगाली अध्यक्ष को सत्ता सौंपने से बेहतर कमांडर-इन-चीफ को सत्ता सौंपना होगा। इसका संभवत: एक और कारण अपने पुत्र के औद्योगिक साम्राज्य की सुरक्षा थी, जो कथित तौर पर संदिग्ध तरीकों से खड़ा किया गया था। उनके पुत्र को देश पर शासन कर रहे बाईस परिवारों की सूची में शामिल किया गया था।

सत्ता परिवर्तन के बाद अयूब को वैसे ही रवैये का सामना करना पड़ा जैसे उनके पूर्ववर्ती इसकंदर मिर्जा को करना पड़ा था। उन्हें राष्ट्रपति-निवास खाली करने को कहा गया। उन्हें कोई आधिकारिक विदाई नहीं दी गई। उन्हें विदा करने के लिए कोई नहीं आया। वह अपने पसंदीदा विश्राम-स्थल स्वात चले गए। उसके बाद उन्होंने अपनी बाकी जिंदगी इसलामाबाद में तन्हाई में बिताई। यह पाकिस्तान के सर्वोच्च पद पर रहनेवाले सभी व्यक्तियों की सामान्य नियति रही है।

जनरल अयूब ने एक दशक से अधिक समय तक पाकिस्तान पर शासन किया। उनका नियंत्रित लोकतंत्र पूर्णरूप से विफल था। उन्हें लोकतंत्र के महत्त्व की कोई समझ नहीं थी। वह पाकिस्तान की समस्याओं का विश्लेषण सैन्य तरीके से करते थे। उन्होंने किसी स्थायी संस्थान का निर्माण नहीं किया। जो किया, वह भी विफल हो गया। भुट्टो, जो अयूब सरकार से विकसित हुए थे और उन्हें 'पाकिस्तान का सलाहुद्दीन अयूबी' कहते थे, ने उन्हें धोखा दिया। जनरल याहया, जिन्हें अयूब ने पदोन्नत किया था, उन्हें गद्दी से हटते देखने के लिए व्यग्र थे। अयूब को बाहर करने के लिए याहया और भुट्टो ने हाथ मिला लिया। अयूब अकेले पड़ गए। उन्होंने भारत के साथ सिंधु जल के बँटवारे का समझौता करके एक महत्त्वपूर्ण काम किया; हालाँकि उनके हिंदू-विरोधी सिद्धांत ने उनकी दृष्टि को धुँधला कर दिया।

अयूब के सैन्य शासन ने पाकिस्तान की कोई मदद नहीं की। इसने लोकतंत्र को छिन्न-भिन्न कर दिया। इसने पाकिस्तान के शासन में सेना की बड़ी भूमिका

द्वारा देश को एक स्थायी क्षति पहुँचाई। जनता के बीच पहुँच, जो राजनीति का प्रमुख अंग है, अयूब के व्यवहार में नहीं थी। अलबत्ता, जुल्फिकार अली भुट्टो ने जनता के बीच पहुँच बनाकर जल्दी ही अपनी छवि को अच्छा बना लिया। भुट्टो का भाग्य उन्नति पर था।

टिप्पणियाँ एवं संदर्भ

1. हुमायूँ मिर्जा—'फ्रॉम प्लासी टू पाकिस्तान', यूनाइटेड प्रेस ऑफ अमेरिका, 1999, पृष्ठ 219
2. वही, पृष्ठ 221
3. वही, पृष्ठ 218
4. वही, पृष्ठ 224
5. वही, पृष्ठ 226
6. वही, पृष्ठ 230
7. वही, पृष्ठ 231
8. वही, पृष्ठ 251
9. लेफ्टिनेंट जनरल (सेवानिवृत्त) जेहान दाद खान—'पाकिस्तान : लीडरशिप चैलेंज', ऑक्सफोर्ड यूनिवर्सिटी प्रेस, 1999, पृष्ठ 24
10. वही, पृष्ठ 34-35
11. शाहिद-उर रहमान—'ऑन दि एबिस-पाकिस्तान आफ्टर ऑयल कैंप', हार्पर कॉलिंस, भारत, 2000, पृष्ठ 109
12. अल्ताफ गौहर—'अयूब खान—पाकिस्तान्स फर्स्ट मिलिटरी रूलर', यूनाइटेड प्रेस लि., ढाका, पृष्ठ 215
13. वही, पृष्ठ 340
14. जेहान दाद खान—'पाकिस्तान : लीडरशिप चैलेंज', पृष्ठ 95

□

4

जुल्फिकार अली भुट्टो

आरंभिक जीवन

बंबई तथा विदेश में जुल्फिकार अली भुट्टो के आरंभिक जीवन के बारे में अधिक लोगों को जानकारी नहीं है। उनके आरंभिक जीवन का विस्तृत व ठोस वर्णन सिर्फ पीलू मोदी की पुस्तक 'जुल्फी : माई फ्रेंड' में मिलता है।

भुट्टो का जन्म 5 जनवरी, 1928 को लरकाना में हुआ; परंतु वह कम आयु में ही अपने पिता के साथ बंबई आ गए। जुल्फिकार और मोदी पहली बार तब मिले जब भुट्टो नौ वर्ष और मोदी दस वर्ष के थे। उस आयु में भुट्टो सिर्फ 'ऊँची आवाजवाले त्वचा तथा हड्डियों का संगम मात्र' थे। बंबई के कैथेड्रल ब्वाएज स्कूल में पहली कक्षा में उनका दाखिला कराया गया। सीनियर कैंब्रिज के लिए वह जॉन कैनन स्कूल गए। वह दिसंबर 1945 में सीनियर कैंब्रिज परीक्षा में फेल हो गए, परंतु सन् 1946 में उत्तीर्ण हो गए। सन् 1945 में मसूरी में छुट्टियाँ मनाते समय उन्होंने बॉलरूम डांस सीखा। स्कूली परीक्षा पूरी होने के बाद उन्होंने और मोदी ने बंबई के जे.जे. स्कूल ऑफ आर्ट्स में दो वर्ष बिताए।[1]

बंबई में भुट्टो के पिता का घर घिया मेंशन में था। वह क्रिकेट, बैडमिंटन, टेनिस और स्क्वैश खेलते थे तथा तैराकी भी पसंद करते थे। वह वेलिंग्टन क्लब के सदस्य थे और अपने हिंदू मित्रों के साथ काफी घुल-मिलकर रहते थे। उनके पास 'तेज दिमाग, उल्लेखनीय स्मरण-शक्ति और ज्ञान की पिपासा' थी। वह एक लड़की से प्रेम करते थे और उससे विवाह करना चाहते थे, जिसके नाम का

उल्लेख पीलू मोदी ने नहीं किया है। लड़की के परिवारवाले इसके लिए तैयार नहीं हुए। अपने आरंभिक जीवन में भुट्टो को क्रिकेट का बहुत शौक था, जो उन्होंने सन् 1954 तक खेला। भुट्टो के क्रिकेट हीरो मुश्ताक अली थे। भारतीय सिनेमा की लोकप्रिय अभिनेत्री नर्गिस के अनुसार, भुट्टो अपनी किशोरावस्था में उनपर मरते थे।[2] नर्गिस ने कहा है—

> 'वह बहुत आकर्षक तथा प्यारे थे; परंतु उनसे हमेशा जिन और परफ्यूम की सुवास आती रहती थी।...जितना मैं उन्हें जानती हूँ, वह एक सामंती जमींदार थे। शराब पीना, शिकार खेलना, हर रात एक नई लड़की के साथ डांस करना आदि उनके राजसी शौक थे।'[3]

भुट्टो की हिंदू माँ

मोदी ने अपनी पुस्तक में इस बात का उल्लेख नहीं किया है कि भुट्टो के कितने बहन-भाई थे, न ही उन्होंने यह उल्लेख किया है कि भुट्टो की माँ खुर्शीद (लखीबाई) तथाकथित नीची जाति की धर्म-परिवर्तित हिंदू थीं। इस बात पर भुट्टो को बार-बार पाकिस्तान में अयूब तथा जिया द्वारा किए गए प्रेस-प्रचारों से परेशान होना पड़ा। उनके पिता सर शाहनवाज भुट्टो की चार पत्नियाँ थीं। खुर्शीद के भाई दामोदर (भुट्टो के मामा) ने 26 अप्रैल, 1970 को 'धर्मयुग' में प्रकाशित एक साक्षात्कार में यह स्वीकार किया था कि उसकी बहन ने इसलाम कुबूल किया था।[4] यह एक सामान्य विवाह था, परंतु पाकिस्तान में राजनीतिक कारणों से इसे विवाद का विषय बना दिया गया। खुर्शीद तीन बच्चों की माँ बनीं—एक बेटा (जुल्फिकार अली) तथा दो बेटियाँ। शाहनवाज की तीन अन्य पत्नियों से उनके पाँच और बच्चे थे—एक बेटा तथा चार बेटियाँ। उस पुत्र की मौत हो गई। फलतः जुल्फिकार भुट्टो अपने परिवार के एकमात्र पुरुष उत्तराधिकारी बच गए।

मोदी की तरह जुल्फिकार अली भुट्टो उच्च शिक्षा के लिए अमेरिका गए। उस समय तक उपमहाद्वीप भारत और पाकिस्तान में बँट चुका था। उन्होंने 30 जनवरी, 1948 को गांधी की हत्या और फिर सितंबर 1948 में जिन्ना की मौत के बारे में वहीं पर सुना। इस प्रकार भुट्टो ने सन् 1947 में विभाजन की त्रासदी को नहीं झेला। उनका परिवार सन् 1947 में कराची चला गया।

एक सामंती पिता के पुत्र भुट्टो ने प्रो. हेंस केल्सन से लोकतंत्र के बारे में सुना। अंत में वह आधे लोकतंत्रवादी और आधे सामंती बन गए। दोनों का उनपर प्रभाव पड़ा। अपने परिधान तथा आचरण के बारे में अपनी सतर्कता के कारण वह

कम आयु से ही पूर्व के 'एंथोनी ईडन' थे। ब्रिटेन में प्रो. हेरॉल्ड लास्की से शिक्षा ग्रहण करते हुए उन्होंने समाजवाद के गुण जाने। उन्होंने 'मुसलिम देशों में समाजवाद' पर एक भाषण दिया, जो जनरल अयूब खान को धोखा देने के बाद बनाई गई नई पार्टी 'पाकिस्तान पीपुल्स पार्टी' के लिए 'रोटी, कपड़ा और मकान' के नारे के साथ पार्टी का मैग्नाकार्टा (घोषणा-पत्र) बन गया।

इसकंदर मिर्जा की तरह भुट्टो भी एक शिया थे। सन् 1953 में पाकिस्तान लौटने पर उन्होंने सिंध मुसलिम कॉलेज में संवैधानिक कानून पढ़ाया और दो-इकाई स्कीम, यानी पश्चिमी पाकिस्तान और पूर्वी पाकिस्तान के बारे में कड़वाहट भरा भाषण दिया। भाग्यवश वह सितंबर 1957 में उनतीस वर्ष की आयु में अमेरिका जानेवाले पाकिस्तानी प्रतिनिधिमंडल के एक सदस्य चुन लिये गए।

राजनीति में प्रवेश

सन् 1958 में उन्होंने तत्कालीन प्रधानमंत्री फिरोज खान नून द्वारा जोर देने पर जेनेवा में समुद्री कानून के बारे में अमेरिकी सम्मेलन में जानेवाले पाकिस्तानी प्रतिनिधिमंडल का नेतृत्व किया। उनकी प्रस्तुति काफी अच्छी थी। सैन्य तख्तापलट के बाद इसकंदर मिर्जा और अयूब खान ने संयुक्त रूप से भुट्टो को देश का वाणिज्य मंत्री चुन लिया। सन् 1963 में मुहम्मद अली बोगरा की मौत के बाद वह विदेश मंत्री बन गए। भुट्टो हमेशा अवसर की तलाश में रहते थे।

जनरल अयूब के सत्ता-ग्रहण करने तक पाकिस्तानी राजनीति को प्रभावित करनेवाले राजनेताओं के बारे में भुट्टो की राय अच्छी नहीं थी। उन्होंने गुलाम मुहम्मद को पागल; ख्वाजा नजीमुद्दीन को एक अच्छा बंगाली, लेकिन कमजोर; नून को सभ्य व्यक्ति, लेकिन अनुपयुक्त; सुहरावर्दी को बहादुर, लेकिन संरक्षण देने में संलिप्त कहा। उनके अनुसार, इसकंदर मिर्जा को राजनीति की कोई समझ नहीं थी, आई.आई. चुंदरीगर बैंकर जैसे थे, चौधरी मुहम्मद अली प्रांतवादी और मुहम्मद अली बोगरा जोकर थे।[5] इसी कारण उन्होंने फाँसी से पहले यह डींग हाँकी कि कुछ लोग इस बात से उनसे जलते हैं कि पाकिस्तान में उनके जैसा नेता नहीं हुआ। उनका यह अहंकार उनके पतन का एक कारण था।[6]

भुट्टो की पत्नी नुसरत, जिनका जन्म भारत में हुआ था, ईरानी वंश की थीं। भुट्टो ने सन् 1951 में नुसरत से तभी विवाह कर लिया, जब वह ऑक्सफोर्ड में पढ़ रहे थे। पहले से ही भुट्टो की एक स्वजातीय ग्रामीण पत्नी थी। पहले विवाह के समय भुट्टो सिर्फ तेरह वर्ष के थे। भुट्टो की उस पत्नी, उसके माता-

पिता, जन्म-स्थान तथा भारत में रिश्तेदारी के संबंध में किसी को अधिक जानकारी नहीं है।

पीलू मोदी अकसर भुट्टो और अपने अन्य मित्रों से मिलने पाकिस्तान जाते थे। ईरान के शाह के सम्मान में दी गई एक पार्टी में मोदी ने अयूब से कहा कि 'पाकिस्तान की नई राजधानी का एक प्रेरक नाम होना चाहिए, ताकि वह लोगों को पसंद आए।' अगले दिन सरकार ने नई राजधानी का नाम 'इसलामाबाद' रखने की घोषणा की। पाकिस्तान को अपनी नई राजधानी का नाम रखने के लिए भारत का आभारी होना चाहिए।[7]

सन् 1965 के युद्ध के बाद भुट्टो ने जनरल अयूब के खिलाफ अपना राजनीतिक कैरियर आगे बढ़ाया। उसके बाद सन् 1968 में तारिक अली के नेतृत्व में बड़े पैमाने पर छात्रों का आंदोलन हुआ। तभी अयूब के वित्त मंत्री ने यह सूचना जारी की कि पाकिस्तान पर केवल बीस परिवारों का शासन है। इस धमाकेदार सूचना ने अयूब सरकार को चित कर दिया। भुट्टो को नियंत्रित करने के लिए अयूब ने टी.वी., प्रेस और रेडियो पर मुजीब के छह सूत्रीय एजेंडे के प्रचार की अनुमति दी, जो सरकार द्वारा नियंत्रित था। आखिरकार, मुजीब को गिरफ्तार कर लिया गया और भुट्टो को मंत्रिपद से हटा दिया गया। अयूब ने 13 नवंबर, 1968 को भुट्टो को गिरफ्तार करा दिया और उन्हें मियाँवाली जेल में रखा।

जनरल याहया खान ने भुट्टो से एक गुप्त समझौता करने के बाद पाकिस्तान के राष्ट्रपति का पद हथियाया था। 31 मार्च, 1970 को भुट्टो पर एक जानलेवा हमला किया गया। कुछ लोग गिरफ्तार किए गए; परंतु सच को सामने लाने के लिए कोई जाँच नहीं की गई। सत्ता प्रतिष्ठान की मानसिकता थी कि 'भुट्टो को कुत्ते खा जाएँ।' यह कहा जाता है कि 25 मार्च, 1971 को भी भुट्टो को ढाका में मारने की योजना थी। 'इंटरनेशनल' होटल में रखा गया विस्फोटक न फटने के कारण भुट्टो की जान बच गई। भुट्टो की मौत की स्थिति में जनरल याहया खान षड्यंत्र में शामिल होने का आरोप मुजीब पर थोप देते, जिससे एक तीर से दो शिकार हो जाते।

भुट्टो एक अच्छे भाषणकर्ता और बढ़िया अभिनेता थे। वह जानते थे कि भारत के खिलाफ लगातार सैन्य पराजयों के लिए दूसरों को दोषी नहीं ठहराया जा सकता है। सन् 1965 के युद्ध में वह मुख्य अभिनेता थे; लेकिन वह खुद को विवाद से दूर रखने में सफल रहे। यदि अयूब ने ऑपरेशन जिब्राल्टर की विफलता की जाँच के आदेश दिए होते तो भारतीय स्थिति के गलत आकलन के लिए भुट्टो

को दोषी ठहराया जाता। उन्होंने भुट्टो को छोड़ दिया, लेकिन खुद पर दोष लेना पड़ा।

सन् 1971 के बँगलादेश युद्ध में भुट्टो की धूर्ततापूर्ण हरकतों ने जनरल याहया खान के दृष्टिकोण को और मजबूत किया, जिनका एकमात्र हित भुट्टो की मदद से सत्ता में बने रहना था। सन् 1971 का युद्ध भुट्टो के लिए एक और युद्ध था। हमदुर रहमान समिति की रिपोर्ट प्रत्यक्ष या अप्रत्यक्ष रूप से भुट्टो को दोषी नहीं ठहराती। यह समिति भुट्टो द्वारा गठित की गई थी। भुट्टो को बख्शने के पीछे समिति का क्या हित था? पाकिस्तान में जजों द्वारा वास्तविक शक्तिवाले व्यक्ति का पक्ष लेने की स्थापित परंपरा है। दूसरा मत यह है कि भुट्टो ने अपने खिलाफ वाले पृष्ठों को हटा दिया था और उनके स्थान पर कुछ और जाड़े दिए थे। यह असंभव नहीं था, क्योंकि भुट्टो इसमें दक्ष थे। उन्होंने अपनी महिला मित्र हुस्ना शेख का वह पवित्र कुरान चुरा लिया, जिसमें उन्होंने लिखा था—'मैंने खुदा के सामने हुस्ना से बिवाह कर लिया है।'[8]

भुट्टो की नीति थी—'जब लोहा गरम हो तभी चोट करो।' उन्होंने भारत के साप्ताहिक अखबार 'ब्लिट्ज' को बताया कि वह सेना द्वारा नियंत्रित हैं। दूसरे शब्दों में, वह कुछ करने की अपनी बारी की प्रतीक्षा करेंगे। 27 जून, 1972 को राष्ट्र को संबोधित करते हुए उन्होंने सैन्य-बलों के खिलाफ तिरस्कारपूर्ण टिप्पणियाँ कीं। उन्होंने कहा कि उन्हें उत्तराधिकार में एक दुःखद विरासत प्राप्त हुई है। उन्होंने युद्ध के खिलाफ चेतावनी दी थी और इस बात पर बल दिया था कि सत्ता के नशे में चूर शासक गुट ने उनकी चेतावनियों के बावजूद अपनी मनमानी की; पाकिस्तान को युद्ध में धकेल दिया और उसे बेहद लज्जापूर्ण आत्मसमर्पण करने को मजबूर किया, जिससे देश के स्वाभिमान को बहुत क्षति पहुँची।

उन्होंने बँगलादेश के अलगाव के लिए याहया खान को दोषी ठहराया। उन्होंने सत्ता में आने के साथ ही छह जनरलों, तीन एडमिरलों, तीन मेजर जनरलों और दो वायु कमांडरों को बरखास्त कर दिया। कहा जाता है कि उन्होंने कुल मिलाकर बयालीस उच्च रक्षा सेवा अधिकारियों को बरखास्त कर दिया। इस प्रक्रिया के पूरा होने पर उन्होंने कार्यरत सी.ओ.ए.एस. जनरल गुल हसन तथा एयर मार्शल रहीम खान को हटा दिया; क्योंकि उन्हें आशंका थी कि ये दोनों मिलकर तख्तापलट कर सकते हैं। यह आशंका रहीम खान के उस साक्षात्कार से प्रबल हुई, जिसमें रहीम ने याहया खान की पदच्युति का दावा किया था। यह दुश्मनों को एक-एक करके ठिकाने लगाने की भुट्टो की शैली थी, जिसकी चर्चा अन्य संदर्भ

में की जाएगी। भारत को उन्होंने झूठा आश्वासन दिया कि 'हम उपमहाद्वीप में स्थायी शांति की तलाश में भारत जा रहे हैं। मुझे आशा है कि भारतीय नेता भी ऐसी ही भावनाएँ रखते होंगे।'

शिमला में भुट्टो ने ऐसा कुछ नहीं किया, जिससे लगता कि वह उपमहाद्वीप में शांति स्थापित करना चाहते हैं। वह तो उस मुद्दे को टाल रहे थे। वास्तव में वहाँ एक विदाई-भोज आयोजित था। तब तक किसी समझौते का प्रारूप तैयार नहीं किया गया था। रात के भोजन के दौरान सहसा इंदिरा गांधी और भुट्टो खड़े हुए और फिर एक और प्रयास करने का निर्णय लिया। लगभग पौने ग्यारह बजे इंदिरा गांधी तथा भुट्टो ने शिमला समझौते के आखिरी प्रारूप पर हस्ताक्षर किए। औपचारिक हस्ताक्षर समारोह 12.45 पर हुआ और उसी समय दस्तावेज प्रेस को जारी कर दिए गए। तब खेलने के लिए इंदिरा गांधी के पास कई कार्ड थे, भुट्टो के पास कोई कार्ड नहीं था। भुट्टो के पास कूटनीतिक कौशल था, जिसने कश्मीर मुद्दे को सुलझाए बिना शिमला समझौता करने में मदद की। शिमला में उन्हें जो चाहिए था, वह मिल गया।

राजनीति में भुट्टो का उदय बहुत तेजी से हुआ। जब वे मात्र अट्ठाईस वर्ष के थे, तभी उनके उपकारी इसकंदर मिर्जा तथा अयूब ने उनकी प्रतिभा को पहचान लिया था। सर शाहनवाज के पुत्र होने के कारण वह (भुट्टो) पाकिस्तान में उच्च कुलीन वर्गों के बीच जाने जाते थे। भुट्टो परिवार सिंध का सबसे बड़ा जमींदार परिवार था। भुट्टो ने कुछ सामंती गुणों को अपनाया। उनकी आधुनिक शिक्षा ने उनमें कुछ उदारवादी विचार भी उत्पन्न किए। जिन्ना और नेहरू उनके आदर्श पुरुष थे—उपमहाद्वीप में मुसलिम शक्ति को एकीकृत करनेवाले जिन्ना और गरीबी तथा शोषण की समाप्ति के लिए समाजवाद को समाधान के रूप में इस्तेमाल करनेवाले नेहरू। उन्होंने अपने राजनीतिक कैरियर को ऊँचा उठाने के उद्देश्य से धर्म का इस्तेमाल किया। अर्द्धरात्रि को फाँसी दिए जाने से पहले उन्होंने दाढ़ी बनाई, क्योंकि वह 'एक दाढ़ीवाले मुसलमान' की तरह नहीं मरना चाहते थे।

भुट्टो अत्यंत महत्त्वाकांक्षी थे। उन्होंने जल्दी ही अपने उपकारियों का राजनीतिक अंत सुनिश्चित करके सफलता की सीढ़ियाँ चढ़ने का रास्ता तलाश कर लिया। विभिन्न अवसरों पर उन्होंने अयूब के प्रति अपनी पूरी वफादारी की शपथ ली थी। सन् 1961 में उन्होंने अयूब खान को 'इतिहासपुरुष', 'हमारा अतातुर्क', 'मुसलमानों के लिए एक सलाहुद्दीन' आदि कहा।[9] जल्दी ही उन्हें एहसास हो गया कि अयूब को गद्दी से हटाया जा सकता है, जो उन्होंने आखिरकार कश्मीर

कार्ड तथा ताशकंद समझौते का सहारा लेकर किया।

उन्होंने अयूब को आश्वस्त किया था कि कश्मीर में एक सीमित 'निर्णायक हस्तक्षेप' भारत को पाकिस्तान के खिलाफ पूर्ण युद्ध शुरू करने के लिए नहीं उकसाएगा। उन्होंने आई.एस.आई. के ब्रिगेडियर रियाज तथा विदेश सचिव अजीज अहमद को ऐसी ही बात उड़ाने के लिए प्रेरित किया। वह अप्रत्यक्ष रूप से कुछ जनरलों का सहयोग प्राप्त कर सकते थे। सन् 1965 में ऑपरेशन जिब्राल्टर शुरू करके उन्होंने जनरल अयूब को संकट की स्थिति में फँसा दिया, जो अयूब के पतन का एक कारण बनी। विदेश मंत्री के रूप में उन्होंने जनरल अयूब को आश्वस्त किया कि भारतीय आक्रमण की स्थिति में संधि के तहत अमेरिका पाकिस्तान की मदद के लिए आएगा। उन्होंने अयूब को इस बात का भी भरोसा दिलाया कि 'उत्तर में हमारा मित्र' (चीन) भारतीय फौजों को उलझाए रखने के लिए एक सीमित सीमा-युद्ध शुरू कर देगा और चीन पूर्वी पाकिस्तान की रक्षा करेगा।

ये सभी बेजान निष्कर्ष बढ़ा-चढ़ाकर प्रस्तुत किए गए थे। अमेरिका, जिसे स्थिति की बेहतर जानकारी थी, ने साथ नहीं दिया। एक सेवानिवृत्त नौकरशाह रोएदाद खान द्वारा संकलित 'अमेरिकन पेपर्स' में जिक्र किया गया है कि किस प्रकार अयूब तथा भुट्टो ने संधि-बाध्यताओं को पूरा करने के लिए अमेरिका पर दबाव डाला। अमेरिका के लिए संधि-बाध्यता साम्यवाद को सीमित रखना था। चीनियों ने जरूर सीमा पर कुछ शोर मचाया और भारत को बहुत से अल्टीमेटम तथा चेतावनियाँ दीं। उन्होंने भारतीय सेनाओं को उत्तरी सीमाओं पर उलझाया।

भुट्टो जानते थे कि अयूब की राजनीतिक पराजय होने वाली है। ताशकंद में उन्होंने खुद को अयूब से अलग-थलग रखा। उन्होंने अयूब के खिलाफ ताशकंद में धोखा देने की अफवाहें फैलाईं और जल्दी ही एक नायक की छवि बना ली। सन् 1969 में जब मुजीब ने अपना छह सूत्रीय कार्यक्रम शुरू किया तो भुट्टो ने आरंभ में खुले रूप में उनकी आलोचना नहीं की; क्योंकि वह चाहते थे कि पूर्वी पाकिस्तान में अशांति फैले। वह जानते थे कि 'एक व्यक्ति, एक मत' के साथ सही ढंग से चुनाव होने पर मुजीब पूर्वी पाकिस्तान में आसानी से जीत जाएँगे। उन्होंने यह भी महसूस किया कि एकीकृत पाकिस्तान की लोकतांत्रिक व्यवस्था में उनके पास प्रमुख राजनीतिक व्यक्ति बनने का कोई मौका नहीं है; वह केवल विपक्ष के नेता ही बन सकते हैं। यह स्थिति उन्हें स्वीकार्य नहीं थी।

एक पक्ष यह कहता है कि 'भुट्टो ने सुझाव दिया कि वह और याहया मिलकर बहुत अच्छी तरह पाकिस्तान को चला सकते हैं। याहया ने पूछा कि 'वह

पूर्वी पाकिस्तान का क्या करना चाहते हैं ?' भुट्टो ने जवाब दिया, 'पूर्वी पाकिस्तान कोई समस्या नहीं है। हमें वहाँ बीस हजार लोगों को मारना होगा, फिर सबकुछ ठीक हो जाएगा।'[10]

जब मुजीब को नेशनल असेंबली में बहुमत प्राप्त हुआ तो भुट्टो याहया खान को यह समझाने में सफल हो गए कि मुजीब को प्रधानमंत्री बनने का न्यौता नहीं देना चाहिए, क्योंकि पूर्वी पाकिस्तान का शासन पश्चिमी पाकिस्तान पर नहीं होना चाहिए।

उस समय बंगालियों को असैनिक जाति समझा जाता था। अत: जनरल याहया खान भुट्टो के जाल में फँस गए। बंगालियों को विद्रोह की स्थिति में उकसाने के लिए उन्होंने याहया खान को विशाल और क्रूर जन-संहार के लिए 25 मार्च, 1971 को तैयार कर लिया। उन्होंने इंटरकांटिनेंटल होटल (ढाका) के अपने कमरे की खिड़की से पाकिस्तानी सेना द्वारा बंगालियों का रक्तपात होते देखा। उन्होंने जनरल टिक्का खान को इस काम के लिए शाबाशी दी। टिक्का खान जानता था कि इस चालाक राजनेता द्वारा पाकिस्तान की सत्ता को ग्रहण करने के बाद उसे पुरस्कार मिलेगा। अंत में उसे इनाम भी दिया गया। सी.ओ.ए.एस. जनरल गुल हसन का त्यागपत्र प्राप्त करने के बाद नाटकीय तरीके से भुट्टो ने टिक्का खान को सी.ओ.ए.एस. बना दिया।

भुट्टो जानते थे कि पूर्वी पाकिस्तान में विवश होकर भारत को हस्तक्षेप करना पड़ेगा; क्योंकि लगभग एक करोड़ हिंदू और मुसलमान शरणार्थियों ने पूर्वी पाकिस्तान से भागकर भारत में शरण ली थी। भारत ने सैन्य काररवाई शुरू करने में छह माह से अधिक का समय लगाया। मुजीब से राजनीतिक समझौता करने के लिए याहया के पास पर्याप्त समय था। भुट्टो ने जनरल याहया को ऐसी सलाह कभी नहीं दी। इसकी बजाय उन्होंने पूर्वी पाकिस्तान के अलगाव के लिए देश को तैयार किया। उन्होंने एक खतरनाक सिद्धांत प्रस्तुत किया—'इधर हम, उधर तुम'। किसी आधिकारिक पद पर न होते हुए भी भुट्टो ने स्टेट बैंक के गवर्नर दुर्रानी को बैंक परिसंपत्तियों को गुप्त रूप से पूर्वी पाकिस्तान से पश्चिमी पाकिस्तान में लाने को कहा।[11] स्टेट बैंक के गवर्नर ने इस गैर-कानूनी आदेश को मानने से इनकार कर दिया। इस आदेश की अवज्ञा के लिए भुट्टो ने राष्ट्रपति का पद ग्रहण करने के तुरंत बाद दुर्रानी को सींखचों के पीछे डाल दिया। भुट्टो हमेशा बदले की भावना रखते थे। वह पद पर न रहते हुए भी स्वयं के प्रति पूर्ण वफादारी की अपेक्षा रखते थे।

उन्होंने पाकिस्तानी सेना के दो शक्तिशाली जनरलों—अयूब तथा याहया को

मूर्ख बनाया था। बाद में अयूब को पछतावा हुआ कि भुट्टो का सन् 1965 का युद्ध उन्हें लड़ना पड़ा। याहया खान कैद में थे। हमदुर रहमान समिति की रिपोर्ट के आधार पर कोर्ट मार्शल के डर से उन्होंने अपनी जुबान नहीं खोली। भुट्टो ने हमदुर रहमान समिति की रिपोर्ट को सार्वजनिक नहीं किया, न ही उन्होंने उस रिपोर्ट के आधार पर कोई काररवाई की। वह जानते थे कि मुकदमे की स्थिति में कई जनरल रहस्य प्रकट कर सकते हैं। उनमें से अधिकतर जनरल भुट्टो को पाकिस्तान के विखंडन में शामिल बता सकते थे। रिपोर्ट का सीमित उद्देश्य था—पाकिस्तानी सेना के शक्तिशाली स्वरूप को काट-छाँटकर छोटा करना।

भुट्टो की राजनीतिक शैली

अपनी इच्छित वस्तु प्राप्त करने के बाद एक असावधान पल में भुट्टो ने एक साक्षात्कार के दौरान ओरियाना फेलेसी को अपनी सफलता का राज बताया। उनका फॉर्मूला दुश्मन के दिमाग में संदेह का एक भी कण डाले बिना एक-एक करके दुश्मनों को समाप्त करने के परिष्कृत सिद्धांत पर आधारित था। यहाँ उसे उद्धृत करना उचित होगा—

> 'मैं इस व्यवसाय (राजनीति) का मूलभूत नियम जानता हूँ। वह नियम क्या है? राजनीति में कभी-कभी आपको खुद मूर्ख होने का दिखावा करना पड़ता है और दूसरों को यह एहसास दिलाना पड़ता है कि केवल वे ही बुद्धिमान हैं। लेकिन ऐसा करने के लिए आपके पास हलकी और लचीली अँगुलियाँ होनी चाहिए।...क्या आपने कभी किसी घोंसले में एक चिड़िया को अपने अंडों पर बैठे देखा है? एक राजनेता के पास बहुत हलकी और लचीली अँगुलियाँ होनी चाहिए, ताकि वह चिड़िया के नीचे हाथ घुसाकर अंडों को निकाल ले और चिड़िया को पता तक न चले।'[12]

सत्ता तक भुट्टो का पहुँचना यकीनन इसी सिद्धांत पर आधारित था कि 'चिड़िया को पता न लगे और एक-एक करके अंडे निकाल लें।' अयूब और याहया भुट्टो की इस रणनीति के सबसे बुरे शिकार थे। उन्हें यह एहसास नहीं हुआ कि एक और भावी राष्ट्रपति उनके साथ इसी नीति का प्रयोग करेगा। जिया ने भुट्टो को उनके ही खेल में मात दे दी।

जनरल जिया उल-हक जब एक सैन्य षड्यंत्र मामले में भुट्टो के प्रत्यक्ष संपर्क में आए तो उन्हें बहुत वफादार और विश्वासपात्र समझा गया। जनरल जिया

ने कथित रूप से भुट्टो के खिलाफ षड्यंत्र में शामिल तैंतालीस सेनाधिकारियों को सजा दी। भुट्टो जिया की इस वफादारी के कायल हो गए। जनरल जिया उल-हक ने भी मूर्ख और सीधा होने का दिखावा किया। वास्तव में भुट्टो को जनरल जिया के 'धार्मिक जोश' के बारे में चेतावनी दी गई थी; लेकिन भुट्टो को इसकी कोई चिंता नहीं थी। जनरल जिया धैर्यपूर्वक भुट्टो के राजनीतिक पतन की प्रतीक्षा कर रहे थे।

सन् 1973 के संविधान के अंतर्गत नेशनल असेंबली की समय-सीमा 14 अगस्त, 1977 को समाप्त होने वाली थी। भुट्टो सरकार ने क्रमशः राष्ट्रीय तथा प्रांतीय विधानसभाओं के चुनाव 7 और 10 मार्च को कराने का फैसला किया। मुकाबला भुट्टो की पी.पी.पी. (पाकिस्तान पीपुल्स पार्टी) और पी.एन.ए. (पाकिस्तान नेशनल अलाएंस) के बीच थी। नेशनल असेंबली के परिणाम पी.पी.पी. के पक्ष में गए, जिसने 135 सीटें जीतीं, जबकि पी.एन.ए. केवल 36 सीटें जीत पाया। बाकी कुछ सीटें छोटे-छोटे गुटों तथा स्वतंत्र उम्मीदवारों ने जीतीं। पी.पी.पी. की इस बड़ी सफलता का कारण हेरा-फेरी माना गया। विशाल बहुमत भुट्टो के लिए एक दायित्व बन गया। पी.एन.ए. ने प्रांतीय विधानसभा चुनावों में भाग लेने से इनकार कर दिया और एक आंदोलन शुरू कर दिया। फलस्वरूप हिंसा हुई और अव्यवस्था फैल गई। भुट्टो ने यह तर्क रखा कि यदि वह दोबारा चुनाव कराने की विपक्ष की माँग को स्वीकार कर लेते हैं तो 'यह उनके झूठे आरोपों को स्वीकार करना होगा कि मैंने चुनावों में हेरा-फेरी की है।' उन्होंने आगे जोड़ा कि वह 'इतिहास में अपना स्थान बनाने' के लिए अधिक सजग हैं।[13]

जब अप्रैल 1977 में पंजाब विधानसभा का सत्र आयोजित हुआ तो वहाँ काफी प्रदर्शन हुए, जो इधर-उधर भी फैले। 14 अप्रैल को जिया ने राजनीतिक समस्या पर विचार-विमर्श करने के लिए एक बैठक बुलाई। उस बैठक में यह अनुभव किया गया कि एक राजनीतिक समझौते द्वारा स्थिति को नियंत्रित किया जा सकता है। इस समस्या पर विचार-विमर्श करने के लिए भुट्टो और जिया 16 अप्रैल, 1977 को मिले।

इस परिस्थिति में भुट्टो ने मजहबी कार्ड का इस्तेमाल किया। उन्होंने 17 अप्रैल, 1977 को छह माह के अंदर 'शरीआ' लागू करने, शराब (जिसके वह काफी शौकीन थे) पर रोक लगाने, जुए पर प्रतिबंध लगाने, बारों व नाइट क्लबों को बंद करने, भ्रष्टाचार की समाप्ति के लिए एक योजना और शुक्रवार को साप्ताहिक अवकाश का दिन घोषित करने की घोषणा की।[14] एक दिन पहले ही उन्होंने

इसलामी व्यवस्था की जोरदार माँग कर रहे मुल्लाओं की खिल्ली उड़ाई थी। उन्होंने कहा था—'मेरी लाश पर से होकर ही वे उसे प्राप्त कर सकते हैं।'[15] ये सभी कदम जनरल जिया की सलाह पर उठाए गए थे। इसने भुट्टो की राजनीतिक स्थिति को कोई लाभ नहीं पहुँचाया।

19 अप्रैल को भुट्टो ने जी.एच.क्यू. पर सैन्य जनरलों के साथ रात्रिभोज आयोजित किया और राजनीतिक मामलों पर उनका दृष्टिकोण सुना। जब स्थिति नियंत्रण में नहीं आई तो भुट्टो ने प्रमुख नेताओं को गिरफ्तार करवा दिया। यह सब करके उन्होंने एक और सैन्य तख्तापलट के लिए रास्ता साफ कर दिया। उसी दिन जिया ने वार्षिक फॉरमेशन कमांडरों की एक बैठक आयोजित की। 21 अप्रैल, 1977 को भुट्टो ने जिया द्वारा दिए गए रात्रिभोज में शिरकत की। प्रधानमंत्री भुट्टो ने सेवा प्रमुखों टिक्का खान तथा अजीज अहमद के साथ एक बैठक आयोजित की। कराची और लाहौर में मार्शल लॉ लगाने का निर्णय लिया गया; जबकि सन् 1973 में भुट्टो ने स्वयं यह घोषणा की थी कि भावी पाकिस्तान में कोई मार्शल लॉ नहीं लगेगा। इसके बाद दो महत्त्वपूर्ण घटनाएँ हुईं—अपने दूतावास संबंधी कार्यों से गुल हसन तथा एयर मार्शल रहीम का इस्तीफा और तीन सेवा प्रमुखों को एयर मार्शल (सेवानिवृत्त) असगर खान के पत्र कि भुट्टो की अवैध सरकार के आदेशों का पालन न किया जाय। जिया ने उन तीन ब्रिगेडियरों को हटा दिया, जो आदेश का पालन करने से इनकार कर रहे थे। भुट्टो ने सेवा प्रमुखों को एक प्रेस विज्ञप्ति द्वारा सरकार के प्रति अपनी वफादारी की घोषणा करने के लिए कहा। यह 27 अप्रैल, 1977 को किया गया। यह एक अस्वस्थ उदाहरण था। 24 अप्रैल, 1977 को लाहौर उच्च न्यायालय ने आदेश दिया कि मार्शल लॉ लगाना अवैध और असंवैधानिक है।

28 अप्रैल, 1977 को भुट्टो ने विदेशी हाथ (अमेरिका) को दोषी ठहराना शुरू किया और कहा कि उन्हें इतनी आसानी से नहीं हटाया जा सकता।[16] 29 अप्रैल को अमेरिकी विदेश विभाग के प्रवक्ता ने इस आरोप का खंडन किया। पाकिस्तान में अमेरिकी राजदूत की विदाई की पूर्व संध्या पर जिया द्वारा दिए गए भोज ने भुट्टो के लिए परेशानी खड़ी कर दी।

3 जून, 1977 को सरकार और विपक्ष के बीच बातचीत शुरू हुई। अक्तूबर 1977 में फिर से नए चुनाव कराने की घोषणा की गई।

20 जून, 1977 को जनरल जिया ने भुट्टो के सामने अपनी आशंका व्यक्त की कि आंदोलन से सेना के अनुशासन पर प्रभाव पड़ सकता है। जनरल जिया ने

दूसरी श्रेणी के राजनेताओं को भुट्टो के खिलाफ खड़े होने के लिए प्रेरित किया। सन् 1977 के कथित छलपूर्ण चुनावों के बाद विपक्ष ने दोबारा चुनाव करवाने की माँग को लेकर हंगामा खड़ा कर दिया। भुट्टो ने इसके समाधान के लिए एक योजना पर काम शुरू किया। उसी रात जनरल जिया ने भुट्टो की सत्ता पर प्रहार कर दिया। तख्तापलट के लिए पहले से बनाई गई योजना पूरी तरह तैयार थी। चार माह के राजनीतिक आंदोलन ने भुट्टो को हमेशा के लिए समाप्त कर दिया। यह एक विडंबना थी कि एक शक्तिशाली जन-भावना ने सत्ता में आने में भुट्टो की मदद की थी और उतनी ही शक्तिशाली जन-भावना, जो सेना के अप्रत्यक्ष सहयोग द्वारा भुट्टो के शत्रुओं द्वारा तैयार की गई थी, ने भुट्टो को सत्ता से बाहर कर दिया।

भुट्टो-हुस्ना प्रेम प्रकरण

भुट्टो का व्यक्तित्व आकर्षक था। स्त्रियाँ उनपर मरती थीं। सन् 1964 के चुनाव अभियान में जनरल अयूब की एक विपक्षी उम्मीदवार फातिमा जिन्ना ने सार्वजनिक रूप से भुट्टो को 'नशेबाज और इश्कबाज' कहा था। हुस्ना शेख के साथ भुट्टो के गुप्त प्रेम-संबंध उनकी मृत्यु के बाद सार्वजनिक हो गए। इसका श्रेय शेर-ए-पंजाब मुस्तफा कार की तलाकशुदा सातवीं पत्नी तहमीना दुर्रानी को जाता है। हुस्ना शेख कराची की निवासी और एक खूबसूरत तलाकशुदा महिला थी। कभी उसके पति रहे बंगाली वकील अब्दुल आहद की हत्या सन् 1971 में रहस्यपूर्ण तरीके से कर दी गई थी। वह स्वयं आधी बंगाली और आधी पठान थी। उसका पालन-पोषण आधुनिक तरीके से हुआ था। वह बहुत बातूनी थी। भुट्टो उसपर मोहित हो गए। भुट्टो उसके बहुत दीवाने थे। उन्होंने उसकी एकाकी जिंदगी का पूरा लाभ उठाया।

भुट्टो की प्ले ब्वॉयवाली छवि के कारण हुस्ना भुट्टो के प्रेम के प्रति आश्वस्त नहीं थी। एक बार गरमागरम बहस के बाद उसने भुट्टो को अपने घर से बाहर निकाल दिया। यह एक गुप्त मुलाकात थी, जो सिर्फ मुस्तफा कार को पता थी, जिसने भुट्टो को हुस्ना के घर के सामने तक पहुँचाने के लिए एक कार का प्रबंध किया था और फिर चला गया था। तब भुट्टो को रात में कराची के अपने क्लिफ्टन निवास तक पैदल वापस जाना पड़ा था। वह इस बात से आशंकित थे कि कोई उन्हें पहचान न ले।

भुट्टो जब राष्ट्रपति बने तो वह और अधिक स्वतंत्र हो गए। हुस्ना को

अकसर भुट्टो से मिलने के लिए इसलामाबाद बुला लिया जाता था। सोफे पर बैठे पाकिस्तान के राष्ट्रपति और फर्श पर बैठी हुस्ना की कल्पना कीजिए। वह शराब पीते हुए हुस्ना के बालों से खेलते थे। इस संबंध को विकसित करने के लिए हुस्ना ने भुट्टो से विवाह करने की माँग की। परंतु यह भुट्टो को स्वीकार्य नहीं था। अपने गहरे संबंध का विश्वास दिलाने के लिए भुट्टो ने एक तिकड़म का सहारा लिया। उन्होंने पवित्र 'कुरान' पर लिखा कि मैंने खुदा के सामने उसे अपनी पत्नी कुबूल कर लिया है। भुट्टो की इस सत्यनिष्ठ घोषणा से हुस्ना काफी प्रसन्न हुई। उसने अपनी वैवाहिक स्थिति प्रमाणित करने के लिए पवित्र कुरान को सबसे कीमती दस्तावेज की तरह सँभालकर रख लिया।

भुट्टो को जल्दी ही इस बात का एहसास हो गया कि उन्होंने एक बड़ी भूल कर दी है। उन्हें किसी तरह वह 'कुरान' हासिल करनी थी। उन्होंने हुस्ना की अनुपस्थिति में उसके घर की तलाशी ली। जब हुस्ना ने पवित्र कुरान चुराने के बारे में भुट्टो से पूछा तो भुट्टो ने इस मामले में अपनी पूर्ण अनभिज्ञता दिखाई।

तभी नुसरत भुट्टो, जो हुस्ना और भुट्टो के संबंधों के बारे में जानती थी, ने ईरान लौटने का निर्णय किया। किसी प्रकार भुट्टो ने नुसरत को जाने से रोक लिया। चूँकि भुट्टो का राजनीतिक कैरियर दाँव पर था, अतः उन्होंने हुस्ना की खामोशी खरीदने के बाद एक जनसभा में इनकार किया कि हुस्ना से उनका किसी प्रकार का संबंध है। किंतु फिर भी हुस्ना भुट्टो की मृत्यु तक उनके प्रति वफादार रही।[17]

भुट्टो का मूल्यांकन

भुट्टो का दुःखद अंत पाकिस्तान में कमजोर लोकतंत्र का भी अंत था। उन्होंने सुधारवादी दृष्टिकोण के साथ शासन की एक व्यवस्था स्थापित करने का प्रयास किया और समाजवादी कार्यक्रम को कार्यान्वित किया। उन्होंने कभी मुल्लाओं और मौलवियों का पक्ष नहीं लिया। उन्हें इतिहास की अच्छी समझ थी। सांसारिक मामलों पर वह असहनीय और प्रतिशोधी व्यवहार के थे। उन्होंने कभी किसी पर विश्वास नहीं किया—जैसा अधिकतर पाकिस्तानी नेताओं, चाहे वे सैनिक हों या असैनिक—की परंपरा थी। वह सेना से भयभीत थे। वह सरकार में सेना की भूमिका को कम करने का निरंतर प्रयास करते रहे; परंतु उन्होंने बलूचियों को दबाने के लिए सेना का सहारा लिया और बलूच नेताओं को हैदराबाद षड्यंत्र मामले में फँसा दिया। पाकिस्तान एक षड्यंत्रग्रस्त देश प्रतीत होता है। वहाँ हर

समय कोई-न-कोई षड्यंत्र चलता ही रहता है। पाकिस्तान में षड्यंत्रों का चक्रवाती दौर चलता रहता है। जहाँ वास्तविक लोकतंत्र न हो वहाँ ऐसा होना निश्चित ही है। लोकतंत्र एक स्वभाव तथा व्यवहार का विषय है, जिसे लोकतंत्र के मूल्यों में गहरी आस्था के द्वारा सशक्त बनाया जा सकता है। मजबूत और जागरूक जनता उसका आधार होती है। पाकिस्तान के इतिहास में भुट्टो के स्थान का पूरा आकलन और मूल्यांकन अभी होना ही है। पाकिस्तानियों को भारत का आभारी होना चाहिए, जहाँ उनका आखिरी वसीयतनामा 'इफ आई एम एसेसिनेटेड' प्रकाशित हुआ था। वह भारत के कट्टर आलोचक थे, भारतीयों को 'कुत्ते' कहते थे और भारत के खिलाफ 'हजार वर्षों तक लड़ना' चाहते थे। ऐसे भावोत्तेजक बयानों से भारतीय विचलित नहीं होते। इसी कारण भारत की धर्मनिरपेक्ष छवि बरकरार है, जो पाकिस्तान के तथाकथित द्विराष्ट्र के सिद्धांत के लिए एक बड़ी चुनौती है। आज के विश्व में द्विराष्ट्र के सिद्धांत का कोई महत्त्व नहीं है। भुट्टो पाकिस्तान में स्थायी लोकतंत्र का एक युग आरंभ कर सकते थे; परंतु वह नहीं कर सके। अलबत्ता, भुट्टो का सबसे बड़ा योगदान सन् 1973 में पाकिस्तान के संविधान का प्रारूप तैयार करना था, जो सख्त जिया-नीत और नरम मुशर्रफ-नीत सैन्य सरकारों में जीवित रहा है।

भुट्टो पाकिस्तान में लोकतंत्र के रक्षक बन सकते थे, परंतु वह जल्दी ही साइकोफैंसी और प्रश्रय देनेवालों के आगे झुक गए। उनका वक्तृत्व अर्थात् समाजवादी भाषण उनके कर्तृत्व से मेल नहीं खाता था, जैसा कि तारिक अली ने कहा है, 'भुट्टो के पतन को प्रत्यक्ष रूप से पी.पी.पी. की एक अर्थपूर्ण क्षेत्रीय स्वायत्तता को सहन करने या संघीय रूपरेखा के तहत सत्ता-विभाजन के सिद्धांत को स्वीकार करने के इनकार से जोड़ा जा सकता है।'[18] यह बलूचिस्तान में गैर-पी.पी.पी. सरकार को कार्य करने की अनुमति न देने से जाहिर होता है। उन्होंने बलूचिस्तान सरकार को बरखास्त कर दिया और एक लाख सैनिकों को नियुक्त कर दिया। इसके बावजूद वह बलूची अशांति को नियंत्रित नहीं कर सके।

सन् 1977 के आम चुनाव में उन्होंने नेशनल असेंबली में दो-तिहाई बहुमत प्राप्त करने के लिए बड़े पैमाने पर अनावश्यक रूप से हेरा-फेरी की। इसने जन-आंदोलन को प्रेरित किया। ऐसी अशांत परिस्थिति में देश पर एक दशक से अधिक समय तक शासन करने के लिए फिर से सेना ने दखल दिया। हालाँकि पाकिस्तान में सैन्य तख्तापलट को उचित कारवाई कहा जाता था, जबकि अंत में वह अनुचित सिद्ध होता था।

भुट्टो पर मुकदमा

सन् 1977 के आरंभ तक भुट्टो ने बिना अधिक कठिनाई के शासन किया। उन्होंने बलूचिस्तान तथा अन्य स्थानों में जन-अशांति को नियंत्रित करने के लिए सेना का इस्तेमाल करके एक भूल की। जनरल टिक्का खान की सेवानिवृत्ति के बाद भुट्टो ने जनरल जिया को नए सेना प्रमुख के रूप में चुना; क्योंकि उन्होंने जिया की दिखावटी वफादारी, नकली मूर्खता और सच्ची आध्यात्मिकता का गलत आकलन किया था। विपक्ष के आंदोलन के चार माह के भीतर जिया ने 4-5 जुलाई, 1977 को सत्ता पर कब्जा कर लिया और नब्बे दिनों में आम चुनाव का वादा किया। यह एक झूठा वादा था। वह जानते थे कि हेरा-फेरी के बिना भी भुट्टो चुनाव जीत जाएँगे और अपनी पार्टी के लिए बहुमत जुटा लेंगे। यह जिया के लिए अच्छा नहीं था।

5 जुलाई, 1977 को अपनी रिहाई के बाद जब भुट्टो लाहौर आए तो उनकी लोकप्रियता सिद्ध हो गई। हवाई अड्डे पर एक विशाल जन-समूह ने उनका अभिवादन किया और उन्हें समर्थन का आश्वासन दिया। इस बात ने जिया तथा सेना और कुछ राजनेताओं को परेशान कर दिया।

पाकिस्तान में सेना का सिद्धांत असैनिक अधिकारियों तथा उन अधिकारियों के करीबी कुछ सेनाधिकारियों को गिरफ्तार करने का रहा था। इसलिए जिया ने फेडरल सिक्योरिटी फोर्स के डी.जी. मसूद महमूद, इंटेलिजेंस ब्यूरो प्रमुख राव रशीद, एफ.एस.एफ. के पाँच सदस्यों और कई अन्य अधिकारियों को गिरफ्तार करवाया। बड़े पैमाने पर की गई इस गिरफ्तारी का उद्देश्य कमजोर लोगों का पता लगाना था, जो भुट्टो के खिलाफ भेद खोल सकते थे। टॉर्चर, अपमान तथा फाँसी के भय से कमज़ोर लोग आत्मसमर्पण कर देते थे। उनमें से कुछ कस्टडी के दौरान अपने जीवन तथा अपने परिवारों की सुरक्षा के लिए सच्चाई स्वीकार कर लेते थे।

कस्टडी के दौरान मसूद महमूद ने सैन्य सरकार क़े साथ सहयोग करने का निर्णय किया। वह एक हत्या के मामले में स्वीकृति देनेवाला पहला व्यक्ति बना। इस मामले को पहले सुबूतों के अभाव में बंद कर दिया गया था। इसके बाद 3 सितंबर, 1977 को सेना ने भुट्टो को उनके कराची स्थित निवास से फिर गिरफ्तार कर लिया। उनके मकान की तलाशी ली गई। उन्हें उस हत्या के मामले में फँसाने लायक कोई भी प्रमाण नहीं मिला। उन्हें लाहौर ले जाकर एक बँगले में नजरबंद रखा गया, जिससे वह बाहरी दुनिया से पूरी तरह कट गए। न्यायिक रिमांड प्राप्त करने के बाद उन्हें लाहौर से दस मील दूर कोट लखपत जेल में रखा गया।

13 सितंबर, 1977 को भुट्टो को लाहौर उच्च न्यायालय के जस्टिस समदानी के सामने पेश किया गया। जज ने उन्हें जमानत दे दी। जस्टिस समदानी ने उन्हें पुन: गिरफ्तार करने की अनुमति नहीं दी, क्योंकि उन्होंने पाया कि हत्या के मामले में एफ.आई.ए. द्वारा रिकॉर्ड किए गए बयान विरोधाभासी थे। जनरल जिया को यह स्वीकार्य नहीं था। 16 सितंबर को एक मार्शल लॉ आदेश के तहत भुट्टो को पुन: गिरफ्तार किया गया। मार्शल लॉ आदेश के नियम 12 पाकिस्तान की सुरक्षा के नाम पर गिरफ्तारी की असीमित शक्ति देता था, जिसमें आरंभ में तीन माह की गिरफ्तारी और वह अवधि पूरी होने के बाद नवीनीकरण का भी प्रावधान था। गिरफ्तारी का किसी भी प्रकार का आधार दोषी व्यक्ति के सामने प्रस्तुत करना आवश्यक नहीं था। जिस दिन पुन: गिरफ्तारी की गई उस दिन भुट्टो ईद मना रहे थे। उन्हें लरकाना से पैंसठ किलोमीटर दूर सुक्कूर जेल भेज दिया गया। उसके बाद वहाँ से लाहौर के कोट लखपत जेल में ले जाया गया। इस प्रकार जस्टिस समदानी के निर्णय की अवहेलना करते हुए जिया भुट्टो को जेल में रखने हेतु कृतसंकल्प थे।

पूर्वनिर्धारित कार्यक्रम के अनुसार चुनाव अभियान 18 सितंबर को शुरू हुआ। आगा शाही ने संयुक्त राष्ट्र महासभा के सामने यह बयान दिया कि 18 अक्तूबर, 1977 को आम चुनाव कराए जाएँगे। परंतु ये वादे झूठे थे। भुट्टो को सत्ता में आने से रोकने के लिए चुनाव को स्थगित करना जरूरी था।

20 सितंबर, 1977 को तब एक अच्छा-खासा नाटक हुआ, जब नुसरत भुट्टो ने मार्शल लॉ की वैधता को चुनौती देते हुए सुप्रीम कोर्ट में एक याचिका दाखिल की। 21 सितंबर, 1977 को कोर्ट ने वह याचिका स्वीकार कर ली। इसके बाद सभी जजों को मार्शल लॉ सरकार के प्रति निष्ठा की नई शपथ लेने के लिए कहा गया। सुप्रीम कोर्ट के मुख्य न्यायाधीश याकूब अली ने ऐसा करने से इनकार कर दिया। तब तुरंत ही मुख्य न्यायाधीश को हटाकर नए मुख्य न्यायाधीश अनवरुल हक को नियुक्त किया गया। संकेत स्पष्ट था—भुट्टो को कोई ढील नहीं देनी है। वास्तव में 'आवश्यकता के सिद्धांत' के आधार पर मार्शल लॉ को वैध ठहराया गया। इस सिद्धांत का बहुत इस्तेमाल किया गया, जब भी पाकिस्तान सैन्य शासन के अधीन रहा। अंतरराष्ट्रीय समुदाय ने भी लोकतंत्र की बहाली के लिए कोई दबाव नहीं डाला।

इसके अतिरिक्त भुट्टो को सन् 1971 में पाकिस्तान के विखंडन के लिए दोषी ठहराया गया। इसके लिए उन्हें लाहौर उच्च न्यायालय के सामने प्रस्तुत होना

था। उन्होंने अपने बचाव में सौ पृष्ठों का एक एफिडेविट प्रस्तुत किया, जिसके प्रकाशन पर रोक लगा दी गई। उन्होंने उसमें स्पष्ट रूप से सैन्य सरकार तथा अपने राजनीतिक प्रतिद्वंद्वियों को भला-बुरा कहा था। यह ज्ञात नहीं है कि क्या भुट्टो हमदुर रहमान रिपोर्ट पर निर्भर थे, जिसे उन्होंने सार्वजनिक नहीं होने दिया था। किसी प्रकार से अदालत दोष की वैधता को जाँचने के लिए वह रिपोर्ट प्रस्तुत करने के लिए कह सकती थी। ऐसा न करते हुए लाहौर उच्च न्यायालय ने पाकिस्तान की न्यायिक व्यवस्था को कलंकित किया। भुट्टो के एफिडेविट पर रोक का आदेश अवैध था, क्योंकि ऐसे एफिडेविट सार्वजनिक दस्तावेज होते हैं। लेकिन वहाँ तो पारदर्शिता का पूर्ण अभाव था।

भुट्टो के खिलाफ तीसरे मामले में साठ आरोप, जैसे—पार्टी के कार्यकर्ताओं को मोटरसाइकिल तथा साइकिल देना और विदेश-यात्राओं पर विलासिता की वस्तुएँ खरीदना आदि—लगाए गए। इन सभी आरोपों का भुट्टो ने खंडन किया और प्रमाणित किया कि ऐसे लेन-देन में सरकारी संपत्ति का इस्तेमाल नहीं किया गया था।

इस बीच, अपमान तथा उत्पीड़न के मद्देनजर भुट्टो की लोकप्रियता बढ़ गई। जिया को एक ऐसे पाखंडी, कट्टरपंथी तथा तिकड़मबाज जनरल के रूप में देखा जाने लगा, जिसे इसलाम-पसंद दलों का समर्थन प्राप्त था। इन सबने जिया को भुट्टो से निपटने के लिए और भी कृतसंकल्प कर दिया। अब जिया खुले रूप से भुट्टो के प्रति अपनी नफरत को व्यक्त करने लगे। भुट्टो के विरोधी कुछ राजनेताओं ने जनरल जिया को भुट्टो को समाप्त करने की सलाह दी। उन्होंने 'चुनाव से पहले उत्तरदायित्व' का नारा उठाया। एक अन्य राजनेता ने जिया को सलाह दी कि वह पहले भुट्टो को कब्र में पहुँचा दें, अन्यथा उन्हें (जिया को) वहाँ जाना पड़ेगा।

जनरल जिया सचेत हो गए। यदि चुनाव के बाद भुट्टो विजयी होते तो संविधान की धारा 6 के तहत सैन्य तख्तापलट के लिए जनरल जिया को दोषी ठहराया जाता, जिसमें मौत की सजा की संभावना थी। उन्होंने 'दो शव और एक कब्र' के सिद्धांत को अच्छी तरह समझ लिया।

भुट्टो के खिलाफ हत्या का मामला क्या था? 10 सितंबर, 1974 की रात को कुछ हथियारबंद लोग शादमान शाह जमात की गलियों में छिपे हुए थे। भुट्टो के एक विरोधी अहमद रजा शाह कसूरी को एक विवाह समारोह में शिरकत करने के बाद उसी रास्ते से लौटना था। लौटते समय वे उसी रास्ते से आए। वहाँ पहुँचते ही उनकी कार पर गोलियों की बौछार शुरू हो गई। गोलीबारी में कार की अगली

सीट पर बैठे हुए कसूरी के पिता बहत्तर वर्षीय नवाब मुहम्मद खान की मृत्यु हो गई। शेष लोग बच गए। प्राथमिकी में कसूरी ने अपनी राजनीतिक शत्रुता के आधार पर भुट्टो को एक अभियुक्त के रूप में नामजद किया।

जाँच के समय कसूरी ने अलग से भुट्टो को शामिल नहीं किया। फरवरी 1975 में लाहौर उच्च न्यायालय के सामने कसूरी ने आक्रमण में भुट्टो की भागीदारी के अलावा दो और आशंकाएँ प्रकट कीं, जिससे भुट्टो को संदेह का लाभ मिल गया। उन्होंने कादियानियों को गैर-मुसलिम करार देने की माँग की थी। सुबूतों के अभाव में वह केस बंद कर दिया गया। कुछ खाली कारतूस, जो कथित रूप से हमलावर के हथियार से चले थे, घटनास्थल से मिले थे। इसके बाद कसूरी फिर से भुट्टो के समर्थक बन गए।

जनरल जिया ने उस केस को फिर से खुलवाया। एफ.एस.एफ. के डी.जी. मसूद महमूद, जो 5 जुलाई से हिरासत में था, ने 14 अगस्त, 1975 को एक गवाह बनने का फैसला किया। अपने इकबालिया बयान में उसने कहा कि इस हत्या का आदेश भुट्टो द्वारा दिया गया था। उसके कथन के समर्थन में एफ.एस.एफ. के एक इंस्पेक्टर गुलाम हुसैन दूसरा गवाह बना। इस प्रकार फेडरल इन्वेस्टिगेटिंग एजेंसी द्वारा भुट्टो तथा चार अन्य पर अभियोग लगाया गया। अभियोग पक्ष के अनुसार, ए.एस.आई. अरशद इकबाल तथा एस.आई. राणा इफ्तिकार उस गोलीबारी के लिए एस.आई. गुलाम मुस्तफा हथियारों की आपूर्ति के लिए तथा डायरेक्टर ऑफ ऑपरेशंस एंड इंटेलिजेंस मियाँ मुहम्मद अब्बास ऑपरेशन की निगरानी के लिए जिम्मेदार थे। किंतु भुट्टो के संबंध में मसूद के बयान की संपुष्टि नहीं की गई।

इस मामले को लाहौर उच्च न्यायालय में पेश किया गया। सभी जज किसी-न-किसी कारण से भुट्टो के प्रति विद्वेष की भावना रखते थे। मुख्य न्यायाधीश मुश्ताक हुसैन का मतभेद कानूनी सचिव के रूप में मौलिक अधिकार विधेयक पर तत्कालीन विदेश मंत्री भुट्टो से था। इसी जज ने सन् 1968 में भुट्टो के खिलाफ एक मुकदमे में बेंच की अध्यक्षता की थी। उन दोनों के बीच दुर्भावनाओं तथा कहा-सुनी के प्रमाण थे। बाद में अयूब ने भुट्टो के खिलाफ लगाया वह मामला वापस ले लिया था। इसी प्रकार, भुट्टो ने पदोन्नति की बारी आने पर हुसैन को मुख्य न्यायाधीश नहीं बनाया। अधिक परेशानियाँ उत्पन्न करने के लिए जनरल जिया ने उसी जज को मुख्य चुनाव आयुक्त बना दिया। मुकदमे की सुनवाई के दौरान मुख्य न्यायाधीश प्रेस सम्मेलन आयोजित करके पत्रकारों को भुट्टो के कथित अपराधों की जानकारी देते थे। भुट्टो ने मुकदमे के दौरान जज के पक्षपात

के खिलाफ कई याचिकाएँ दाखिल कीं और अनुरोध किया कि वह जज उनके मुकदमे की सुनवाई न करे।

सभी याचिकाएँ नामंजूर कर दी गईं। इस परिस्थिति में जज को स्वयं बेंच से हट जाना चाहिए था। खास कारणों से जस्टिस समदानी और कुछ अन्य को बेंच से बाहर रखा गया।

भुट्टो को अपने वकील से अलग कठघरे में एक कुरसी उपलब्ध कराई गई थी। उन्हें अपने वकील से परामर्श नहीं करने दिया जा रहा था। मुख्य न्यायाधीश की अध्यक्षता में पाँच जजों की एक बेंच ने 11 अक्तूबर, 1977 को ट्रायल शुरू किया। कार्यकारी मुख्य न्यायाधीश द्वारा चुने गए पाँच जजों में दो स्पष्ट तौर पर भुट्टो-विरोधी थे। बाकी में से दो पूर्व नौकरशाह थे। जिन जजों ने पहले भुट्टो की जमानत तथा अन्य मामलों पर फैसला सुनाया था, उन्हें जान-बूझकर बाहर रखा गया। कुल मिलाकर भुट्टो के मुकदमे के लिए एक पक्षपातपूर्ण अदालत की स्थापना की गई।

जाँच तथा मुकदमे के दौरान जनरल जिया ने भुट्टो को 'हत्यारा' कहकर संबोधित किया। यह अदालत की अवमानना तथा न्यायिक प्रक्रिया में हस्तक्षेप का मामला था। इस प्रकार उन्होंने अदालत द्वारा निर्णय दिए जाने से पहले अपना फैसला सुना दिया। भुट्टो समर्थक एक समाचार-पत्र को बंद करवा दिया गया। पत्रकारों को मारा-पीटा गया और कैद किया गया। इस सारे घटनाक्रम ने न्यायाधीशों को स्पष्ट संकेत दिया कि उन्हें वही करना है, जो जनरल जिया चाहते हैं।

अभियोग पक्ष को व्यापक प्रचार देते हुए सरकार ने एक और गलत काम किया। जब बचाव पक्ष की बारी आई तो सुनवाई बंद कमरे में की गई। ऐसा पहले कभी नहीं किया गया था। जस्टिस सैफुर रहमान, जिन्होंने पहले इस मामले पर काम किया था, की एक बहुत महत्त्वपूर्ण रिपोर्ट को कार्यकारी मुख्य न्यायाधीश मौलवी हुसैन ने अदालत में प्रस्तुत करने की अनुमति नहीं दी। क्रिमिनल प्रोसीजर कोड के तहत पुलिस द्वारा रिकॉर्ड किए गए एक सौ इकसठ बयान उनके वास्तविक बयानों से भिन्न थे। ऐसे विरोधाभासों पर ध्यान नहीं दिया गया, न ही पक्षपाती जजों द्वारा रिकॉर्ड में लाया गया।

अदालत द्वारा की गई टिप्पणियों के तरीके से अदालत का विद्वेष जाहिर होता था। जनरल आरिफ की पुस्तक 'माई डेज विद जिया' में इस पक्ष का भी स्पर्श किया गया है। आरिफ तथा अन्य लोगों द्वारा उद्धृत किए गए विवादों के कुछ उदाहरणों को यहाँ प्रस्तुत करना उपयुक्त होगा।[19]

भुट्टो : बहुत हो गया।

मुख्य न्यायाधीश : क्या बहुत हो गया?

भुट्टो : आपकी बेइज्जती।

मुख्य न्यायाधीश (पुलिस से) : इस आदमी को ले जाओ, जब तक कि इसका दिमाग ठिकाने न आ जाए।

एक अन्य न्यायाधीश : उन्होंने सही व्यवहार नहीं किया है। हम यह सहन नहीं कर सकते। वह सोचते हैं कि वह पूर्व प्रधानमंत्री हैं; लेकिन हम इसकी परवाह नहीं करते।

अमेरिका के पूर्व अटार्नी जनरल रैमसे क्लार्क ने लाहौर में भुट्टो के मुकदमे के दौरान पाकिस्तान का दौरा किया। उन्होंने बाद में ट्रायल के अपने आकलन को सार्वजनिक किया।

उन्होंने सवाल उठाया कि लाहौर उच्च न्यायालय के दो न्यायाधीशों, जिन्होंने पहले भुट्टो को जमानत दी थी, को हत्या के ट्रायल में क्यों नहीं शामिल किया गया? जब मुख्य न्यायाधीश का भुट्टो के साथ विवाद था तो उन्होंने स्वयं को ट्रायल में क्यों शामिल किया और अंत में यह महसूस किया कि मुख्य गवाह की गवाही संदिग्ध थी।[20]

जिया द्वारा सन् 1977 के चुनावों में कथित हेरा-फेरी की जाँच के लिए गठित समिति बड़े पैमाने पर फारूकी के बयान पर निर्भर थी, जो गवाह मसूद से संबंधित था। भुट्टो का यह दावा था कि फारूकी एक अहमदिया था और वह भुट्टो के खिलाफ बदले की भावना रखता था; क्योंकि सितंबर 1974 में भुट्टो ने अहमदियाओं को गैर-मुसलमान घोषित कर दिया था।

भुट्टो के ट्रायल में शामिल मुख्य न्यायाधीश ने ऐसी टिप्पणी की, जो केस से असंबद्ध थी। उन्होंने कहा, 'आप इतिहास का विद्यार्थी होने का दावा करते हैं और मुझे बताया गया है कि आप इतिहास का निर्माता होने का भी दावा करते हैं।' मुकदमे के ट्रायल में इस अनावश्यक टिप्पणी में एक कटाक्ष और व्यंग्य था।

पाकिस्तान में लोग अब भी याद करते हैं कि भुट्टो को किस प्रकार अपमानित किया गया था। 'एनुअल हेरॉल्ड' 2001 के अंक में संपादक के नाम एक पत्र में लेखक ने याद किया कि किस प्रकार भुट्टो को कठघरे में छोड़कर ट्रायल में शामिल जज अपने चैंबरों में आराम करते थे और अदालत में उपस्थित लोगों की गालियों तथा उपहास का सामना भुट्टो को करवाते थे। कम-से-कम नवाज शरीफ को इस प्रकार के दयनीय अपमान का सामना तो नहीं करना पड़ा।

18 मार्च, 1978 को लाहौर उच्च न्यायालय ने सुबह आठ बजकर तीस मिनट पर भुट्टो को मौत की सजा दिए जाने की घोषणा की। चार अन्य आरोपितों, जिन्होंने ट्रायल के दौरान अपराध स्वीकार कर लिया था, को भी मौत की सजा सुनाई गई।[21] उन्होंने सेनाधिकारियों के एक गुट के कहने पर अपराध स्वीकार किया था। जनरल चिश्ती ने अपनी पुस्तक में ऐसे सौदे को स्पष्ट रूप से स्वीकार किया है। जनरल आरिफ का कहना था कि ऐसा कोई वादा नहीं किया गया था। जनरल चिश्ती का कथन सही प्रतीत होता है, क्योंकि अपराध स्वीकार करने का कोई कारण आरोपितों के पास नहीं था, जब उन्हें उसके बदले में मौत की सजा ही मिलनी थी। सभी जज पंजाबी थे। भुट्टो के खिलाफ पक्षपात किया गया, क्योंकि वह एक सिंधी थे।[22]

सुप्रीम कोर्ट में अपील दाखिल करने के लिए सात दिन दिए गए थे। भुट्टो को कोट लखपत जेल के एक गंदे और अव्यवस्थित सेल में रखा गया था। फ्लू तथा दाँत दर्द से पीड़ित होने पर भी उनका इलाज नहीं कराया गया। यह कहा जाता है कि 18 मार्च, जिस दिन उन्हें मौत की सजा सुनाई गई थी, को उन्हें तेईस घंटों तक जंजीरों से बाँधकर रखा गया था। 'उनके समान पद तथा प्रतिष्ठावाले किसी अन्य व्यक्ति को ऐसी परिस्थितियों में नहीं रहना पड़ा।'

सुप्रीम कोर्ट में असली कानूनी लड़ाई शुरू हुई। दोनों पक्षों के ही वकील श्रेष्ठ थे। भुट्टो की ओर से बचाव पक्ष का नेतृत्व याहया बख्तियार कर रहे थे। अभियोग पक्ष के प्रमुख एजाज हुसैन बतालवी थे। इस अपील से निपटने के लिए आरंभ में नौ जजों की एक बेंच बनाई गई। जजों का परिचय इस प्रकार है—

1. मुख्य न्यायाधीश अनवर-उल-हक—जनरल जिया की तरह जालंधर मूल के पंजाबी।
2. न्यायाधीश मुहम्मद अकरम—पंजाबी जज।
3. न्यायाधीश वहीद-उद-दीन अहमद—मूल रूप से दिल्ली के।
4. न्यायाधीश दुआरब पाल—उच्च प्रतिष्ठावाले अविवाहित पारसी।
5. न्यायाधीश सफदर शाह—उत्तर-पश्चिमी सीमा प्रांत के।
6. न्यायाधीश मुहम्मद हलीम—मूल रूप से उत्तर प्रदेश के, कराची में बसे।
7. न्यायाधीश करम इलाही चौहान—पंजाब के, जमात-ए-इसलामी के समर्थक।
8. न्यायाधीश नसीम हसन शाह
9. न्यायाधीश कैसर खान—उत्तर-पश्चिमी सीमा प्रांत से। उन्हें 30 जुलाई,

1978 को सेवानिवृत्त होना था। उनका कार्यकाल बढ़ाया नहीं गया।

अपील के निर्णय के समय अज्ञात कारणों से दो जज उपलब्ध नहीं थे। इस प्रकार सात सदस्यीय एक बेंच ने अपील पर निर्णय दिया।

इस निर्णय में दस माह लगे। भुट्टो ने सत्ता में रहते हुए मुख्य न्यायाधीश हक तथा न्यायाधीश अकरम को हटा दिया था। एक बार भुट्टो ने न्यायाधीश सरदार शाह को सेवानिवृत्त कर दिया था। वैसे वह एक खुला दिमाग रखते थे। किसी यूरोपीय की तरह दिखने के कारण उनका प्यार का नाम 'एब लिंकन' था। अन्य जजों के बारे में कुछ अधिक जानने को नहीं मिला।

यह ज्ञात नहीं है कि आकस्मिक रूप से या जानबूझकर अपील के लंबन के दौरान जिया की विदेश यात्रा के समय मुख्य न्यायाधीश कार्यकारी राष्ट्रपति बन गए।

बचाव व्यवस्था अदालत के विद्वेष तथा लाहौर उच्च न्यायालय द्वारा दिखाए गए पक्षपात पर आधारित थी। इसका राजनीतिक उद्देश्य भुट्टो को राजनीतिक तथा भौतिक रूप से समाप्त करना था। गवाह मसूद महमूद को जेल में रहते हुए पूरा वेतन मिला; उसे निलंबित तक नहीं किया गया। भुट्टो की भागीदारी के प्रश्न पर मसूद के बयान में संपुष्टि का अभाव था। मसूद ने अपने पूर्ववर्ती निवाज तिवाना का नाम लिया। उसे भी कथित रूप से कसूरी को मारने का कार्य सौंपा गया था। चूँकि तिवाना की मृत्यु हो चुकी थी, अतः मसूद का बयान संपुष्ट नहीं था। यह एक गंभीर त्रुटि थी। एफ.एस.एफ. द्वारा रखी गई कई फाइलों में कसूरी की निगरानी फाइल भी थी।

बचाव पक्ष ने इस बात पर बल देते हुए बहस की कि किस प्रकार आई.बी. चीफ राव रशीद, जो हत्या के समय पंजाब के आई.जी. थे, पर भुट्टो के खिलाफ गवाही देने के लिए दबाव डाला गया था। सुप्रीम कोर्ट द्वारा अपील स्वीकार करने से पहले उन्होंने एक एफिडेविट दाखिल किया था।

दो राजनेताओं—जाम सादिक अली और गुलाम मुस्तफा कार ने भी एफिडेविट दाखिल करके बताया था कि भुट्टो के खिलाफ जाने के लिए उनपर दबाव डाला जा रहा है। संयोगवश गुलाम मुस्तफा कार ने गिरफ्तारी के दौरान जनरल चिश्ती से कहा कि रिहा होने पर वह भुट्टो के खिलाफ विदेश से दस्तावेज जुटा सकते हैं। यह एक तिकड़म थी, जिससे गुलाम मुस्तफा कार देश से बाहर जाने में सफल हुए; वह विदेश में ही रहे। किसी को भी अपने एफिडेविट के पक्ष में बयान देने के लिए नहीं बुलाया गया। जजों के सामने न केवल उचित ट्रायल, बल्कि उचित जाँच

की भी बाध्यता थी। यदि उन्हें लाहौर उच्च न्यायालय द्वारा बुलाया जाता तो गवाह मसूद महमूद के स्वीकारोक्ति बयान की सच्चाई पर काफी संदेह उभरते। जिया का एक तस्कर मित्र सेठ आबिद मसूद का रिश्तेदार था।

18 दिसंबर, 1978 को भुट्टो सुप्रीम कोर्ट के सामने पेश हुए। जब वे उस समय वहाँ अपना बयान देने लगे तो अदालत में पूर्ण सन्नाटा था। उन्होंने कहा—

> 'विश्वास कीजिए, मेरे साथ बहुत बुरा व्यवहार किया गया है। मेरे साथ एक सामान्य अपराधी की तरह व्यवहार किया जा रहा है। नब्बे दिनों तक मुझे धूप या रोशनी के दर्शन नहीं हुए हैं।...हाड़-मांस के बने सभी जीवों को एक दिन यह संसार छोड़ना पड़ता है। मैं जीवन नहीं, बल्कि न्याय चाहता हूँ।'

भुट्टो जानते थे कि उनका जीवन खतरे में है। उन्होंने किसी तरह अपना पक्ष लिखा, जो भारत में प्रकाशित हुआ। उन्होंने अपने राजनीतिक जीवन के बारे में विस्तार से लिखा—यह भी कि किस प्रकार उनके विरोधी झूठे आरोप मढ़कर उन्हें समाप्त करने की कोशिश कर रहे हैं। ट्रायल तथा अपील के दौरान जनरल जिया ने भुट्टो के कथित अपराधों का सरकारी पक्ष व्यक्त करते हुए श्वेतपत्र जारी किया। इस प्रकार, एक शत्रुतापूर्ण माहौल बन गया। यह सब न्याय-व्यवस्था को प्रभावित करने के लिए किया गया था। जजों की कुछ टिप्पणियाँ उन श्वेतपत्रों में से हटा दी गई थीं, जिन्हें भुट्टो ने 'सफेद झूठ' कहा था। उन्होंने अमेरिका पर उन्हें सत्ता से हटाने का आरोप लगाया। इससे अमेरिकी राष्ट्रपति जिमी कार्टर चिढ़ गए।

इस अशांत अवधि के दौरान ब्रिगेडियर तिरमाजी आई.एस.आई. के ज्वॉइंट काउंटर इंटेलिजेंस ब्यूरो के निदेशक थे। बाद में वह भुट्टो के बचाव में सामने आए। उनका पक्ष भुट्टो को फाँसी दिए जाने के काफी समय बाद (सन् 1995 में) प्रकाशित हो पाया। उन्होंने कहा कि अगस्त 1976 में हेनरी किसिंजर ने भुट्टो को चेतावनी दी थी, क्योंकि भुट्टो ने अपने परमाणु कार्यक्रम को बंद करने से इनकार कर दिया था। किसिंजर ने कथित रूप से भुट्टो से कहा, 'हम तुम्हें एक भयानक सबक सिखाएँगे।' तिरमाजी ने कहा कि अमेरिकी एजेंटों के झुंड पी.पी.पी. और पी.एन.ए. में घुस गए, ताकि चुनाव के मुद्दे पर उनके रुखों को सख्त कर सकें। 19 अप्रैल, 1977 को लाहौर में पी.एन.ए. आंदोलनकारियों ने नारा लगाया—'कार्टर जिंदाबाद', जिसके बाद 28 अप्रैल, 1977 को पी.पी.पी. ने 'कार्टर मुर्दाबाद' के नारे लगाते हुए आंदोलन किया। अमेरिका ने 'कार्टर मुर्दाबाद' के नारों पर विरोध जताया।

तिरमाजी ने सबसे आश्चर्यजनक रहस्योद्घाटन यह किया कि भुट्टो की फाँसी सुनिश्चित करने के लिए स्थानीय अमेरिकी कार्यालय में वाशिंगटन से एक टेलीग्राम आया था। यह भुट्टो की अपील पर सुप्रीम कोर्ट के निर्णय से पहले हुआ था। आई.एस.आई. प्रमुख रियाज खान के निर्देश पर तिरमाजी ने अनाधिकारिक रूप से भुट्टो की नियति पर लाहौर उच्च न्यायालय के कार्यकारी मुख्य न्यायाधीश जस्टिस शमीम हुसैन कादरी ने यह कानूनी मत दिया—

> 'कानूनी रूप से जुल्फिकार अली भुट्टो को फाँसी नहीं दी जा सकती। पहला, वह कथित हत्या में प्रत्यक्ष रूप से शामिल नहीं थे और दूसरे, मुझे लगता है कि सुप्रीम कोर्ट इस बारे में विखंडित फैसला देगा। ऐसे मामले में, जहाँ निर्णय अलग-अलग हो, फाँसी की सजा देना बहुत मुश्किल है।'[23]

वास्तव में सुप्रीम कोर्ट ने एकदम विखंडित निर्णय दिया। चार जजों ने लाहौर उच्च न्यायालय के फैसले को उचित ठहराया, जबकि तीन ने भुट्टो को संदेह का लाभ देते हुए उन्हें रिहा करने का समर्थन किया। यदि मूल रूप से चुने गए नौ जजों ने इस मुकदमे में काम किया होता तो विखंडित निर्णय संभवत: भुट्टो के पक्ष में जाता। एक के अंतरवाले विखंडित निर्णय ने इस मामले को कमजोर और संदिग्ध बना दिया। भुट्टो की ओर से दाखिल की गई दया याचिका पर आंतरिक मंत्रालय द्वारा तैयार की गई टिप्पणी में इस बात पर उस तरीके से प्रकाश नहीं डाला गया जैसा होना चाहिए था।

समीक्षा के चरण में सुप्रीम कोर्ट ने अपना निर्णय नहीं बदला; लेकिन टिप्पणी दी कि राष्ट्र प्रमुख अपने विवेक का प्रयोग कर सकते हैं। पाकिस्तान के एक पूर्व प्रधानमंत्री ने भी जनरल जिया से भुट्टो को कुछ कम कठोर सजा देकर उनपर दया दिखाने के लिए कहा। श्रीमती इंदिरा गांधी सहित विश्व नेताओं ने भुट्टो को फाँसी की सजा न दिए जाने के पक्ष में बयान दिए। भारतीय प्रधानमंत्री श्री मोरारजी देसाई ने ऐसी कोई अपील जारी नहीं की; क्योंकि वह इस मामले को पाकिस्तान का आंतरिक मामला मानते थे। कुछ वर्षों बाद जनरल जिया ने एक विमान दुर्घटना में अपनी मृत्यु से कुछ ही पहले 14 अगस्त, 1988 को मोरारजी देसाई को पाकिस्तान का सर्वोच्च नागरिक सम्मान दिया।

सैन्य अधिकारियों तथा कैबिनेट मंत्रियों द्वारा इन सभी याचिकाओं की जाँच की गई। वे सभी जनरल जिया के आदमी थे। जिया ने आई.एस.आई. से भी इस बारे में संपर्क किया कि भुट्टो को फाँसी देनी चाहिए या नहीं। तिरमाजी का यह

दावा है कि आई.एस.आई. ने भुट्टो को मौत की सजा का समर्थन नहीं किया था। अंतिम नोट आंतरिक मंत्रालय के सचिव रोएदाद खान द्वारा तैयार किया गया था। खान ने राष्ट्रपति को इस सजा में परिवर्तन करने की उनकी शक्ति की ओर भी ध्यान दिलाया। आश्चर्यजनक बात यह है कि रोएदाद खान भी भुट्टो परिवार के करीबी थे। खान ने उस नोट में यह नहीं कहा कि चूँकि सुप्रीम कोर्ट का निर्णय एक विखंडित निर्णय था तो 'सबसे बड़ी सजा असामान्य है', जैसा कि पहले जस्टिस कादरी ने कहा था। यह बात महत्त्वपूर्ण है।

जिस दिन रोएदाद खान का नोट जनरल जिया को मिला, उन्होंने 'याचिका खारिज' लिखने में जरा भी देर नहीं की। जिया ने निर्णय किया कि भुट्टो को फाँसी देना अत्यंत आवश्यक है। 4 अप्रैल, 1979 को पाकिस्तानी यह जानकर स्तब्ध रह गए कि भुट्टो को फाँसी के फंदे पर झुला दिया गया।

भुट्टो के ट्रायल के सभी महत्त्वपूर्ण दस्तावेजों का अभी सामने आना शेष है। लाहौर उच्च न्यायालय का निर्णय उपलब्ध नहीं है। बचाव पक्ष के वकीलों ने भी मुकदमे का अपना पक्ष रखने के लिए कुछ नहीं लिखा। बेनजीर भुट्टो ने अपनी पुस्तक में इस फाँसी के बारे में छिटपुट टिप्पणियाँ की हैं। तहमीना दुर्रानी की पुस्तक में भी फाँसी से संबंधित कुछ तथ्य उद्घाटित हैं। भुट्टो के उचित ट्रायल के बारे में संदेह अब भी कायम है।

सैन्य सरकार तथा उसकी समर्थक न्याय व्यवस्था की प्रतिष्ठा हमेशा के लिए गिर गई। एक पश्तून याहया बख्तियार ने भुट्टो की फाँसी तक उनका बचाव किया। उन्होंने स्वीकार किया कि भुट्टो की मौत की सजा ने आशानुसार राजनीतिक क्षोभ उत्पन्न नहीं किया। उन्होंने छठे दिन अपील दाखिल की, क्योंकि 'लोग उत्तेजित नहीं हुए'। उन्होंने स्पष्ट किया कि बचाव पक्ष ने सुप्रीम कोर्ट में अपने तर्कों को लंबा क्यों खींचा। ऐसा भुट्टो की सलाह पर किया गया था, जो समझते थे कि सन् 1978 में संयुक्त राष्ट्र महासभा सत्र में भुट्टो समर्थक संवेदनाओं से उन्हें क्षमादान मिल सकता है। हालाँकि सऊदी अरब के किंग खालिद का जिया पर काफी प्रभाव था। उन्होंने भी भुट्टो के पक्ष में जोर देकर हस्तक्षेप नहीं किया।

जब जस्टिस सफदर शाह ने देश (पाकिस्तान) छोड़ा, तो उन्होंने कुछ संवेदनशील टेपों के बारे में जानकारी दी, जो उनके पास थे। बख्तियार का कहना था कि इसमें सच्चाई बंद थी। सुप्रीम कोर्ट के मुख्य न्यायाधीश चाहते थे कि हत्या के प्रयास के जुर्म में भुट्टो को तीन साल के सख्त कारावास की सजा दी जाए; क्योंकि जिस व्यक्ति पर हमला हुआ था, वह मौत या घायल होने से बच गया था।

जस्टिस वहीद-उद-दीन (उन्होंने भी जस्टिस सफदर शाह से ऐसा कहा) भुट्टो की रिहाई के पक्ष में थे। संबंधित जजों की बैठक में जस्टिस सफदर शाह ने मुख्य न्यायाधीश से यह पुष्टि करनी चाही, जो जस्टिस वहीद-उद-दीन ने मुख्य न्यायाधीश से कहा था। इन सभी वार्त्तालापों को कथित रूप से जस्टिस सफदर शाह (मुशीद हुसैन) ने टेप कर लिया था।

भुट्टो के ट्रायल की वास्तविक कहानी को बाहर लाना चाहिए। दुर्भाग्यवश ऐसा पाकिस्तान में संभव नहीं है। पाकिस्तान में ऐसी कोई परंपरा नहीं है। शक्तिशाली लोग रावलपिंडी तथ्यों को बाहर नहीं आने देंगे।

भुट्टो का आखिरी दिन

रावलपिंडी जेल की सँकरी कोठरी में जुल्फिकार अली भुट्टो का आखिरी दिन एक कुलीन सिंधी परिवार में जनमे राजनीतिज्ञ की अमानवीय यंत्रणाओं का दिन था। भुट्टो को एक कुत्ते की मौत नहीं देनी चाहिए थी। क्योंकि वह पाकिस्तान के प्रथम निर्वाचित प्रधानमंत्री थे।

जिया के नजदीक रहे या सूचना तक पहुँच रखनेवाले लोगों के वर्णनों और वक्तव्यों से स्पष्ट होता है कि भुट्टो का अंत जनरल जिया द्वारा मंचित नाटक का दु:खद समापन था। वह भुट्टो को फाँसी पर लटकाने के लिए कृतसंकल्प थे।

क्या अदालत के फैसले से पहले सार्वजनिक रूप से भुट्टो के प्रति रहम दिखाने के मामले पर राष्ट्र प्रमुख अपना मत दे सकता है? उन्होंने एक पश्चिमी पत्रकार गेविन यंग को एक निश्चित उत्तर दिया। उन्होंने रूखेपन से कहा, 'यदि सुप्रीम कोर्ट कहता है कि उसे रिहा कर दो, तो मैं उसे रिहा कर दूँगा; यदि वह कहता है कि उसे फाँसी दो, तो मैं उसे फाँसी दूँगा।'[24]

जनरल जिया ने यह महसूस नहीं किया कि सुप्रीम कोर्ट द्वारा रिहाई की स्थिति में वह उन्हें फिर से रिहा नहीं कर सकते। निश्चित रूप से वह यह जानते थे कि विखंडित निर्णय द्वारा दोष-सिद्धि की स्थिति में राष्ट्र प्रमुख को खेल के कुछ खास नियमों का पालन करना होगा। चार जजों के बहुसंख्यक निर्णय से सहमत न होनेवाले तीन जजों के दिमाग में उचित संदेह थे। भुट्टो को दोषी सिद्ध करनेवाले चार जजों में से कुछ पदोन्नति रोक दिए जाने के कारण और अन्य व्यक्तिगत कारणों से भुट्टो के प्रति विद्वेष की भावना रखते थे। यह आजीवन कारावास का मामला था—कम-से-कम सुप्रीम कोर्ट के विखंडित निर्णय को देखते हुए ऐसी आशा की जा सकती थी।

जस्टिस दोराब पटेल, जो भुट्टो की अपील पर फैसला देनेवाली सुप्रीम कोर्ट की बेंच में थे, ने सन् 1994 में अपनी मृत्यु से पहले एक साक्षात्कार में स्पष्ट रूप से कहा कि भुट्टो को फाँसी की सजा एक 'न्यायिक हत्या' थी। यहाँ तक कि संयुक्त अरब अमीरात के शेख नाहयान ने भी जिया को क्षमा का रास्ता अपनाने की सलाह दी थी। उन्होंने कहा कि मृत भुट्टो उन्हें परेशान करेंगे। शेख नाहयान जिया की आँखों को पढ़ सकते थे। उन्होंने पाया कि जिया भुट्टो को फाँसी के तख्ते पर चढ़ाकर ही रहेंगे।

मामले को अदालत में ट्रायल के लिए प्रस्तुत किए जाने से पहले ही जिया ने तेहरान में विदेशी संवाददाताओं को बताया कि भुट्टो एक 'हत्यारा' है। पहले दिन से ही उन्होंने भुट्टो की नियति का फैसला कर रखा था। वह जानते थे कि सैन्य व्यवस्था में जजों का व्यवहार क्या होगा। वे सभी नए सैन्य शासक से मिलने के लिए उतावली में इसलामाबाद पहुँचे थे। भुट्टो को छोड़कर उन सभी ने मार्शल लॉ के अंतर्गत निष्ठा की नई शपथ ली थी। उनकी भुट्टो-विरोधी मानसिकता स्पष्ट थी।

भुट्टो के प्रति जनरल जिया का दृष्टिकोण आरंभ में ही स्पष्ट हो गया था। वह जानते थे कि सैन्य तख्तापलट की योजना बनाकर और उसे कार्यान्वित करके उन्होंने सन् 1973 के संविधान की धारा 6 के तहत एक अपराध किया है। कानून के इस प्रावधान के तहत जनरल जिया को मौत की सजा भी दी जा सकती थी। इसलिए उन्हें अधिक समय तक सत्ता में रहना था। वादे के अनुसार चुनाव करवाना आत्महत्या करने के बराबर था। भुट्टो तब भी ऐसे नेता थे, जिनकी पकड़ मतदाताओं पर थी। वह सत्ता में वापस लौट सकते थे। यह जिया के लिए सबसे बुरा होता। परिस्थितिवश दोनों में से एक ही जीवित रह पाते। वह भुट्टो के एक विरोधी द्वारा प्रस्तुत किए गए सिद्धांत से प्रभावित हुए, जिसने जिया से कहा था कि 'दो शव और एक कब्र' वाली परिस्थिति सामने थी। यदि भुट्टो कब्र में पहले नहीं जाते तो जिया को वहाँ जाना पड़ता।

दुनिया भर के नेताओं ने जिया से भुट्टो की जान बख्शने की अपील की। अमेरिका भुट्टो की जान बचाने के लिए जिया पर दबाव डालने की स्थिति में था। राष्ट्रपति कार्टर ने एक अपील की, जिसपर जिया ने कोई ध्यान नहीं दिया। भुट्टो ने अपने अमेरिका-विरोधी बयानों द्वारा अमेरिका को नाराज कर दिया था। ट्रायल के दौरान भी भुट्टो को यह विश्वास था कि उस तख्तापलट के पीछे अमेरिका का हाथ था। ब्रिगेडियर तिरमाजी के वर्णन से भी इस विचार को समर्थन मिलता है।

उन्होंने कहा कि भुट्टो को सत्ता से बाहर करने के लिए विपक्ष को अमेरिका (या कहें—सी.आई.ए.) से पैसे मिले थे। हालाँकि इस बात का कोई प्रमाण उपलब्ध नहीं है। अमेरिका में प्रशिक्षण लेने के अलावा जिया ने सऊदी अरब तथा जॉर्डन के शाही परिवारों, जो स्पष्ट रूप से अमेरिका के मित्र थे, को सुरक्षा उपलब्ध कराने के लिए मध्य-पूर्व में भी अपनी सेवाएँ दी थीं। उन्हें कुछ सी.आई.ए. अधिकारियों के भी करीब बताया जाता है। भुट्टो ने मुकदमे के दौरान भी अमेरिका-विरोधी रुख दिखाकर अपनी समाप्ति का रास्ता तैयार कर लिया था।

समीक्षा याचिका पर सुप्रीम कोर्ट द्वारा 24 मार्च, 1979 को फैसला किया गया। संविधान की धारा 45 के तहत दया याचिका दाखिल करना एकमात्र उपाय बचा था। राष्ट्र प्रमुख को अपने निर्णय पर विचार करने का अधिकार था। जिया ने विभिन्न राजनीतिक दलों का प्रतिनिधित्व कर रहे कैबिनेट मंत्रियों का दृष्टिकोण प्राप्त करके पर्याप्त चतुराई दिखाई। सभी उनके चापलूस थे। जमात-ए-इसलामी के मंत्रियों ने अलग से कहा कि भुट्टो की फाँसी की सजा पर कैबिनेट का फैसला अंतिम है। कथित रूप से उनमें से एक ने कहा कि भुट्टो को एक से अधिक बार फाँसी पर लटकाना चाहिए। एक मंत्री ने राष्ट्रपति से यह अनुरोध तक किया कि दया याचिका नामंजूर करने के लिए इस्तेमाल की गई कलम को उसे उपहारस्वरूप दे दें। जिया ने अपनी पसंद के असैनिक मंत्रियों को भुट्टो को फाँसी दिलवाने में इस्तेमाल किया। इस प्रकार वे सभी भुट्टो को मौत की सजा दिलवाने में शामिल थे।

24 मार्च से 4 अप्रैल, 1979 की अल्प अवधि के बीच घटनाएँ बहुत तेज गति से घटीं। जनरल जिया ने तेजी से काम करने का फैसला क्यों किया? इस बात को किसी ने भी स्पष्ट नहीं किया। उचित यह होता कि चुनाव प्रक्रिया को पूर्ण करके इस मामले को अगली निर्वाचित सरकार पर छोड़ दिया जाता। वस्तुत: केवल एक कैबिनेट मंत्री ने इस विकल्प की सलाह दी थी। यथासंभव तेजी से भुट्टो की न्यायिक समाप्ति सुनिश्चित करने का माहौल तैयार हो चुका था।

4 अप्रैल, 1979 को पूर्वाह्न 2 बजकर 2 मिनट पर भुट्टो को फाँसी दी गई। जेल नियमावली के अनुसार किसी व्यक्ति को भोर से तुरंत पहले फाँसी देनी चाहिए। उस समय पंजाब के गवर्नर जनरल सरवर खान ने एक कार्यकारी आदेश के तहत इस नियम को बदल दिया था। निश्चय ही उन्होंने यह कदम जनरल जिया की सलाह पर उठाया था। नियम के इस बदलाव के बारे में जनरल चिश्ती या जनरल आरिफ ने जिया पर लिखी अपनी पुस्तक में कुछ नहीं लिखा है।

ब्रिगेडियर राहत लतीफ के नेतृत्व में सेना की एक टुकड़ी जेल अहाते की निगरानी कर रही थी। तहरीना दुर्रानी को पता चला कि वह (ब्रिगेडियर) भुट्टो की सेल के ठीक विपरीत तैनात था।[25] बड़ी गंदी-गंदी भाषा में भुट्टो को जलील करना उसकी दिनचर्या थी। उसका लक्ष्य हमेशा भुट्टो की माँ हुआ करती थी, जिसके बारे में पाकिस्तानियों को विश्वास था कि वह एक छोटी जाति की हिंदू थी, जिसने इसलाम कुबूल कर लिया था। यही तरीका अयूब के शासनकाल में उस समय प्रयोग किया गया था, जब भुट्टो अयूब के विरोधी हो गए थे। उस समय भुट्टो की छवि को खराब करने के लिए एक प्रेस अभियान चलाया गया था। बिलकुल वही तरीका जिया के समय भी अपनाया गया। ब्रिगेडियर द्वारा लगातार किए गए बुरे बरताव ने भुट्टो को काफी वेदना पहुँचाई। कई बार तो उन्होंने प्रतिक्रिया भी जताई। इससे ब्रिगेडियर को खुशी हुई, क्योंकि इस सारी कवायद का उद्देश्य भुट्टो की मानसिक मजबूती को तोड़ना था। जेल में भुट्टो का शौचालय खुला हुआ था। वहाँ कोई प्राइवेसी नहीं थी। भुट्टो को शौचालय का इस्तेमाल सबकी नजरों के सामने करना पड़ता था। एक पूर्व प्रधानमंत्री के साथ सामान्य अपराधियों जैसा घटिया बरताव किया गया। भुट्टो फ्लू और दाँत दर्द से गंभीर रूप से पीड़ित थे। उन्हें नाममात्र के लिए भी स्वास्थ्य-सुविधा मुहैया नहीं कराई गई। जिन्होंने भुट्टो को उनकी जिंदगी के आखिरी दिनों में देखा था, उनके बयानों पर अविश्वास नहीं किया जा सकता।

बेनजीर भुट्टो और नुसरत भुट्टो 3 अप्रैल को जुल्फिकार अली भुट्टो से मिलीं। बेनजीर द्वारा शेव बनाने के लिए शेविंग का सामान दिए जाने पर भुट्टो बड़े खुश हुए। उनके जाने के बाद उन्होंने शेव बनाई, क्योंकि वह एक 'मुल्ला' के रूप में नहीं मरना चाहते थे। शाम साढ़े छह बजे नुसरत और बेनजीर के जाने के बाद विरोधाभाषी बयान मिलते हैं। जिया के वफादार जनरल आरिफ के अनुसार, भुट्टो तब एक दीवार के सहारे झुके हुए पाए गए। जेल अधीक्षक ने उनसे पूछा कि क्या वह अपनी अंतिम इच्छा और वसीयत लिखना चाहेंगे? उनके 'हाँ' कहने पर उन्हें लेखन सामग्री मुहैया कराई गई। दूसरी ओर दुर्रानी और बेनजीर का कहना है कि दरअसल एक ब्रिगेडियर ने भुट्टो को अपनी अपराध-स्वीकृति (कन्फेशन) लिखने के लिए कागज और कलम दी थी। सभी एक बात पर सहमत हैं कि भुट्टो को कागज-कलम दिया गया। वसीयत संबंधी बयान काफी हद तक गलत लगते हैं, क्योंकि भुट्टो अपने पारिवारिक मामलों को पहले ही निपटा चुके थे। वैसे भी, आखिरी इच्छा और वसीयत फाँसी देने से ठीक पहले किसी मजिस्ट्रेट द्वारा नोट

की जाती है। इस बात का कोई उल्लेख नहीं है कि भुट्टो के मामले में यह सारी कवायद की गई थी या नहीं। ब्रिगेडियर मजिस्ट्रेट नहीं था। इसलिए उसे भुट्टो की इच्छा और वसीयत लेने के लिए नियुक्त नहीं किया जा सकता था। जेल अधीक्षक भी किसी नियम के तहत ऐसा करने के लिए अधिकृत नहीं था।

जनरल चिश्ती का मानना है कि कन्फेशन की जरूरत नहीं थी, क्योंकि इससे भुट्टो की फाँसी पर कोई प्रभाव नहीं पड़ने वाला था। सभी तथ्य इस बात की ओर इशारा करते हैं कि भुट्टो से अपराध कबूल करवाने की पुरजोर कोशिश की गई, ताकि इस सारे खेल में जनरल जिया को निर्दोष साबित किया जा सके। भुट्टो ने किसी प्रकार के कन्फेशन से इनकार कर दिया और दिए गए कागजों को फाड़ डाला। इस बात ने ब्रिगेडियर को गुस्सा दिला दिया। उसने भुट्टो के पेट पर जोर से लात मारी, जिससे वह गिर पड़े। इस बात पर ब्रिगेडियर को तत्काल पदोन्नति का वादा किया गया था। उसे बिना किसी सिफारिश के पदोन्नति दी गई। ब्रिगेडियर द्वारा पहुँचाई गई चोट संभवत: घातक साबित हुई। इसकी और क्या व्याख्या की जा सकती है कि भुट्टो को आधी रात में स्ट्रेचर पर लादकर फाँसी के फंदे तक ले जाया गया। भुट्टो डरपोक व्यक्ति नहीं थे। उन्होंने ट्रायल के दौरान यह आरोप लगाया था कि उनका उत्पीड़न राजनीतिक कारणों से किया जा रहा है।

आखिरी समय में भुट्टो बिस्तर पर स्पंदनहीन कैसे पड़े हुए थे, जैसा कि आरिफ और चिश्ती का कहना है। जब उन्हें स्ट्रेचर पर ले जाया गया तो जाहिर है कि या तो वह मर चुके थे या फिर शारीरिक रूप से अक्षम थे। आम धारणा यही है कि भुट्टो को शारीरिक यातना दी गई थी और उसी के कारण वह हिल-डुल भी नहीं सकते थे।

शाम साढ़े छह बजे से दस बजे के बीच भुट्टो को लात मारी गई थी। जेल के अन्य कैदियों ने भुट्टो परिवार को जो चिट्ठियाँ लिखीं, उनके अनुसार दस बजे तक भुट्टो चिल्लाते रहे थे। रात दस बजे से दो बजे तक जो हुआ, वह सब एक नाटक था। एक आपत्कालीन योजना काम में लाई गई। इसी योजना के एक अंग के रूप में स्ट्रेचर मँगाया गया।

भुट्टो को फाँसी दिए जाने का कोई चश्मदीद गवाह नहीं है। जनरल आरिफ या जनरल चिश्ती ने भुट्टो को फाँसी देते अपनी आँखों से नहीं देखा। आधिकारिक पक्ष ने भुट्टो को फाँसी दिए जाने के अलावा और कोई तथ्य नहीं दिया। फिर अखबारों में आईं उन खबरों का क्या मतलब था कि फाँसी से पहले भुट्टो को यातनाएँ दी गईं? यह माहौल क्यों बनाया गया कि जनरल चिश्ती इस यातना के

लिए जिम्मेदार थे? लंदन के 'द डेली एक्सप्रेस' ने 21 मई, 1979 को एक एक्सक्लूसिव रिपोर्ट छापी, जिसका शीर्षक था—'क्या भुट्टो की फाँसी उनकी हत्या का आवरण था?' यह कहानी मुस्तफा कार द्वारा दी गई जानकारियों पर आधारित थी, जिन्होंने उन दिनों जिया से बचने के लिए लंदन में शरण ले रखी थी। कार ने कहा कि एक अत्यधिक ईर्ष्यालु ब्रिगेडियर ने 'उन्हें (भुट्टो को) लात मारकर मृत्यु तक पहुँचा दिया; क्योंकि ब्रिगेडियर को जनरल बनाने का वादा किया गया था, यदि वह भुट्टो से कन्फेशन लिखवाकर ले आता।' (चिश्ती)। कार ने दावा किया कि उनकी जानकारी पाकिस्तानी अधिकारियों द्वारा दी गई सूचनाओं पर आधारित है। वही ब्रिगेडियर राहत लतीफ बाद में भुट्टो के शव को लरकाना में उनकी पारिवारिक कब्रगाह तक लेकर गया।

भुट्टो की फाँसी के बाद ब्रिगेडियर लतीफ को जनरल चिश्ती के नेतृत्व वाले जी.एच.क्यू. की अनुशंसा के बिना मेजर जनरल के रूप में पदोन्नति दी गई। जनरल अख्तर अब्दुर रहमान, जो सैनिक न्यायाधीश हुआ करते थे, को बिना किसी कोर का नेतृत्व किए चार स्टारवाला जनरल बना दिया गया। सबसे आश्चर्यजनक मामला 'जिया की छाया' और 'मैन फ्राइडे' जनरल आरिफ का रहा, जिसे बिना किसी डिवीजन या कोर का नेतृत्व किए चार स्टारवाले जनरल की तरक्की दी गई। जिस जेल में भुट्टो को रखा गया था और जहाँ उन्हें फाँसी दी गई, वहाँ के प्रभारी कर्नल रफी को विदेश में पोस्टिंग दी गई। जनरल चिश्ती का भी यही विचार है कि भुट्टो की फाँसी में शामिल सभी व्यक्ति बिना किसी नियम-कानून के पुरस्कृत किए गए।[26]

जिया क्यों चाहते थे कि भुट्टो की फाँसी के दिन, जो पहले 3 अप्रैल था और बाद में उसे 4 अप्रैल तक टाल दिया गया, जनरल चिश्ती रावलपिंडी में रहें; जबकि चिश्ती ने उस दिन रावलपिंडी से दूर गिलगित में रहने का बंदोबस्त कर लिया था? फाँसी के दिन जनरल चिश्ती ने रावलपिंडी से दूर रहने का बंदोबस्त खुद ही क्यों किया था? वह जानते थे कि भुट्टो के किसी भी टॉर्चर के लिए उन्हें जवाबदेह ठहराया जाएगा। वह जिया के पूरे खेल को समझते थे। जब यातना की कहानियों को व्यापक प्रचार मिलेगा तो जिया उन कहानियों को नहीं नकार सकते थे। अगर जनरल चिश्ती की बातों पर विश्वास किया जाए तो उन्हें पहले से ही पता था कि भुट्टो को टॉर्चर किया जाने वाला है। इसी बात ने उन्हें रावलपिंडी से दूर रखा। ब्रिगेडियर राहत लतीफ और जेल इंचार्ज कर्नल रफी को बारी के बिना तरक्की और पसंदीदा पद दिए गए। जनरल चिश्ती ने इन अधिकारियों के पक्ष में

जिया द्वारा किए गए पक्षपात पर व्यंग्यपूर्वक टिप्पणियाँ की हैं।

फाँसी के दिन बेनजीर भुट्टो और नुसरत भुट्टो रावलपिंडी में ही थीं। उन्हें भुट्टो की लाश के साथ लरकाना जाने की इजाजत नहीं दी गई। ऐसा करके कानूनों का उल्लंघन किया गया था। जिस विमान से लाश को ले जाना था, उसके पायलट को यह पता था कि उसे जीवित भुट्टो को लरकाना ले जाना है; लेकिन जब उसने ताबूत देखा तो वह वहीं गिर गया।[27]

यह एक असैनिक राजनीतिज्ञ का दुर्भाग्यपूर्ण अंत था। जनरल जिया ने सी.ओ.ए.एस. के पद पर बिना बारी की पदोन्नति पाने से पहले कुरान हाथ में लेकर भुट्टो के प्रति वफादारी की कसम खाई थी। इस खेल के गुर जिया ने तब सीखे थे, जब वह महज मेजर जनरल हुआ करते थे। एक बार, जब मेजर जनरल थे, वह भुट्टो के गेस्ट हाउस में गार्ड चेक करने गए थे। इस बात ने भुट्टो को खुश किया था। भुट्टो का कहना था कि वह व्यक्ति सफल नेता हो सकता है, जो चिड़िया के नीचे से एक-एक कर सारे अंडे इस तरह निकाल ले कि चिड़िया को पता भी न लगे। जिया ने ऐसा कर दिखाया और भुट्टो को पता भी नहीं चला। उन्होंने (जिया ने) ऐसा जताया जैसे वह मूर्ख और वफादार अनुयायी हैं। लेकिन जब समय आया तो उन्होंने भुट्टो को खत्म कर दिया और भुट्टो को टॉर्चर किए जाने के लिए भी दूसरों को जिम्मेदार ठहराने का बंदोबस्त कर लिया। पाकिस्तान ने एक करिश्माई नेता खो दिया। मॉरिस जेम्स ने अपनी पुस्तक 'पाकिस्तान क्रॉनिकल' में लिखा है कि ब्रिटिश उच्चायुक्त के रूप में सन् 1965 में अपने अंतिम डिस्पैच में उन्होंने लिखा था कि 'भुट्टो फाँसी पर लटकाए जाने के लिए ही पैदा हुए हैं।' जो अनुमान सन् 1965 में लगाया गया था, वह सन् 1979 में सही साबित हुआ। भुट्टो की कहानी न्यायिक तथा राजनीतिक प्रक्रिया के विशाल पैमाने पर गलत इस्तेमाल के लिए पाकिस्तानियों को कचोटती रहेगी। भुट्टो की याद पाकिस्तान में बरकरार है; जबकि जनरल जिया को शायद ही याद किया जाता है। भुट्टो ने सन् 1973 में पाकिस्तान को एक संविधान दिया। वह पाकिस्तान के परमाणु बम के जनक थे। यदि लोग भुट्टो की जान बचाने के लिए उठ खड़े होते तो उन्हें बचाया जा सकता था।

एफ.एस.एफ. के डी.जी. मसूद महमूद, जो गवाह बन गए और जिनकी गवाही के कारण भुट्टो को अपराधी सिद्ध करके फाँसी दी जा सकी, भुट्टो की फाँसी के बाद स्थायी रूप से अमेरिका में रहने लग गए। इस संदर्भ में एक महत्त्वपूर्ण प्रश्न यह है कि भुट्टो की फाँसी के बाद गवाह द्वारा बसने के लिए देश

का चयन पूरी तरह संयोग था या उसका कोई और कारण था? क्या अमेरिका में महमूद के स्थायी रूप से बसने का भुट्टो की फाँसी से कोई संबंध था? इस प्रकार के प्रश्न अब तक अनुत्तरित हैं। एक आत्मसम्मानी पाकिस्तानी को इन अँधेरे और खतरनाक क्षेत्रों की जाँच के लिए सामने आना चाहिए।

क्या भुट्टो भारतीय थे?

भुट्टो दावा करते थे कि उनके पूर्वज राजपूत (हिंदू) थे। वे पाकिस्तान की स्थापना के शुरुआती वर्षों में सुप्रीम कोर्ट में भारतीय नागरिकता के लिए लड़े थे। यह मामला राज्यसभा में उसके चौवनवें सत्र में सामने आया। उन्होंने स्वयं दावा किया था कि वह भारतीय पासपोर्ट पर विदेश गए थे और सन् 1949 में एक भारतीय की तरह कराची भी गए थे। मंत्री बनने के कुछ सप्ताह बाद 3 नवंबर, 1958 को उन्होंने पाकिस्तानी नागरिक बनने का फैसला किया और भारत के सर्वोच्च न्यायालय में अपनी लंबित अपील को वापस ले लिया।[28] इस प्रकार, एक समय भुट्टो दोनों देशों की नागरिकता का दावा कर रहे थे। क्या इससे यह पता नहीं लगता कि भुट्टो का भारत में बसने का कुछ हद तक विचार था? पाकिस्तान के प्रति अपनी वफादारी साबित करने के लिए उन्हें अपने बयानों में भारत-विरोधी रुख अपनाना पड़ा।

भारतीय उपमहाद्वीप में उनके उत्थान तथा पतन को याद किया जाएगा। बाईस वर्ष की आयु में स्नातक की उपाधि हासिल करके वह तीस वर्ष की आयु में मंत्री बने और इकतीस वर्ष की आयु में संयुक्त राष्ट्र में जानेवाले एक पाक प्रतिनिधिमंडल का नेतृत्व उन्होंने किया। जब वह चौंतीस वर्ष के थे तो मुसलिम लीग के महासचिव बने और पैंतीस वर्ष की आयु में उन्हें पाकिस्तान के सबसे बड़े नागरिक सम्मान 'हिलाल-ए-पाकिस्तान' से सम्मानित किया गया। उस आयु में वह पाकिस्तान के विदेश मंत्री बने, केवल अड़तीस वर्ष की आयु में अयूब को चुनौती दी और उनतालीस वर्ष की आयु में अपनी पार्टी (पाकिस्तान पीपुल्स पार्टी) का गठन किया। सन् 1971 में बँगलादेश युद्ध के बाद जब वह केवल तैंतालीस वर्ष के थे, राष्ट्रपति तथा प्रमुख मार्शल लॉ प्रशासक बन गए। इक्यावन वर्ष की आयु में उन्हें फाँसी दे दी गई। यदि वह भारत में होते तो इस उपमहाद्वीप का इतिहास कुछ और ही होता।

भुट्टो को अपनी योग्यता के बारे में बहुत भ्रम था। राजनीतिज्ञों के बारे में उनकी राय बहुत अच्छी नहीं थी। वह गंभीरतापूर्वक यह मानते थे कि उनका जन्म

पाकिस्तान पर शासन करने के लिए हुआ था। वह कहते थे, 'मेरा अपराध यह है कि पाकिस्तान में मेरी क्षमतावाला कोई नेता पैदा नहीं हुआ।' और 'जिस दिन मैं अपने पद से हटूँगा उस दिन हिमालय रोएगा।'[29] ऐसे बयानों के कारण उनके मित्रों से शत्रु अधिक पैदा हो गए थे। यह उनके पतन का एक आधारभूत कारण हो सकता है। मार्शल लॉ शासन की एक उत्पत्ति होने और बहुत कम आयु में सत्ता का स्वाद चखने के कारण उन्होंने लोकतंत्र को चमत्कारी बना दिया। वह उन विरोधाभासों की उत्पत्ति थे, जो पाकिस्तान में समय-समय पर देखने को मिलते हैं। भुट्टो के संबंध में बेहतरीन कथन मीराज खालिद का है, जिन्होंने 5 नवंबर, 1996 को एक कामचलाऊ प्रधानमंत्री के रूप में पाकिस्तान का कार्यभार सँभाला था। उन्होंने कहा था, 'भुट्टो एक बहादुर व्यक्ति थे। वह दिल से बोलते थे। उन्होंने बहादुरी से मौत का सामना किया। मैं कभी भी उनकी फाँसी को नहीं भुला सकता।'[30]

भुट्टो जैसे अत्यंत बुद्धिमान तथा प्रतिभा-संपन्न व्यक्ति को उनके अपने ही चापलूस ने समाप्त कर दिया। उनकी भूल यही थी कि वह मूर्ख होने का दिखावा करनेवाले जिया की नकली वफादारी के पार नहीं देख सके। अपने मुख्य विरोधी को समाप्त करने के बाद 'मुल्ला जनरल' ने पाकिस्तान पर लंबे समय तक और उस सख्ती से शासन किया जैसा किसी पाकिस्तानी जनरल ने पहले नहीं किया था।

टिप्पणियाँ एवं संदर्भ

1. पीलू मोदी—'जुल्फी : माई फ्रेंड', थॉमसन प्रेस (भारत), नई दिल्ली, 1973 (मोदी ने भुट्टो के आरंभिक जीवन का अच्छा वर्णन किया है।)
2. दिलीप मुखर्जी—'जुल्फिकार अली भुट्टो : क्वेस्ट फॉर पावर', विकास पब्लिशिंग हाउस, दिल्ली, 1972, पृष्ठ 28
3. के.एल. कमल—'पाकिस्तान : द गैरीसन स्टेट', इंटेलैक्चुअल पब्लिशिंग हाउस, दिल्ली, 1982, पृष्ठ 35
4. दिलीप मुखर्जी—'जुल्फिकार अली भुट्टो : क्वेस्ट फॉर पावर'
5. पीलू मोदी—'जुल्फी : माई फ्रेंड', पृष्ठ 60-61
6. वही, पृष्ठ 81
7. वही, पृष्ठ 82
8. तहमीना दुर्रानी—'माई फ्यूडल लॉर्ड', स्टर्लिंग पब्लिशर्स, नई दिल्ली, 1991, पृष्ठ 255; 'ब्लिट्ज', 17-23 सितंबर, 1972
9. दिलीप मुखर्जी—'जुल्फिकार अली भुट्टो : क्वेस्ट फॉर पावर', पृष्ठ 36-37
10. एडमिरल एस.एन. कोहली—'वी डेयर्ड-मेरीटाइम ऑपरेशंस इन 1971 इंडो-पाकिस्तान वार'

11. तहमीना दुर्रानी—'माई फ्यूडल लॉर्ड', पृष्ठ 185
12. शाहिद जावेद बुर्की—'पाकिस्तान अंडर भुट्टो, 1971-77', मैकमिलन, 1980, पृष्ठ 2
13. 'डॉन', 9 अप्रैल, 1977; जनरल के.एम. आरिफ—'वर्किंग विद जिया', ऑक्सफोर्ड यूनिवर्सिटी प्रेस, कराची, पृष्ठ 67
14. लेफ्टिनेंट जनरल (सेवानिवृत्त) फियाज अली चिश्ती—'बिट्रेयल ऑफ एनदर काइंड', ट्राइकलर बुक्स, दिल्ली, 1989, पृष्ठ 47
15. जनरल के.एम. आरिफ—'वर्किंग विद जिया', पृष्ठ 69
16. वही, पृष्ठ 77
17. तहमीना दुर्रानी—'माई फ्यूडल लॉर्ड', उन्होंने इस प्रकरण का वर्णन अपनी पुस्तक में विस्तार से किया है।
18. तारिक़ अली—'कैन पाकिस्तान सरवाइव ?' पेंगुइन बुक्स, 1983
19. जनरल के.एम. आरिफ—'वर्किंग विद जिया', पृष्ठ 183 और जुल्फिकार अली भुट्टो, 'इफ आई एम असेसिनेटेड', विकास पब्लिशिंग हाउस, दिल्ली, 1979, पृष्ठ 195
20. जुल्फिकार अली भुट्टो—'इफ आई एम एसेसिनेटेड'
21. जनरल के.एम. आरिफ, 'वर्किंग विद जिया', अध्याय 7। न्यायिक निर्णय का प्रभावी अनुच्छेद कहता है—'मैं जुल्फिकार अली भुट्टो मियाँ मुहम्मद अब्बास तथा गुलाम मुस्तफा को मौत की सजा देता हूँ। मैं अरशद इकबाल तथा राणा इफ्तिखार अहमद को भी मौत की सजा सुनाता हूँ। इन पाँचों दोषियों को मृत्यु होने तक फाँसी पर लटकाया जाएगा।'
22. लेफ्टिनेंट जनरल (सेवानिवृत्त) फियाज अली चिश्ती—'बिट्रेयल ऑफ एनदर काइंड', ट्राइकलर बुक्स, दिल्ली, 1989, पृष्ठ 80-81
23. ब्रिगेडियर ए.आई. तिरमाजी—'प्रोफाइल्स ऑफ इंटेलिजेंस', कंबाइंड प्रिंटर्स
24. जनरल के.एम. आरिफ—'वर्किंग विद जिया', अध्याय 8
25. तहमीना दुर्रानी—'माई फ्यूडल लॉर्ड', स्टर्लिंग पब्लिशर्स, नई दिल्ली, 1991, पृष्ठ 120-22
26. लेफ्टिनेंट जनरल (सेवानिवृत्त) फियाज अली चिश्ती—'बिट्रेयल ऑफ एनदर काइंड', पृष्ठ 90-91
27. तहमीना दुर्रानी—'माई फ्यूडल लॉर्ड', पृष्ठ 120-22
28. दिलीप मुखर्जी—'जुल्फिकार अली भुट्टो : क्वेस्ट फॉर पावर', पृष्ठ 110-11
29. 'रेडिएंस', दिल्ली, 7 अगस्त, 1977
30. 'फ्रंटियर पोस्ट', पाकिस्तान, 6 अप्रैल, 2000

□

5

बँगलादेश का निर्माण

बिना शरीर के दो पंख

सन् 1947 में पाकिस्तान का निर्माण कृत्रिम था, जिसके दो भागों के बीच में 1400 वर्ग किलोमीटर का विशाल भारतीय भूभाग था—यानी पक्षी के शरीर के बिना उसके सिर्फ दो पंख थे। मुसलिम लीग जिन्ना की जेब में थी। वह उसके लगभग आजीवन अध्यक्ष रहे, जो लोकतांत्रिक दल-प्रणाली में असामान्य बात है। भारतीय राष्ट्रीय कांग्रेस के नेता और सामान्य स्वयंसेवक 'स्वराज' के लिए आंदोलन करते हुए जेल गए और असंख्य फर्जी आपराधिक मुकदमों का सामना किया। अदालत में स्वतंत्रता सेनानियों से निपटने के लिए भारतीय दंड संहिता में धारा 120 बी को जोड़ा गया। भारतीय साक्ष्य संहिता की धारा 10 को षड्यंत्र का दोष सिद्ध करने के लिए इस्तेमाल किया गया। मुसलिम लीग नेताओं ने कभी कोई आंदोलन नहीं किया या किसी सांकेतिक संघर्ष के लिए भी जेल नहीं गए। नेहरू 3262 दिनों तक जेल में रहे। जिन्ना ने स्वतंत्रता-प्राप्ति के लिए कांग्रेस के सभी प्रस्तावों को अस्वीकार करने संबंधी पत्र लिखने के लिए अपने स्टेनो तथा एक टाइपराइटर का प्रयोग करके पाकिस्तान प्राप्त किया। परिणामस्वरूप सन् 1948 में जिन्ना तथा 1951 में लियाकत अली खान की मृत्यु के बाद पाकिस्तान में नेतृत्व का संकट उत्पन्न हो गया।

पूर्वी बंगाल, जो बाद में पूर्वी पाकिस्तान बना, में राजनीतिक जागरूकता थी। फजलुल हक वहाँ के किसानों के मसीहा थे। उनका 'कृषक दल' बहुत ही

महत्त्वपूर्ण था। इतिहास के घटनाक्रम ने उन्हें मुसलिम लीग में ला दिया। प्यार से 'बंगाल का शेर' कहे जानेवाले फजलुल ने सन् 1940 में लाहौर में मुसलिम लीग प्रस्ताव रखा। जब हक ने हॉल में प्रवेश किया तो जिन्ना भाषण दे रहे थे। सबने खड़े होकर फजलुल का स्वागत किया। जिन्ना ने अपना भाषण रोक दिया और कहा कि जब शेर आता है तो मेमने को पीछे हट जाना चाहिए। फजलुल हक का स्वागत तालियों की गड़गड़ाहट के साथ किया गया।

वही फजलुल हक जब पूर्वी पाकिस्तान के मुख्यमंत्री के रूप में कलकत्ता आए तो उन्होंने कहा कि वह 'पाकिस्तान' तथा 'हिंदुस्तान' जैसे शब्दों से बहुत परिचित नहीं हैं। उनके लिए दोनों 'हिंदुस्तान' हैं। संभवतः फजलुल हक कभी भी द्विराष्ट्र के सिद्धांत में विश्वास नहीं रखते थे। लाहौर प्रस्ताव को रखते समय वह दिशाभ्रष्ट हो गए थे।

अन्य प्रमुख लोकप्रिय बंगाली नेता, जैसे—नजीमुद्दीन और सुहरावर्दी ने अयूब के शासन के दौरान सन् 1962 के पाकिस्तान पार्टीज एक्ट के तहत अयोग्य प्रमाणित हो जाने से पहले ही राजनीति से बाहर जाना उचित समझा। इस एक्ट को हाल ही में जनरल मुशर्रफ द्वारा संशोधित किया गया है, ताकि अदालती दोष-सिद्धि की दशा में पार्टी में किसी भी पद पर आसीन राजनेताओं को बाहर किया जा सके।

बंगाली मनोवृत्ति

सन् 1948 में पूर्वी पाकिस्तान की अपनी पहली तथा अंतिम यात्रा के दौरान जिन्ना ने ढाका विश्वविद्यालय के छात्रों को संबोधित करते हुए उर्दू को राजभाषा घोषित किया। वहाँ के विद्यार्थियों ने इसका जमकर विरोध किया। जिन्ना स्वयं भी उर्दू नहीं जानते थे। उनके सार्वजनिक भाषण हमेशा अंग्रेजी में होते थे। पूर्वी पाकिस्तान के नेता कभी भी बंगाली उप-राष्ट्रवाद के संस्कारों तथा उनकी मनोवृत्ति को नहीं समझ पाए।

पश्चिमी पाकिस्तानी, जो अधिकतर पंजाबी थे, बंगालियों का मजाक उड़ाते थे; उन्हें गैर-सैनिक तथा निकृष्ट मनुष्य मानते थे। वे बंगालियों की सांस्कृतिक पृष्ठभूमि की प्रशंसा नहीं करते थे। कई बंगाली जन्मजात कवि होते हैं। वे कविताएँ पढ़ना पसंद करते हैं और टैगोर-नजरुल परंपरा पर आधारित बंगाली गीत गाते हैं। कई छोटी-बड़ी नदियों व हरियालीवाली बंगाल की जलवायु लोगों को स्वतः ही कवि बना देती है। उनपर एकमात्र राष्ट्रीय भाषा के रूप में उर्दू को कैसे थोपा जा

सकता था! उन्होंने विद्रोह कर दिया, जिसके फलस्वरूप उर्दू थोपने के विरुद्ध आंदोलनरत कुछ छात्र 21 फरवरी, 1952 को गोलीबारी में मारे गए और घायल हुए। ढाका में वहाँ एक शहीद मीनार बनवाई गई। उस दिन को वहाँ 'शहीद दिवस' के रूप में मनाया जाता है। इस घटना के बाद वापस लौटने का प्रश्न ही नहीं उठता था। उन्हें एहसास हो गया कि अपने अधिकारों के लिए उन्हें लड़ना होगा।

पूर्वी पाकिस्तान ने महसूस किया कि पश्चिमी पाकिस्तान उसके साथ उपनिवेश जैसा व्यवहार कर रहा है। जूट उद्योग से अच्छी-खासी विदेशी मुद्रा प्राप्त होती थी, जिसका उपयोग पश्चिमी पाकिस्तान के विकास के लिए किया जाता था। सन् 1958 में अयूब के तख्तापलट के बाद लोकतंत्र वहाँ कहीं दूर-दूर तक नहीं था। एक बार इसकंदर मिर्जा को पूर्वी पाकिस्तान का गवर्नर बना दिया गया। इससे पहले मिर्जा ने सामंती कबीला प्रमुखों को क्रूरतापूर्वक कुचला था। उन्हें 'जमाल गट्टा' के नाम से जाना जाने लगा। यह एक देसी दस्तावर था, जिसे वह पठान कबीला प्रमुखों को परोसे गए भोजन में मिलाया करते थे।

रोजगार के क्षेत्र में भेदभाव अत्यधिक स्पष्ट था। सेना सहित सभी सेवाओं में उनके साथ भेदभाव किया जाता था। उनके राजनेताओं, जैसे—नजीमुद्दीन, जो लियाकत अली खान की मृत्यु के बाद प्रधानमंत्री बने, के साथ नवनियुक्त गवर्नर जनरल गुलाम मुहम्मद बहुत बुरा बरताव करते थे। गुलाम मुहम्मद इंडियन ऑडिट एंड एकाउंट्स सर्विस के एक अधिकारी थे। जनरल अयूब द्वारा सन् 1962 के पॉलिटिकल पार्टीज एक्ट को लागू किए जाने के बाद नजीमुद्दीन ने राजनीति से बाहर जाना उचित समझा।

पाकिस्तान के निर्माण के तुरंत बाद पूर्वी बंगालियों ने महसूस किया कि पंजाब के प्रभुत्ववाला पश्चिमी पाकिस्तान कभी भी लोकतंत्र का स्वागत नहीं करेगा, क्योंकि बहुमत पूर्वी पाकिस्तान में था। सन् 1971 तक संविधान निर्माण प्रक्रिया में पूर्वी बंगाल के बहुमत को अल्पमत में बदलने के लिए बहुत सारे तिकड़म और षड्यंत्र किए गए। ऐसा नेशनल असेंबली (निम्न सदन) में बराबरी की प्रणाली तथा संयुक्त सदन में पश्चिमी पाकिस्तान का बहुमत सुनिश्चित करने के लिए किया गया।

> 'यह पाकिस्तान का द्विविभाजन था, जो पाकिस्तान के विखंडन के बिना सुलझाया नहीं जा सकता था। इस परिस्थिति में बँगलादेश की स्वतंत्रता के लिए भारतीय सहयोग के साथ या बिना विखंडन के अपरिहार्य था।'[1]

बंगालियों ने बहुसंख्यकों के शासन का सही मुद्दा उठाया। मुजीबुर रहमान पूर्वी पाकिस्तान के एक छात्र नेता के रूप में उभर रहे थे। उन्होंने अपने छह सूत्रीय कार्यक्रम में बंगालियों की आकांक्षाओं को अभिव्यक्त किया। यह पूर्वी बंगाल के लिए अधिक शक्ति प्राप्त करने हेतु उनकी सौदेबाजी का माध्यम था। उनकी उच्च स्थिति पाकिस्तान के विखंडन के संकेतक के रूप में देखी जा रही थी। सन् 1970 के चुनाव में जब उन्हें पाकिस्तान की नेशनल असेंबली में बहुमत प्राप्त हुआ, तब लोकतांत्रिक नियमों के अनुसार उन्हें सरकार बनाने के लिए आमंत्रित किया जाना चाहिए था। अगर ऐसा होता तब यह तय था कि प्रधानमंत्री बनने के बाद मुजीब पूर्वी पाकिस्तान की स्वतंत्रता के संबंध में संभवतः विचार भी न करते। भुट्टो पाकिस्तान का प्रधानमंत्री आजीवन नहीं बने रह सकते थे; क्योंकि बहुमत और पश्चिमी पाकिस्तान की अन्य पार्टियों के सहयोग से बंगाल लंबी अवधि तक पाकिस्तान पर शासन कर सकता था। लरकाना में एक बैठक में भुट्टो ने याहया खान को इसलामाबाद में सरकार बनाने के लिए मुजीब को आमंत्रित न किए जाने के लिए मना लिया। इसकी बजाय मुजीब को पहले अपने छह सूत्रीय कार्यक्रम को छोड़ने के लिए कहा गया। यह करना मुजीब के लिए राजनीतिक दृष्टि से असंभव था।[2]

पूर्वी बंगाल के लोग, विशेषकर युवा पीढ़ी ने खुद को पश्चिमी पाकिस्तान से छला गया महसूस किया। भुट्टो और याहया जानते थे कि मुजीब उनके प्रस्ताव के अनुसार नहीं चलेंगे। निश्चित रूप से, जैसा बाद में प्रमाणित हुआ, भुट्टो पूर्वी पाकिस्तान को पश्चिमी पाकिस्तान से अलग करने की तैयारी कर रहे थे। उन्होंने एक सिद्धांत रखा—'इधर हम, उधर तुम।' उन्होंने कुछ अर्थशास्त्रियों से अलगाव की आर्थिक व्यावहारिकता पर काम करने के लिए कहा। उन्होंने पाकिस्तान स्टेट बैंक के गवर्नर दुर्रानी को वित्तीय परिसंपत्तियों को गुप्त रूप से पूर्वी बंगाल से पश्चिमी पाकिस्तान में लाने को कहा। किसी प्रकार के राजनीतिक अनुभव तथा परिपक्वता से रहित याहया खान भुट्टो के इशारे पर नाचते रहे। भुट्टो ने कहा, 'पाकिस्तान को एक देश में दो बहुसंख्यक दलों को और यहाँ तक कि दो प्रधानमंत्रियों को स्वीकार करना पड़ सकता है।'[3]

याहया खान दिन-रात व्हिस्की पीने के लिए कुख्यात था। सन् 1969 में राष्ट्रपति के रूप में टेलीविजन पर अपना पहला भाषण देते हुए उन्होंने सबकी उपस्थिति में शराब की माँग की। जब 16 दिसंबर, 1971 को पूर्वी पाकिस्तान अलग हो गया तो पश्चिमी पाकिस्तान के वफादार एक बंगाली नेता नूरुल अमीन ने

उनपर उस समय शराब में धुत रहने का आरोप लगाया जब देश दो भागों में बँट रहा था। उन्होंने कहा, 'याहया पीते रहे, जबकि पूर्वी पाकिस्तान अव्यवस्था के समुद्र में डूब रहा था।'

मार्च 1971 में ढाका में मुजीब तथा उनकी टीम से विचार-विमर्श करने का दिखावा करते हुए याहया खान वास्तव में बंगालियों पर एक सैन्य आक्रमण की तैयारी कर रहे थे। यह पाकिस्तान में सेना द्वारा अपनाया जानेवाला एकमात्र तरीका है। एक सैन्य जनरल आक्रमण के अलावा किसी अन्य विकल्प के बारे में सोचने में अक्षम होता है। इसके लिए सेना को पर्याप्त प्रशिक्षण प्राप्त था। ऐसी आकस्मिक योजनाएँ जी.एच.क्यू. (रावलपिंडी) में हमेशा उपलब्ध रहती थीं। केवल बटन दबाने की जरूरत होती थी। भुट्टो याहया से यही चाहते थे।

प्रत्येक वर्ष 23 मार्च को 'पाकिस्तान दिवस' मनाया जाता है। सन् 1940 में इस दिन मुसलिम लीग ने लाहौर में पाकिस्तान प्रस्ताव अंगीकृत किया था। 23 मार्च, 1971 को पूर्वी पाकिस्तान में पाकिस्तान के झंडे को जलाकर पाकिस्तान दिवस मनाया गया (डेनिस कुक्स, 'एसट्रेंज्ड डेमोक्रेसीज')। बंगालियों ने इसे 'विरोध दिवस' के रूप में मनाया।

आक्रमण—आतंक तथा दमन की पराकाष्ठा

25 मार्च, 1971 की रात को बिहारियों तथा रजाकारों की सहायता से सेना ने बंगालियों पर निर्दयता से आक्रमण किया। पाकिस्तानी सैनिकों ने ढाका विश्वविद्यालय में भारी गोलीबारी की और शहीद मीनार को ध्वस्त कर डाला। ढाका के लिए वह आतंक की रात थी। लोग चीख रहे थे। पूरा ढाका शहर जल रहा था। भुट्टो ढाका की स्थिति देखने के लिए विशेष रूप से वहाँ गए और वहाँ के 'इंटरकॉण्टिनेंटल होटल' में ठहरे थे। अगले दिन उन्होंने कराची में कहा, 'खुदा का शुक्र है कि पाकिस्तान को बचा लिया गया।' उन्होंने बंगालियों को सबक सिखानेवाले इस आक्रमण के लिए ढाका में जनरल टिक्का खान को शाबाशी दी। इस क्रूरता के कारण जनरल टिक्का खान को 'बंगाल के कसाई' के रूप में जाना जाने लगा।*

---

* एंथोनी मसकेरनहस ने अपनी पुस्तक 'द रेप ऑफ बँगलादेश' (विकास पब्लिकेशंस, 1971 में भारत तथा लंदन से प्रकाशित) में बँगलादेश में पाकिस्तान की क्रूरताओं का जीवंत वर्णन किया है। इस अध्याय में इस पुस्तक से विस्तृत रूप से सामग्री ली गई है। इस अध्याय के लिए एक अन्य महत्त्वपूर्ण सूत्र पुस्तक है एक बँगलादेशी गृहस्थ महिला जहाँआरा इमाम की पुस्तक 'ऑफ ब्लड एंड फायर'।

25-26 मार्च की रात को पाकिस्तानी सेना के आक्रमण की पहली आधिकारिक पुष्टि भारतीय सेना को तब प्राप्त हुई जब पाकिस्तानी सेना का एक गैर-कमीशंड अधिकारी तीस अन्य सैनिकों के साथ त्रिपुरा (भारत) में बेलोनिया के निकट भारतीय सीमा निगरानी चौकी से गुजरा। उन्होंने यह संदेश दिया कि पाकिस्तानी सेना के बंगाली सैनिकों ने विद्रोह कर दिया है, और विशेषकर चिटागोंग क्षेत्र में जमकर मुठभेड़ हो रही है।

26 मार्च को पाकिस्तानी सेना के मेजर जिया-उर-रहमान ने चिटागोंग रेडियो से बँगलादेश की अस्थायी सरकार के निर्माण की घोषणा की। रहमान ईस्ट बंगाल रेजीमेंट (ई.बी.आर.) से थे। एक कड़े संघर्ष के बाद उनके नेतृत्व में चिटागोंग के रेजीमेंटल सेंटर पर हमला किया गया। ई.बी.आर. ने अपने ही कमांडिंग ऑफिसर को मार डाला और पहाड़ियों की ओर चले गए। ई.बी.आर. और ई.पी.आर. के साथ जिया-उर-रहमान ने बीस बलूचों पर आक्रमण किया तथा चिटागोंग शहर पर कब्जा कर लिया। पाकिस्तानी सेना ने यह कब्जा तोड़ दिया; क्योंकि ई.बी.आर. और ई.पी.आर. ने बंदरगाह की सुरक्षा नहीं की थी। इस घटना के बाद मेजर जिया-उर-रहमान ने भारत में प्रवेश किया। ई.बी.आर. और ई.पी.आर. के कई बंगाली सैनिकों ने भारतीय राज्य मेघालय के तूरा नामक स्थान में शरण ली।[4]

जनरल याहया संभावित भारतीय प्रतिक्रिया के बारे में जानते थे, क्योंकि लगभग एक करोड़ शरणार्थी भारत में आ चुके थे। एक वर्ष में शरणार्थियों पर होनेवाला खर्च 70 करोड़ डॉलर बताया गया, जो भारत के रक्षा बजट का लगभग आधा था। भारत के हस्तक्षेप से बचने के लिए याहया ने एक विदेशी संवाददाता से कहा कि 'यदि भारत पाकिस्तान पर एक युद्ध थोपता है तो पाकिस्तान अकेला नहीं रहेगा।'

बँगलादेश के स्वतंत्रता-संघर्ष की अनकही कहानी, जो बहुत लोगों को पता नहीं है, के बारे में एक साहसी महिला जहाँआरा इमाम ने अपनी पुस्तक 'ऑफ ब्लड एंड फायर' में लिखा है कि 25 मार्च, 1971 से पहले 'मुक्ति वाहिनी' नाम का कोई दल नहीं था। बँगलादेश में पंजाबी प्रभुत्ववाली पाकिस्तानी सेना के खिलाफ प्रतिरोध का लंबा युद्ध लड़ने के लिए पहले से कोई तैयारी नहीं थी। पाकिस्तान में बलूच या सिंध रेजीमेंट केवल नाम के लिए थे। इन रेजीमेंटों में शायद ही कोई बलूची या सिंधी था। पंजाबियों के प्रभुत्ववाले इन रेजीमेंटों को बंगालियों के दमन के लिए इस्तेमाल किया जाता था, ताकि बलूचियों को बदनाम किया जा सके।

25-26 मार्च, 1971 की रात को पाकिस्तानी सेना ने याहया खान के आदेश के अनुसार निहत्थे बंगालियों पर आक्रमण कर दिया। क्रूरता के इस बीभत्स कार्य के लिए इतिहास पाकिस्तानियों को कभी माफ नहीं करेगा। अंधाधुंध हत्याएँ, आगजनी, लूटपाट और निर्दोष महिलाओं का बलात्कार किया जा रहा था। इसमें उनका धर्म इसलाम कहीं पीछे रह गया। जहाँआरा इमाम ने प्रतिदिन जो भी देखा-सुना, उसे लिखा। वह पाकिस्तानी सेना के इन सब अमानवीय और आपराधिक कृत्यों की प्रत्यक्ष गवाह थीं। यह सन् 1947 में कश्मीर के कबाइली-सैन्य आक्रमण की तरह था। कश्मीर में किसी को नहीं छोड़ा गया था। यहाँ तक कि बारामूला की ननों का भी यौन उत्पीड़न किया गया था।

पाकिस्तानी सेना की इस घिनौनी हरकत के साथ बँगलादेश में उनके अपने लोगों के खिलाफ उनसे और क्या आशा की जा सकती थी। अल्पसंख्यक पश्चिमी पाकिस्तान ने बहुसंख्यक पूर्वी पाकिस्तान को तहस-नहस कर दिया। वह एक सुनियोजित आक्रमण था। मुजीब को निरर्थक बातचीत में उलझाए रखा गया था, ताकि पश्चिमी पाकिस्तान से सेना को वहाँ लाने का समय मिल सके। इस योजना का पर्दाफाश न हो, इसलिए अधिकतर सैनिक सादी वरदी में पाकिस्तान के नागरिक विमान में आए। बातचीत की अवधि के दौरान लोग चिंतित थे, क्योंकि निर्वाचित बहुसंख्यक नेता को केंद्रीय सरकार बनाने के लिए आमंत्रित नहीं किया गया था। इस मुद्दे को उभारने के लिए पूर्वी पाकिस्तान के युवाओं ने इसके विरोध में बैठकें कीं, याहया-विरोधी नारे लगाते हुए जुलूस निकाले और फिर 'जय बँगला' नारा ईजाद किया गया, जिसने जन-समुदाय को उद्वेलित कर दिया। पाकिस्तान के झंडे और जिन्ना के पोट्रेट जलाए गए। द्विराष्ट्र के सिद्धांत के आधार पर पाकिस्तान का निर्माण करनेवाले जिन्ना सोवियत संघ के विघटन के बाद लेनिन तथा स्टालिन की तरह लगने लगे थे। अब फिर वही हो रहा है, जो एक मुहाजिर नेता अल्ताफ हुसैन ने सिंध, बलूचिस्तान और सीमा प्रांत के नेताओं के साथ सितंबर 2000 में लंदन में घोषित किया कि जिन्ना ने अपने उन्मादी विचारों द्वारा उपमहाद्वीप का विभाजन करके एक भयंकर भूल की।

7 मार्च, 1971 को ढाका के प्रसिद्ध रेसकोर्स मैदान में एक विशाल विरोध रैली निकाली गई। मुजीब ने अहिंसापूर्ण विरोध की सलाह दी। भीषण जनसंहार से पहले भी बंगालियों की हत्याएँ की गई थीं। रास्ता अवरुद्ध करते समय एक छात्र फारूख इकबाल को मार डाला गया। बंगाली जानते थे कि सेना उन्हें शांति से नहीं रहने देगी। इसलिए सेना की गतिविधि से बचने के लिए सड़कों तथा गलियों में

अवरोधक खड़े किए गए थे।

6 मार्च, 1971 को दोपहर साढ़े बारह बजे राष्ट्रपति याहया खान ने राष्ट्र को संबोधित किया। 1 मार्च के उनके पिछले संबोधन ने एक विक्षोभ उत्पन्न कर दिया था। याहया अपमानजनक भाषा का इस्तेमाल करते थे, जो संवेदनशील बंगाली लोगों को चोट पहुँचाती थी। उन्होंने 25 मार्च को नेशनल असेंबली की बैठक बुलाने का झूठा वादा किया। वास्तव में वह दिन आक्रमण के लिए तय किया गया था। इस अवधि के दौरान मुजीब को 'बंगबंधु' की उपाधि मिली। जनरल टिक्का खान गवर्नर का पद सँभालने के लिए 7 मार्च को ढाका पहुँच गए। उन्हें पद की शपथ दिलाने के लिए कोई जज उपलब्ध नहीं था। उसी दिन कुछ देर के लिए स्थानीय रेडियो ने अपना कार्यक्रम टैगोर के गीत 'ओ मेरे स्वर्णिम बंगाल, मैं तुझे प्यार करता हूँ' से शुरू किया। उसके बाद रेडियो बंद हो गया। एक सप्ताह में दो-दो गवर्नर—एडमिरल एस.एम. अहसान और लेफ्टिनेंट जनरल शाबजादा याकूब खान बदले गए। वे बंगाल की तबाही की किसी योजना से सहमत नहीं थे। वे राजनीतिक निपटारा, यानी मुजीब को सरकार बनाने के लिए बुलाए जाने के हक में थे। रामपुर (भारत) के शाही परिवार से ताल्लुक रखनेवाले सभ्य और शिष्ट याकूब खान एक कसाई की तरह काररवाई नहीं कर सकते थे। पश्चिमी पाकिस्तान लौटने पर उन्हें सेना के रोष का सामना करना पड़ा।

बंगाल के लोगों और नेताओं ने खुद को छला हुआ और अपमानित महसूस किया। याहया 15 मार्च को ढाका पहुँचे और चीफ ऑफ आर्मी स्टाफ जनरल अब्दुल हमीद, प्रिंसिपल स्टाफ ऑफिसर जनरल पीरजादा, मेजर जनरल उमर तथा छह ब्रिगेडियरों को अपने साथ लाए। लोग जानते थे कि क्या होने वाला है। एक राजनीतिक मुद्‌दे के हल के लिए उच्च स्तरीय सैन्य अधिकारियों को लाने की कोई आवश्यकता नहीं थी। अपने बारह समर्थकों के साथ भुट्‌टो के वहाँ आने के एक दिन बाद टेलीविजन पर बंगाली देशभक्ति गीतों का प्रसारण हुआ। इससे पहले भुट्‌टो ने पश्चिमी पाकिस्तान के नेशनल असेंबली सदस्यों से कहा था कि वे ढाका में 25 मार्च को असेंबली के सत्र में शामिल न हों, वरना उनके हाथ-पैर तोड़ डाले जाएँगे। याहया के इरादे को दृढ़ करने के लिए भुट्‌टो ने उनके साथ लंबी बैठक की। ऐसा लगने लगा था कि निकट भविष्य में कुछ असामान्य घटने वाला है। इस बीच बिहारी-बंगाली संघर्ष होने लगे। बिहारियों ने पश्चिमी पाकिस्तान का साथ दिया। 21 मार्च को छात्रों ने 'पीपुल्स आर्मी' का गठन किया और एक मार्च पास्ट आयोजित किया, जिसे लोगों का समर्थन मिला।

23 मार्च (पाकिस्तान दिवस) को 'विरोध दिवस' के रूप में मनाने की घोषणा की गई। 'जय बँगला' झंडों के साथ काले झंडे फहराए गए। छह सूत्रीय कार्यक्रम गायब हो गया। अब स्वतंत्रता ही एकमात्र कार्यक्रम था। ढाका के विदेशी संस्थानों की छतों पर भी बँगलादेशी झंडे लहरा रहे थे। जब भारवाहकों ने सैनिकों के लिए आए हथियारों तथा गोला-बारूद के माल को उतारने से इनकार किया तो उनपर गोलियाँ चलाई गईं। याहया खान ने 25 मार्च, 1971 को चुपचाप ढाका छोड़ दिया।

25-26 मार्च, 1971 की रात को सभी सीमाएँ टूट गईं। ढाका के लोगों ने भारी बंदूकों, गोलियों की आवाजें सुनीं; काले आसमान में रोशनी की किरणें देखीं। विश्वविद्यालय की ओर से जोर-जोर की आवाजें आ रही थीं। उस रात आतंक तथा भय से ढाका के लोग सोए नहीं।

अगले दिन हर किसी के चेहरे पर आतंक था। सुबह नौ बजे रेडियो पर एक रूखी आवाज ने कर्फ्यू तथा मार्शल लॉ लागू करने की घोषणा की। जल्द ही सूचना मिली कि गत रात ढाका विश्वविद्यालय के प्रसिद्ध हॉलों में अंधाधुंध गोलीबारी की गई थी। आस-पास किसी पक्षी का नामोनिशान न था, न चहचहाहट सुनाई दे रही थी। बिजली नहीं थी। जहाँआरा का पालतू कुत्ता उस रात मर गया; क्योंकि बंदूकों की भयंकर आवाजें उसके लिए असहनीय हो गई थीं।

27 मार्च को कर्फ्यू में छूट मिलने पर लोग तबाही का मंजर देखने के लिए घरों से बाहर आए। पाकिस्तानी सेना ने शहीद मीनार को धूल में मिला दिया था। प्रमुख प्रोफेसरों, जैसे—मोनीरुज्जमान तथा ज्योतिर्मय पर पाकिस्तानी सैनिकों द्वारा आक्रमण किया गया। यह अनोखी बात थी कि बंगाली पुलिसकर्मियों ने भी सेना के आक्रमण का कड़ा प्रतिरोध किया। लोगों ने प्रो. जी.सी. देव, डॉ. आई.आर. खान तथा डॉ. ए. मुक्तादिर की क्रूर हत्या की खबर सुनी। कई बंगाली पुलिसकर्मियों ने पाकिस्तानी सैनिकों के साथ लड़ते हुए अपनी जानें गँवा दीं। कई पीछे हट गए। पाकिस्तानी सेना ने नौसेना कमांडर मुअज्जम, जिन्हें कुख्यात अगरतला षड्यंत्र मामले में फँसाया गया था, की हत्या कर दी। उन्हें उनके घर से खींचकर बाहर निकाला गया और रोती-बिलखती उनकी पत्नी के सामने ही उन्हें मार डाला गया।

25 मार्च को शेख मुजीबुर रहमान को गिरफ्तार कर लिया गया और तुरंत पश्चिमी पाकिस्तान भेज दिया गया। अन्य नेता भूमिगत हो गए। ढाका के एक हिंदू मंदिर रमन्ना कालीबाड़ी को नष्ट कर दिया गया। संकट के इस समय में जनरल टिक्का खान की सरकार के इस आदेश कि सभी दुकानों पर केवल उर्दू

नामपट्टियाँ होनी चाहिए, ने बंगालियों की भावनाओं को चोट पहुँचाई। हजारों युवाओं को पकड़कर, उनकी आँखों पर पट्टी बाँधकर अज्ञात स्थानों पर भेज दिया गया। 3 अप्रैल को गंगा पर गोले बरसाए गए, क्योंकि ढाका के लोगों ने वहाँ शरण ले रखी थी।

घटनाओं में मोड़ तब आया जब अप्रैल के पहले सप्ताह में लोगों ने बंगाली अधिकारियों, ईस्ट बंगाल रेजीमेंट, ईस्ट बंगाल राइफल्स तथा पुलिसकर्मियों द्वारा लड़ी जा रही लड़ाइयों के बारे में सुना। इस प्रकार 'मुक्ति वाहिनी' का केंद्र तैयार हुआ। उत्साही युवा कई स्थानों, विशेषकर ढाका से, प्रतिरोध की तैयारी के लिए सीमाओं पर आए। बंगाली लोगों ने पीछे हाथ बँधे हुए लोगों की लाशों को नदियों में उतराते देखा। उन सभी को गोली मार दी गई थी। पाकिस्तानी सेना की क्रूरता की कहानियाँ जंगल की आग की तरह चारों ओर फैल गईं।

14 अप्रैल को बंगालियों को यह जानकर बहुत आश्चर्य हुआ कि चीन ने पाकिस्तान को समर्थन देने की घोषणा की है। भारत पर सन् 1962 के आक्रमण के कर्ता-धर्ता चाउ-एन-लाई ने बंगालियों के दमन को समर्थन देना उचित समझा। उन्होंने कहा, 'चीन सरकार पाकिस्तान की प्रभुसत्ता सुरक्षित करने के लिए उसके संघर्ष में उसका साथ देगी।' उस समय भारत इस दृश्य में कहीं नहीं था। तत्कालीन भारतीय प्रधानमंत्री श्रीमती इंदिरा गांधी ने इसे 'पाकिस्तान की अपने ही नागरिकों के खिलाफ लड़ाई' का नाम दिया। पूर्वी बंगाल के लोगों ने संवेदनशून्य चीनी रुख से खुद को छला हुआ महसूस किया।

बैसाख का पहला दिन पूर्वी पाकिस्तान में हमेशा राष्ट्रीय अवकाश का दिन रहता था। सैन्य सरकार ने उस अवकाश को रद्द कर दिया। बंगाल में बैसाखी हिंदुओं तथा मुसलमानों का सामान्य त्योहार है। पश्चिमी पाकिस्तानी, जो सामान्य विरासत की किसी भावना से शून्य थे, को यह एहसास नहीं था कि बंगाली अपनी सामान्य संस्कृति तथा विरासत पर गर्व करते हैं। लोग रेडियो बँगलादेश सुनना शुरू करने लगे, जो अपने कार्यक्रम को शहनाज बेगम की 'जय बँगला' की प्रसिद्ध प्रस्तुति के साथ आरंभ और समाप्त करता था। 'सदिन बँगला बेटार' द्वारा हत्याओं तथा क्रूरताओं की सभी सूचनाएँ प्रसारित की जाती थीं।

जहाँआरा इमाम ने कर्फ्यू में ढीलवाले समय में ढाका में विभिन्न स्थलों का दौरा किया। अपनी पुस्तक 'ऑफ ब्लड एंड फायर : द अनटोल्ड स्टोरी ऑफ बँगलादेश वार ऑफ इंडिपेंडेंस' में उन्होंने बँगलादेशियों पर पाकिस्तानी सैनिकों की क्रूरताओं का विस्तृत वर्णन किया है। उन्होंने पाया कि शकरीपट्टी नामक एक

हिंदू मुहल्ले को निशाना बनाया गया था। तोप के गोलों से घर ढह गए थे। हिंदुओं से बलपूर्वक खाली कराया गया यह क्षेत्र तुरंत बिहारियों को दे दिया गया। इंदिरा गांधी स्वाभाविक रूप से पूर्वी पाकिस्तान से आनेवाले शरणार्थियों, आरंभिक चरण में अधिकतर हिंदू शरणार्थियों, के अंत:प्रवाह से चिंतित थीं। उन्होंने बी.बी.सी. के संवाददाता से कहा, 'इन लोगों को यहाँ रखने का हमारा कोई इरादा नहीं है। इससे कोई फर्क नहीं पड़ता कि ये किस धर्म के हैं। मैं इस बारे में बिलकुल स्पष्ट राय रखती हूँ।'[5] इसकी प्रतिक्रिया में याहया खान ने 'ली फिगेरो' के एक संवाददाता से कहा कि यदि इंदिरा गांधी से उनका आमना-सामना हुआ तो वह कहेंगे, 'चुप रहो, मुझे अकेला छोड़ दो और मेरे शरणार्थियों को वापस आने दो।'

जहाँआरा के पुत्र रूमी ने लिबरेशन आर्मी में शामिल होने के लिए उसकी अनुमति माँगी। इसके लिए उसने अमेरिका में अपनी पढ़ाई का त्याग कर दिया, जहाँ उसे दाखिला मिल गया था। 'सोनार बँगला' (स्वर्णिम बंगाल) के लिए बलिदान करने का जोश पूर्वी बंगाल के युवाओं के दिमाग पर छा रहा था।

कई स्थानों पर बदले की भावना से बिहारियों तथा बंगालियों की हत्याएँ हुईं। 17 अप्रैल को बँगलादेश सरकार का गठन किया गया, जिसका पहला प्रधानमंत्री ताजुद्दीन को बनाया गया। 18 अप्रैल को कलकत्ता में पाकिस्तान के उप उच्चायुक्त हुसैन अली ने अपने पूरे स्टाफ के साथ बँगलादेश के प्रति अपनी निष्ठा घोषित की। पाकिस्तान सरकार ने बदले की काररवाई करते हुए ढाका में भारतीय दूतावास को बंद करने का आदेश दिया। 6 अप्रैल को दिल्ली स्थित पाकिस्तानी उच्चायोग के दो बंगाली अधिकारियों ने बँगलादेश सरकार के प्रति अपनी निष्ठा जताई।

अता भाई ने जहाँआरा इमाम से कहा—

> '...उसके (पाकिस्तान के) दिन गिनती के हैं। इसलाम के नाम पर वहाँ के लोग जो भी गलत कार्य कर रहे हैं, उसके लिए खुदा उन्हें सजा जरूर देगा। उन्होंने मसजिदों में पवित्र कुरान पढ़ रहे मौलवियों तक की हत्या की। उन्होंने खुदा के घर में हत्या की है। उन्होंने माँओं के सामने उनके छोटे बच्चों को मार डाला। उन्होंने बेटों के सामने उनकी माँओं का बलात्कार किया। इन सभी जघन्य अपराधों के लिए उन्हें खुदा को जवाब देना होगा। वे अपना पतन स्वयं सुनिश्चित करेंगे।'

अता भाई की भविष्यवाणी सही सिद्ध हुई।

एक पाकिस्तानी कूटनीतिज्ञ महमूद अली ने इन क्रूरताओं के खिलाफ विरोध जताया। परिणाम, उन्हें बरखास्त कर दिया गया। याहया खान, जिसका एकमात्र

कर्तव्य हर समय शराब में डूबे रहना था, की सरकार से कोई किसी प्रकार का तर्क नहीं कर सकता था। एक बंगाली डॉक्टर, जो 'पकड़े गए बंगालियों का अंतिम बूँद तक खून निकालने के लिए' पाकिस्तानी सेना द्वारा लाया गया था, भारत भाग आया; क्योंकि वह ऐसे अमानवीय कार्य नहीं कर सकता था।

आक्रमण तथा गृहयुद्ध की इस अवधि में मेजर एम.ए. मंजूर सियालकोट सेक्टर में एक पैदल ब्रिगेड के ब्रिगेड मेजर के रूप में तैनात एक बंगाली सेनाधिकारी थे। उन्होंने अपनी पत्नी के साथ पाकिस्तान की पश्चिमी सीमा को पार करके स्वयं को भारतीय सेना के हवाले कर दिया। वह और उनके परिजन क्रूर पाकिस्तानी सेना द्वारा बंगालियों की हत्याएँ सहन नहीं कर सकते थे। वह बाद में पाकिस्तानी सेना के खिलाफ लड़ने के लिए मुक्ति वाहिनी में शामिल हो गए।[6] पलायन के ऐसे बहुत सारे मामले थे। पाकिस्तानी सेना ने इन आरंभिक चेतावनीसूचक संकेतों पर ध्यान नहीं दिया। समझौते तथा निपटारे का कोई प्रयास नहीं किया गया।

जहाँआरा के पुत्र रूमी ने सीमाओं पर जाने से पहले शहीद खुदीराम का प्रसिद्ध गीत गाया, 'मुझे रोको मत माँ, फाँसी पर मैं मुसकराते हुए चढ़ जाऊँगा।' ढाका के एक संपन्न परिवार से संबंध रखनेवाले रूमी ने अंततः 'जय बँगला' के लिए अपने प्राण न्योछावर कर दिए।

'द न्यूजवीक' और 'टाइम' ने पाकिस्तानी सेना की बर्बरता की कहानियाँ छापीं। लिबरेशन आर्मी ने एक युद्ध में राजशाही पर कब्जा कर लिया और सेना छावनी को घेर लिया। लिबरेशन आर्मी की चौकियों पर बम बरसाने के लिए पाकिस्तानी विमानों का इस्तेमाल किया गया।

5 अप्रैल, 1971 के 'द न्यूजवीक' में 'पाकिस्तान गृहयुद्ध में डूबा' शीर्षक खबर प्रकाशित हुई। 3 मई के 'टाइम' ने कहा कि 'ढाका लाशों का शहर है'। पश्चिमी पाकिस्तानी अपने कुकर्मों को छिपाने के लिए भारत-विरोधी प्रचार से ऊब चुके थे। उनकी आंतरिक समस्याओं के लिए सैन्य सरकार हमेशा भारत को दोषी ठहराती थी। पाकिस्तान हमेशा भारत के प्रति नफरत फैलाने के अभियान पर ही जीवित रहा है।

लगभग एक करोड़ शरणार्थियों ने भारत में शरण ली। वे हिंदू और मुसलिम दोनों धर्मों के थे। संयुक्त राष्ट्र ने भारत की इस शरणार्थी समस्या को समझा और डेढ़ करोड़ डॉलर की राशि देना मंजूर किया। मिस्र ने शरणार्थियों के लिए दवाइयाँ भेजीं। 16 जून को याहया सरकार ने हिंदू नामोंवाली सड़कों के नाम बदलकर मुसलिम नामकरण किया। यह पाकिस्तानी सत्ता प्रतिष्ठान का एक उन्मादी विचार

था कि उनकी समस्याओं के पीछे हिंदुओं का हाथ था। पूर्वी पाकिस्तान की स्वतंत्रता के लिए लोकप्रिय जन-आंदोलन को सांप्रदायिक रंग देने के लिए काफी देर हो चुकी थी।

'द मॉर्निंग न्यूज', कराची के सहायक संपादक एंथोनी मस्करहंस की एक बहुत दिलचस्प कहानी थी। उन्होंने अन्य लोगों के साथ पूर्वी पाकिस्तान का दौरा किया। कराची पहुँचने के बाद उन्होंने पहले अपने परिवार को लंदन भेजा और बाद में खुद लंदन पहुँचकर 'द संडे टाइम्स' में पाकिस्तानी सेना की बर्बरताओं के बारे में एक सशक्त लेख छापा। यह रिपोर्ट बहुत भयावह थी और ऑल इंडिया रेडियो, बी.बी.सी. तथा रेडियो ऑस्ट्रेलिया द्वारा इसपर विशेष ध्यान दिया गया। ये सब वास्तविक रिपोर्टें भी सैन्य सरकार को और अधिक क्रूरता दिखाने से नहीं रोक पाईं।

1 जुलाई को पाकिस्तानी सेना ने गोपालपुर चीनी मिलों के सभी उपलब्ध बंगालियों को एकत्रित किया और उनमें से तीन सौ लोगों को मार डाला। सभी अंतरराष्ट्रीय सम्मेलनों को अनसुना किया जा रहा था। जुलाई में मुक्ति वाहिनी ने ढाका में सभी संभावित सैन्य ठिकानों पर आक्रमण किया। लोगों को इससे राहत मिली। सेना की गतिविधियों को रोकने के लिए ब्रिगेड उड़ाए जा रहे थे। 24 जुलाई को ढाका के जतराबाड़ी इलाके में गोलियों की आवाजें सुनी गईं। यह मुक्ति वाहिनी ने किया था। उसके लड़के इतने लोकप्रिय हो गए कि लोग उन्हें प्यार से 'बिच्छू' बुलाते थे। उनके लिए मातृभूमि के लिए मरना सम्मान और गर्व की बात थी।

आश्चर्यजनक यह था कि मेलाघर में जहाँआरा इमाम के पुत्र रूमी ने सैकड़ों युवाओं, छात्रों, सम्मानित परिवारों के लड़कों, कृषकों तथा निर्धन लड़कों को देखा, जो बँगलादेश के निर्माण के उद्देश्य से लड़ने के लिए एकत्र हुए थे। चिकित्सकीय सहयोग देने के लिए बंगाली डॉक्टर तथा उनकी पत्नियाँ भी शामिल हुईं। वे चावल और दाल खाकर गुजारा कर रहे थे।

मेजर खालिद मशरूफ, जिन्होंने पाकिस्तानी सेना को छोड़ दिया था, स्वतंत्रता की लड़ाई में एक प्रसिद्ध शख्सियत बन गए। उन्होंने कहा, 'देश को जीवित गुरिल्लाओं की जरूरत नहीं है। उसे खून से नहाए शहीदों की जरूरत है।' लड़कों ने 25 अगस्त को ढाका में सफलतापूर्वक कई साहसी कारवाइयाँ कीं। जहाँआरा के पति तथा पुत्रों को सेना जाँच के बहाने ले गई। उन सभी को प्रताड़ित किया गया। ढाका की स्वतंत्रता से कुछ ही दिन पहले जहाँआरा के पति की इन यातनाओं से मृत्यु हो गई।

अमेरिका, यूरोप, चीन आदि विश्व शक्तियाँ पाकिस्तान को सहयोग दे रही थीं। निक्सन पाकिस्तान की मदद से चीन से अपने नए विकसित संबंधों के सम्मोहन में थे। तीन देशों—अमेरिका, चीन तथा पाकिस्तान ने राजनीतिक मुद्दे के किसी समाधान से बचने के लिए हाथ मिला लिया। इस परिस्थिति में 9 अगस्त, 1971 को दिल्ली में भारत-सोवियत मैत्री संधि पर हस्ताक्षर किए गए। यह प्रक्रिया सन् 1969 में ही आरंभ की गई थी।

जब अमेरिकी कांग्रेस पर दबाव पड़ा तो राष्ट्रपति निक्सन ने अमेरिकी कांग्रेस को दिए एक संदेश में दावा किया कि उन्होंने याहया खान से यह आश्वासन लिया है कि शेख मुजीब को फाँसी नहीं दी जाएगी और पूर्वी पाकिस्तान के सैन्य गवर्नर को किसी असैनिक गवर्नर से बदला जाएगा।[7] निक्सन तथा किसिंजर ने पाकिस्तान के पक्ष में अपना स्पष्ट झुकाव दिखाया।

जब स्थिति में कोई सुधार नहीं आया तो 4 सितंबर को एक बंगाली डॉ. मलिक को पूर्वी पाकिस्तान का गवर्नर नियुक्त किया गया। लेफ्टिनेंट जनरल ए.ए.के. नियाजी नए मार्शल लॉ प्रशासक थे। जनरल टिक्का खान पश्चिमी पाकिस्तान चले गए। अब किसी समझौते के लिए बहुत देर हो चुकी थी। उस समय डॉ. मलिक की नियुक्ति से स्थिति में कोई अंतर अथवा सुधार नहीं आया।

24 सितंबर को मुजीब का तथाकथित ट्रायल पूरा हुआ। गुरिल्लाओं ने पूर्वी पाकिस्तान के एक पूर्व गवर्नर मोमेन खान तथा पाकिस्तान के एक सहयोगी को गोली मार दी। इससे वहाँ के लोग कितने खुश हुए—इस बात का अनुमान इसी से लगाया जा सकता है कि तब ढाका के न्यू मार्केट में कहीं मिठाई उपलब्ध नहीं थी; क्योंकि लोगों ने मोमेन खान की मौत का जश्न मनाने के लिए सभी मिठाइयाँ खरीद ली थीं।

22 अक्तूबर को स्टेट बैंक, ढाका में बम विस्फोट हुआ। पूरे विश्व में पाकिस्तानी दूतावासों के बहुत से कूटनीतिज्ञों ने दल-बदल कर लिया। एक बंगाली सहयोगी नूरुल अमीन रजाकरों के लिए अधिक बंदूकें चाहते थे। पाकिस्तानी सेना ने दो नए बलों 'अल शम्स' तथा 'अल बद्र' का गठन किया। बिहारियों ने खुद को बंगालियों से अलग दिखाने के लिए अपने सिर मुँड़वा लिये और लाल स्कार्फ लपेट लिये। जीवानंद तथा सुकंत की प्रेरणादायी कविताओं को काफी लोकप्रियता मिली।

ढाका के लोगों को पूर्वी पाकिस्तान में भारतीय सैन्य टुकड़ियों की गतिविधियों के बारे में पता चला। 3-4 दिसंबर की मध्य रात्रि को लोगों ने प्रधानमंत्री श्रीमती इंदिरा गांधी के राष्ट्र के नाम संदेश को ध्यानपूर्वक सुना। लोग जानते थे कि उनके

बुरे दिन अब समाप्त होने वाले हैं। हवाई आक्रमण की आवाजें सुनाई देने पर लोग छिपने की बजाय भारतीय तथा पाकिस्तानी लड़ाकू विमानों के संघर्ष को देखने के लिए छत पर आ जाते थे। 6 दिसंबर को भारत ने बँगलादेश को मान्यता दे दी। 10 दिसंबर से सभी स्कूल और कॉलेज बंद कर दिए गए। 10 दिसंबर, 1971 को जहाँआरा के पति की मौत हो गई। जनरल नियाजी के भूमिगत हो जाने की अफवाह थी।

आत्मसमर्पण

15 दिसंबर, 1971 को ढाका में गवर्नर निवास को बम से उड़ा दिया गया। उससे पहले ही गवर्नर होटल 'इंटरकॉण्टिनेंटल' में पहुँच चुके थे, जिसे रेडक्रॉस द्वारा सुरक्षित क्षेत्र घोषित किया जा चुका था। उस दिन संयुक्त राष्ट्र सुरक्षा परिषद् में भुट्टो ने सुबकते हुए एक नाटक किया। उन्होंने कहा, 'मैं उसका (आत्मसमर्पण) पक्षधर नहीं हूँ। मैं यहाँ अपना समय क्यों बरबाद करूँ? मैं अपने देश में वापस जाऊँगा और लड़ूँगा।' भुट्टो 18 दिसंबर तक न्यूयॉर्क में ही रहे। 16 दिसंबर तक बँगलादेश में लोग जान चुके थे कि आत्मसमर्पण जल्दी ही होने वाला है।

आत्मसमर्पण को प्रेरित करनेवाले घटनाक्रम को संक्षेप में दुहराना आवश्यक है। बँगलादेश में सन् 1971 के युद्ध के समय जनरल योगिंदर मोहन बम्मी** भारतीय सेना में एक मेजर थे। उन्हें शिलांग में स्टाफ ऑफिसर, एच.क्यू. 101 कम्युनिकेशन जोन एरिया के रूप में तैनात किया गया था। बाद में वह तुरा (मेघालय) चले गए, जो बँगलादेश के काफी करीब है। वह मेजर जनरल गुरबख्श सिंह गिल के कमांड में थे।[8]

3-4 दिसंबर की रात को पाकिस्तान द्वारा भारत के खिलाफ युद्ध शुरू किए जाने की घोषणा के बाद भारतीय सेना की टुकड़ी ने कमालपुर में पाकिस्तान की सीमा चौकी पर हमला करके उसपर कब्जा कर लिया और 31 बलूच राइफल कंपनी को आत्मसमर्पण करने पर मजबूर कर दिया। इस काररवाई में मुक्ति वाहिनी के एक घटक ने भी भाग लिया।

4 दिसंबर की सुबह जनरल गुरबख्श सिंह बारूदी सुरंग के विस्फोट में बुरी तरह घायल हो गए; जबकि उनके साथ जीप में सवार ब्रिगेडियर हरदेव सिंह कैर को कुछ चोटें आईं। 4 गोरखा रेजिमेंट के मेजर जनरल जी.एस. नागरा ने कम्युनिकेशन

** जनरल बम्मी ने सह-लेखक एस.के. दत्ता को कई बैठकों में विस्तृत साक्षात्कार दिए हैं, जिनमें उन्होंने सन् 1971 के भारत-पाक युद्ध के व्यापक ब्योरे दिए हैं।

जोन एरिया के जी.ओ.सी. के रूप में पद सँभाल लिया।

11-12 दिसंबर की रात को जमालपुर, जो भारतीय सीमा से तीस मील दूर था, पर कब्जा कर लिया गया। वहाँ पहुँचने के लिए ब्रह्मपुत्र नदी को पार करना पड़ता था। यह काररवाई ब्रिगेडियर कैर के नेतृत्व में की गई। लड़ाई काफी भीषण थी, पर भारतीयों का आक्रमण निर्णायक था, जिससे लेफ्टिनेंट कर्नल सुल्तान अहमद के नेतृत्ववाला 31 बलूच पूरी तरह तहस-नहस हो गया। वह बच निकलने में कामयाब रहा; परंतु अन्य अस्सी ने आत्मसमर्पण कर दिया, सौ मारे गए और पचास-साठ पाक सैन्यकर्मी घायल हुए।

दूसरा कदम तीव्र और निर्णायक था। 12-13 दिसंबर की रात को ढाका से टंगेल को जोड़नेवाले एक महत्त्वपूर्ण पुल पर कब्जा करने के लिए छाताधारी सैनिकों (पैराट्रूपर्स) को भेजने की योजना बनाई गई। उससे पहले मेजर घोष तथा टाइगर कादर सिद्दीकी ने उस क्षेत्र को सफलतापूर्वक पैराशूट से उतरने के लिए तैयार कर दिया। टाइगर सिद्दीकी इस एयरड्रॉप ऑपरेशन के हीरो बन गए।

संयोगवश 12-13 दिसंबर को एक अन्य काररवाई में ब्रिगेडियर संत सिंह द्वारा मेमन सिंह जिले पर भी कब्जा कर लिया गया। 13 दिसंबर तक तंगेल में पैराशूट से उतरने की प्रक्रिया पूरी हो गई। पाकिस्तानी सेना के ब्रिगेडियर कादर, जो मेमन सिंह से वापस भाग गया था, को बाँसों के एक झुरमुट में छिपा पाया गया। वह खुश था कि उसे भारतीय सेना द्वारा पकड़ा गया है, मुक्तियों द्वारा नहीं।

14-15 दिसंबर की रात को जनरल नागरा की पैराशूट टीम ने पाकिस्तानी सेना की भीषण गोलीबारी के बावजूद ढाका की ओर बढ़ना शुरू किया। तंगेल से वे एक ऐसी सड़क के साथ-साथ चले, जो भारतीय सेना के लिए एक खोज थी; क्योंकि मानचित्र पर उस सड़क का उल्लेख नहीं था। आगे बढ़ते सैनिकों ने रेडियो ढाका के रिले स्टेशन 'साबार', जो एक बहुत छोटा शहर था, पर कब्जा कर लिया।

16 दिसंबर की सुबह दस मील दूर एक पुल को कब्जे में लेने के द्वितीय पैरा टीम ढाका के बाहरी इलाके में पहुँची। उस स्थान से होटल इंटरकॉण्टिनेंटल स्पष्ट दिखता था। आठ बजे से पाकिस्तानी पक्ष की ओर से कोई गोलीबारी नहीं हुई। उसके बाद मेजर जनरल नागरा ने लेफ्टिनेंट जनरल ए.ए.के. नियाजी को संबोधित किए गए एक पत्र के साथ अपने ए.डी.सी. कैप्टन मेहता को भेजने का फैसला किया। उन्होंने एक पैड के एक पृष्ठ पर छोटा सा एक पत्र लिखा और लेफ्टिनेंट जनरल नियाजी को देने के लिए कैप्टन मेहता को दे दिया। उन्होंने लिखा—'मेरे प्यारे अब्दुल्ला, मैं यहाँ हूँ। खेल खत्म हो चुका है। मैं तुमसे अनुरोध करता हूँ कि

खुद को मेरे हवाले कर दो। मैं तुम्हारा खयाल रखूँगा।'

एक घंटे बाद ये दोनों युवा अधिकारी पाकिस्तान की ढाका सेना के जी.ओ.सी. मेजर जनरल मुहम्मद जमशेद के साथ लौटे। मेजर जनरल जमशेद अपने झंडे को लहराते हुए अपनी मर्सिडीज में आए (पाकिस्तान में उच्च सैन्य अधिकारी आज भी सरकारी काम के लिए आयातित कारों का इस्तेमाल करते हैं)। जमशेद का संदेश यह था कि नियाजी ने आत्मसमर्पण का फैसला किया है और मेजर जनरल नागरा को ले. जनरल नियाजी से मिलने के लिए ढाका आमंत्रित किया है।

मेजर जनरल नागरा, ब्रिगेडियर संत सिंह, कैप्टन मेहता, मेजर बम्मी और लांस नायक हरि सिंह (सिग्नल), मेजर जनरल जमशेद के साथ ढाका पहुँचे। जमशेद निराश लग रहे थे। ढाका की सड़कों पर ड्राइव करते समय अधिकारियों ने चारों ओर सशस्त्र पाक सैन्यकर्मियों को हैरान, भ्रमित और घबराया हुआ देखा।

वे सुबह लगभग साढ़े दस बजे ढाका के सेना मुख्यालय पहुँचे। वहाँ ईस्टर्न कमांड के चीफ ऑफ स्टाफ ब्रिगेडियर बाकर ने उनका स्वागत किया। उसके बाद नियाजी ने नागरा से पंजाबी में बात की और कहा, 'पिंडीवाले हरामजादे ने मरवा दिया।' वह संयत तथा सचेत थे; परंतु निराश, कमजोर और थके हुए लग रहे थे। मेजर जनरल नागरा ने नियाजी को आश्वस्त किया कि उनके साथ अच्छा व्यवहार किया जाएगा, जैसा जनरल मानेकशॉ वादा कर चुके हैं। नियाजी की मुख्य चिंता यह थी कि क्या उनके सैनिकों को मुक्ति वाहिनी की दया पर छोड़ दिया जाएगा? वह चाहते थे कि आत्मसमर्पित सैनिकों को सुरक्षा की दृष्टि से पूर्वी पाकिस्तान से बाहर ले जाया जाए। वे मुक्तियों से भयभीत थे।

मेजर जनरल नागरा ने दस बजकर पैंतालीस मिनट पर वायरलेस ऑपरेटर हरि सिंह द्वारा लेफ्टिनेंट जनरल जगजीत सिंह अरोड़ा को एक त्वरित संदेश भेजा कि जनरल नियाजी आत्मसमर्पण के लिए तैयार हो गए हैं। वे ढाका में हैं। पाँच मिनट के अंदर जवाब मिला कि माध्यमों पर विचार-विमर्श के लिए जनरल जैकब ढाका जाएँगे। हवाई अड्डे पर उन्हें लेने के लिए किसी को होना चाहिए। दोपहर बारह बजे तक आत्मसमर्पण के माध्यमों पर सहमति हो गई। जनरल अरोड़ा वहाँ पहुँचे तो ब्रिगेडियर बाकर ने उनका स्वागत किया।

दोपहर एक बजे तक भारतीय सैनिकों ने ढाका में प्रवेश किया। लोग आनंदमग्न थे। उन्होंने भारतीय वाहनों को चूमा, अधिकारियों तथा जवानों से हाथ मिलाए और पाकिस्तानी सैनिकों को अपशब्द कहे। तीन बजे आत्मसमर्पण समारोह हुआ। जनरल नियाजी ने मेजर जनरल नागरा से दोनों 'बेगमों' का विशेष ध्यान रखने को

कहा, क्योंकि आत्मसमर्पण समारोह में तीस हजार लोग शामिल थे। पाकिस्तानी सेना में कुछ रोष था और लेफ्टिनेंट जनरल नियाजी के लिए विशेष सुरक्षा प्रबंध करने पड़े।

मुजीबुर रहमान के धानमंडी स्थित निवास में पाक सैन्य सुरक्षाकर्मियों की जगह भारतीय सुरक्षाकर्मी नियुक्त करने के लिए मेजर बम्मी को कहा गया। घरों की महिलाएँ फूल-मालाएँ लेकर आईं और टूटी-फूटी हिंदी में उन्होंने भारतीयों का शुक्रिया अदा किया।

छात्रों की माँग पर बम्मी ने ढाका विश्वविद्यालय का दौरा किया, जहाँ उन्होंने एक नाले में दस-पंद्रह शवों को तैरते देखा। उन्हें आत्मसमर्पण से पहले मारा गया था। रात को जब मेजर बम्मी खाने के कुछ पैकेटों के लिए इंटरकॉण्टिनेंटल होटल गए तो वहाँ पर लोगों ने उनका स्वागत तालियों के साथ किया। उन्होंने होटल में गवर्नर की विदेशी पत्नी को देखा।

17 दिसंबर विजय के विशाल समारोहों का दिन था। लोगों ने बँगलादेशी झंडे फहराए। रायेर बाजार में बहुत से बुद्धिजीवियों के शव पाए गए।

बँगलादेश के अलगाव को प्रेरित करनेवाली घटनाओं पर हमदुर रहमान समिति की रिपोर्ट को कभी भी सार्वजनिक नहीं किया गया। भुट्टो के निवास की तलाशी लेने पर सेना को उस रिपोर्ट की एक कॉपी मिली। 'इंडिया टुडे' द्वारा पूरी तरह प्रकाशित की गई उस रिपोर्ट ने बड़ी सीमा तक जहाँआरा इमाम की बातों की संपुष्टि की। पूर्वी पाकिस्तान में तैनात पाकिस्तानी जनरलों को पूर्वी पाकिस्तान में क्रूर दमन और बड़े पैमाने पर बलात्कारों के लिए दोषी ठहराया गया। समिति का सुझाव था कि जनरलों पर मुकदमा चलाया जाए या उनका कोर्ट मार्शल किया जाए।

भुट्टो और जिया ने उस रिपोर्ट को दबा दिया। सेना बेचारे हिंदुओं के पीछे पड़ी थी, जिसे हमदुर रहमान समिति ने उजागर किया था। आनेवाले पाकिस्तानी जनरलों द्वारा पूछा जानेवाला सामान्य प्रश्न था, 'कितने हिंदू मारे गए?'

जब आजादी मिली, तब जहाँआरा बेगम अपने पति तथा बेटे को खो चुकी थीं। उन्हें पाकिस्तानी सेना द्वारा प्रताड़ित करके मार डाला गया था। ढाका का हर परिवार पीड़ित था। मुक्ति वाहिनी द्वारा निभाई गई भूमिका का सविस्तार वर्णन भावी पीढ़ियों के लिए अब भी किया जाना शेष है। बँगलादेश की आजादी मानवता के इतिहास का एक अनोखा अध्याय था। स्वतंत्र बँगलादेश ने कुछ छद्म बुद्धिजीवियों द्वारा विकसित किए गए द्विराष्ट्र के सिद्धांत को इतिहास से काटकर हटा दिया। अधिकतर पाकिस्तानी हिंदू धर्म से धर्मांतरण करके मुसलमान बने थे। वे अब भी

अपनी वंश-परंपरा को प्रमाणित करने के लिए खुद को सहगल, डार, सेठी, राठौर कहते हैं; फिर भी आश्चर्यजनक रूप से द्विराष्ट्र के सिद्धांत से चिपके हुए हैं।

अमेरिका-चीन धुरी

अमेरिकी विदेश सेवा के एक सदस्य डेनिस कुक्स ने सेवानिवृत्ति के बाद सन् 1941 से 1991 तक 'भिन्न लोकतंत्र—भारत और अमेरिका' विषय पर शोध किया। उन्होंने बँगलादेश पर अमेरिका की नीति के बारे में कुछ आश्चर्यजनक खुलासे किए। अमेरिका एक जटिल स्थिति में था। वह पाकिस्तान के माध्यम से चीन से संपर्क स्थापित करने का प्रयास कर रहा था। बंगालियों पर आक्रमण के एक माह बाद (27 अप्रैल, 1971 को) वाशिंगटन में पाकिस्तान के राजदूत आगा हिलाली ने चाउ-एन-लाई का एक महत्त्वपूर्ण संदेश दिया। चाउ-एन-लाई ने एक अमेरिकी दूत द्वारा चीन तथा पाकिस्तान के दौरे का अनुरोध किया। इसके बाद किसिंजर की पाकिस्तान तथा चीन की गुप्त यात्रा हुई। उस परिस्थिति में 'इस समय याहया पर दबाव न डालने' की नीति अपनाई गई। किसी भारतीय काररवाई को रोकने के लिए किसिंजर ने भारतीय राजदूत एल.के. झा से कहा कि 'यदि भारत व पाकिस्तान के बीच युद्ध की कोई सैन्य प्रतिक्रिया हुई तो हम (अमेरिका) चीन के खिलाफ आपकी मदद करने में असमर्थ होंगे।'

इस प्रकार बँगलादेश मामले में चीन को अपने तरीके से काररवाई करने की स्वतंत्रता दी गई। यह एक छिपी हुई धमकी थी, जिसकी अनदेखी भारत द्वारा करना स्वाभाविक था।

चीन द्वारा सैन्य हस्तक्षेप से सुरक्षा के लिए इंदिरा गांधी ने 9 अगस्त, 1971 को भारत-सोवियत मैत्री संधि पर हस्ताक्षर करके सबको आश्चर्य में डाल दिया। निक्सन तथा किसिंजर के नेतृत्व में अमेरिका ने पाकिस्तान से मुजीबुर रहमान से समझौता वार्त्ता करने का भी आग्रह नहीं किया। अमेरिका की सोच थी कि बंगालियों पर आक्रमण से बंगाली प्रतिरोध समाप्त हो जाएगा। निश्चित रूप से उनका यह सोचना गलत था। उनके इस दृष्टिकोण का कारण चीन के साथ पुल बनाने की इच्छा थी, ताकि शीतयुद्ध क्षेत्र में सोवियत संघ को नियंत्रित रखा जा सके।

इंदिरा गांधी ने अक्तूबर 1971 में तीन सप्ताह के लिए पश्चिमी यूरोप तथा अमेरिका की यात्रा पर जाने का निर्णय लिया, ताकि दुनिया को इस बारे में बताया जा सके कि किस प्रकार पाकिस्तान की एक आंतरिक राजनीतिक समस्या ने भारत में शरणार्थियों के बड़े पैमाने पर प्रवेश द्वारा भारत तथा पाकिस्तान के बीच की

समस्या बना दिया है। वाशिंगटन में निक्सन तथा इंदिरा गांधी के बीच की बैठक रूखी रही, क्योंकि निक्सन स्थिति की गंभीरता को समझने में विफल रहे।

इस बारे में एक विवाद था कि क्या भारत ने 6 दिसंबर को पूर्वी पाकिस्तान पर आक्रमण करने का निर्णय पहले ही कर लिया था? बी.के. नेहरू का कहना था कि ऐसा 6 दिसंबर को किया जाना था। जनरल याहया ने 3 दिसंबर को भारतीय वायुसेना अड्डों पर आक्रमण करते हुए इस विवाद को सुलझा दिया। इस प्रकार पाकिस्तान के खिलाफ युद्ध की घोषणा तथा आक्रामकता के लिए इंदिरा गांधी को दोषी नहीं ठहराया जा सकता। जनरल मानेकशॉ ने कैबिनेट की राजनीतिक मामलों की समिति के सामने कहा था, 'चिंता न करें, याहया खान हमें वह देगा, जो हम चाहते हैं और उसे पता भी नहीं होगा।'''वह किसी भी समय कोई स्पष्ट मूर्खता कर सकता है।'[9] याहया ने वह बेवकूफी 3 दिसंबर, 1971 को भारत पर आक्रमण करके कर दी। इसके पहले 23 नवंबर को याहया सार्वजनिक रूप से यह घोषणा कर चुके थे कि भारत के खिलाफ युद्ध दस दिनों में शुरू हो जाएगा।[10]

3 दिसंबर, 1971 को आक्रमण के दिन कलकत्ता के ब्रिगेड परेड मैदान में एक विशाल जनसभा को इंदिरा गांधी संबोधित कर रही थीं। संबोधन के बीच में ही उन्हें पाकिस्तानी आक्रमण की सूचना दी गई। उन्होंने अपना भाषण खत्म किया और तत्काल दिल्ली लौटीं। रात के दस बजे उन्होंने राष्ट्र को संबोधित किया और घोषणा की, 'बँगलादेश में जो युद्ध चल रहा है, वह आज भारत के खिलाफ युद्ध बन गया है।'

जनरल मानेकशॉ याहया को बहुत अच्छी तरह जानते थे। ब्रिटिश भारतीय सेना की जिस यूनिट में याहया खान मेजर थे, वह जनरल मानेकशॉ के कमांड में थी। उनके विचार में याहया खान ऐसे मूर्ख थे, जो खुद पर नियंत्रण नहीं रख सकते थे।

राष्ट्रपति निक्सन, जो एक मनोग्रंथि से ग्रस्त थे, ने इस मुद्दे पर पाकिस्तान के कट्टर समर्थक की भूमिका निभाई और आखिरी उपाय के रूप में युद्धपोत कूटनीति का सहारा लिया। पाकिस्तान द्वारा युद्ध की घोषणा के महज चार दिन बाद ही उन्होंने अमेरिकी नौसेना के सातवें बेड़े 'एंटरप्राइज' को बंगाल की खाड़ी में पहुँचने का आदेश दिया। इस बारे में आम धारणा है कि उस समय 'एंटरप्राइज' के पीछे सोवियत नौसेना के जहाज लगे थे। किसिंजर ने भुट्टो को 12 दिसंबर को बताया था कि अमेरिकी युद्धपोत की उपस्थिति भारत के लिए यह चेतावनी थी कि वह युद्ध को पश्चिमी पाकिस्तान तक न ले जाए।

अमेरिका के साथ लगे-लगे चीन ने भारत की उत्तरी सीमा पर अपनी उपस्थिति दिखाई। अमेरिका और चीन के याहया खान के पीछे एक साथ होने के प्रमाण पूरी तरह सतह पर आ चुके थे। याहया और उसके कमांडर जनरल ए.ए.के. नियाजी को आश्वासन दे रहे थे कि चीन पाकिस्तान की मदद के लिए आएगा। इस तरह के संदेशों के प्रमाण मौजूद हैं।

कोई माने या न माने, इंदिरा गांधी की सामरिक और योजना संबंधी समझ उच्च कोटि की थी। वह पाकिस्तान समर्थक बड़ी शक्तियों को बँगलादेश के युद्ध से दूर रखने में समर्थ सिद्ध हुईं। 25 मार्च से 3 दिसंबर, 1971 तक पाकिस्तानी सेना के मनोबल को गिराने में मुक्ति वाहिनी का योगदान भी महत्त्वपूर्ण रहा। दिसंबर की ठंड में शुरू किए गए एक ऑपरेशन से चीन नियंत्रित हो गया। निक्सन का रवैया शुरू से अंत तक शत्रुतापूर्ण रहा, क्योंकि वह चीन के साथ संबंध बनाने में मदद करने के लिए याहया खान के आभारी थे।

क्या पाकिस्तान ने बँगलादेश को हमेशा के लिए मुक्त कर दिया है ? जवाब है—नहीं। पाकिस्तान प्रायोजित कट्टरपंथी ताकतें बँगलादेश की संप्रभुता के लिए खतरा हैं। आई.एस.आई. बँगलादेश के लिए सबसे बड़ा खतरा है। इसने धार्मिक समानता की बातें करके वहाँ फिर से अपना नेटवर्क बना लिया है और पाकिस्तान में बँगलादेश के विलय या फिर संयुक्त फेडरेशन बनाने की योजना पर कार्य कर रहा है। आम धारणा है कि मुजीब की हत्या में भी आई.एस.आई. का हाथ होने से इनकार नहीं किया जा सकता। बँगलादेश के कुछ षड्यंत्रकारी लगातार आई.एस.आई. के कार्यों में लिप्त रहे। कर्नल रहमान उनमें से एक था, जो बाद में आई.एस.आई. और उल्फा का संपर्क सूत्र बना था।

बिहारी मुसलमानों, जिन्होंने पश्चिमी पाकिस्तान की तरफदारी की थी, ने स्वाभाविक रूप से पश्चिमी पाकिस्तान लौटना पसंद किया। बंगाली मुसलमानों के दमन में पूरा सहयोग करने के बावजूद पश्चिमी पाकिस्तान ने बिहारियों के साथ धोखा किया।

पाकिस्तान में उनकी वापसी के लिए कोई भी आवाज सुनाई नहीं देती। उनमें से अधिकतर संयुक्त राष्ट्र के शरणार्थी शिविरों में रह रहे हैं। कुछ चोरी-छिपे भारत चले आए हैं। पश्चिमी पाकिस्तान ने अपने स्वार्थों के लिए उनका इस्तेमाल किया और कभी भी उन्हें पाकिस्तान के नागरिकों के बराबर नहीं समझा। उनकी एकमात्र गलती यह थी कि बँटवारे के समय उन्होंने पाकिस्तान को चुना था।

बँगलादेश युद्ध के समय कई अति नाटकीय क्षण आए। 16 दिसंबर, 1971

को जनरल ए.ए.के. नियाजी और उनकी सेना द्वारा आत्मसमर्पण के बाद पाकिस्तानी सेना के अधिकारी भारतीय सेना के मेस में लाए गए। आर्मी मेस में अपनी शराब और सोडा खत्म करने के बाद दोनों देशों के अधिकारियों ने एक-दूसरे को गले लगाया और बीते दिनों के किस्से तथा चुटकुले सुनाने लगे—खासकर ब्रिटिश और अमेरिकन राजनयिकों के मनोरंजन के लिए। विजेताओं ने पराजितों को ढाढ़स बँधाया। (तारिक अली—'कैन पाकिस्तान सरवाइव')

पाकिस्तान की सबसे बड़ी हार थी उसके सैद्धांतिक आधार के रूप में उसका द्विराष्ट्र का सिद्धांत। 'उत्तर प्रदेश के मध्य वर्गीय बैठक-कक्षों में बनाया गया द्विराष्ट्र का सिद्धांत बंगाली देहातों में दफन हो गया।'

पाकिस्तानी जनरल बँगलादेश युद्ध में अपनी सैद्धांतिक हार को गरिमापूर्वक पचा नहीं सकते थे। इसकी बजाय वे भारत-विरोधी बयानों तथा लेखों के साथ सामने आए। जनरल के.एम. आरिफ ने किसी भाषण या बयान का संदर्भ दिए बिना इंदिरा गांधी के इस कथन को उद्धृत किया कि 'भारत ने पिछले एक हजार वर्षों की हार का बदला ले लिया है।'[11] भारत में ऐसा कोई उद्धरण कभी भी प्रकाशित नहीं हुआ। यह एक भ्रम था, जिसकी जाँच किए बिना बहुत से पाकिस्तानी लेखक बार-बार उसका जिक्र करते रहे हैं। भारतीय राजनेता ऐसे गैर-जिम्मेदाराना बयानों पर उत्तेजित नहीं होते। यह एक सफेद झूठ था और पाकिस्तानी सेनाधिकारियों की मानसिकता को उजागर करता था।

जनरल (सेवानिवृत्त) जहाँदाद खान अपनी पुस्तक 'पाकिस्तान : लीडरशिप चैलेंजेज़' में जनरल आरिफ से भी आगे चले गए हैं। किसी सूत्र अथवा तथ्य का हवाला दिए बिना उन्होंने लिखा कि इंदिरा गांधी ने कहा था, 'हमने सोमनाथ पर मुसलिम आक्रमण और एक हजार सालों के अपने अपमान का बदला ले लिया है।'[12] पाकिस्तान में सन् 1971 के युद्ध में हुई पराजय को एक हिंदू महिला द्वारा मुसलमान पुरुष की हार की तरह देखा जाता है।[13] वास्तविक तथ्य यह था कि पश्चिमी पाकिस्तान के मुसलमानों ने पूर्वी पाकिस्तान के मुसलमानों के खिलाफ जन-संहार का युद्ध शुरू किया था।

युद्ध-अपराधों, जन-संहार तथा शांति की तलाश पर एक थकाऊ सार सामग्री का संग्रह करने में बँगलादेश को वर्षों लगे। ऐसा आठ सौ पृष्ठों का सार-संग्रह वार क्राइम्स फैक्ट फाइंडिंग कमिटी तथा द जीनोसाइड आरचिव एंड ह्यूमन स्टडीज सेंटर (ढाका) के प्रायोजन में डॉ. एम.ए. हसन तथा उनके सत्रह सहयोगियों ने तैयार किया है। डॉ. हसन के भाई और रिश्तेदार सन् 1971 के जन-संहार के

शिकार थे। स्वतंत्रता-संघर्ष के दौरान डॉ. हसन ने स्वयं बंदूक उठा ली थी।

डॉ. हसन की प्रमुखतावाली टीम का कहना है कि लगभग तीस लाख लोग पाकिस्तान की क्रूरता के शिकार बने तथा सन् 1971 में 25 से 27 मार्च के दौरान ढाका में चौबीस हजार लोग मारे गए। आनेवाले सप्ताहों में ढाका में नब्बे हजार लोगों की हत्याएँ हुईं। लगभग चार सौ अट्ठाईस सामूहिक कब्रें अब तक पहचानी जा चुकी हैं। सईदपुर के निकट गोलाघाट के हिंदू ग्रामीणों को एक ट्रेन में भर दिया गया और कुछ दूरी पर उन्हें पाकिस्तानी सैनिकों ने तलवारों से काट डाला। इस घटना में चार सौ से अधिक हिंदू पुरुष, महिलाएँ तथा बच्चे मारे गए।

पाकिस्तानी सैनिकों द्वारा लगभग साढ़े चार लाख महिलाओं के साथ बलात्कार या दुर्व्यवहार किया गया। इस सार-संग्रह द्वारा पाकिस्तानी सेना की क्रूरता की ओर विश्व का ध्यान आकर्षित किए जाने की संभावना है। विरोध की आवाज को हमेशा के लिए चुप नहीं कराया जा सकता।[14] क्रूरताएँ करनेवाले ये लोग कठोर सजा के लायक हैं।

टिप्पणियाँ एवं संदर्भ

1. तारिक अली—'कैन पाकिस्तान सरवाइव', पेंगुइन बुक्स, 1983
2. लेफ्टिनेंट जनरल (सेवानिवृत्त) ए.ए.के. नियाजी—'द बिट्रेयल ऑफ ईस्ट पाकिस्तान', मनोहर, नई दिल्ली, 1998, पृष्ठ 39
3. के.एम. आरिफ—'वर्किंग विद जिया', अध्याय 1 (वह लॉर्ड बर्टहुड, 'ए कॉण्टिनेंट डिसाइड्स', लंदन, 1983 का उद्धरण देते हैं।)
4. मेजर जनरल सुखवंत सिंह—'द लिबरेशन ऑफ बँगलादेश', अंक 1, लांसर पब्लिशर्स, नई दिल्ली, 1980, पृष्ठ 8-9
5. किशन भाटिया—'ए बायोग्राफी ऑफ प्राइममिनिस्टर गांधी', पृष्ठ 241
6. कर्नल जे.के. दत्त—'द स्टेट्समैन', 23 जनवरी, 2001
7. किशन भाटिया—'ए बायोग्राफी ऑफ प्राइममिनिस्टर गांधी', पृष्ठ 21
8. जनरल योगिंदर मोहन बंम्मी—लेखकों के साथ एक साक्षात्कार में
9. किशन भाटिया—'ए बायोग्राफी ऑफ प्राइममिनिस्टर गांधी', पृष्ठ 251
10. वही, पृष्ठ 256
11. के.एम. आरिफ—'वर्किंग विद जिया', पृष्ठ 34
12. जनरल जहाँदाद खान—'पाकिस्तान : लीडरशिप चैलेंज', ऑक्सफोर्ड यूनिवर्सिटी प्रेस, 1999, पृष्ठ 123
13. 'द फ्राइडे टाइम्स', 14-21 अगस्त, 1997
14. 'द टाइम्स ऑफ इंडिया', 4 जून, 2001, अलोयियोति देव की एक रिपोर्ट।

□

6

जनरल जिया उल-हक

'विश्वास ही विश्वास को जन्म देता है'—यह उक्ति पाकिस्तानी सैन्य नेतृत्व या राजनेताओं पर लागू नहीं होती। वे सभी घात में बैठे रहते हैं। वास्तविक शासक के प्रति झूठी पूर्ण वफादारी की शपथ लेते हुए संभावित महत्त्वाकांक्षी नेता धीरे-धीरे सीढ़ियाँ चढ़ते हैं और फिर अपने उपकारी के पतन के लिए घात में बैठे रहते हैं। इसकंदर मिर्जा, अयूब खान, याहया खान, जुल्फिकार अली भुट्टो, जिया उल-हक और अंत में परवेज मुशर्रफ ने यही पुराना खेल खेला। जनरल जिया इस तकनीक के सबसे लंबे समय तक सत्ता हथियानेवाले कर्ता रहे, क्योंकि वह 17 अगस्त, 1988 को एक रहस्यमय विमान दुर्घटना में हुई मृत्यु से पहले एक दशक से अधिक अवधि तक सत्ता में रहने में सफल रहे।

आरंभिक जीवन

जनरल जिया का जन्म जालंधर के एक पंजाबी परिवार में 12 अगस्त, 1924 को हुआ था। पंजाब के जो मुसलमान पाकिस्तान गए, वे मुहाजिर नहीं हैं। वह वर्ग भारत के भीतरी भागों से आनेवाले मुसलमानों के लिए आरक्षित है। वास्तव में पाकिस्तान के निर्माण के लिए मुहाजिरों ने ही संघर्ष किया था और अब वे ही पाकिस्तान में अपनी पहचान खो चुके हैं। अब वे पाकिस्तान के सबसे अधिक पीड़ित वर्ग में हैं। अब वे खुले रूप से कहते हैं कि विभाजन एक बड़ी भूल थी।

जिया के दादा एक मौलवी थे और पिता दिल्ली में सेना मुख्यालय में एक

क्लर्क। पिता ने उन्हें दिल्ली के एक स्कूल तथा दिल्ली के सेंट स्टीफेंस कॉलेज में पढ़ाया। सेंट स्टीफेंस कॉलेज में भी जिया कभी दिन में पाँच बार नमाज पढ़ना नहीं भूलते थे। रमजान के पवित्र महीने में वे उपवास रखते थे। वह ओसामा बिन लादेन के विपरीत थे, जो आरंभिक जीवन में एक प्लेब्वॉय था और मौज-मजे के लिए बेरुत जाया करता था। जिया किसी इसलामी विद्वान् के उपदेशों के बिना ही अपने बचपन से एक आस्थावान् मुसलमान थे।

स्वभाव से वह अंतर्मुखी थे। वह सामाजिक नहीं थे, विलासी व्यक्ति नहीं थे। खाली समय में वह अपनी पत्नी तथा चार बच्चों के साथ रहते थे। जिया की एक बेटी विकलांग थी। उसपर हमेशा विशेष ध्यान दिया जाता था। वह सैन्य पोशाकें पहनना पसंद करती थी, जिससे सेनाधिकारी चिढ़ते थे।

जिया की स्टीफेंस पृष्ठभूमि से उन्हें भारत में स्टीफेंस के अन्य साथी विद्यार्थियों से संबंध स्थापित करने में मदद मिली। उनमें से एक थे प्रसिद्ध कूटनीतिज्ञ नटवर सिंह। जिया उन्हें 'कँवर' कहते थे, जो शाही परिवारों की उपाधि है। पाकिस्तान जाने पर स्टीफेंसवालों से अच्छा व्यवहार किया जाता था। जिया व्यक्तिगत रूप से उनसे मिलते थे। एक कट्टर मुसलमान होने के बावजूद आश्चर्यजनक रूप से जिया को अपनी सेंट स्टीफेंस पृष्ठभूमि पर गर्व था। उन्होंने पाकिस्तान के राष्ट्रपति के रूप में कॉलेज की पत्रिका के लिए एक लेख भी लिखा।

जिया व्यावहारिकता में पारंगत थे। वह नटवर सिंह और अन्य प्रमुख भारतीय शख्सियतों को चुने हुए आमों का टोकरा भेजते थे। इससे उन्हें लाभ हुआ; क्योंकि उनमें से कई पत्रकार या लेखक थे, जिन्होंने 'मुल्ला जनरल', जैसा पाकिस्तान में जिया को बुलाया जाता था, की प्रशंसा करते हुए लेख लिखे।

जिया को सन् 1945 में भारतीय सेना में कमीशन मिला। हालाँकि वह मलय तथा जावा में तैनात थे, लेकिन उन्होंने कभी वास्तविक युद्ध का सामना नहीं किया। विभाजन के बाद उन्होंने पाकिस्तान में रहना पसंद किया, जहाँ अन्य लोगों की तरह उन्हें भी शीघ्र ही तरक्की मिली, क्योंकि वहाँ बहुत सी खाली जगहें थीं। वह सन् 1969 में ब्रिगेडियर बने। तीन वर्ष बाद वह मेजर जनरल बन गए और फिर सन् 1975 में भुट्टो के प्रभाव से लेफ्टिनेंट जनरल बन गए। सन् 1973 जिया के लिए एक महत्त्वपूर्ण वर्ष था, जब वह भुट्टो के नजदीकी संपर्क में आए। भुट्टो को मारने तथा सत्ता हथियाने के षड्यंत्र के आरोप में सेना के छियालीस अधिकारियों को 30 मार्च, 1973 को गिरफ्तार किया गया। पाकिस्तान में जूनियर अधिकारियों द्वारा तख्तापलट का प्रयास कभी सफल नहीं हुआ। जिया भुट्टो के संभावित

हत्यारों पर मुकदमा चलाने के लिए गठित कोर्ट मार्शल के पीठासीन अधिकारी बन गए। वह भुट्टो के संपर्क में रहे और उन्हें मुकदमे के ट्रायल की जानकारी देते रहे। जिया ने षड्यंत्रकारियों को सजा दी और इस प्रकार भुट्टो के विश्वासपात्र बन गए। जिया हमेशा 'सर' कहकर भुट्टो को संबोधित करते थे, जबकि रक्षा सेवाओं के अन्य अधिकारी उन्हें 'मि. प्राइम मिनिस्टर' कहकर संबोधित करते थे। भुट्टो ने इसपर ध्यान दिया।

जब भुट्टो यात्रा पर होते तो मेजर जनरल के रूप में जिया व्यक्तिगत रूप से भुट्टो के सुरक्षा दस्ते की जाँच करते थे। एक अवसर पर वह भुट्टो, जो उनके द्वारा वफादारी के प्रदर्शन से प्रभावित थे, से बात करने में सफल हो गए। एक मेजर जनरल से प्रधानमंत्री के सुरक्षा दस्ते की जाँच की उम्मीद नहीं की जाती थी।

भाग्य जिया के साथ था। भुट्टो ने सन् 1972 में सी.ओ.ए.एस. जनरल गुल हसन से जबरन इस्तीफा ले लिया और उन्हें तथा एयर मार्शल रहीम को लाहौर भेज दिया। भुट्टो ने अपने वफादार जनरल टिक्का खान को सी.ओ.ए.एस. बनाने का फैसला किया। जब जनरल टिक्का की सेवानिवृत्ति का समय नजदीक आ रहा था तो भुट्टो एक वफादार और विश्वासी सी.ओ.ए.एस. की तलाश में थे। उन्होंने जनरल टिक्का खान के सुझावों पर ध्यान नहीं दिया, जिसमें जिया का नाम बिलकुल नहीं था, क्योंकि उन्हें अभी-अभी लेफ्टिनेंट जनरल बनाया गया था और उनमें अनुभव की कमी थी। भुट्टो जिया पर ही अटके हुए थे। यह चयन-प्रक्रिया काफी लंबी थी। जनरल जिया इस अवधि के दौरान निठल्ले नहीं बैठे थे। वह सेना के सभी मानकों को ताक पर रखकर भुट्टो को सशस्त्र रेजीमेंट का मानद कर्नल बनाने में सफल हो गए। उन्होंने भुट्टो द्वारा यह सम्मान ग्रहण करने के लिए मुल्तान आने पर एक बड़ा स्वागत-भोज भी आयोजित किया। शानो-शौकत और प्रदर्शन को पसंद करनेवाले भुट्टो इससे बेहद खुश हुए।

जब भी भुट्टो मुल्तान आते, जिया उनसे मिलने अवश्य जाते। प्रोटोकॉल के अनुसार ऐसे व्यवहार की कोई आवश्यकता नहीं थी। वरिष्ठ सेनाधिकारियों ने जिया के 'धार्मिक उन्माद' के बारे में भुट्टो को चेतावनी दी थी; किंतु भुट्टो ने उनकी सलाह पर ध्यान नहीं दिया। जिया ने भुट्टो को पवित्र कुरान की एक प्रति भेंट की और उनके प्रति अपनी पूर्ण निष्ठा जताई। जिया ने अपने कैरियर को ऊँचा उठाने के लिए स्थानीय पी.पी.पी. नेताओं का भी इस्तेमाल किया।[1]

जिया का कैरियर ग्राफ प्रभावित करनेवाला नहीं था। उन्होंने कभी कोई युद्ध नहीं लड़ा था। वह आलसी थे और अपने अधीनस्थ अधिकारियों की वार्षिक

गोपनीय रिपोर्ट (ए.सी.आर.) लिखने में महीनों लगा देते थे। वह समय के पाबंद नहीं थे। इन सब बातों ने भुट्टो को नहीं रोका और उन्होंने आठ सक्षम वरिष्ठ जनरलों को एक ओर करके जिया को अगले सी.ओ.ए.एस. के रूप में चयनित कर लिया। भुट्टो ने सोचा कि जिया इस उपकार के लिए हमेशा उनके प्रति वफादार रहेंगे। जिया हमेशा यह कहते थे कि किसी मनुष्य ने नहीं, अल्लाह ने उन्हें सी.ओ.ए.एस. बनाया। भुट्टो खयाली पुलाव पकाते रहे। उन्होंने ईरान के शाह की बहन से कहा कि 'जिया उनकी जेब में हैं।'

सी.ओ.ए.एस. का प्रभार ग्रहण करने के दिन जिया ने सस्ती लोकप्रियता हासिल करने के लिए समारोह के सुरक्षाकर्मियों को कलाई घड़ियाँ बाँटीं। जनरल चिश्ती आदि अधिकारी सोचते थे कि जब जिया प्रशिक्षण के लिए अमेरिका में थे तो सी.आई.ए. की नजर उनपर पड़ी। 'संभवत: जॉर्डन में जिया की नियुक्ति ने उन्हें सी.आई.ए. तथा सऊदी अरब के कट्टर मुसलमानों के करीब आने में मदद की।'[2]

जिया के लिए यह अच्छा था कि जनवरी 1977 में जब भुट्टो ने घोषणा की कि मार्च में आम चुनाव करवाए जाएँगे तो राजनीतिक परिवेश व्यापक रूप से बदल गया। भुट्टो के राजनीतिक शत्रुओं में से कई उनकी सरकार में प्रभावित हुए थे। बलूचियों के साथ बहुत सख्ती से पेश आया जाता था, क्योंकि उनकी गैर-पी.पी.पी. सरकार थी। पाकिस्तान से बँगलादेश के अलगाव के बाद यह पहला आम चुनाव था। पाकिस्तान में हर आम चुनाव में नई समस्याएँ उत्पन्न होती थीं। सन् 1970 के चुनाव के एक वर्ष बाद बँगलादेश का निर्माण हुआ। सन् 1977 के आम चुनाव ने भुट्टो को जेल में डाल दिया, जहाँ से वह जीवित वापस नहीं आ सके।

माना जाता था कि सन् 1977 के आम चुनावों में बड़े पैमाने पर धाँधली हुई थी। विपक्ष ने दुबारा चुनाव कराने की माँग की। यह आंदोलन दंगों तथा हत्याओं का कारण बना। जनरल जिया बहुत सूक्ष्मता से स्थिति पर नजर रखे हुए थे। विपक्ष ने बाद में होनेवाले प्रांतीय असेंबली चुनावों का बहिष्कार किया। जनरल जिया ने भुट्टो द्वारा अपनाए गए सभी दमनकारी उपायों को वफादारी से कार्यान्वित किया। इस राजनीतिक समस्या से निबटने के लिए भुट्टो सेना का मत जानना चाहते थे कि क्या वह पुनर्मतदान की बजाय जनमत-संग्रह का सहारा लें? जिया ने अपने अधिकारियों के साथ इस स्थिति पर विचार-विमर्श किया। उनका दृष्टिकोण यह था कि जनमत-संग्रह इस समस्या का समाधान नहीं था। यह निर्णय जिया द्वारा व्यक्तिगत रूप से भुट्टो को बताया जाना था। सेनाधिकारी तब हतप्रभ रह गए जब बाद में हुई एक बैठक में भुट्टो ने बताया कि जिया ने जनमत-संग्रह को सेना का

मत बताया था। यह स्पष्ट था कि भुट्टो को अधिक अलोकप्रिय बनाने के लिए जिया उन्हें जाल में फँसा रहे थे।

जिया ने चुनाव कराने का फैसला लगभग कर लिया। 3-4 जुलाई, 1977 को एक सहमति होनी थी। भुट्टो ने कहा कि वह अपना आखिरी मत 4 जुलाई, 1977 को घोषित करेंगे। 4 जुलाई की रात को जनरल जिया ने अपने विश्वासपात्र अधिकारियों को बुलाया। 5 जुलाई को एक बजे मध्य रात्रि को 'ऑपरेशन फेयरप्ले' नामक सैन्य तख्तापलट आरंभ किया गया और तुरंत भुट्टो के नजदीकी समझे जानेवाले राजनेताओं तथा नौकरशाहों की गिरफ्तारी द्वारा उसे अंजाम दिया गया।

जिया का तख्तापलट

यह एक विडंबना ही है कि '60 के दशक में जनरल अयूब ने भुट्टो को अंकारा में तैनात किया था, ताकि टर्की की लोकतांत्रिक सरकार को उखाड़ फेंकने के बाद टर्की के सेना जनरलों ने प्रधानमंत्री मेंडिरिस, विदेश मंत्री जोरकू और वित्त मंत्री क्रेपटकन को मौत की जो सजा सुनाई थी, उसपर अमल न करने का उनसे अनुरोध किया जाए। किंतु उनका मिशन विफल रहा, क्योंकि इन सभी राजनेताओं को फाँसी दे दी गई; लेकिन उन्होंने अपना सबक सीख लिया था।

सैन्य तख्तापलट करने में जोखिम था। जनरल जिया जानते थे कि वह एक गैर-कानूनी, पाकिस्तानी संविधान के अनुच्छेद 6 की धारा 1973 के अनुसार सजा योग्य कार्य करने जा रहे हैं। इसलिए उन्होंने पहले ही अपनी पत्नी के इलाज का बहाना करके अपने परिवार को लंदन भेज दिया। कथित तौर पर जिया ने एक विमान भी तैयार रखा था, ताकि तख्तापलट विफल होने पर वह बचकर निकल सकें। ये सभी योजनाएँ पहले से बना ली गई थीं। जनरल चिश्ती, जनरल आरिफ आदि सभी पाकिस्तानी जनरलों, जिन्होंने सेवानिवृत्ति के बाद तख्तापलटों पर विस्तृत सूचनाएँ दीं, ने पहले से योजना के निर्माण तथा तैयारी का जिक्र किया है। उनकी अंदरूनी कहानियाँ साबित करती हैं कि पाकिस्तानी सेना मूल रूप से सैन्य सरकार स्थापित करने के लिए इस आधार पर एक तख्तापलट की प्रतीक्षा करती है कि राजनेता देश को चलाने में विफल रहे हैं। स्थापित लोकतंत्रों में इस बात की कल्पना नहीं की जा सकती।

पाकिस्तानी सेना तख्तापलटों का स्पष्टीकरण देने में दक्ष है। जनरल चिश्ती, जिसने जनरल जिया के तख्तापलट को कार्यान्वित किया था, ने कहा, 'यदि जनरल जिया हिचकते तथा कुछ दिनों और प्रतीक्षा करते तो पाकिस्तान जरूर संघीय भारत

का एक अंग बन जाता।'

यह एक विचित्र तर्क है। यदि पाकिस्तान तश्तरी में परोसकर भारत को दिया जाए तो भी कोई भारतीय संप्रदायवाद, धार्मिक कट्टरता तथा निकृष्टतम स्तर के सामंतवाद की असंख्य समस्याओंवाले पाकिस्तान के साथ एक संघ या महासंघ में जुड़ना नहीं चाहेगा। भारत एक ऐसे पड़ोसी के साथ ऐसी व्यवस्था से लाभान्वित नहीं हो सकता, जो धर्मनिरपेक्षता, बहुलवाद तथा लोकतंत्र के रास्ते से दूर जा चुका हो। वास्तविकता यह है कि पाकिस्तानी सेना का महत्त्व उसकी भारत-विरोधी मानसिकता में निहित है।

चूँकि थल सेना को प्रमुख बल बने रहना है, इसलिए नौ सेना तथा वायु सेना के साथ सौतेला व्यवहार किया जाता है। तख्तापलट थल सेना द्वारा ही किया जाना है, क्योंकि 'वह नौ सेना तथा वायु सेना की क्षमता से परे है।'[3] रुष्ट वायु सेना तथा नौ सेना अधिकारियों के पास थल सेना नीत तख्तापलटों को सहन करने के सिवा अन्य कोई विकल्प नहीं है।

दूसरा बड़ा तर्क यह है कि यदि सेना हस्तक्षेप न करे तो देश विखंडित हो जाएगा। क्या पाकिस्तान इतना कमजोर है कि देश को साथ रखने के लिए उसे सेना की आवश्यकता है ?[4]

जिया की मौत के बाद जनरल चिश्ती ने पाया कि शुरू से ही जिया का लोकतंत्र बहाल करने का कोई इरादा नहीं था। यदि ऐसा था तो उन्होंने तथा जनरल आरिफ ने सक्रिय रूप से जिया को उनकी स्थिति मजबूत करने में मदद क्यों की ? उन्होंने जिया की मृत्यु के बाद अपना पक्ष रखा। निश्चित रूप से जिया के जीवित रहते लिखने का साहस उनमें नहीं था। जिया के नजदीकी सहयोगी पाकिस्तान में जाकर बसनेवाले भारतीय मुसलमान थे। जनरल आरिफ पूर्वी पंजाब से, जनरल फैज अली चिश्ती जालंधर से और जनरल असलम बेग आजमगढ़ से थे।

जिया की रणनीति राजनेताओं को बातचीत में उलझाए रखना, उनकी मानसिकता का पता लगाना और फिर अपने लाभ के लिए उनका शोषण करना था। विपक्ष ने मूर्खतापूर्वक विश्वास कर लिया कि भुट्टो की समाप्ति के बाद लोकतंत्र बहाल कर दिया जाएगा। इस प्रकार जिया को भुट्टो की 'न्यायिक हत्या' की व्यवस्था करने के लिए आरंभिक दो वर्षों का लाभ मिल गया। 'न्यायिक हत्या' शब्द का प्रयोग जज दोराब पटेल ने किया था, जो सुप्रीम कोर्ट में भुट्टो के अपील के मामले पर भिन्न मत रखते थे।

अफगान युद्ध—बहिष्कृत से नायक

सन् 1979 में वामपंथी सरकार के आमंत्रण पर अफगानिस्तान में सोवियत सैनिकों का आना जनरल जिया के लिए सबसे अधिक लाभदायक सिद्ध हुआ। फिर अल्लाह ने जिया को लंबे समय तक सैन्य शासन चलाने का मौका दिया। राजनीतिक मार्गदर्शन के लिए जनरल जिया अचानक पवित्र कुरान खोल लेते और उसे पढ़ने के बाद वह सही उत्तर जानने का दावा करते। जिया ने अफगानिस्तान में सोवियत आक्रमण का प्रतिरोध करने के लिए एक इसलामी कारण खोज लिया। साम्यवाद को नियंत्रित करने के लिए अमेरिका को पाकिस्तान के रूप में एक सहयोगी मिल गया। चीन का मानना था कि सोवियत प्रभाव को सीमित किया जाना चाहिए। मिस्र और सऊदी अरब को अपने उपद्रवी जेहादियों को अफगानिस्तान भेजने का बहाना मिल गया। कट्टरपंथी सऊदी शाही परिवार के खिलाफ युद्ध पर उतारू थे और कट्टरवादी शक्तियाँ मिस्र की धर्मनिरपेक्ष सरकार को धमका रही थीं। इस प्रकार अफगानिस्तान में एक दशक लंबा चला युद्ध भिन्न, लेकिन एक बिंदु पर आकर मिलनेवाले राष्ट्रीय हितों पर आधारित था। 25 दिसंबर, 1979 को अफगानिस्तान पर सोवियत आक्रमण ब्रेझनेव की ओर से जिया के लिए क्रिसमस का उपहार था।[5]

जिया ने अमेरिका, चीन, अल्जीरिया, मिस्र, ब्रिटेन और अरब देशों से उदार शस्त्र सहयोग प्राप्त करके बिना किसी खर्च के अमेरिका से अफगानिस्तान में छाया युद्ध लड़ा। आई.एस.आई. सभी मौद्रिक दानराशि को एक बैंक खाते के द्वारा नियंत्रित करती थी। आई.एस.आई. प्रमुख लेफ्टिनेंट जनरल अख्तर अब्दुर रहमान, जो एक पठान थे, अफगानिस्तान में हो रहे छाया युद्ध के मुख्य संचालक थे। आई.एस.आई. पर उनके एक दशक लंबे नियंत्रण ने उन्हें रणनीति बनाने और उसे प्रभावी ढंग से कार्यान्वित करने पर बल और समय दिया। इसके लिए उन्होंने सही अधिकारियों का चयन किया, जैसे ब्रिगेडियर यूसुफ, जो अफगान युद्ध लड़ने के तरीके को सार्वजनिक करने से नहीं हिचकते थे। उन्होंने जिया की मृत्यु के बाद अपनी पुस्तक 'द बीयर ट्रैप' प्रकाशित की। यदि यह प्रकाशन जिया के कार्यकाल में हुआ होता तो वह (यूसुफ) निश्चित रूप से सलाखों के पीछे होते।

जनरल जिया, जो सन् 1979 में भुट्टो को फाँसी देने के बाद एक अंतरराष्ट्रीय बहिष्कृत नेता हो गए थे, जल्द ही मुक्त विश्व के एक नायक बन गए। वह मूर्ख नहीं थे। उन्होंने भारी मात्रा में हथियारों को पाकिस्तानी सेना तक पहुँचा दिया। विदेश से प्राप्त होनेवाले कोष को जमा करने के लिए आई.एस.आई.

प्रमुख का निजी बैंक खाता किसी एजेंसी की छान-बीन के परे रहा। कोई नहीं जानता कि उस कोष का उपयोग ईमानदारी से किया गया अथवा झूठे वाउचर तैयार करके व्यक्तिगत इस्तेमाल के लिए किया गया। अफगान युद्ध समाप्त होने के बाद किसी प्रधानमंत्री ने आई.एस.आई. के भय से गबन की सीमा का पता लगाने का प्रयास नहीं किया; क्योंकि उस समय तक आई.एस.आई. बहुत प्रभावशाली हो चुकी थी।

जनरल जिया और उनके विश्वासपात्र आई.एस.आई. प्रमुख जनरल अख्तर अब्दुर रहमान और अन्य कई अधिकारी जानते थे कि आई.एस.आई. किस प्रकार मादक द्रव्यों के अवैध व्यापार में शामिल थी। पश्चिमी प्रेस ने ऐसी रिपोर्टों का प्रकाशन किया। अमेरिका, जिसने मादक द्रव्यों के व्यापार के खिलाफ विश्व स्तर पर संघर्ष शुरू किया, पाकिस्तान की बात आने पर चुप रहा। यहाँ तक कि पाकिस्तान में अमेरिका के ड्रग एन्फोर्समेंट एजेंसी अधिकारियों की जगह सी.आई.ए. अधिकारियों को नियुक्त कर दिया गया, ताकि अंतरराष्ट्रीय स्तर पर मादक पदार्थों का मुक्त प्रवाह सुनिश्चित हो सके। संबंधित लोग जानते थे कि इससे प्राप्त धन को बड़े पैमाने पर अफगानिस्तान में 'जेहाद' के लिए इस्तेमाल में लाया जाता था। अमेरिका ने पाकिस्तान द्वारा अफगान युद्ध को 'जेहाद' कहने पर कोई आपत्ति नहीं की। इस प्रकार अमेरिका और अन्य शक्तियों ने 'जेहाद' को वैधता प्रदान की। 'जेहाद' इसलाम के विकास के लिए पवित्र युद्ध की अवधारणा थी, जो अब वाशिंगटन के लिए 'फ्रैंकेंस्टाइन का दैत्य' साबित हो रहा है।

एक कुख्यात तस्कर सेठ आबिद के साथ जनरल जिया के नजदीकी संबंध जग जाहिर थे। तहमीना दुर्रानी ने हथियारों की तस्करी के लिए उसके नाम का उल्लेख किया है। विवाह संबंध द्वारा जिया और आबिद घनिष्ठ हो गए थे।

जिया अपने सी.ओ.ए.एस. के पद के कारण लंबे समय तक सत्ता में रहे। वह अपने सी.ओ.ए.एस. के कार्यकाल को लंबा खींचते रहे। उन्होंने जनरल चिश्ती से कहा कि वह किसी का विश्वास नहीं कर सकते और एक राष्ट्रपति के रूप में अपने सी.ओ.ए.एस. की दया पर नहीं रह सकते (पाकिस्तान में सी.ओ.ए.एस. का पद सबसे महत्त्वपूर्ण होता है)। उन्होंने अपने कई वफादार जनरलों को भी सेवा विस्तार दिया। जिया के समय में सेना जितनी भ्रष्ट तथा पतित थी उतनी पहले कभी नहीं थी।

सेना द्वारा उनके निरंतर सहयोग का दूसरा कारण विवाह संबंध थे। जिया के पुत्र का विवाह जनरल रहीमुद्दीन की बेटी से और जनरल अख्तर के पुत्र का

विवाह जनरल रहीमुद्दीन की दूसरी बेटी से हुआ था। जनरल अख्तर के एक अन्य पुत्र का विवाह जनरल जाहिद अली अकबर की बेटी से हुआ था। इन चार जनरलों को 'चार का गिरोह' कहा जाता था।[6] सन् 1980 के बाद चयन बोर्ड ने नहीं, बल्कि जिया ने सेनाधिकारियों को पदोन्नति दी। इस प्रकार वह सेना पर अपनी पकड़ मजबूत बनाए रखने में सफल हुए।

बहुत कम लोग यह जानते हैं कि भुट्टो को फाँसी देने के बाद जनरल जिया रात में कभी नहीं सो सकते थे। भुट्टो का भूत हमेशा उन्हें परेशान करता था। आखिरकार, वह जानते थे कि भुट्टो को क्यों और कैसे फाँसी दी गई और भुट्टो के वफादार इससे क्रोधित हैं। जिया अपनी हत्या को लेकर भयभीत थे। हालाँकि वह विश्वास करते थे कि अल्लाह उनका मार्गदर्शन कर रहा है। इस बारे में पक्की राय है कि सन् 1977 के भारतीय आम चुनाव में श्रीमती इंदिरा गांधी के पतन ने सन् 1979 में भुट्टो को फाँसी देना सहज बनाया। यदि श्रीमती गांधी सत्ता में रहतीं तो जनरल जिया भुट्टो को हटाने से पहले कई बार सोचते। पाकिस्तान में तथा उसके आस-पास इंदिरा की उपस्थिति, भुट्टो के साथ उनके तालमेल और विदेश में तीसरी दुनिया के एक नेता के रूप में उनकी प्रतिष्ठा एक मनोवैज्ञानिक अवरोध के रूप में काम करती।[7]

इस धुँधली स्थिति के कारण विकसित हुए जिया और मोरारजी देसाई, जो अपने पूर्ववर्ती शासकों से नफरत करते थे, एक-दूसरे के साथ तालमेल बिठाने में सफल रहे। जिया के कार्यकाल के दौरान ही मोरारजी देसाई को पाकिस्तान का सर्वोच्च नागरिक सम्मान दिया गया।

जब इंदिरा गांधी की हत्या हुई और जिया तक यह खबर पहुँची तो उनकी तात्कालिक प्रतिक्रिया थी, 'जो पाकिस्तान को नुकसान पहुँचाते हैं, खुदा उन्हें देखेगा।' ईश्वर ने सही में उन सबका हिसाब रखा जिन्होंने पाकिस्तान को नुकसान पहुँचाया। जिया की मौत ने साबित कर दिया कि ईश्वर पक्षपात नहीं करता। श्रीमती इंदिरा गांधी के खिलाफ ऐसे कड़े शब्द कहने के बाद जिया उनके अंतिम संस्कार में भाग लेने के लिए नई दिल्ली पहुँचनेवाले प्रथम राष्ट्राध्यक्ष थे।[8]

जिया द्वारा पंजाब में आतंकवाद को उकसाना

प्रकाशित रिकॉर्ड स्पष्ट रूप से दरशाते हैं कि प्रशिक्षण, शस्त्र तथा पाकिस्तान में सुरक्षित शरण-स्थल प्रदान करके जनरल जिया पंजाब में आतंकवाद को बढ़ावा दे रहे थे। गिरफ्तार आतंकवादियों से पूछताछ के बाद इस बात का खुलासा हुआ

कि आतंकवाद बढ़ाने में आई.एस.आई. का विशेष हाथ रहा है। जिया श्रीनगर तथा तरनतारन मार्ग द्वारा भारत के विघटन की आशा करते थे।

अब पाकिस्तानियों ने उस दिशा में किए गए जिया के प्रयासों को उद्घाटित किया है। वह नियमित रूप से प्रमुख सिख बुद्धिजीवी वर्ग को संरक्षण देते थे। उनका बार-बार पाकिस्तान आना सुनिश्चित किया जाता था और प्रवासी सिख नियमित रूप से पाकिस्तान जाते थे, जिया जिनकी उदारतापूर्वक खातिरदारी करते थे।

सिखों को एक स्वतंत्र राष्ट्र का विचार देना जिया की बेवकूफी थी। सिखों के पाँच पिंडों में से दो पाकिस्तान में हैं। लाहौर के बिना एक सिख राष्ट्र की स्थापना अकल्पनीय और मूर्खतापूर्ण है। अपनी अरदास में सिख, या कहिए—पाकिस्तानी, प्रस्तावित खालिस्तान की जमीन के रूप में पाँचों पिंडों के एकीकरण की प्रार्थना करते थे। कालांतर में बेनजीर भुट्टो को यह एहसास हुआ कि ऐसे उद्देश्य को बढ़ावा देना पाकिस्तान के लिए कितना खतरनाक था, जो भविष्य में पाकिस्तान के लिए समस्याएँ उत्पन्न कर सकता था। इसलिए उन्होंने पाकिस्तान की धरती से ऐसी गतिविधियों की समाप्ति का आदेश दिया। जिया तर्क से नहीं, द्वेष से प्रेरित होते थे।[9]

एक कुशल तिकड़मबाज

जनरल जिया ने राजनेताओं से निपटने की कला जल्दी ही सीख ली। तख्तापलट के बाद वह लगातार आम चुनाव करवाने का वादा और गोल्फ खेलने के लिए राजनीति से संन्यास लेने की इच्छा प्रकट करते रहे। उन्होंने पाकिस्तान नेशनल एलायंस के नेताओं से विचार-विमर्श किया और उनसे यह आश्वासन प्राप्त किया कि पहले भुट्टो का ट्रायल समाप्त किया जाए, उसके बाद चुनाव करवाए जाएँ। इसने उन्हें भुट्टो को समाप्त करने के अपने कार्य में लगे रहने में मदद दी। जब लोकतंत्र की बहाली के लिए आवाज उठी तो उन्होंने अचानक पाकिस्तान के इसलामीकरण के धार्मिक मुद्दे पर एक जनमत-संग्रह करवा दिया। इसमें कम उपस्थिति द्वारा वह सन् 1984 में पाकिस्तान के निर्वाचित राष्ट्रपति बन गए। वह पीर पगारा, असगर खान, वली खान और गुलाम मुस्तफा जतोई को प्रधानमंत्रित्व सौंपने के झूठे वादे करते हुए म्यूजिकल चेयर का खेल खेलते रहे। सन् 1985 में उन्होंने एक दलविहीन चुनाव कराया और नेशनल असेंबली पर संविधान को संशोधित करने का दबाव डाला, ताकि उन्हें निर्वाचित सरकारों को बरखास्त करने की शक्ति मिल जाए। संविधान में धारा 52 (2) बी जोड़ी गई। इस

प्रकार जिया ने अपनी स्थिति मजबूत कर ली। सौदेबाजी करने के बाद उन्होंने तिकड़म द्वारा मुहम्मद अली खान जुनेजो, जो एक सिंधी थे, को प्रधानमंत्री बनवाया। भुट्टो को फाँसी देने के कारण जिया से खफा सिंधियों के गुस्से को दबाने के लिए इस सिंधी कार्ड का इस्तेमाल किया गया।

सन् 1988 में अपनी मृत्यु से कुछ माह पहले जुनेजो बरखास्त किए गए। जिया पूर्वानुमान करके घटनाओं को अपने पक्ष में मोड़ लेते थे। वह खुद को साम्यवाद के बहुत बड़े विरोधी के रूप में प्रस्तुत करके अमेरिका और पश्चिमी देशों को बेवकूफ बना रहे थे। सन् 1982 में वह ब्रेझनेव के अंतिम संस्कार में शामिल हुए। वहाँ ब्रेझनेव के उत्तराधिकारी एंड्रोपोव ने उन्हें बड़ा भला-बुरा कहा। उन्होंने एंड्रोपोव से कहा, 'महासचिव, मेरा विश्वास कीजिए, पाकिस्तान और कुछ नहीं, सोवियत संघ से अच्छे संबंध चाहता है।' वास्तव में वह इसके विपरीत कर रहे थे। वह 'भ्रमित करो और फूट डालो' की नीति को बहुत कुशलता से इस्तेमाल करते थे।

जिया का इसलामी दृष्टिकोण

जिया का 'धार्मिक उन्माद' प्रसिद्ध था। उन्हें अकसर 'वर्दीवाला मुल्ला' कहा जाता था। 'मदरसा' कहे जानेवाले धार्मिक विद्यालयों की संख्या उनके कार्यकाल के दौरान बढ़ने लगी। वे अफगान-पाकिस्तान सीमा से आनेवाले युवा छात्रों को इसलामी उपदेश देते थे और जेहादियों के लिए भरती के माध्यम थे।

उन्होंने सेना मुख्यालय में धार्मिक शिक्षा के लिए एक निदेशालय बनाया। यदि सेना की दैनिक काररवाइयों में इसलाम के इस्तेमाल के मामले में किसी स्पष्टीकरण की आवश्यकता होती तो वह निदेशालय द्वारा प्रदान किया जाता था।

दिसंबर 1986 में अल्लामा इकबाल के पुत्र जस्टिस जावेद इकबाल ने जिया के साथ 'हुदूद' के प्रश्न पर चर्चा की। इकबाल उस समय पाकिस्तान के सुप्रीम कोर्ट के जज थे। उन्होंने कहा कि उनके पिता कभी भी सख्त इसलामी कानून लागू करने के पक्ष में नहीं थे। उन्होंने कहा था, 'कोई हाथ नहीं काटे जाएँगे और किसी को भी पत्थर मारकर मौत नहीं दी जाएगी।' जावेद ने कहा, 'इकबाल सजा पर 'समयबद्ध' आदेश के खिलाफ थे।'

उनकी बात सुनने के बाद जिया ने कहा कि उस मामले में इकबाल की सलाह को अनदेखा कर देना चाहिए।[10]

'हुदूद' नामक इसलामी सुबूत का एक नया कानून पहले एक अध्यादेश के

अंतर्गत तथा बाद में आठवें संशोधन में सम्मिलित किया गया। 'हुदूद' के अंतर्गत एक महिला की गवाही पुरुष से आधी मानी जाएगी। बलात्कार के मामले में 'हुदूद' के अनुसार बलात्कार को प्रमाणित करने के लिए चार पुरुष गवाह होने चाहिए। एकांत में हुए बलात्कार के लिए गवाह उपस्थित करना पूर्णत: असंभव है। फलस्वरूप बलात्कार की शिकार स्त्रियों को अकसर गलत दोषारोपण का दोषी ठहराया जाता है और उन्हें बदचलनी आदि के लिए सजा सुनाई जाती है।

जिया के शासन में पाकिस्तान के अधिकतर जनरल कनिष्ठ पदों पर थे। उनमें से कई जनरल तो जिया के चमचे बन गए। दो सेवानिवृत्त लेफ्टिनेंट जनरल जावेद नासिर और हमीद गुल तथा कई अन्य इसलामी जनरल लगातार विकसित होते रहे। जनरल अब्बासी जैसे कई लोगों का मानना था कि जिया के इसलामीकरण कार्यक्रम को कार्यान्वित नहीं किया जा रहा है। उनमें से कई ने तख्तापलट का प्रयास किया। इस प्रकार जिया ने धार्मिक आधार पर सेना में फूट डाल दी थी। उनकी सुन्नी पृष्ठभूमि कई शियाओं के लिए असह्य थी। इस बारे में एक सशक्त मत है कि जिया की विमान दुर्घटना कुछ शिया तत्त्वों के सुनियोजित षड्यंत्र का परिणाम थी। इस प्रकार संप्रदायवाद का विकास, जो आज स्पष्ट देखने को मिलता है, का श्रेय जिया द्वारा पाकिस्तान के सुन्नी इसलामीकरण को जाता है।

सन् 1978 में जिया ने देश को सूचित किया कि उन्हें एक सपना आया, जिसमें एक आवाज ने उन्हें सुझाव दिया कि चुनाव गैर-इसलामी हैं। उन्होंने भुट्टो की समाप्ति के बाद किए गए चुनाव के वादे को स्थगित करने के लिए इसलाम का सहारा लिया। वह जानते थे कि पाकिस्तान में स्वप्न-सिद्धांत खूब चलते हैं।

जिया अकसर पाकिस्तान की सैद्धांतिक स्थिति का राग अलापते रहते थे। एक बार उन्होंने कहा—

> 'पाकिस्तान इजरायल की तरह है। इजराइल से यहूदीवाद को निकाल लें तो वह ताश के घर की तरह बिखर जाएगा। पाकिस्तान से इसलाम को निकाल दें और उसे धर्मनिरपेक्ष देश बना दें तो वह ढह जाएगा।'

यह मत 11 अगस्त, 1947 को पाकिस्तान के बारे में जिन्ना द्वारा व्यक्त मत से पूरी तरह भिन्न है। पाकिस्तान में संप्रदायवाद के विकास के लिए जिया काफी हद तक जिम्मेदार थे। वह एक कट्टर सुन्नी थे, जो सुन्नी नियमों पर पाकिस्तान के इसलामीकरण में विश्वास रखते थे। सन् 1980 में हजारों शियाओं ने 'जकत' सहयोग के साथ इसलाम का सुन्नी मत थोपे जाने के खिलाफ इसलामाबाद में

प्रदर्शन किया। शिया 'जकत' में विश्वास नहीं रखते। शियाओं के सशक्त आंदोलन को देखते हुए जिया ने शियाओं को 'जकत' से छूट दे दी। उनके कार्यकाल के दौरान पहली बार शियाओं ने तहरीक-ए-निफाज ए-फिका-ए-जफरिया नामक एक राजनीतिक मंच गठित किया, जो अब भी पाकिस्तान में सक्रिय है। उनके समय में संभवतः सिंधियों का सामना करने के लिए मुहाजिरों ने मुहाजिर कौमी आंदोलन शुरू किया।

जिया की रहस्यमय मौत

17 अगस्त, 1988 को जनरल जिया की मृत्यु के बाद पाकिस्तान में लोकतंत्र के ताजा परीक्षण का नया अध्याय शुरू हुआ। वह विमान दुर्घटना मात्र एक दुर्घटना थी या सबसे शक्तिशाली और सबसे सुरक्षित सैन्य तानाशाह को मारने का षड्यंत्र था? इस प्रश्न का उत्तर देना किसी के लिए भी आसान नहीं है।

जिया ने कई जनरलों तथा अमेरिकी राजदूत अर्नाल्ड रफेल के साथ बहावलपुर का दौरा किया। यह स्थान जिया के जन्मस्थान जालंधर के काफी करीब है। इस यात्रा का उद्देश्य अमेरिका निर्मित कुछ बंदूकों की फील्ड फायरिंग देखना था। 17 अगस्त, 1988 की दोपहर को सी-130 हरक्यूल्स विमान ने वापसी की यात्रा के लिए उड़ान भरी। कहा जाता है कि 4 अप्रैल, 1979 को भुट्टो के ताबूत को लरकाना तक ले जाने के लिए इसी विमान का प्रयोग किया गया था। क्या विमान जब आकाश में था, तभी विस्फोट हुआ? दुर्घटना के तरीके के बारे में कोई आधिकारिक पुष्टि नहीं की गई। विमान में सवार सभी यात्री मारे गए। जनरल असलम बेग भी एक अन्य सड़क से रवाना हुए थे। उन्होंने दुर्घटना-स्थल को देखा। प्राथमिक जाँच के लिए बहावलपुर लौटने की बजाय वह तुरंत इसलामाबाद के लिए रवाना हो गए। उनकी प्राथमिकता कुछ और थी।

अपनी मृत्यु के समय जिया चौंसठ वर्ष के थे। षड्यंत्र का सिद्धांत लोकप्रिय हो गया। शुरू में भारत, अफगानिस्तान तथा रूस पर संदेह किया गया। लोग जाँच के नतीजे को कभी भी नहीं जान सके, क्योंकि उसे गोपनीय रखा गया।

'द बीयर ट्रैप' के लिए मशहूर ब्रिगेडियर यूसुफ ने कहा कि विमान के अचानक तेजी से नीचे आने के परिणामस्वरूप वह दुर्घटना हुई थी। एक मत यह था कि वह कुछ शिया पायलटों का आत्मघाती मिशन था। जिया की विमान दुर्घटना के कुछ दिनों पहले सुन्नी कट्टरपंथियों ने एक प्रमुख शिया नेता की हत्या कर दी थी।

ब्रिगेडियर यूसुफ का मत यह था कि एक खास गैस निकलने से दल के सदस्यों पर तुरंत प्रभाव पड़ा। वे उड़ान भरने के तुरंत बाद अचेत हो गए। यह संभव था। यदि विमान एक ऊँचाई पर पहुँच चुका था तो कुछ देर के लिए वह खुद ही उड़ सकता था। गैस पायलट के केबिन से यात्रियों की ओर नहीं जा सकती थी, क्योंकि केबिन में बख्तरबंद दरवाजे थे। उस दुर्घटना में मारे गए लोगों के शवों का अंतिम संस्कार जरूरी पोस्टमार्टम करवाए बिना ही कर दिया गया; जबकि पायलटों और यात्रियों की पोस्टमार्टम रिपोर्टों से कुछ सूचना मिल सकती थी। वैज्ञानिक परीक्षण कराए बिना विमान का मलबा भी हटा दिया गया।

भारत में ऐसे मामले सामान्यत: सी.बी.आई. को सौंपे जाते हैं, लेकिन वहाँ वायुसेना अधिकारियों द्वारा एक जाँच करवाई गई। वह एक पुलिस केस होना चाहिए था। जाँच के साथ-साथ रिपोर्ट जमा करने में भी विलंब किया गया। आधिकारिक रूप से कोई नहीं जानता कि क्या हुआ था। यदि दुर्घटना के शिकार हुए लोगों में अमेरिकी नागरिक शामिल हों तो अमेरिकी कानून के तहत एफ.बी.आई. दूसरे देश में स्वतंत्र जाँच कर सकती है। घटना के महीनों बाद एफ.बी.आई. टीम पाकिस्तान पहुँची; लेकिन उसके सदस्य पाकिस्तान में छुट्टियाँ मनाते हुए देखे गए (यूसुफ)। एफ.बी.आई. ने कोई रिपोर्ट जारी नहीं की, न ही मलबे के नमूने एफ.बी.आई. लैब में परीक्षण के लिए भेजे गए।

नशीले पदार्थों की तस्करी के लिए अमेरिकी पुलिस द्वारा किसी समीर के साथ गिरफ्तार किए गए इकतालीस वर्षीय मलिक ने यह कहा कि उसने समीर को जनरल जिया की हत्या के लिए भाड़े पर लिया था, जिसके लिए उसने एडवांस में आधे मिलियन डॉलरों का भुगतान किया था। यह योजना कथित रूप से पी.पी.पी. नेताओं द्वारा तैयार की गई थी। हालाँकि उसने यह नहीं बताया कि वह योजना सफल हुई या नहीं। मलिक को जिया की मौत के पाँच माह बाद ब्राजील में और समीर को फरवरी 1989 में गिरफ्तार किया गया था।[11]

दुर्घटना के प्रत्यक्षदर्शियों से पूछताछ भी नहीं की गई। षड्यंत्र के किसी प्रमाण के अभाव में किसी को ट्रायल के लिए नहीं भेजा जा सकता था। आई.एस.आई. ने एक जवान को गिरफ्तार किया; परंतु उससे कुछ भी हाथ नहीं लगा।

पाकिस्तान में अधिकांश राजनीतिक हत्याओं का रहस्य नहीं खुल पाता है। सन् 1951 में नवाबजादा लियाकत अली खान की हत्या का केस सुबूतों के अभाव में बंद कर दिया गया था। यहाँ तक कि पुलिस जाँच रिपोर्ट भी जारी नहीं की गई। लियाकत अली खान की बेगम जाँच की माँग लगातार करती रहीं। जब वह

अधिक बोलने लगीं तो उन्हें एक के बाद एक कई देशों में राजदूत के रूप में भेज दिया गया।

पाकिस्तान के एक उर्दू समाचार-पत्र 'खबरें' ने कुछ समय पूर्व खबर दी कि षड्यंत्र में अधिकारियों की भागीदारी प्रमाणित करने के लिए एक रिपोर्ट उपलब्ध थी; परंतु इस खबर पर कोई आधिकारिक प्रतिक्रिया जाहिर नहीं की गई। बेनजीर भुट्टो इस केस की तह में जाने की अधिक इच्छुक नहीं थीं।

यह सच है कि लियाकत अली खान की मृत्यु के बाद पाकिस्तान में नेतृत्व का संकट उत्पन्न हो गया था। यदि जिन्ना और लियाकत अली खान भारत में नेहरू, पटेल या शास्त्री की तरह अधिक आयु तक जीवित रहते तो संभवत: लोकतंत्र पाकिस्तान में अपनी जड़ें जमाने में सफल होता। वहाँ के नेतृत्व संकट ने नौकरशाहों तथा सेना को आसानी से सत्ता हथियाने में समर्थ बनाया।

जिया के पुत्र एजाज-उल-हक मुसलिम लीग में सेना की छाया हैं। जनरलों तक उनकी अच्छी पहुँच है। एजाज ने विमान दुर्घटना से संबंधित प्रमाणों की पुन: जाँच की माँग सन् 1997 में की, क्योंकि उन्हें विश्वास था कि असलम बेग ने सुबूतों को नष्ट करने का प्रयास किया था। उन्हें सन् 1992 के जस्टिस शफीउर रहमान जाँच समिति रिपोर्ट पर विश्वास था, जिसने कहा कि अधिकांश भौतिक प्रमाण सेना द्वारा नष्ट कर दिए गए हैं। इसलामाबाद के एक उर्दू दैनिक के स्थानीय संपादक ने बताया कि एक इंटेलिजेंस एजेंसी किस प्रकार घटनास्थल की तसवीरों को लाहौर स्थित उसकी अखबार फोटो लाइब्रेरी से ले गई थी।

शफीउर रहमान समिति रिपोर्ट ने पिछली जाँचों को बकवास बताया। दो आरंभिक आधिकारिक जाँचों में एक जाँच वायु सेना जाँच बोर्ड द्वारा करवाई गई थी और दूसरी राष्ट्रपति इशहाक के आदेश पर एक वरिष्ठ प्रशासनिक अधिकारी एफ.के. बैंडियल द्वारा की गई थी। बैंडियल के पास कोई कानूनी या तकनीकी प्रत्यय-पत्र नहीं था।[12]

जुल्फिकार अली भुट्टो या बेनजीर भुट्टो या नवाज शरीफ में से किसी ने भी अपने प्रधानमंत्रित्वकाल में ऐसे विवादास्पद मामलों को सुलझाने का प्रयास नहीं किया। ये प्रधानमंत्री भी सेना तथा आई.एस.आई. के रिमोट कंट्रोल के अंदर थे। अब जिलों तथा तहसीलों में आई.एस.आई. की पकड़ इतनी मजबूत है कि कोई खुलेआम अपना मत अभिव्यक्त नहीं कर सकता। केवल न्यायपालिका अपने दम पर जनहित के ऐसे मामलों को उठा सकती है। वैसे वास्तविकता यह है कि न्यायपालिका भी रावलपिंडी के 'स्टैलियनों' और आई.एस.आई. के 'लकड़बग्घों'

की निगरानी में है। ये नाम पाकिस्तान में उन दो शक्तिशाली प्रतिष्ठानों को दिए गए हैं, जो प्रत्यक्ष या अप्रत्यक्ष रूप से देश पर शासन करते हैं।

जिया के ड्रग सूत्र

अगस्त 1988 में जिया की मौत के बाद भी ड्रग तस्करों के साथ उनके संबंधों की जाँच नहीं की गई। सी.आई.ए. और ड्रग एन्फोर्समेंट एजेंसी बहुत कुछ जानती थी; लेकिन अफगानिस्तान में अमेरिका के छाया युद्ध में पाकिस्तान की भागीदारी के कारण वे चुप रहीं। सन् 1991 में दक्षिण एशिया पर एक अमेरिकी विशेषज्ञ प्रो. अल्फ्रेड डब्ल्यू. मेकोय द्वारा तैयार एक रिपोर्ट में नशीले पदार्थों की तस्करी में शामिल होने का आरोप सी.आई.ए. पर लगाया गया। इस रिपोर्ट के अनुसार, पाकिस्तानी तस्कर वास्तव में जिया के नजदीकी विश्वासपात्र थे। लाहौर के 'द व्यू प्वॉइंट' ने इस रिपोर्ट को प्रकाशित किया।

जिया की मौत और लोकतंत्र की बहाली के बाद पाकिस्तान के अमेरिकी दूतावास में तैनात सत्रह अमेरिकी एजेंटों ने कथित रूप से पाकिस्तान से कार्य करनेवाले चालीस बड़े नारकोटिक सिंडीकेटों को पहचाना। पाकिस्तान की किसी एन्फोर्समेंट एजेंसी द्वारा कभी उनकी जाँच-पड़ताल नहीं की गई। थोड़ा पीछे जाते हुए, दिसंबर 1983 में ओस्लो हवाई अड्डे पर साढ़े तीन किलोग्राम हेरोइन के साथ हुई राजा कुरैशी की गिरफ्तारी ने जिया की जान-पहचान का दायरा बताया। हबीब बैंक के उपाध्यक्ष हामिद हुसैन की गिरफ्तारी से और भी बहुत कुछ पता चला। उसे जिया के बहुत करीब माना जाता था। कथित रूप से उसकी गिरफ्तारी के समय जनरल जिया के व्यक्तिगत बैंक खाते हुसैन के ब्रीफकेस में पाए गए। इन केसों का क्या हुआ, यह किसी को पता नहीं है।

जनरल जिया के अंतरंग सैन्य सहयोगी जनरल फजल हक, जो उत्तर-पश्चिमी सीमा प्रांत के गवर्नर थे, को 'बढ़ते हेरोइन उद्योग का प्रमुख रक्षक' कहा जाता था। सन् 1982 में उनके बारे में सबको जानकारी थी। यह माना जाता है कि बेनजीर के शासनकाल के दौरान भी ड्रग व्यापारियों से उनके कथित संबंधों की जाँच के सभी प्रयासों को निष्फल कर दिया गया।

नशीले पदार्थों के तस्करों से सेना के संबंधों की बात सन् 1986 में तब फिर सामने आई, जब दो सेनाधिकारी गिरफ्तार किए गए। किंतु वे 'रहस्यपूर्ण परिस्थितियों' में बच निकले।[13]

सन् 1990 की शुरुआत में गिरफ्तार किए गए एक प्रमुख व्यक्ति ने तस्करों,

राजनेताओं और सेनाधिकारियों के बीच अंतर्संबंध के बारे में आश्चर्यजनक खुलासे किए। उसने आरोप लगाया कि थल सेना और वायु सेना अधिकारी हेरोइन तथा चरस के 'कैरियरों' (वाहकों) के रूप में काम कर रहे थे।[14]

कराची की एक पत्रिका 'न्यूजटाइम' ने इस बारे में एक विस्तृत (बाईस पृष्ठों की) रिपोर्ट छापी, जिसमें यह बताया गया था कि ड्रग माफिया किस सीमा तक सरकारी तथा आर्थिक संस्थानों में घुस चुके हैं। नशीले पदार्थों की तस्करी से पाकिस्तान को आठ अरब डॉलर की सालाना आय हो रही थी। उसने अपना तंत्र फैलाकर उसमें सैन्यकर्मियों, राजनेताओं, व्यवसायियों तथा नौकरशाहों को भी शामिल कर लिया था। वे किसी भी सरकार को अस्थिर करने में समर्थ थे, जिसने पाकिस्तान की तत्कालीन प्रधानमंत्री बेनजीर भुट्टो पर दबाव बनाए रखा। पत्रिका ने जिया की अफगान नीति तथा अमेरिका की निंदा की, जिसने अफगान युद्ध को आर्थिक मदद पहुँचाने के लिए इस गतिविधि में सहयोग दिया। बेनजीर भुट्टो ने अपने शासन के आरंभ में नशीले पदार्थों के विरुद्ध युद्ध स्तर पर अभियान शुरू जरूर किया था, परंतु इस अभियान ने जल्दी ही अपना दम तोड़ दिया। उत्तर-पश्चिमी सीमा प्रांत के पूर्व गवर्नर लेफ्टिनेंट जनरल फजल हक के मामले में सरकार ने शुरू में कहा कि उसने उनके (जनरल फजल हक के) तथा उनके भाई के विरुद्ध महत्त्वपूर्ण प्रमाण एकत्रित किए हैं; लेकिन बाद में कहा कि वे प्रमाण उन आरोपों को सिद्ध नहीं करते।[15]

प्रतिशोधी जिया

जिया अपने परिवार तथा अवैध कार्यों में शामिल जनरलों की कोई आलोचना सहन नहीं कर सकते थे। 'फ्रंटियर पोस्ट' ने खबर दी कि उनकी पत्नी को लंदन में आँखों के इलाज के लिए काफी विदेशी मुद्रा दी गई। उसी समाचार-पत्र ने यह भी कहा कि वह अपनी लंदन यात्रा में चालीस-पचास सूटकेस लेकर गई थीं। आई.एस.आई. प्रमुख जनरल हामिद ने समाचार-पत्र के स्वामी रहमत शाह अफरीदी को सम्मन भेजा। कुछ ही समय बाद प्रबंध संपादक फरहातुल्ला बाबर को बरखास्त कर दिया गया।[16]

सन् 1988 में जुनेजो की सरकार की बरखास्तगी और नेशनल असेंबली के भंग होने के बाद सीनेट में उन 'फोर स्टार जनरलों' के बारे में प्रश्न उठाया गया, जिनके पास आयातित ड्यूटी-फ्री कारें थीं। एक तथ्यात्मक जवाब तैयार कराया गया, जिसने जनरलों को क्रुद्ध कर दिया। जिया के नजदीकी सैन्य अधिकारी

जनरल अख्तर अब्दुर रहमान (फोर स्टार एक जनरल) ने सेना और इसके नेतृत्व की छवि खराब करने के बारे में संयुक्त चीफ ऑफ स्टाफ कमेटी के चेयरमैन की हैसियत से जिया के नाम एक कड़ा पत्र लिखा। उसी शाम छह बजे वित्तमंत्री और सेंट्रल बोर्ड ऑफ रेवेन्यू के चेयरमैन को बुलाया गया तथा उन्हें रात के एक बजे तक इंतजार कराया गया। रात के उस पहर में जिया ने उन्हें जबरदस्त फटकार लगाई।[17]

जुल्फिकार अली भुट्टो की फाँसी जनरल जिया की प्रतिशोधी प्रवृत्ति का एक उदाहरण है। उन्होंने अपने राजनीतिक विरोधियों को न्यायपालिका के जरिए दूसरों के द्वारा फाँसी दिलाकर खत्म करने की रणनीति अपनाई। इसके लिए निम्न उदाहरणों पर गौर करें—एक राजनीतिक कार्यकर्ता हामिद बलूच को सैन्य अदालत ने फाँसी की सजा सुनाई। हाई कोर्ट ने उसकी सजा रोकने का आदेश दिया; मगर हाई कोर्ट के आदेश का सम्मान नहीं किया गया। हामिद को बिना किसी अपराध के फाँसी दे दी गई। सन् 1984 में जिया के एक समर्थक राजनीतिज्ञ की हत्या का आरोप अयाज सामू पर लगाया गया। सामू के अनुसार, उससे जबरदस्ती गुनाह कबूल करवाया गया। घटनास्थल पर पाए गए खून के नमूने अभियुक्त के नमूने से मेल नहीं खाते थे। अयाज को जून 1985 में फाँसी दे दी गई। अयूब मलिक, मुहम्मद ईसा और सैफुल्लाह खालिद पर सन् 1981 में पाकिस्तान इंटरनेशनल एयरलाइंस के एक विमान का अपहरण करने के आरोप में सैन्य अदालत में मुकदमा चलाया गया। शुरू में उन्हें जेल की अलग-अलग सजाएँ दी गईं, मगर इन सजाओं को पर्याप्त नहीं समझा गया। सन् 1984 में जिया ने दोबारा ट्रायल के आदेश दिए। जैसी उम्मीद थी, सैन्य अदालत ने इन सभी को मौत की सजा सुनाई। जिया ने इस सजा को 6 अक्तूबर, 1984 को मंजूरी दे दी।[18]

जिया का मूल्यांकन

जिया पाकिस्तान के लिए एक अभिशाप थे। उन्होंने सुव्यवस्थित रूप से न्यायपालिका, सेना और प्रेस को गौण कर दिया। अपने लिए समस्याएँ पैदा करनेवाले पत्रकारों पर उन्होंने करारे प्रहार किए और राजनीतिक नेताओं को प्रताड़ित किया। उन्होंने एक कमजोर लोकतंत्र पर वास्तविक घातक प्रहार किया। उनकी अफगान नीति ने पाकिस्तान को कोई लाभ नहीं पहुँचाया। इसके उलट, इस नीति ने पाकिस्तान को मुश्किलों में डाल दिया। उन्होंने 'जेहाद' को दुनिया भर में कार्यान्वित करने योग्य एक उचित नीति माना। उन्होंने बड़े पैमाने पर पाकिस्तानी सेना का इसलामीकरण

किया। उन्होंने देश में ऐसे धार्मिक स्कूल खोलने की इजाजत दी, जो 'जेहादी' तैयार करें, न कि विद्वान्, जो किसी भी देश के विकास के लिए जरूरी होते हैं। उनकी वैश्विक दृष्टि संकुचित थी और उसपर उनकी भारत-विरोधी नीति हावी थी। उन्होंने महिलाओं के अधिकारों पर प्रतिबंध लगाए। पाकिस्तान के लिए उनका सबसे खतरनाक योगदान चीन से परमाणु बम प्राप्त करना था, जिसे दुनिया की खोजी निगाहों से दूर गुप्त जगहों पर छिपाया गया।

वह सनकी और निरंकुश थे। जब वह मुलतान में कोर कमांडर थे तब उन्होंने आदेश दिया कि प्रधानमंत्री भुट्टो को सम्मान देने के लिए सभी अधिकारी परिवार सहित पंक्ति में खड़े रहेंगे। जब एक अधिकारी ने इस आदेश पर सवाल उठाया तो उसे नौकरी से बरखास्त कर दिया गया। इसी तरह विधि सचिव समदानी को हाई कोर्ट वापस भेज दिया गया। जिया शीघ्र क्रोधित होनेवाले और बातचीत में असभ्य भाषा का प्रयोग करनेवाले थे। उन्होंने सन् 1983 में नौकरशाहों की एक बैठक में कहा कि यदि उन्होंने जिया की आज्ञानुसार काम नहीं किया तो वह उन्हें नंगा करके उलटा लटका देंगे। समदानी ने इस बैठक में कहा कि वह भी जनरलों को नंगा करके लटका सकते हैं।

जब उत्तर-पश्चिमी सीमा प्रांत के गवर्नर जनरल फजल हक ने जिया का अपमान किया तो वह चुप रहे; क्योंकि जनरल हक जिया के कई राज जानते थे। पाक अधिकृत कश्मीर के सरदार कयूम ने एक बार गुस्से में कहा कि वह नई दिल्ली जा रहे हैं, तो जिया ने उन्हें अपशब्द कहे और उनके पर कतरने की धमकी दी। उन्होंने कयूम को कहा कि वह आई.एस.आई. से रिश्वत लेते हैं। पत्रकार अल्ताफ हसन कुरैशी को तो जिया ने गाली भी दी। सन् 1988 में जब एक पत्रकार निसार उस्मानी ने उनकी अफगान नीति के विचार पर सवाल उठाया तो वह गुस्से में आ गए। उन्होंने उसे सार्वजनिक रूप से फटकार लगाई।

जिया के पिट्ठू माने जानेवाले कई राजनीतिज्ञ उन्हें बड़ा ही धार्मिक व्यक्ति बताते हैं, क्योंकि वह पाँचों वक्त नमाज पढ़ते थे और पैगंबर के मकबरे पर जोर-जोर से रोते थे; लेकिन जनरल हसन और जनरल अब्दुल्ला मलिक का मानना है कि जिया में नाममात्र की भी नैतिकता नहीं थी। वे अपने आस-पास रिश्वतखोरों के मौजूद रहने से राहत महसूस करते थे। उनकी भ्रष्ट गतिविधियों की कई रिपोर्टें हैं, जिनमें यह बताया गया है कि कैसे उन्होंने सऊदी अरब द्वारा एफ-16 विमानों की खरीद में लाभ अर्जित किया या वायुसेना के लिए ऐसे विमानों की खरीद की, जो फॉकलैंड युद्ध में बेकार हो गए थे। वह जनरल अख्तर अब्दुर रहमान से मिले

हुए थे, जो एक कायर व्यक्ति था और जो भारत के साथ एक युद्ध में अपने ही अर्दली के उपहास का पात्र बना था; क्योंकि वह अपने बंकर से बाहर ही नहीं निकलता था।[19]

जहाँ तक व्यक्तित्व का सवाल है—अयूब के विपरीत, जिया देखने में खूबसूरत नहीं थे। उनकी आँखें भैंगी थीं। सैन्य अधिकारियों के निजी सर्कल में उनपर बहुत सारे चुटकुले प्रचलित थे। एक चुटकुला जिया के ललाट पर उभरे गूमड़ के बारे में था कि यह पाँचों वक्त की नमाज के समय सिर को जोर से जमीन पर पटकने का नतीजा है। नटवर सिंह ने जिया के सैन्य शासन काल को एक दोहे में व्यक्त किया, जो काफी प्रचलित हुआ था—'पाकिस्तान विच मौजन-ए-मौजन, जित्ते देखो फौजन-ए-फौजन।' (पाकिस्तान में खूब मौज है, जिधर देखिए, सैनिक-ही-सैनिक हैं)। उनकी विदेश नीति इसलामी 'उम्माह' को मजबूत करना था। पाकिस्तान ने पश्चिमी एशिया की ओर अपना झुकाव बनाया, यह स्वयं (पाकिस्तान) को भारतीय उपमहाद्वीप से पृथक् करने का एक कृत्रिम प्रयास था। नटवर सिंह ने उनके विचारों के बारे में एक बार कहा था, 'जिया उल-हक का कोई मत नहीं है; सिर्फ एक मत है और वह भी बहुत संकीर्ण है।'

टिप्पणियाँ एवं संदर्भ

1. फैज अली चिश्ती—'बिट्रेयल ऑफ अनदर काइंड', ट्राइकलर बुक्स, दिल्ली, 1989, पृष्ठ 27
2. वही, पृष्ठ 28
3. जुल्फिकार अली भुट्टो—'इफ आई एम एसेसिनेटेड', विकास पब्लिशिंग हाउस, दिल्ली, 1979, पृष्ठ 204
4. फैज अली चिश्ती—'बिट्रेयल ऑफ अनदर काइंड', पृष्ठ 65
5. मेहताब अली शाह—'द फॉरेन पॉलिसी ऑफ पाकिस्तान', आई.बी. टॉरिस, लंदन, 1997, पृष्ठ 13
6. फैज अली चिश्ती—'बिट्रेयल ऑफ अनदर काइंड', पृष्ठ 99
7. मेहताब अली शाह—'द फॉरेन पॉलिसी ऑफ पाकिस्तान', पृष्ठ 18
8. वही, पृष्ठ 21
9. वही, पृष्ठ 18
10. 'द फ्राइडे टाइम्स'—5-11 दिसंबर, 1997
11. 'द हिंदुस्तान टाइम्स'—दिल्ली, 9 नवंबर, 1989
12. 'द फ्राइडे टाइम्स'—29 अगस्त-4 सितंबर, 1997
13. 'इंडियन एक्सप्रेस'—12 अगस्त, 1991 के अंक में भारतीय न्यूज एजेंसी यू.एन.आई. की एक रिपोर्ट का अंश

14. 'द हिंदुस्तान टाइम्स'—21 अक्तूबर, 1990
15. के. सुब्रह्मण्यम—'द हिंदुस्तान टाइम्स' में, 2 फरवरी, 1990
16. 'डॉन'—4 मई, 2000
17. 'डॉन'—11 मई, 1999
18. 'पाकिस्तान : जिया एंड आफ्टर', अरिनब पब्लिकेशंस, दिल्ली, 1989, पृष्ठ 45
19. खालिद अहमद—'द फ्राइडे टाइम्स' में, 20-26 अक्तूबर, 2000

□

7

परवेज मुशर्रफ : कमांडो राष्ट्रपति

सन् 1943 में दिल्ली में जनमे परवेज मुशर्रफ उत्तर प्रदेश मूल के एक मुहाजिर हैं। जनरल मिर्जा असलम बेग की तरह उनके पूर्वज भी उत्तर प्रदेश के आजमगढ़ जिले के थे। उनका जन्म पुरानी दिल्ली के नाहरवाली हवेली में हुआ था। उस हवेली का एक हिस्सा अब भी सही-सलामत है।

सन् 1947 में जब उनका परिवार पाकिस्तान गया तो वह सिर्फ पाँच वर्ष के थे। वह कराची के एक स्कूल में पढ़े और उसके बाद उनकी स्कूली शिक्षा टर्की में हुई, जहाँ उनके पिता प्रति नियुक्त थे। अब इक्यासी वर्षीय मेजर (रिटायर्ड) ए.एन. पुंज अंकारा में बिताए अपने दिनों को याद करते हैं, जहाँ वह भारतीय दूतावास के एक कर्मचारी के रूप में कार्यरत थे और मुशर्रफ के पिता, जो वहाँ पाकिस्तानी दूतावास के एकाउंट्स विभाग में तैनात थे, से उनकी गहरी मित्रता थी। उस समय मुशर्रफ दस वर्ष के जहीन बालक थे। दोनों परिवारों में घनिष्ठ संबंध थे।

परवेज मुशर्रफ तीन भाइयों में दूसरे नंबर पर हैं। उनके बड़े भाई जावेद दिल्ली के अजमेरी गेट स्थित एक एंग्लो-अरबी स्कूल में पढ़े थे, जो विभाजन के बाद दिल्ली कॉलेज बन गया। बाद में जावेद पाकिस्तान में उच्च विदेश सेवा अधिकारी बने। उनके छोटे भाई नावेद अपनी अमेरिकी पत्नी लिंडा के साथ अमेरिका में बसे एक एनेस्थीसियोलॉजिस्ट हैं। आश्चर्यजनक रूप से नावेद भारत-पाकिस्तान शांति मंच के विकास के लिए एक नीति-निर्धारक समूह का नेतृत्व कर रहे हैं। अमेरिका में बसे एक अनिवासी भारतीय हरिंदर लांबा इस कार्य में उनका सहयोग कर रहे हैं। यह प्रयास '90 के दशक के आरंभ में शुरू किया गया था।

मुशर्रफ ने 28 दिसंबर, 1968 को साहबा फरीद से विवाह किया। वह विवाह दोनों परिवारों की एक परिचित महिला द्वारा कराया गया पारंपरिक विवाह था। उस समय वह पाकिस्तानी सेना में एक कैप्टन थे। बोस्टन से फाइनेंस में डिग्री प्राप्त उनके पुत्र बिलाल अपनी पत्नी के साथ अमेरिका में रहते हैं। उनकी बेटी आयला, जो एक वास्तुशिल्पी हैं, अपने संगीतकार पति के साथ कराची में रहती हैं।

साहबा फरीद को एक उदारवादी मुसलिम महिला माना जाता है, जो महिलाओं के कल्याण में रुचि लेती हैं। वह इन गतिविधियों में अपने पति के सहयोग के बिना भाग लेते देखी जाती हैं। वह लखनऊ विश्वविद्यालय से स्नातकोत्तर (एम.ए.) हैं। वह राजनीतिक मुद्दों पर अपनी राय देने से बचती हैं। उन्हें कश्मीरी व्यंजन पसंद हैं।

मुशर्रफ को लस्सी बहुत पसंद है। मुशर्रफ टेनिस और स्क्वैश खेलते हैं। उन्हें ब्रिज का बड़ा शौकीन बताया जाता है। लाहौर के प्रसिद्ध फर्गुसन कॉलेज में उन्होंने सन् 1960 में दाखिला लिया, जहाँ उनकी मित्रता तारिक अजीज से हुई। (संयोगवश, तारिक अजीज (एक नौकरशाह) तख्तापलट के बाद परामर्श के लिए बुलाए जानेवाले पहले नौकरशाह थे।) मुशर्रफ सन् 1962 में सैन्य अकादमी में शामिल हुए और सन् 1964 में 29वीं पाकिस्तान सैन्य अकादमी से ग्रेजुएट हुए।

सेना में कैरियर

जनरल मुशर्रफ को जल्दबाज स्वभाववाला माना जाता है। वह ऐसा मिशन शुरू करने का जोखिम भी उठा सकते हैं, जहाँ सफलता की आशा केवल 20 प्रतिशत हो। वह एकांत में शराब पीना पसंद करते हैं और कभी-कभी अपनी थकान उतारने के लिए पश्चिमी संगीत पर नृत्य करते हैं। वह अधिक बार मसजिद नहीं जाते, न ही दिन में पाँच बार नमाज पढ़ते हैं। वह अनेक मुसलमानों की तरह कुत्तों की अपवित्रता में विश्वास नहीं रखते, बल्कि अपने पालतू कुत्तों को गोद में बिठाकर लाड़-प्यार करते हैं। उनके व्यक्तित्व के ये बाहरी प्रदर्शन निश्चित रूप से कट्टर इसलामवादियों को पसंद नहीं हैं।

सन् 1965 के युद्ध के समय वह एक कैप्टन थे। उन्हें युद्ध के पश्चात् 'इम्तियाज-ए-सनद' का सम्मान दिया गया था। कहा जाता है कि उनका तोपखाना भारतीय आक्रमण में घिर गया था, लेकिन उन्होंने अपनी पोजीशन छोड़ने से इनकार कर दिया था। उन्होंने ब्रिटेन के रॉयल कॉलेज ऑफ डिफेंस स्टडीज में 'आर्म्स रेस

इन द सबकॉण्टिनेंट' (उपमहाद्वीप में हथियारों की दौड़) विषय पर एक पेपर प्रस्तुत किया। उनका निष्कर्ष यह था कि कश्मीर विवाद को सुलझाया जाना चाहिए। यह '60 के दशक के आरंभ में उनकी कश्मीर केंद्रित मानसिकता को दरशाता है। उन्होंने दावा किया कि वह कभी भी एक उत्सुक पाठक नहीं रहे। वह रणनीतियों तथा प्रसिद्ध अभियानों के बारे में पढ़ना पसंद करते थे। उन्होंने मई 2001 में 'खलीज टाइम्स' के एक समाचार में कहा कि राष्ट्रीय हित में वह 'यहाँ-वहाँ' झूठ बोल सकते हैं, जो उनके चेहरे से स्पष्ट होगा।

मुशर्रफ को जिया द्वारा सन् 1988 में गिलगित तथा बालटिस्तान में राजनीतिक विक्षोभ को कुचलने के लिए चुना गया था। उन्होंने क्रूर काररवाई की और शिया उनके दमन के शिकार बने। पूर्व के शिया-विरोधी ऑपरेशन गिलगित तथा बालटिस्तान के शियाओं के दिमाग में अब भी ताजा हैं। उस शिया-विरोधी ऑपरेशन में उन्होंने ओसामा-बिन-लादेन की मदद ली।

सन् 1966 में स्पेशल सर्विस ग्रुप (एस.एस.जी.), जो कमांडो काररवाई में विशेषज्ञता हासिल करवाता है, में मुशर्रफ एक स्वयंसेवक के रूप में शामिल हुए। उन्होंने एस.एस.जी. प्रशिक्षण चिरट, उत्तर-पश्चिमी सीमा प्रांत के निकट उसकी अकादमी में प्राप्त किया और अफगान युद्ध में भी शामिल हुए; लेकिन अफगान युद्ध ब्यूरो के प्रमुख ब्रिगेडियर यूसुफ ने अपनी पुस्तक 'द बीयर ट्रैप' में उनके विशेष योगदान का उल्लेख नहीं किया है। वह सन् 1971 में एक कमांडो कंपनी के प्रभारी थे। सन् 1972 में वह लेफ्टिनेंट कर्नल बन गए। इसके बाद उन्हें सैन्य काररवाई निदेशालय में तैनात किया गया, जहाँ उन्होंने डिप्टी डी.एम.ओ. के रूप में अपनी सेवाएँ दीं। उसके बाद वह नेशनल डिफेंस कॉलेज के स्टाफ सदस्य बन गए। ब्रिगेडियर के रूप में उन्हें एक पैदल ब्रिगेड की कमांड करने के लिए चुना गया। उप-सैन्य सचिव के रूप में उन्हें वरिष्ठ सेनाधिकारियों के प्रोफाइल के बारे में जानकारी मिली। जब जनरल असलम बेग सी.ओ.ए.एस. थे तो उन्हें मेजर जनरल के रूप में पदोन्नति दी गई। सन् 1992 में उन्होंने ओकारा में एक इन्फेंट्री डिवीजन की कमान सँभाली। वह डी.जी.एम.ओ. के रूप में जनरल करामत के उत्तराधिकारी बने। जनरल अब्दुल वहीद ने सन् 1996 में उन्हें लेफ्टिनेंट जनरल के रूप में पदोन्नति दी। उन्होंने मंगला में सेना के स्ट्राइक कोर का प्रभार ग्रहण किया। जनरल करामत के त्यागपत्र के बाद अक्तूबर 1998 में वह सी.ओ.ए.एस. बने। एक वर्ष के अंदर ही 12 अक्तूबर, 1999 को वह अपने उपकारी नवाज शरीफ को एक रक्तहीन तख्तापलट में सत्ता से बेदखल करने में सफल हो गए।

जी.ओ.सी. 1 कोर के रूप में वह नवाज शरीफ के नजदीक आए। कहा जाता है कि सेना प्रमुख द्वारा लिये गए निर्णयों पर महत्त्वपूर्ण सूचनाएँ वह शरीफ को दिया करते थे। इससे नवाज शरीफ उनसे खुश हुए (भुट्टो को खुश करने और उनका विश्वास जीतने के लिए जिया ने भी इसी नीति का सहारा लिया था)। माना जाता है कि कट्टर इसलामी जनरल और पूर्व आई.एस.आई. प्रमुख लेफ्टिनेंट जनरल (सेवानिवृत्त) जावेद नासिर, जो नवाज शरीफ के सुरक्षा सलाहकार थे, ने सी.ओ.ए.एस. के रूप में जनरल मुशर्रफ को पदोन्नति देने में सहायता की। शरीफ मुशर्रफ को 'सुरक्षित' मानते थे, क्योंकि मुशर्रफ एक मुहाजिर थे। मुशर्रफ को एक पठान लेफ्टिनेंट जनरल अली कुली खान के ऊपर चुना गया था, जो शरीफ के कैबिनेट में एक मंत्री गौहर अयूब खान के नजदीकी माने जाते थे।

सी.ओ.ए.एस. बने जनरल परवेज मुशर्रफ को नेशनल सिक्योरिटी काउंसिल द्वारा नागरिक सरकार के साथ सेना को सत्ता में भागीदारी देने के पक्ष में बयानबाजी के कारण इस्तीफा देना पड़ा था। यह नवाज शरीफ को स्वीकार्य नहीं था। नेशनल असेंबली में नवाज शरीफ का दो-तिहाई बहुमत उन्हें सेना के दबावों का सामना करने की शक्ति देता था। शरीफ ने करामत से इस्तीफा माँगा, जो उन्होंने तुरंत दे दिया। मुशर्रफ को बारी से पहले सी.ओ.ए.एस. के रूप में पदोन्नत करना शरीफ की बड़ी भारी भूल थी। उन्होंने यह गलत आकलन किया कि पारंपरिक रूप से पंजाबी प्रभुत्ववाली सेना को उनके खिलाफ करने की स्थिति में यह मुहाजिर सी.ओ.ए.एस. नहीं होगा। मुशर्रफ ने शरीफ के लिए परेशानियाँ उत्पन्न करने में समय बरबाद नहीं किया। पहले कदम के रूप में उन्होंने करगिल में पाकिस्तानी सेना के विशाल, मगर गुप्त आक्रमण के लिए तैयारी शुरू कर दी। करगिल ऑपरेशन का उद्देश्य एक तीर से दो शिकार करना था—शरीफ को बाहर करना और कश्मीर मुद्दे को उभारना।

करगिल युद्ध का दुस्साहस

मुशर्रफ ने दीर्घकाल से लंबित करगिल फाइल को पुनः खोलने का दुस्साहस किया। किसी भी नागरिक प्रधानमंत्री ने यह जोखिम उठाने का साहस नहीं किया था, क्योंकि ऐसा कोई भी कदम एक पूर्ण भारत-पाकिस्तान युद्ध में बदल सकता था। उन्होंने यह कहकर नवाज शरीफ को झाँसा दिया कि वह एक स्थानीय व सीमित काररवाई होगी, जो युद्ध में नहीं बदल पाएगी। किंतु व्यवहार में ऐसा हुआ नहीं। भारतीय प्रत्याक्रमण भीषण था और विश्व शक्तियों ने युद्ध-विराम का आह्वान

नहीं किया। इसकी बजाय भारत की ओर की नियंत्रण रेखा से पाकिस्तानी सैनिकों को हटाने की माँग की गई। मुशर्रफ चाहते थे कि नवाज शरीफ उन्हें इस झंझट से निकालें। स्वयं को बचाने के लिए मुशर्रफ यह कहते रहे कि करगिल पर आक्रमण करने का निर्णय सेना और प्रधानमंत्री द्वारा संयुक्त रूप से लिया गया था।

नवाज शरीफ वाशिंगटन की ओर रवाना हुए और 4 जुलाई, 1999 को अमेरिकी स्वतंत्रता दिवस के अवसर पर राष्ट्रपति क्लिंटन से मिले। क्लिंटन से दबाव पड़ने पर वह नियंत्रण रेखा के पार भारतीय भूभाग से पाक सेनाओं को हटाने के लिए सहमत हो गए। करगिल की विफलता ने मुशर्रफ और नवाज शरीफ के बीच कड़वाहट पैदा कर दी।

करगिल प्रसंग की सच्चाई तब सामने आई जब सत्ताच्युत नवाज शरीफ सैन्य कैद में रहते हुए बोलने में सफल हुए। उन्होंने करगिल को सन् 1971 के बाद की एक बड़ी विफलता कहा। उन्होंने दावा किया कि सेना ने करगिल युद्ध के बारे में उन्हें विश्वास में नहीं लिया था; हालाँकि इसके लिए तैयारी सन् 1999 के आरंभ से ही शुरू हो गई थी। मई 1999 में योजना को कार्यान्वित करने के बाद ही उन्हें सूचना दी गई। यहाँ तक कि नौ सेना तथा वायु सेना प्रमुखों को भी इस योजना की जानकारी पहले नहीं थी। अन्य कोर कमांडर भी इसके बारे में पहले से नहीं जानते थे।

नॉर्दर्न लाइट इन्फेंट्री के केवल कुछ बटालियनों को करगिल ऑपरेशन में इस्तेमाल किया गया, जो गलत योजना का नतीजा था। शरीफ को यह जानकर आघात लगा कि 'नॉर्दर्न लाइट इन्फेंट्री के पूरे यूनिट नष्ट कर दिए गए'। उन्होंने स्वीकार किया कि 'पाकिस्तान को भारी जन-हानि सहनी पड़ी, जो सन् 1965 के युद्ध में हुए नुकसान से भी अधिक थी। सन् 1999 में पाकिस्तानी सेना ने अपने मृत सैनिकों के शव लेने तक से इनकार कर दिया।' इस बयान ने नवाज शरीफ पर देशद्रोह का आरोप लगाने के लिए सेना को प्रेरित किया। पाक मीडिया ने इन सभी मामलों से जुड़ी 'सच्चाई जाहिर करने के लिए' विस्तृत जाँच करने की माँग की।

तूफान की पृष्ठभूमि

करगिल में मिली विफलता मुशर्रफ की सबसे बड़ी बेइज्जती थी। उन्हें अपनी खोई प्रतिष्ठा प्राप्त करने के लिए कुछ करना था। एयर मार्शल (सेवानिवृत्त) नूर खान ने लाहौर जिमखाना को संबोधित करते हुए करगिल को एक विफलता बताया और कहा कि जिन लोगों ने यह किया और उसे स्वीकृति दी, उन्हें इसकी

जिम्मेदारी लेकर पद छोड़ देना चाहिए।[1] करगिल के बाद शरीफ और मुशर्रफ—दोनों युद्ध नीति बना रहे थे। सवाल केवल यह था कि पहला हमला कौन करेगा। यह एक खुला रहस्य था कि शरीफ मुशर्रफ को बरखास्त करने जा रहे थे। वह केवल उचित समय की तलाश में थे।

इधर मुशर्रफ भी बेकार नहीं बैठे थे। उन्होंने अपने किले-सेना को मजबूत करना शुरू कर दिया। उन्होंने अपने विश्वासपात्र जनरलों को प्रमुख पदों पर बैठा दिया। सन् 1998 में लेफ्टिनेंट जनरल महमूद अहमद को 10 कोर का कमांडर बनाया। वह सन् 1995 से डी.जी.एम.आई. के पद पर थे और मुशर्रफ से उनका निकट का संबंध इकतीस वर्षों से था।

मुशर्रफ ने लेफ्टिनेंट जनरल मुहम्मद अजीज को चीफ ऑफ जनरल स्टाफ बना दिया, जो रावलपिंडी में जी.एच.क्यू. का प्रमुख केंद्र था। वह सी.जी.एस. के रूप में कार्य करनेवाले सबसे जूनियर अधिकारी थे। उन्होंने जिया द्वारा मुशर्रफ को बरखास्त किए जाने पर 12 अक्तूबर, 1999 को जनरल जियाउद्दीन को सी.ओ.ए.एस. का पद ग्रहण करने से रोकने में महत्त्वपूर्ण भूमिका निभाई। अजीज ने पुंछ के पंजाबी तथा कश्मीर मामलों के एक विशेषज्ञ जनरल जियाउद्दीन के आदेशों को न मानने के लिए सभी कोर कमांडरों को कहा। सी.जी.एस. के रूप में नियुक्त होने से पहले अजीज तीन वर्षों तक आई.एस.आई. (बाहरी) में थे।[2]

मुशर्रफ ने आई.एस.आई. में एक वरिष्ठ विशेषज्ञ के रूप में काम कर चुके मेजर जनरल शाहिद अजीज को डी.जी.एम.ओ. बनाया। डी.जी.एम.ओ. के रूप में वह जी.एच.क्यू. में एडवांस में तैयार की गई संभावित योजना से परिचित थे, जो नवाज शरीफ द्वारा सेना प्रमुख को बदले जाने की स्थिति में प्रतिक्रिया के रूप में कार्यान्वित किया जाना था।

नवाज शरीफ के नजदीकी माने जानेवाले दो जनरलों की सेवाएँ मुशर्रफ ने समाप्त कर दीं। मुशर्रफ के सुझाव पर लेफ्टिनेंट जनरल तारिक परवेज को अक्तूबर 1999 में रिटायर कर दिया गया, क्योंकि वह शरीफ के संपर्क में थे।

कयामत का पल 12 अक्तूबर, 1999 को चार बजे शाम को आया, जब शरीफ ने मुशर्रफ को बरखास्त करके जनरल जियाउद्दीन को अगले सी.ओ.ए.एस. के रूप में नियुक्त किया। इस घोषणा के समय मुशर्रफ श्रीलंका, जहाँ वह एक आधिकारिक यात्रा पर गए थे, से पाकिस्तान लौट रहे थे। पिछले कुछ सप्ताहों की उनकी तैयारी तब उनके काम आई। 10 कोर की 111 ब्रिगेड ने त्वरित काररवाई करते हुए 12 अक्तूबर, 1999 को शाम साढ़े पाँच बजे टी.वी. टावर पर छापा मारा

और साढ़े छह पर नवाज शरीफ के निवास तक पहुँचे। उसी कोर के उसी ब्रिगेड ने जिया के तख्तापलट के समय लेफ्टिनेंट जनरल चिश्ती के नेतृत्व में ऐसा ही किया था। मुशर्रफ के वफादार सैनिकों द्वारा इसलामाबाद में पी.टी.वी. केंद्र पर कब्जा करने के सत्तर मिनट बाद, साढ़े छह बजे से नवाज शरीफ ने प्रधानमंत्री के रूप में काम करना बंद कर दिया।

मुशर्रफ का अतीत बेदाग नहीं है। मेजर जनरल जहीर-उल-इसलाम अब्बासी ने सन् 1995 में बेनजीर भुट्टो को सत्ता से बेदखल करने तथा हरकत-उल-मुजाहिदीन के एक भाग के सहयोग से सत्ता हथियाने के लिए तख्तापलट का प्रयास किया था, जो विफल रहा। गिरफ्तार अधिकारियों ने तख्तापलट करने के प्रयास का आरोप कथित रूप से मुशर्रफ तथा अन्य अधिकारियों पर लगाया। उस समय मुशर्रफ मिलिटरी ऑपरेशंस के प्रभारी थे; परंतु प्रमाणों के अभाव में कोई काररवाई नहीं की जा सकी।[3] यदि यह सच है तो यह प्रमाणित होता है कि वह 'जेहादियों' के करीबी और बेनजीर भुट्टो के प्रति शत्रुतापूर्ण विचार रखते थे।

यह एक विडंबना है कि अपने जीवन की सबसे बड़ी भूल करने (7 अक्तूबर को मुशर्रफ को सी.ओ.ए.एस. नियुक्त करने) से लगभग चार माह पहले जून 1998 में नवाज शरीफ ने अपने भाग्य के बारे में जानने के लिए मुल्तान के एक प्रसिद्ध ज्योतिषी से संपर्क किया। कहा जाता है कि उस ज्योतिषी की बात सुनकर वह काफी चिंतित और तनावग्रस्त हो गए थे।[4]

जब पाकिस्तान के पिछले आम चुनाव में नवाज शरीफ दो-तिहाई बहुमत से चुनकर सत्ता में आए थे, तब भी यह आशंका जताई गई थी कि एक सशक्त सैन्य-नौकरशाह तख्तापलट के अवसर की प्रतीक्षा में था और इस बात की कोई निश्चितता नहीं है कि नई सरकार कब तक रहेगी। एक ग्रीक त्रासदी की तरह शरीफ उस जनरल के प्रति आकर्षित हुए, जो बाद में उनका प्रबल शत्रु बन गया।

मुशर्रफ की रणनीतिक दृष्टि उनके कराची के उस भाषण से प्रकट होती है, जो करगिल ऑपरेशन के सार्वजनिक होने से पहले अप्रैल 1999 में उन्होंने एक चयनित जन-समूह के सामने दिया था। जनरल ने तीन बातों के आधार पर अपनी थीसिस बनाई। उन्होंने पाकिस्तान में और अधिक कम क्षमतावाले संघर्षों की कल्पना की; क्योंकि भारत पाकिस्तान के टुकड़े-टुकड़े करने के लिए दृढ़ था। वास्तव में यह तर्क भारत को अस्थिर करने की दिशा में आई.एस.आई. की गतिविधियों से ध्यान बँटाने के उद्देश्य से दिया गया था। उन्होंने अफगानिस्तान को पाकिस्तान की सफलता की कहानी बताया। और अंत में, उन्होंने तर्क दिया कि कश्मीर मुद्दे

के समाधान के बाद भी भारत-पाक तनाव जारी रहेगा। कश्मीर मुद्दे के निपटारे के बाद तनाव क्यों जारी रहेगा? इसे स्पष्ट करते हुए ब्रिगेडियर (सेवानिवृत्त) ए. आर. सिद्दीकी ने इस पहलू पर प्रकाश डाला कि कश्मीर समस्या के समाधान के बाद क्या होगा। उन्होंने लिखा—

> 'कश्मीर का लंबा और कड़वा अध्याय समाप्त होने के बाद भी हिंदुओं की अधिक संख्यावाले भारतीय समाज में मुसलमानों की स्थिति भारत-पाक संबंधों को खराब बनानेवाली एक और वजह होगी।'[5]

इस प्रकार, संघर्ष का अगला कारण भारतीय मुसलिम मुद्दा होगा। यह पाकिस्तान में कट्टरवादी इसलामवादियों की एक खतरनाक मानसिकता है।

करगिल युद्ध के दौरान भारत सरकार इस निष्कर्ष पर पहुँची कि नवाज शरीफ को करगिल के बारे में अँधेरे में रखा गया था। यह पूरी तरह सिर्फ जनरल मुशर्रफ द्वारा कार्यान्वित किया गया दुस्साहस था। करगिल युद्ध के आरंभिक चरणों के दौरान रक्षा मंत्री जॉर्ज फर्नांडीस ने इसी प्रकार का संकेत दिया था। भारत के विपक्षी नेताओं ने इस विश्लेषण का उपहास किया और यह मत व्यक्त किया कि नवाज शरीफ इस प्रकार की सैन्य कारवाई से अनजान नहीं हो सकते थे। नवाज शरीफ को इसका श्रेय जाता है कि राष्ट्रपति क्लिंटन से विचार-विमर्श करने के बाद वह करगिल से सैनिकों को हटाने का आदेश देते हुए स्थिति को शांतिपूर्ण बनाने पर सहमत हो गए। करगिल पाकिस्तानी नीति की अस्वस्थता का एक और प्रमाण था : पाकिस्तान में सैन्य नीति तथा विदेश नीति एक नागरिक प्रधानमंत्री द्वारा नहीं, बल्कि सेना द्वारा निर्धारित किए जाते हैं।

इसलिए इसमें कोई आश्चर्य नहीं कि नवाज शरीफ ने करगिल की विफलता को सैन्य तख्तापलट का कारण बताया और कहा कि उन्हें अँधेरे में रखा गया था। इस बयान के तुरंत बाद पाकिस्तानी प्रेस तक यह सूचना लीक हो गई कि नवाज शरीफ के खिलाफ देशद्रोह का नया मामला लगाया जा सकता है। भारत-समर्थक किसी भी विचारधारा को देशद्रोह के बराबर दर्जा देने के लिए पाकिस्तानी दंड संहिता को संशोधित किया गया। अक्तूबर के आरंभ में जनरल मुशर्रफ ने कहा कि करगिल युद्ध 'एक बड़ी सफलता' थी। उसकी किसी जाँच की कोई आवश्यकता नहीं है।[6]

बलूचिस्तान नेशनल पार्टी के प्रमुख मीर हासिल बिजेंजो ने मार्च-अप्रैल में एक साप्ताहिक को दिए गए साक्षात्कार में नवाज शरीफ तथा मुशर्रफ के बीच संघर्ष की अंदरूनी कहानी बताई। बिजेंजो की पार्टी नवाज शरीफ की पी.एम.एल.

सरकार की एक सहयोगी थी और सन् 1992 से नवाज शरीफ के साथ थी। तख्तापलट को प्रेरित करनेवाली घटनाओं के बारे में उनका कथन दिलचस्प है, क्योंकि कई अज्ञात तथ्यों की गुप्त जानकारी उन्हें थी।

फरवरी 1999 में प्रधानमंत्री वाजपेयी की लाहौर यात्रा से पहले मुशर्रफ उस समय नवाज शरीफ के निवास पर थे, जब विदेश मंत्री सरताज अजीज ने शरीफ को सूचना दी कि तीनों सेना प्रमुखों ने वाघा सीमा पर वाजपेयी का स्वागत करने से इनकार कर दिया है। इससे नवाज शरीफ चिंतित हो गए; क्योंकि राजनयिक आचार-संहिता के अनुसार, एक महत्त्वपूर्ण विदेशी शख्सियत की अगवानी के लिए उन सेना प्रमुखों का उपस्थित रहना जरूरी होता है। ऐसा प्रतीत होता है कि वाजपेयी को आमंत्रित करते समय जनरल मुशर्रफ की राय नहीं ली गई थी। पाकिस्तान एक नागरिक सरकार के तहत इसी प्रकार कार्य करता है।

बिजेंजो के अनुसार, तीनों सैन्य प्रमुखों के इस रवैये से शरीफ ने स्वयं को अपमानित महसूस किया। लाहौर में जमायत-ए-इसलामी के हिंसापूर्ण प्रदर्शन ने शरीफ को यह भी यकीन दिला दिया कि इसमें अधिकारियों का हाथ है। जमायत-ए-इसलामी के समर्थन या नियंत्रण में सेना और आई.एस.आई. की बड़ी भूमिका है। इस कट्टरवादी संगठन को जनरल जिया के शासनकाल में ताकत और समर्थन दिया गया था। सेना या आई.एस.आई. के समर्थन के बिना कोई भी पार्टी पाकिस्तान में अपनी भूमिका नहीं निभा सकती। बिजेंजो के अनुसार, सारी कवायद किसी प्रकार का लाभ लेने से शरीफ को रोकने के लिए की गई थी। यह उस समय प्रमाणित हो गया, जब गिरफ्तार किए गए सभी दंगाइयों को मुशर्रफ ने पाकिस्तान के चीफ एक्जीक्यूटिव का पद सँभालते ही छोड़ दिया।

नवाज शरीफ ने लाहौर किले में वाजपेयी के सम्मान में रात्रिभोज का आयोजन किया था, जिसका बहिष्कार तीनों सैन्य प्रमुखों ने किया। यह पाकिस्तान के प्रधानमंत्री पद का एक और अपमान था, जिसकी कल्पना भी दुनिया के किसी अन्य लोकतांत्रिक देश में नहीं की जा सकती। तनाव घटाने के लिए तीनों सैन्य प्रमुखों को गवर्नर के निवास पर भारतीय प्रधानमंत्री से मुलाकात करने के लिए शिष्टाचार निमंत्रण भेजा गया। ध्यान देने योग्य तथ्य यह है कि तीनों सेनाधिकारियों ने वाजपेयी से मिलने के लिए उस अवसर को चुना, जब वह प्रोटोकॉल के तहत भारतीय प्रधानमंत्री को सलामी देने के लिए बाध्य नहीं थे।

भारत ने जनरल मुशर्रफ को उनकी ही भाषा में तब जवाब दिया जब वह भारत दौरे पर आए। भारत के तीनों सैन्य प्रमुखों को उन अवसरों से दूर रखा गया,

जब उन्हें मुशर्रफ को सलामी देनी पड़ती।

वाजपेयी की लाहौर यात्रा और लाहौर घोषणा-पत्र को लेकर नवाज शरीफ काफी आश्वस्त थे, हालाँकि मुशर्रफ के रवैये को लेकर उन्हें आशंका भी थी। मुशर्रफ लाहौर घोषणा-पत्र के पक्ष में नहीं थे; क्योंकि करगिल की तैयारी पूरी हो चुकी थी, जिसका पता नवाज शरीफ को नहीं था। शरीफ को यकीन था कि 'लाहौर घोषणा को नुकसान पहुँचाने के लिए करगिल अभियान शुरू किया गया है' और इस मामले में उन्हें उसी प्रकार विश्वास में नहीं लिया गया जैसे लाहौर घोषणा के समय उन्होंने मुशर्रफ को विश्वास में नहीं लिया था। यह 'जैसे को तैसा' वाला मामला था। जनरल मुशर्रफ उस समय और चिढ़ गए, जब शरीफ ने अपने तथा सेना के बीच स्थिति को शांत करने और लाहौर घोषणा का क्रियान्वयन सुनिश्चित करने के लिए क्लिंटन से निवेदन किया। जमात-ए-इसलामी के 'आमिर' काजी हुसैन अहमद ने कहा कि नवाज शरीफ को मिला अमेरिका का समर्थन उनकी सरकार को नहीं बचा सकता।[7]

नवाज शरीफ लाहौर प्रकरण के बाद मुशर्रफ को बरखास्त करने के बारे में हलकेपन से सोच रहे थे। हर बार कुछ सेवानिवृत्त जनरल उन्हें अपने निर्णय पर पुनर्विचार करने की सलाह देते। घटनाओं में मोड़ तब आया जब जनरल मुशर्रफ ने कोर कमांडर, क्वेटा, लेफ्टिनेंट जनरल तारिक परवेज को इस आधार पर नौकरी से निकाल दिया कि शरीफ के साथ उनके नजदीकी संबंध हैं। नवाज शरीफ ने सेना पर नागरिक प्रभुत्व स्थापित करने के लिए सी.ओ.ए.एस. को हटाने का फैसला किया। तब सेना ने मुशर्रफ का समर्थन किया, क्योंकि उनके स्थान पर आनेवाले (जियाउद्दीन) को अच्छा नहीं माना जाता था। नवाज शरीफ को मुशर्रफ के स्थान पर किसी अन्य जनरल को नियुक्त करना चाहिए था। बहस का मुद्दा यह है कि यदि जनरल करामत की बरखास्तगी संवैधानिक थी तो मुशर्रफ की बरखास्तगी असंवैधानिक कैसे थी।[8]

पाकिस्तान में हर कोई जानता था कि निकट भविष्य में सैन्य तख्तापलट होने वाला है। एक पी.एम.एल. विरोधी मुहम्मद अजर ने 3 अक्तूबर, 1999 को कहा कि नवाज शरीफ जल्द ही गिरफ्तार होंगे।[9] 13 अक्तूबर को 'द न्यूज' ने कहा कि सेना ने सितंबर के अंतिम सप्ताह में एक तख्तापलट के लिए संभावित योजना को अंतिम रूप दे दिया है। इस रिपोर्ट में यह भी कहा गया कि इस योजना के प्रमुख आधार चीफ ऑफ स्टाफ लेफ्टिनेंट जनरल मुहम्मद अजीज और रावलपिंडी के 10 कोर के कोर कमांडर लेफ्टिनेंट जनरल महमूद अहमद थे।

न्यायिक मुहर

अत्यंत दुरुपयोग किए गए 'देश की आवश्यकता के सिद्धांत' का अवलंब लेते हुए न्यायपालिका ने तख्तापलट को इस अतिरिक्त धारा के साथ वैध बना दिया कि मुशर्रफ को तीन वर्षों के अंदर चुनाव करवाने होंगे। पाकिस्तान के इतिहास में पहली बार न्यायपालिका ने सैन्य शासन के लिए एक आखिरी तिथि निर्धारित की। बहरहाल, जजों की विश्वसनीयता में कोई वृद्धि नहीं हुई, क्योंकि निर्णय सुनाने वाले जजों को अस्थायी संवैधानिक आदेश के तहत नए शपथ लेने पड़े। चीफ जस्टिस और बारह अन्य न्यायाधीशों, जिन्होंने नई शपथ लेने से इनकार कर दिया, को बरखास्त कर दिया गया।

नवाज शरीफ का ट्रायल

मुशर्रफ की बरखास्तगी की घोषणा शरीफ द्वारा कार्यकारी आदेश पर हस्ताक्षर करने के एक घंटे बाद शाम 5 बजे पी.टी.वी. पर की गई। पाँच बजकर बीस मिनट पर 10 कोर की 111 ब्रिगेड की सेना की एक टुकड़ी ने इसलामाबाद में पी.टी.वी. के केंद्र में प्रवेश किया और उसपर कब्जा कर लिया। शरीफ के वफादारों द्वारा पी के 805 फ्लाइट, जिसमें मुशर्रफ सवार थे, को दूसरी दिशा की ओर मोड़ने का निर्णय उसके बाद किया। पी के 805 की दिशा बदलने और उसे पाकिस्तान में उतरने की अनुमति नहीं देने संबंधी शरीफ के निर्णय को बाद में मुशर्रफ सरकार ने 'हाइजैकिंग' (विमान अपहरण) की संज्ञा दी। हाइजैकिंग मामले के ट्रायल कोर्ट ने पाया कि नवाज शरीफ का अपराध सेना द्वारा टी.वी. पर कब्जे की एक तात्कालिक प्रतिक्रिया थी। यह तथ्य कि लेफ्टिनेंट जनरल महमूद अहमद के नेतृत्व में सैनिक छह बजकर तीस मिनट पर प्रधानमंत्री आवास पर पहुँचे। उन्होंने तख्तापलट प्रक्रिया की समाप्ति का स्पष्ट संकेत दिया; क्योंकि उसी समय से नवाज शरीफ ने प्रधानमंत्री के रूप में काम करना बंद कर दिया।

लेफ्टिनेंट जनरल अजीज, जिन्होंने तख्तापलट और इसलामाबाद पर नियंत्रण करनेवाले 111 ब्रिगेड की अगुआई की, पाँच बजकर बीस मिनट से स्थिति को अपने नियंत्रण में कर चुके थे। यह इस तथ्य से स्पष्ट होता है कि जनरल जियाउद्दीन को सी.ओ.ए.एस. के रूप में पद ग्रहण नहीं करने दिया गया। लेफ्टिनेंट जनरल अजीज ने सभी कोर कमांडरों को जनरल जियाउद्दीन के निर्देशों को न मानने के लिए कहा। यह सवाल अब तक अनुत्तरित है कि कराची में स्थानीय कोर कमांडर जनरल उस्मानी ने कोलंबो से मुशर्रफ के सुरक्षित आगमन के लिए कराची हवाई

अड्डे को नियंत्रण में क्यों नहीं लिया।

सैन्य काररवाई को देखते हुए कोर कमांडरों को सभी महत्त्वपूर्ण प्रतिष्ठानों पर नियंत्रण करने के निर्देश जरूर दिए गए होंगे। लेफ्टिनेंट जनरल उस्मानी कराची हवाई अड्डे को कब्जे में लेने में क्यों विफल रहे? क्या उस्मानी ने स्थिति को गंभीरता से नहीं लिया? यदि शाम पाँच बजकर बीस मिनट के बाद सेना ने तेजी से काररवाई की होती, जैसा पाकिस्तान में अन्य सभी स्थानों पर किया गया, तो पी के 805 की हाइजैकिंग का कोई प्रयास नहीं होता, क्योंकि वह विफल सिद्ध होता।

मामले के इस रहस्यमय पहलू पर ट्रायल कोर्ट में कोई ध्यान नहीं दिया गया। क्या यह शरीफ को एक हाइजैकिंग मामले में फँसाने के लिए जान-बूझकर किया गया था? बचाव पक्ष के वकीलों ने इस बिंदु को पूरी तरह इस्तेमाल नहीं किया, न ही उन्होंने इसे स्पष्ट करने के लिए 'हॉटलाइन' रिकॉर्डों की प्रस्तुति के लिए कहा। बचाव पक्ष को टी.वी. स्टेशन पर कब्जे तथा नवाज शरीफ की गिरफ्तारी को वैध और प्रमाणित करने के लिए जनरल अजीज तथा जनरल उस्मानी को बचाव पक्ष के गवाहों के रूप में जाँच एवं प्रतिज़ाँच के लिए बुलवाना चाहिए था।

अपहरण मामले की जाँच के लिए कुछ गहरी छानबीन की आवश्यकता है। पाकिस्तान क्रिमिनल प्रोसीजर कोड की धारा 161 के तहत जाँच अधिकारी ने सोलह गवाहों से पूछताछ की। 164 क्रिमिनल प्रोसीजर के तहत उनके बयान रिकॉर्ड करने के लिए उन सभी को फिर से एक मजिस्ट्रेट के सामने प्रस्तुत किया गया। एक मजिस्ट्रेट द्वारा उनके बयान रिकॉर्ड करने का उद्देश्य जाँच के एक विशेष मार्ग की ओर उन्हें उन्मुख करना था। इस प्रकार वे एक ही बयान पर दृढ़ रहने के लिए बाध्य हो गए। यदि वे इससे इनकार करते तो उनपर झूठी गवाही देने का मामला बन सकता था। इसने नवाज शरीफ के खिलाफ एक कमजोर केस का संकेत दिया। दोषी की अपराध-स्वीकृति को रिकॉर्ड करना तर्कसंगत है, परंतु उच्च पदासीन सोलह गवाहों की गवाही को रिकॉर्ड करना नहीं। 164 क्रिमिनल प्रोसीजर के प्रावधानों के तहत बाध्य किए बिना उन्हें किस चीज ने ट्रायल कोर्ट के सामने सच्चाई बयान करने से रोका?

अपहरण का मामला 28 अक्तूबर, 1999 को दर्ज किया गया। निर्णय में इस विलंब को स्पष्ट नहीं किया गया है। अपराध स्वीकार करनेवाले दोषी अमीनुल्लाह को तख्तापलट के दिन गिरफ्तार किया गया था और 19 अक्तूबर को रिमांड के लिए अदालत में पेश किया गया था। अमीनुल्लाह ने दोष-सिद्धि से अधिक भय के कारण शरीफ के खिलाफ गवाही दी। बाद में उसे माफ कर दिया गया।

ट्रायल जज ने बहुत से कानूनी मुद्दों तथा तथ्यों का उत्तर नहीं दिया; जबकि जज ने स्वीकार किया कि नवाज शरीफ ने टी.वी. केंद्र पर सेना के धावे के खिलाफ प्रतिक्रिया की। उसने यह स्पष्ट नहीं किया कि वह प्रधानमंत्री के रूप में कैसे कार्य कर रहे थे, जबकि सेना साढ़े छह बजे उनके निवास पर पहुँच चुकी थी। अपहरण का प्रयास साढ़े छह बजे समाप्त हुआ और उसके बाद जिम्मेदारी उनकी नहीं थी। एक पदच्युत प्रधानमंत्री पर उसके हटने के बाद हुए अपराधों का दोष नहीं लगाया जा सकता। शाम छह बजकर पचास मिनट पर ए.टी.सी., कराची हवाई अड्डे ने पी के 805 को किसी एयरफील्ड में न उतरने की सूचना दी। वह एक वैध आदेश नहीं था; क्योंकि यदि पाँच बजकर बीस मिनट पर टी.वी. केंद्र पर कब्जे के साथ नहीं तो कम-से-कम साढ़े छह बजे तक सेना देश को नियंत्रण में ले चुकी थी।

पाकिस्तान के आतंकवाद-विरोधी एक्ट के तहत विमान अपहरण का मामला एक सजा योग्य अपराध नहीं है। उसे आतंकवाद-विरोधी एक्ट के अंदर लाने के लिए पूर्व-प्रभावी इस्तेमाल के साथ एक कार्यकारी आदेश द्वारा कानून में संशोधन किया गया। चूँकि नेशनल असेंबली भंग थी, अत: कानून को संशोधित करने का कोई दूसरा रास्ता नहीं था। न्यायशास्त्र के इतिहास में पूर्व-प्रभाव के साथ किसी कानून को लागू करने का कोई सिद्धांत नहीं है। इस कानूनी त्रुटि को स्पष्ट नहीं किया गया।

विभिन्न अंतरराष्ट्रीय समझौतों पर आधारित अंतरराष्ट्रीय कानून के अनुसार विमान अपहरणकर्ता वह व्यक्ति हो सकता है, जो विमान का भौतिक नियंत्रण हाथ में लेता है। पाकिस्तान उस अंतरराष्ट्रीय संधि का हस्ताक्षरकर्ता है। पाकिस्तान में कानून बनाते समय यह महत्त्वपूर्ण तत्त्व गायब था। विमान का अपहरण करनेवाले किसी व्यक्ति को अंतरराष्ट्रीय कानून के संदर्भ में देखा जाना चाहिए। इस प्रकार गवाह बन जानेवाले एक दोषी की अपराध-स्वीकृति द्वारा नवाज शरीफ को फँसाने के लिए पाकिस्तान के हाइजैकिंग कानून को विस्तृत किया गया।

पी के 805 के पायलट को यह नहीं पता था कि जनरल मुशर्रफ के आदेश का पालन करना है या एयर ट्रैफिक कंट्रोल (कराची) के आदेश का। जब उसे वापस बुलाया गया तब वह लैंडिंग के लिए नवाबशाह हवाई अड्डे पर लगभग पहुँच चुका था; क्योंकि सेना कराची सिविल एयरपोर्ट को नियंत्रण में ले चुकी थी। तथाकथित अपर्याप्त ईंधन होने की स्थिति में जनरल मुशर्रफ पायलट को एक सैन्य हवाई अड्डे पर ले चलने के लिए कह सकते थे या पायलट स्वयं ही ऐसा करने

का निर्णय ले सकता था। नवाज शरीफ पर एक कमजोर केस थोपने का यह भय जनरल मुशर्रफ को लंबी अवधि तक पाकिस्तान का राष्ट्रपति बने रहने के लिए प्रेरित करेगा, जैसा जनरल जिया के मामले में हुआ था।

क्या जनरल मुशर्रफ ही वह व्यक्ति थे, जिनका सत्ता में आने का इंतजार इसलामी कट्टरपंथी कर रहे थे? मुशर्रफ ने तख्तापलट के तुरंत बाद सऊदी अरब की यात्रा की। वह यात्रा 'उमरा' के लिए की गई हो सकती है। सऊदी राज परिवार सत्ताच्युत प्रधानमंत्री नवाज शरीफ का भी मित्र है। उस यात्रा में क्या हुआ, वह अब स्पष्ट हुआ है। सऊदी अरब ने मुशर्रफ से नवाज शरीफ को मौत की सजा न देने की माँग की। उसके बाद मुशर्रफ को उचित व्यवहार का संदेश देते हुए नवाज शरीफ से कहना पड़ा कि वह प्रतिशोधी व्यक्ति नहीं हैं। ट्रायल और सजा के दिखावे के बाद शरीफ की रिहाई के लिए एक समझौता किया गया। आखिरकार, एक अप्रत्याशित राजनीतिक समझौते के बाद शरीफ को रिहा कर दिया गया और उन्हें देश से निर्वासित करके सऊदी अरब भेज दिया गया। सऊदी शाही परिवार के सदस्य नवाज शरीफ तथा उनके परिजनों की अगवानी के लिए हवाई अड्डे पर मौजूद थे।

आरंभिक हो-हल्ले के बाद अमेरिका तथा पश्चिमी देशों ने महसूस किया कि मुशर्रफ को सहारा देना बेहतर होगा; क्योंकि वह एक उदार छविवाले व्यक्ति हैं। उन्होंने कमाल अतातुर्क तथा अल्लामा इकबाल की प्रशंसा करते हुए यह प्रमाणित किया। किंतु इसका परिणाम उलटा निकला। कट्टरवादी दलों ने मुशर्रफ को इसलामी मार्ग से न हटने की चेतावनी दी। अतातुर्क तथा इकबाल रास्ते से भटके हुए लोग माने जाते हैं। जब मुशर्रफ ने धर्मनिंदा संबंधी कानूनों के संशोधन की घोषणा की तो उन्हें फिर चेतावनी दी गई। अंततः उन्हें पीछे हटना पड़ा। अब वह अपने कथन से पीछे हटनेवाले जनरल के रूप में प्रसिद्धि प्राप्त कर चुके हैं। इसी प्रकार जिया को सी.एम.एल.ए., यानी कैंसिल माई लास्ट एनाउंसमेंट (मेरी पिछली घोषणा को रद्द करो) कहा जाता था।

पुनः तख्तापलट का खतरा

11 सितंबर को अमेरिका में हुए विध्वंस (वर्ल्ड ट्रेड सेंटर, पेंटागन आदि पर हमले) के बाद की अवधि में जमात-ए-इसलामी के मुखिया काजी हुसैन अहमद ने खुले रूप से कोर कमांडरों को जनरल मुशर्रफ के स्थान पर किसी अन्य जनरल को नियुक्त करने के लिए कहा। नवाज शरीफ पर सेना में फूट डालने का आरोप

लगाया गया था। वही आरोप काजी हुसैन अहमद के खिलाफ लगाया जा सकता था। जनरल मुशर्रफ ने इसपर कोई प्रतिक्रिया जाहिर नहीं की। इसकी बजाय उन्होंने अपने लाहौर कोर कमांडर को जमात प्रमुख के साथ बैठक करने के लिए कहा; जबकि वह पाकिस्तान के आर्मी एक्ट के तहत अहमद को सेना में विभाजन पैदा करने के लिए गिरफ्तार करवा सकते थे। उनके कुछ कोर कमांडरों की अपनी महत्त्वाकांक्षाएँ हैं। सन् 2000 में वित्त मंत्री शौकत अली द्वारा बजट भाषण की घोषणा को जी.एच.क्यू. द्वारा विलंबित कर दिया गया; क्योंकि पहले सेना का क्लियरेंस नहीं लिया गया था, जबकि उसे कैबिनेट द्वारा पास कर दिया गया था। जनरल मुशर्रफ को विवश हो इस बड़े अपमान को सहना पड़ा।

मुशर्रफ को सेना के चीन समर्थक भाग द्वारा अपने तख्तापलट का खतरा है। शीतयुद्ध काल में अफगानिस्तान में चीन तथा अमेरिका का सोवियत संघ को हराने और प्रताड़ित करने का समान उद्देश्य था। पाकिस्तान को दोनों से बहुत अच्छा सहयोग मिला। अब पाकिस्तान में एक चीन समर्थक लॉबी तथा एक अमेरिका समर्थक लॉबी है। लेफ्टिनेंट जनरल एम.एच. उस्मानी, लेफ्टिनेंट जनरल महमूद तथा लेफ्टिनेंट जनरल मुहम्मद अजीज की प्रमुखतावाली चीन समर्थक लॉबी धीरे-धीरे हाशिए पर चली गई।

इन तीनों ने साथ मिलकर नवाज शरीफ को उखाड़ फेंकने के लिए काम किया था और मुशर्रफ को सत्ता में लाए थे; लेकिन उनका यह हनीमून अधिक लंबा नहीं चला। जल्द ही वे मुशर्रफ के खिलाफ हो गए, जो वाशिंगटन के लिए बिल्ली का पंजा माने जाते हैं। उनमें से दो—उस्मानी तथा अजीज ने 4 जून, 2001 को मुशर्रफ के राष्ट्रपति बनने पर उनके शपथ-ग्रहण समारोह का बहिष्कार किया। यह सेना के अंदर आंतरिक समस्या का स्पष्ट संकेत था। पहले इतने स्पष्ट तरीके से ऐसी कोई घटना नहीं हुई थी। उनकी अनुपस्थिति के लिए कोई स्पष्टीकरण नहीं दिया गया। ये चीन समर्थक जनरल 'जेहादी' गुटों के काफी करीब हैं। वे भारत को कई टुकड़ों में बाँटने के लिए केवल कश्मीर में नहीं, बल्कि भारत में हर जगह विद्रोह की एक आक्रामक नीति लागू करने के पक्ष में हैं। 'सेना अब एक एकीकृत संस्थान नहीं है। इसलामी कट्टरपंथियों के सुसंगठित गुट उसमें घुस चुके हैं।'[10]

भारत यात्रा पर आते समय किसी तख्तापलट की संभावना को रोकने के लिए मुशर्रफ ने पाकिस्तान से अपनी अनुपस्थिति के दौरान चीफ जस्टिस को अस्थायी राष्ट्र प्रमुख बनाने की व्यवस्था कर दी। वह इस रूप में कार्य करने के लिए लेफ्टिनेंट जनरल उस्मानी पर विश्वास नहीं कर सकते थे। चीन समर्थक

जनरल मुशर्रफ के खिलाफ तभी जाएँगे, जब उन्हें बीजिंग से हरी झंडी मिलेगी। सिंकियांग प्रांत की सुरक्षा तथा अखंडता पर चीनी योजना निर्भर है। 'पार्टी ऑफ अल्लाह' नामक एक कट्टरवादी मुसलिम दल उस प्रांत के लिए खतरा है। पाकिस्तान इन अलगाववादी तत्त्वों को हथियार तथा प्रशिक्षण उपलब्ध कराने से इनकार करके उन्हें नियंत्रित कर सकता है।

चीन ने भारत की शत्रुतापूर्ण घेरेबंदी की अपनी नीति नहीं छोड़ी है। पाकिस्तान को चीन की ओर से भारत के खिलाफ प्रमुख देश के रूप में संघर्ष करना है। यह चीन के लिए बहुत कम लागतवाला विकल्प है। चीन के एक संभावित प्रतिस्पर्धी के रूप में भारत का उभरना उस (चीन) के लिए अच्छा नहीं है। अमेरिका तथा भारत के बीच बढ़ते संबंध को भौगोलिक-राजनीतिक कारणों से चीन के लिए खतरे के रूप में देखा जा रहा है। इस प्रकार पाकिस्तान में भारत-विरोधी सरकार चीन के अनुकूल है।

कश्मीर

कश्मीर एक घिसा हुआ रिकॉर्ड है, जिसे पाकिस्तानी नेता दशकों से बजाते आ रहे हैं। मुशर्रफ के आगमन के साथ यह रिकॉर्ड अधिक ऊँची आवाज में बजाया जा रहा है; हालाँकि पाकिस्तान बहुत अच्छी तरह जानता है कि कोई भी भारतीय प्रधानमंत्री तश्तरी में कश्मीर परोसकर पाकिस्तान को नहीं देगा। कश्मीर की कहानी उस मूर्खतापूर्ण हद तक दुस्साहसी बनी बिल्ली की कहानी से अधिक भिन्न नहीं है, जिसने एक बढ़ई की दुकान में खून लगा आरा देखा था। उसने आरे के किनारे को चाटा। उसे तब आश्चर्य हुआ जब उसने आरे पर और अधिक खून पाया। वह चाटती रही और अंत में उसने पर्याप्त खून उपलब्ध कराने के लिए ईश्वर को धन्यवाद देने का फैसला किया। प्रार्थना करने के लिए जब उसने अपना मुँह खोला तो उसे एहसास हुआ कि उसकी जीभ दो भागों में कट चुकी थी और उसमें तीव्रता से रक्तस्राव हो रहा था। कश्मीर के लिए पाकिस्तान की सनक इस कहानी से मिलती-जुलती ही है।

पाकिस्तान को एक देश के रूप में कुछ कड़े फैसले करने होंगे। उसे यह सोचना होगा कि वह विश्व के साथ सभ्यता संबंधी संघर्ष के इसलामवादियों के दृष्टिकोण को अपनाना चाहता है और अंतरराष्ट्रीय अलगाव स्वीकार करना चाहता है या उस दृष्टिकोण को अस्वीकार करके भारत के संबंध में अपनी नीतियों को पुनर्निर्मित करना चाहता है। हालाँकि इस मुद्दे पर अब तक वह कोई स्पष्ट मार्ग

अपनाने के लिए तैयार नहीं है। वह दोनों विकल्पों को अपने पास रखना चाहता है—भारत के खिलाफ सीमा पार आतंकवाद को जारी रखना और इस बात से इनकार करना कि वह ऐसा कर रहा है। इसके साथ पाकिस्तान अपने इनकार की विश्वसनीयता खो चुका है।

पाकिस्तान की विदेश नीति समय के साथ परिवर्तनशील नहीं है। सन् 1948 से अपनी विदेश नीति को आकार देने के लिए उसके पास दो विचार थे—पहला, कश्मीर पर सुरक्षा परिषद् समाधान तथा दूसरा, फिलिस्तीन को अंध समर्थन और इजराइल से शत्रुता। सन् 1963 में उसने चीन गणराज्य की सरकार पर पूर्ण निर्भरता का तीसरा आयाम जोड़ दिया। पाकिस्तान इस प्रभाव-क्षेत्र से बाहर नहीं निकल सकता है। जमीनी वास्तविकताएँ बदल गई हैं, लेकिन पाकिस्तान की विदेश नीति नहीं बदली।

करगिल युद्ध के दौरान पाकिस्तान भारतीय क्षेत्र से अपनी सेनाएँ हटाने की बजाय संभावित परमाणु युद्ध की चेतावनी लगातार देता रहा। पाकिस्तान के विदेश सचिव ने एक प्रेस बयान में अपने देश द्वारा परमाणु विकल्प का इस्तेमाल करने से साफ इनकार नहीं किया। कश्मीर मुद्दे का हल होने के बाद भी भारत के साथ युद्ध की मुशर्रफ की नीति, जैसा उन्होंने कराची में बुद्धिजीवियों की एक सभा में कहा था, युद्ध की अनिवार्यता की मनोवृत्ति बताती है। लोगों को जल्द ही यह एहसास हो गया कि परमाणु युद्ध की स्थिति में युद्ध के बाद पाकिस्तान का नामोनिशान नहीं रहेगा।

जनरल मुशर्रफ, जिन्होंने नवाज शरीफ के तख्तापलट से पहले सन् 1999 में कराची में दिए आपने भाषण में भारत के साथ सीमित युद्ध से इनकार नहीं किया था, उस भय से परिचित हैं, जो ऐसे बयानों से पाकिस्तान में उत्पन्न होता है। कोई भी विदेशी निवेशक अपने धन को एक अनिश्चित भविष्य और पूर्ण अस्थिरतावाले देश में निवेश नहीं करना चाहेगा। ऐसा प्रतीत होता है कि कमांडो जनरल ने यह महसूस किया है कि भारत के साथ एक और युद्ध तथा पाकिस्तान के विखंडन की स्थिति में परमाणु विकल्प के प्रयोग के बारे में बोलना कितना खतरनाक है। मुशर्रफ ने तुरंत अपना रंग बदलते हुए 2 अक्तूबर, 2000 को टी.वी. पर प्रसारित अपने भाषण में कहा कि भारत के साथ किसी प्रकार के परमाणु या पारंपरिक युद्ध का कोई खतरा नहीं है। 'ऑल पाकिस्तान न्यूजपेपर सोसाइटी' के पुरस्कार समारोह में दिए गए इस भाषण में उन्होंने इस हद तक कहा कि एक परमाणु युद्ध के खतरे की बात निराशा उत्पन्न करने के उद्देश्य से की जा रही है। उन्होंने लोगों को

चिंतित न होने की सलाह दी। लेकिन साथ ही उन्होंने यह भी कहा कि 'ऐसी धारणा सेना तथा देश को अस्थिर करने के अभियान का अंग है।' उन्हें यह एहसास नहीं था कि सबसे पहले यह बात उन्होंने तथा उनके विदेश सेवा के नौकरशाहों ने ही कही थी।

क्या मुशर्रफ कश्मीर समस्या को सुलझा सकते हैं?

आधी शताब्दी से भी अधिक समय बीत जाने के बावजूद कश्मीर समस्या को नहीं सुलझाया जा सका है; क्योंकि जब भी कोई व्यावहारिक समाधान सामने आया तब एक या दूसरे पक्ष ने दोषदर्शी प्रवृत्ति अपनाई। पाकिस्तान ने पाक अधिकृत कश्मीर से अपने सैनिकों को नहीं हटाया, जबकि यह कारखाई जनमत-संग्रह कराने की एक पूर्व शर्त थी। जनरल अयूब नियंत्रण रेखा को अंतरराष्ट्रीय सीमा के रूप में निर्धारित करने के पक्ष में थे, जिसे कथित रूप से नेहरू ने स्वीकार नहीं किया। नेहरू संयुक्त राष्ट्र चार्टर के अध्याय छह के तहत विवाद के निपटारे के लिए संयुक्त राष्ट्र संघ में गए, न कि अध्याय सात के तहत जमीन से सैनिकों को खाली करवाने के लिए। जुल्फिकार अली भुट्टो ने सन् 1965 में अयूब को कश्मीर में एक 'निर्णायक हस्तक्षेप' के लिए प्रेरित करते हुए अपना खेल खेला। यह अयूब के लिए एक जाल था, जिसकी कीमत आखिरकार उन्हें राष्ट्रपति की गद्दी खाली करके चुकानी पड़ी। फिर से सन् 1971 के युद्ध में भुट्टो ने याहया खान को पूर्वी पाकिस्तान के बंगालियों पर अत्याचार करने की कारखाई करने के लिए समर्थन देते हुए अपने कैरियर को बढ़ाया, जिसका परिणाम ढाई लाख बंगालियों की हत्याओं के रूप में सामने आया। भुट्टो ने अपनी लालसा के अनुसार, मार्शल लॉ अधिकारवाले पहले नागरिक राष्ट्रपति का पद प्राप्त किया। उन्होंने सन् 1972 में इंदिरा गांधी से कहा कि उन्हें इस बात के लिए समय दिया जाए कि वह नियंत्रण रेखा को स्थायी सीमा मानने के लिए पाकिस्तानियों को तैयार कर सकें। परंतु ऐसा कभी नहीं हुआ। इस प्रकार शिमला समझौता भी कश्मीर समस्या का हल नहीं कर सका।

चीन ने अपना कार्ड बहुत चतुराई से खेला। उसने भारत की ओर से किसी प्रत्याक्रमण के बिना चुपके-चुपके लद्दाख में अक्साई चिन (जम्मू-कश्मीर सीमा क्षेत्र के 19 प्रतिशत भाग) को जोड़ लिया। इसपर नेहरू की प्रतिक्रिया थी—'घास का एक तिनका तक वहाँ नहीं उगता।' सन् 1963 में चीन ने एक अस्थायी सीमा समझौते के तहत पाक अधिकृत कश्मीर की 4,853 वर्ग किलोमीटर भूमि प्राप्त

की। अब जम्मू-कश्मीर राज्य का 20 प्रतिशत भूभाग चीन के कब्जे में है। चीन ने कश्मीर का एक बड़ा भाग हथिया रखा है, इससे इनकार नहीं किया जा सकता।

पाकिस्तान में जम्मू-कश्मीर की प्रकृति बदल चुकी है। एक भाग को 'आजाद कश्मीर' कहा जाता है और दूसरे भाग को उत्तरी क्षेत्र कहा जाता है, जहाँ शिया बहुसंख्यक हैं। जम्मू-कश्मीर का 35 प्रतिशत हिस्सा पाकिस्तान के कब्जे में और 20 प्रतिशत चीन के कब्जे में। भारत में स्थित राज्य के केवल 45 प्रतिशत क्षेत्र में जनमत-संग्रह की बात बेतुकी है। जम्मू-कश्मीर की मौलिक प्रकृति के एकीकरण के द्वारा इतिहास को कैसे पीछे मोड़ा जा सकता है? तीनों देश—भारत, पाकिस्तान और चीन अपनी-अपनी जमीन संयुक्त क़श्मीर के लिए देने को तैयार नहीं होंगे। इसलिए यह इन तीनों के हित में है कि वे छाया युद्ध या परमाणु युद्ध की धमकी के द्वारा वर्तमान संतुलन में व्यवधान न डालें। कश्मीर को लेकर चार युद्ध होने के बाद इन देशों के दृष्टिकोणों में और दृढ़ता आई है। इन तीनों पक्षों को इस बात पर सहमत होना चाहिए कि ऐसे संवेदनशील मुद्दे को व्यावहारिक तरीके से हल करना चाहिए। यदि घाटी पाकिस्तान को दे दी जाती है तो स्थिति वैसी ही होगी जैसी बंगालियों, सिंधियों और बलूचियों के साथ हुई। घाटी के लोगों को सेना के दमन का सामना करना होगा, जो पाकिस्तान के किसी भी मामले में अपनी टाँग अड़ाती है। उन्हें ऐसी कोई सुरक्षा उपलब्ध नहीं होगी जैसी अभी भारतीय संविधान की धारा 370 के तहत उन्हें उपलब्ध है। इसलामी 'उम्माह' के नाम पर घाटी में पाकिस्तानी पंजाब और सीमा प्रांत के प्रवासियों का जमघट लग जाएगा। कश्मीरियों को अल्पसंख्यक बना दिया जाएगा। यदि जम्मू और लद्दाख को घाटी से अलग कर दिया जाएगा तो सन् 1947-48 में विभाजन के समय की तरह तथा 1971 में बँगलादेश की तरह कश्मीर घाटी में पाकिस्तानी लूटपाट और बलात्कार करेंगे।

पहले पाकिस्तान को पाक अधिकृत कश्मीर और उत्तरी क्षेत्र में एक उल्लेखनीय स्तर पर स्वायत्तता देने, भारत के साथ व्यापार का उदारीकरण और तीव्र आर्थिक विकास के लिए एक समान बाजार तैयार करने दिया जाए। जनरल कभी भी अपने जैकबूटों के परे उपमहाद्वीप के भविष्य की कल्पना नहीं कर सकते। पाक अधिकृत कश्मीर में लोकतंत्र की बहाली से कश्मीर समस्या का एक स्थायी समाधान निकल सकता है। इससे अगली पीढ़ी को भाईचारे और उपमहाद्वीप की एकता को विकसित करने का समय मिले। कश्मीर के उन्माद से पाकिस्तान को बहुत क्षति पहुँची है।

कट्टरपंथी पाकिस्तानी यह भूल जाते हैं कि मुसलिम लीग के सन् 1946 के मेमोरेंडम में संघीय प्रांतों को जनमत-संग्रह के बाद पाकिस्तान से बाहर रहने

की स्वतंत्रता देने का आश्वासन दिया गया था। क्या पाकिस्तान में कोई भी सरकार अब सिंध या बलूचिस्तान द्वारा इस विकल्प को अपनाए जाने को सहन कर सकती है? संघीय प्रांतों का मत जानने के लिए क्या पाकिस्तान समस्याग्रस्त इन प्रांतों में जनमत-संग्रह कराने की अनुमति दे सकता है? सन् 1946 में जनमत-संग्रह कराने की जिन्ना की प्रतिबद्धता उतनी ही पवित्र थी जितनी नेहरू की। इतिहास बहुत आगे निकल चुका है और अब पीछे जाने की कोई तुक नहीं है, क्योंकि पीछे जाने पर यह पता नहीं चलेगा कि कितना पीछे जाना है। वाद-विवाद एक ओर रहा, पाकिस्तान के लिए प्रयुक्त जिन्ना के शब्दों का प्रयोग हम करें तो यही कहा जाएगा कि कश्मीरी निश्चित रूप से 'कीड़ों द्वारा खाया हुआ कश्मीर' नहीं लेना चाहेंगे।

भारत की धर्मनिरपेक्षता पाकिस्तान के हित में है। उन्हें यह समझना चाहिए कि कश्मीर भारत और पाकिस्तान के बीच मित्रता के सेतु के रूप में कार्य कर सकता है। यह एक खुला रहस्य है कि भारत के लिए कश्मीर राजस्व अर्जित करनेवाला क्षेत्र नहीं है। भारत सरकार कश्मीर के बजट को बड़े पैमाने पर सँभालती है। यह ज्ञात नहीं है कि पाकिस्तान पाक अधिकृत कश्मीर और उत्तरी क्षेत्र पर कितना खर्च करता है। भारतीय कश्मीर में शिक्षा निःशुल्क है। कश्मीर के लोग केरल को छोड़कर भारत के किसी भी राज्य के लोगों से अधिक शिक्षित हैं।

अब कश्मीरी शांति चाहते हैं। उन्हें आर्थिक विकास की आवश्यकता है, जो विद्युत् उत्पादन, पर्यटन, फलों के बाग और हस्तशिल्प से आ सकता है। कश्मीरी वहाबी इसलाम के विपरीत सूफियाना संस्कृति के लिए जाने जाते हैं। पाकिस्तान कश्मीर में सूफियाना संस्कृति को समाप्त करना चाहता है। अतः मस्तगुल और उसके आतंकवादी गुट द्वारा सूफी दरगाह चरार-ए-शरीफ को जला दिया गया। जम्मू-कश्मीर में सूफियाना भावनाएँ पाक-समर्थक भावनाओं से अधिक सशक्त हैं।

कश्मीर विवाद में कई जटिलताएँ हैं। इसका कोई एक निश्चित समाधान नहीं है। एक जटिल समस्या एक जटिल समाधान की ही माँग करती है। प्रमुख मुद्दा कश्मीर नहीं, बल्कि भारत-पाक संबंध है। जनरल मुशर्रफ ने यह कहा है कि यदि कश्मीर विवाद सुलझा लिया गया तो भी भारत-पाकिस्तान युद्ध हो सकता है। पाकिस्तानी सेना और उसके आतंकवादी गुट भारत और अन्य देशों में जेहाद के मार्ग पर बहुत दूर तक जा चुके हैं। लश्कर-ए-तोयबा का नारा 'आज श्रीनगर, कल दिल्ली' नई सहस्राब्दी में बेबुनियाद है। क्या भारतीय सरकार जेहादी गुटों को

समाप्त कर सकती है, जो पूरी तरह हथियारबंद हैं और अफगानिस्तान, चेचन्या आदि में युद्ध का अनुभव प्राप्त कर चुके हैं? मुशर्रफ ने कहा है कि जेहाद हर मुसलमान के लिए एक बाध्यता है। यह सब कश्मीर मुद्दे के समाधान के लिए सकारात्मक स्थितियाँ उत्पन्न नहीं कर सकता।[11]

कश्मीर विवाद के समाधान की ओर पहला कदम कश्मीर में शांति स्थापित करना है। शांति की बहाली के बाद दोनों ओर के कश्मीरियों को मिल-बैठकर मुद्दे को सुलझाने के लिए किसी उपाय पर विचार करना चाहिए। किसी भी बातचीत में हमें यह नहीं भूलना चाहिए कि अमानुल्लाह खान आदि नेता भारतीय विमान के अपहर्ता हासिम कुरैशी आदि के समर्थक हैं। उन्हें भी शांति प्रक्रिया में शामिल किए जाने की आवश्यकता है। एक लंबी तथा टिकाऊ वार्त्ता-प्रक्रिया एक नए तथा ऊर्जावान् नेतृत्व के अंतर्गत एक संभव समाधान को जन्म दे सकती है।

कहा जाता है कि बिना किसी शर्त के तीन माह के लिए हिजबुल मुजाहिदीन के युद्ध-विराम का आरंभिक आह्वान अमेरिका, कनाडा तथा ब्रिटेन में रहनेवाले प्रवासी कश्मीरियों द्वारा सुझाया गया था। सबसे महत्त्वपूर्ण भूमिका कथित रूप से एक प्रसिद्ध अमेरिकी फर्नीचर कंपनी एथन एलेन के चौवन वर्षीय मुख्य कार्यकारी अधिकारी फारूक कठवारी द्वारा निभाई गई थी। गतिरोध से निकलने का रास्ता तलाश करने के लिए कठवारी ने समाधान का 'एंडोरा तरीका' सुझाया। एंडोरा फ्रांस और स्पेन के बीच एक छोटी सी रियासत है, जिसपर दोनों देश दावा कर रहे थे। इसका हल एंडोरा को एक संविधान प्रदान करते हुए और फ्रांस तथा स्पेन का उसपर नियंत्रण कम करते हुए निकाला गया। ऐसा तरीका यदि कश्मीर के संदर्भ में अपनाया जाए तो उसकी सफलता की संभावना तभी होगी, यदि नियंत्रण रेखा को अंतरराष्ट्रीय सीमा में बदला जाए। लेकिन यह चाँद माँगने जैसा होगा; क्योंकि दोनों प्रमुख देश—भारत और पाकिस्तान—इसके लिए कभी तैयार नहीं होंगे, बावजूद इसके कि फारूक अब्दुल्ला जैसे लोग इसकी माँग लगातार करते रहें।

कश्मीर मुद्दे के निपटारे के लिए अन्य तरीके भी हो सकते हैं। अमानुल्लाह के पास एक समाधान योजना है। उन्होंने पंद्रह वर्षों बाद जनमत-संग्रह कराने का प्रस्ताव रखा है। अमेरिकी स्टडी पेपर्स वर्तमान नियंत्रण रेखा के अंतरराष्ट्रीयकरण का सुझाव देते हैं। चीन इतिहास को पीछे रखते हुए विवाद का निपटारा चाहता है। करगिल युद्ध के दौरान उसने खुलेआम पाकिस्तान का पक्ष नहीं लिया, लेकिन सीमाओं पर कुछ सैन्य गतिविधियाँ जरूर बढ़ा दीं। भारत की अतिवादी स्थिति पाकिस्तान से पाक अधिकृत कश्मीर तथा उत्तरी क्षेत्र को खाली करने और जम्मू-

कश्मीर की मौलिक प्रकृति बहाल करने की माँग करेगी। दिलचस्प यह है कि कश्मीर मुद्दा पाकिस्तानी प्रांतों—सिंध, बलूचिस्तान आदि में किसी प्रकार की भावनाओं को उत्तेजित नहीं करता।

इन सबके लिए या किसी भी अर्थपूर्ण समाधान के लिए पाकिस्तानी अवाम की मानसिकता में परिवर्तन जरूरी है। जिन्ना के विचारानुसार, पाकिस्तान भारत में इसलामी प्रभुत्व लाने का जरिया था। आखिरी रणनीति इसलामी प्रभुत्व के अंदर एकीकृत भारत की थी, जैसी स्थिति भारत के ब्रिटिश कब्जे से पहले थी। जिन्ना ने सन् 1946 में लेबर सांसद वूड्रो वॉट से कहा कि 'चूँकि ब्रिटिश भारत में मुसलिम शासन के उत्तराधिकारी थे, इसलिए उसे मुसलमानों को वापस दे देना चाहिए।' जिन्ना बंगाल तथा पंजाब के विभाजन के खिलाफ थे। उन्होंने माउंटबेटन से कहा कि बंगाल एक राष्ट्र था और पंजाब भी एक राष्ट्र था। पाकिस्तान के निर्माण के बाद इसे हासिल करने के लिए पाकिस्तान ने महाशक्ति अमेरिका से हाथ मिलाया और चीन से रणनीतिक गठबंधन किया, जिसने पाकिस्तान को चीन के मित्र उत्तरी कोरिया से परमाणु शस्त्र प्रौद्योगिकी तथा मिसाइल प्राप्त करने में मदद की। अफगान युद्ध (1979-89) में अमेरिका, चीन तथा पश्चिमी यूरोप के गठबंधन ने भारत के अस्थिरीकरण के लिए 'जेहाद' को एक वैध हथियार बना दिया। इन सभी देशों ने भारत को अस्थिर करने के उद्देश्य में एक प्रकार से पाकिस्तान को प्रोत्साहित किया है। जब अंतरराष्ट्रीय 'जेहाद' की उत्पत्ति अमेरिका, पश्चिमी शक्तियों, रूस तथा चीन के लिए खतरा बनने लगी तो अब खतरे की नई अवधारणा की बाध्यता से नए समीकरण विकसित हो रहे हैं। यह वास्तविकता पाकिस्तानी सत्ता प्रतिष्ठान को समझ में नहीं आ रही है। वास्तविकता यह है कि चीनियों के संदिग्ध रुख को छोड़कर गैर-इसलामी विश्व भारत में पाकिस्तानी 'जेहाद' बरकरार रखने में कोई दिलचस्पी नहीं रखता।

पाकिस्तान के लिए स्थिति की वास्तविकताओं पर एक कड़ी नजर डालने और दक्षिण एशिया तथा विश्व में शांति एवं स्थिरता के लिए द्विराष्ट्र के अपने सिद्धांत को पुनर्व्यवस्थित करने का समय है। इनयातुल्लाह, मुबारक अली आदि पाकिस्तानी बुद्धिजीवी पाकिस्तान में सांप्रदायिक हिंसा को समाप्त करने के लिए एक धर्मनिरपेक्ष पाकिस्तान का समर्थन करते रहे हैं। सुन्नी इसलाम पर बल के साथ पाकिस्तान का तालिबानीकरण उसके लिए विनाश का कारण बन सकता है। द्विराष्ट्र के सिद्धांत के साथ पाकिस्तान का जम्मू-कश्मीर पर कोई दावा नहीं बनता, क्योंकि वहाँ हिंदू, सिख और बौद्ध जनसंख्या पर्याप्त मात्रा में है। कश्मीर घाटी के

लोग राज्य के किसी भी प्रकार के विभाजन के पक्ष में नहीं हैं। कश्मीर एक लघु संसार प्रस्तुत करता है कि विश्व के अन्य भागों में क्या घट रहा है।

जनरल मुशर्रफ का पिछला रिकॉर्ड कश्मीर मुद्दे के निपटारे का अवसर उपलब्ध नहीं कराता। एक मुहाजिर होने के कारण उनकी गंभीर बाध्यताएँ हैं। उन्हें जब-तब पाकिस्तान के प्रति अपनी वफादारी प्रमाणित करनी है। इसलिए कश्मीर पर नवप्रवर्तक होने की उनकी क्षमता सीमित है। भारत और पाकिस्तान के बीच शिखर सम्मेलनों से कुछ भी आश्चर्यजनक प्राप्त होने की संभावना नहीं है। मुशर्रफ को कश्मीर मुद्दे के समाधान के लिए पाकिस्तानी अवाम तैयार करना होगा। उनके कोर कमांडरों को एक अर्थपूर्ण समाधान के लिए सहयोग और समर्थन उपलब्ध कराना होगा। भारतीय पक्ष को भी एक समझौता आधारित समाधान को स्वीकार करने के लिए देश को तैयार करना होगा। जैसी कि कहावत है—'पूरे के नुकसान की संभावना देखने पर चतुर आधे को छोड़ देता है।'

पाकिस्तान की अर्थव्यवस्था जर्जर है। आर्थिक सुधार योजना काम नहीं कर रही है। विकास दर 2.6 प्रतिशत पर अवरुद्ध है। विदेशी कर्ज अड़तीस अरब अमेरिकी डॉलर के करीब है। विदेशी मुद्रा भंडार एक अरब डॉलर के आस-पास है। शिया और सुन्नी के बीच सांप्रदायिक झगड़े बंद नहीं हो रहे हैं। पाकिस्तान में करीब ढाई लाख हथियारबंद 'जेहादी' खुलेआम घूमते रहते हैं। मदरसे फूल-फल रहे हैं, दूसरों के खिलाफ नफरत फैला रहे हैं और युवाओं को प्रशिक्षण दे रहे हैं। ये सारी बातें अंतरराष्ट्रीय मीडिया द्वारा सार्वजनिक की गई हैं। आई.एस.आई. इस अत्यधिक परिवर्तनशील देश पाकिस्तान में अस्थिरता उत्पन्न करनेवाला सबसे खतरनाक कारक है।

पाकिस्तान का भविष्य

पाकिस्तान में लगातार (पिछले तिरपन वर्षों के दौरान चार बार) होते तख्तापलट वहाँ की व्यवस्था में बुनियादी संरचनात्मक खामी को दरशाते हैं। देश में एक जीवंत लोकतंत्र की स्थापना नहीं करने के लिए जिन्ना जिम्मेदार थे।

लोकतंत्र को समर्थन देनेवाली संस्थाओं ने सैन्य शासकों के सामने हथियार डाल दिए। देश के पहले सैन्य तख्तापलट को न्यायपालिका ने 'सफल क्रांति' का दर्जा दिया था और फर्जी आधारों पर उसे वैध ठहराया था। वस्तुतः इसने देश में लोकतंत्र को समाप्त कर दिया। प्रत्येक तख्तापलट को न्यायपालिका से ऐसी कानूनी मदद मिलती रही है, जिसका समर्थन नहीं किया जाना चाहिए था। दरअसल

न्यायपालिका सुस्त हो चुकी है।

लोकतंत्र को आखिरी धक्का जिया के शासनकाल में आई.एस.आई. की तरफ से तब लगा जब उसने राजनीतिक व्यवस्था में दखलंदाजी शुरू की। आई.एस.आई., जो वास्तव में सेना द्वारा नियंत्रित है, ने इंटेलिजेंस ब्यूरो, रेंजर्स और नारकोटिक्स ब्यूरो में महत्त्वपूर्ण असैनिक पदों पर कब्जा जमाना शुरू किया। नवाज शरीफ शुरू में जिया के पिट्ठू और आई.एस.आई. की टेस्ट ट्यूब बेबी थे।

क्या मुशर्रफ इस स्थिति में हैं कि पाकिस्तान में पार्टी आधारित चुनावों के द्वारा संसदीय लोकतंत्र को पुनर्स्थापित कर सकें ? उन्होंने जिला स्तरीय गैर-दलीय चुनाव करवाया है। इस तरह के प्रयोग अयूब और जिया भी करते रहे हैं। अपनी आगरा यात्रा से ठीक पहले उन्होंने तत्कालीन पाकिस्तानी राष्ट्रपति रफीक तरार को हटाकर राष्ट्रपति के पद पर भी अपना कब्जा जमा लिया। गौरतलब है कि नवाज शरीफ द्वारा मुशर्रफ को हटाने से संबंधित भेजी गई फाइल पर रफीक तरार ने अपने रिमार्क लिखे थे। इस रिमार्क के अनुसार तरार मुशर्रफ की बरखास्तगी के विरोधी नहीं थे।

भुट्टो का भूत जिया को परेशान करता था, क्योंकि सन् 1973 के संविधान में सैन्य तख्तापलट को 'अपराध' घोषित किया गया था, जिसके लिए मौत की सजा तक दी जा सकती थी। वह इतने साधारण कारण के लिए सत्ता नहीं छोड़ सकते थे। जुनेजो को सत्ता सौंपने से पहले उन्होंने संविधान संशोधन के जरिए राष्ट्रपति को निर्वाचित सरकार को बरखास्त करने का अधिकार दिलवाया। इस अधिकार को नवाज शरीफ के कार्यकाल में वापस ले लिया गया। मुशर्रफ ने अपने को उन अधिकारों से फिर लैस कर लिया है। इस स्थिति में क्या यह संभव है कि मुशर्रफ एक असैनिक सरकार के लिए सत्ता छोड़ दें ? किसी भी हालत में पाकिस्तान में जनरल की इच्छा ही आम इच्छा होती है (जनरल विल इज द विल ऑफ जेनरल)। जब चीफ ऑफ आर्मी स्टाफ (सी.ओ.ए.एस.) के रूप में उनका कार्यकाल अक्तूबर 2001 में खत्म हुआ तो वह जिया की तरह रिटायर नहीं हुए।

वर्तमान स्थिति में सेना ने असैनिक राजनीतिज्ञों के साथ सत्ता के बँटवारे के लिए एक संस्थागत प्रबंध की माँग की है। आई.एस.आई. ने शक्तिशाली जेहादी गुटों—हरकत-उल-मुजाहिदीन, लश्कर-ए-तोयबा, अल बद्र और जैश-ए-मुहम्मद के साथ मिलकर एक स्वतंत्र सत्ता केंद्र का रूप धारण कर लिया है। अगर मुशर्रफ ने इस गुट पर लगाम कसने की कोशिश की तो यह गुट मुशर्रफ को हटाने का प्रयास भी कर सकता है।

पाकिस्तान के विखंडन की घटना या फिर वहाँ के उग्र सांप्रदायिक गुटों के

बीच गृहयुद्ध की स्थिति में भारत की ओर मुहाजिरों के विपरीत बहाव से इनकार नहीं किया जा सकता। इस तरह की किसी भी एक घटना से भारत की स्थिरता को खतरा हो सकता है। आई.एस.आई. और 'जेहादी' गुट बड़े पैमाने पर भारत में घुसपैठ करते रहे हैं, जिससे एक बड़े सांप्रदायिक विस्फोट की संभावना बढ़ती है।

करगिल की पूर्ण विफलता पर पाकिस्तान सरकार की तरफ से कोई आधिकारिक पक्ष नहीं रखा गया। यह स्वाभाविक है; क्योंकि ऐसा माना जाता है कि यह योजना जिया के समय अस्तित्व में थी और जब बेनजीर भुट्टो शासन में आईं तो इसे पुनर्जीवित किया गया। नवाज शरीफ को उनके ट्रायल के दौरान तथाकथित अपहरण मामले में फँसाया गया, जैसा उन्होंने करगिल प्रकरण में जाँच की बात कर रहे कुछ संवाददाताओं को बताया। करगिल ऑपरेशन की योजना श्रीनगर-लेह मार्ग को अवरुद्ध करके सियाचिन तक सैन्य सामग्री पहुँचने से रोकने के लिए मुशर्रफ द्वारा बनाई गई थी। नागरिक तथा सैन्य नेतृत्व के बीच बहुत मतभेद थे। इन मतभेदों ने शरीफ को बाहर का रास्ता दिखाया। सैन्य नेतृत्व ने लाहौर प्रयास को विफल बनाने के लिए करगिल ऑपरेशन शुरू किया। वह एक विचित्र ऑपरेशन था, जिसमें केवल चार जनरल शामिल थे। ऑपरेशन शुरू करते समय मुशर्रफ ने यह नहीं सोचा कि आज का विश्व हिंसा, आतंकवाद और रक्तपात द्वारा सीमा पुनर्निर्धारण के खिलाफ है। यहाँ तक कि चीन ने भी खुद को करगिल से दूर ही रखा और जिनजियांग प्रांत में इसलामी विद्रोह की अपनी समस्याओं को देखते हुए स्पष्टत: निष्पक्षता बनाए रखी। पाकिस्तानी लेखक भी यह स्वीकार करते हैं कि भारतीय कूटनीतिज्ञता तथा राजनीतिक प्रयासों ने पाकिस्तान की ओर का पासा पलट दिया। अमेरिकी दबाव ने भी अपना कार्य किया।

अंतरराष्ट्रीय तथा कूटनीतिज्ञ स्वीकार्यता प्राप्त करने के लिए जनरल मुशर्रफ लगातार भारत से कहते रहे कि वह 'किसी भी समय, किसी भी स्थान पर' बातचीत करने के लिए तैयार हैं। वाजपेयी सरकार इस झाँसे में आ गई। 24 मई, 2001 को वाजपेयी से 'शांति के मार्ग' पर बढ़ने, समझौते का रास्ता अपनाने, उपयोगी बातचीत में शामिल होने, आपसी विश्वास का माहौल बनाने तथा स्थायी शांति व सहयोगपूर्ण मित्रता स्थापित करने का निमंत्रण मिलने पर जनरल ने तुरंत उस निमंत्रण को स्वीकार कर लिया और ऊँची आशाएँ बढ़ाईं। उल्लेखनीय रूप से उन्होंने वाजपेयी से दोनों पक्षों की ओर से वाक्पटुता कम करने की बात कही। जैसा बाद में समय ने सिद्ध किया, वह सलाह और कुछ नहीं, सिर्फ वाक्पटुता ही थी। छिन्न-भिन्न करने की अपनी कमांडो नीतियों का प्रयोग करते हुए उन्होंने

शीघ्र ही राष्ट्रपति रफीक तरार को बाहर कर दिया और खुद को पाकिस्तान के राष्ट्रपति के रूप में स्थापित कर लिया, अन्यथा तरार को बाहर करना उनके लिए कठिन होता। देश और सरकार के मुखिया के रूप में उन्होंने दिल्ली और आगरा में अपनी इन विनाशकारी नीतियों का प्रयोग जमकर किया। वह मेजबान देश की इच्छा के खिलाफ हुर्रियत नेताओं से मिलने की हद तक चले गए। एक विजेता नायक की तरह वह दिल्ली की नाहरवाली हवेली में अपने पुश्तैनी घर गए। उन्होंने सोचा कि वह दबाव डालकर कश्मीर पर पूरा बल देनेवाला संयुक्त घोषणा-पत्र जारी करवा लेंगे। उन्होंने सोचा कि वह अपने विदेश मंत्रालय को यह कार्य सौंपे बिना खुद ही पंद्रह मिनटों में एक स्वीकार्य प्रारूप तैयार करने में सक्षम हैं। उन्हें यह कहते सुना गया कि मसौदा तैयार करना कोई कठिन कार्य नहीं है; उसके लिए सिर्फ अंग्रेजी का ज्ञान होना पर्याप्त है। उन्होंने कहा कि वह केवल पंद्रह मिनट में प्रारूप तैयार कर देंगे।

आगरा में उन्होंने कूटनीति के नियत नियमों तथा मानकों का पालन नहीं किया। उस शिखर वार्त्ता में मेहमान को पूर्ण एकांत में मेजबान देश की सरकार के प्रमुख से मिलकर जटिल मुद्दों की पूरी श्रृंखला पर विचार-विमर्श करना था। ऐसा करने की बजाय वह भारत पर एक राजनीतिक गोल दाग करके मीडिया को आकर्षित करना चाहते थे। उन्होंने कश्मीर पर अपने दृष्टिकोण को प्रस्तुत करने के लिए विमुग्ध श्रोताओं के रूप में भारतीय संपादकों के साथ नाश्ते पर एक आकस्मिक बैठक आयोजित कर डाली। यह पी.टी.वी. और भारत के स्टार न्यूज चैनल पर साथ-साथ प्रसारित हुआ; जबकि इसमें भाग लेनेवाले संपादकों को इसका पता नहीं था। उस बैठक में उन्होंने कश्मीर की तुलना फिलिस्तीन और बोस्निया से की।

11 सितंबर, 2001 की सुबह न्यूयॉर्क में वर्ल्ड ट्रेड सेंटर और वाशिंगटन में पेंटागन पर आतंकवादी हमला एक महत्त्वपूर्ण मोड़ था। राष्ट्रपति जॉर्ज डब्ल्यू. बुश ने तुरंत आतंकवाद के विरुद्ध एक अंतरराष्ट्रीय गठबंधन गठित कर डाला। जैसी उम्मीद थी, मुशर्रफ ने स्थिति की गंभीरता का एहसास करते हुए और अपनी स्थिरता के बारे में सोचते हुए पलटा मारा तथा आतंकवाद के विरुद्ध अमेरिका-नीत अंतरराष्ट्रीय गठबंधन में शामिल हो गए। वह जानते थे कि पाकिस्तान को पहले ही अमेरिका द्वारा ऐसा राष्ट्र माना जा रहा है, जो अंतरराष्ट्रीय आतंकवाद से निपटने में पूरा सहयोग नहीं दे रहा है। उसे तालिबान के साथ संबद्ध भी माना जा रहा है। गठबंधन में शामिल होने के बाद भी उन्होंने तालिबान नेताओं के साथ बातचीत की श्रृंखला बनाते हुए अफगानिस्तान पर एक आरंभिक हमले को

टाला। उनकी गणना यह थी कि आनेवाली सर्दियों के कारण तालिबान के खिलाफ एक प्रभावी ऑपरेशन टल जाएगा। ऑपरेशन के दौरान मुशर्रफ ने अमेरिका को सलाह दी कि वह नॉर्दर्न एलाइंस को काबुल पर कब्जा करने की अनुमति न दे। ऐसा निश्चित रूप से इसलिए किया गया था, क्योंकि नियमित तथा अनियमित पाकिस्तानी सैनिक तब मजार-ए-शरीफ और कुंदुज में थे। 11 सितंबर के बाद अमेरिका-नीत युद्ध में आई.एस.आई. ने अल कायदा तथा तालिबान नेतृत्व के लोकेशन पर कोई उपयोगी गुप्त सूचना उपलब्ध नहीं कराई। मुशर्रफ चाहते थे कि रमजान के पवित्र माह के दौरान अमेरिकी सैनिक हमला रोक दें। उन्होंने अमेरिका को यह ऑपरेशन छोटी अवधि तक चलाने की भी सलाह दी। अमेरिका उनकी रणनीति जानता था; लेकिन उसने किसी विकल्प के अभाव में उन्हें सहन करने का फैसला किया।

जनरल मुशर्रफ ने जम्मू-कश्मीर विधानसभा पर 11 अक्तूबर, 2002 के आतंकी हमले की तुरंत निंदा की। इसके बाद मेजर जनरल राशिद कुरैशी ने यह आरोप लगाया कि भारत ने पाकिस्तान को बदनाम करने के लिए ऐसे नकली आक्रमणों की योजना बनाई। जनरल कुरैशी को ऐसे कार्यों में महारत हासिल है। आगरा में कुरैशी ने भारतीय मीडिया को एक संभावित संयुक्त घोषणा-पत्र की कहानी सुनाई। अफगानिस्तान में अमेरिका के आतंकवाद-विरोधी युद्ध के दौरान 13 दिसंबर, 2001 को भारतीय संसद् पर आतंकवादी हमला भारतीयों की सहनशीलता की सीमा का पता लगाने के लिए फिर से एक पारंपरिक कमांडो दाँव-पेंच था। यह याद रखना चाहिए कि जनरल मुशर्रफ ने अप्रैल 1999 में कराची में दिए एक भाषण में कहा था कि कश्मीर विवाद के निपटारे के बाद भी भारत के खिलाफ कम क्षमता का युद्ध चलता रहेगा। ब्रिगेडियर (सेवानिवृत्त) सिद्दीकी ने एक पाकिस्तानी समाचार-पत्र में प्रकाशित अपने एक लेख में इस अवधारणा को स्पष्ट किया। उन्होंने कहा कि मुशर्रफ भारत में मुसलमानों के कल्याण के लिए लड़ना चाहते हैं। यह नीयत स्पष्ट करती है कि भारतीय संसद् को क्यों निशाना बनाया गया। इस बारे में पर्याप्त प्रमाण हैं कि संसद् पर हमला करनेवाले चारों आत्मघाती आक्रमणकारी पाकिस्तानी नागरिक थे। उनका कार्य संसद् के अंदर उपस्थित यथासंभव अधिकाधिक भारतीय नेताओं को मारना था; क्योंकि उन्हें मालूम था कि भवन के अंदर कोई सशस्त्र सुरक्षाकर्मी नहीं था। हमेशा की तरह मुशर्रफ ने इस आक्रमण की निंदा की; लेकिन जनरल राशिद ने इसमें पाकिस्तान को बदनाम करने की भारतीय चाल देखी।

भारत ने संसद् पर आतंकी हमले के बाद त्वरित और मजबूत प्रतिक्रिया दिखाई तथा सीमाओं पर सैनिकों को लामबंद कर दिया। अपनी रणनीति में मुशर्रफ ने इस लामबंदी की आशा की थी, क्योंकि इससे उन्हें पाकिस्तान में अल कायदा तथा तालिबान कैडरों को पुनर्गठित होने का समय उपलब्ध कराने का बहाना मिल जाता।

मुशर्रफ यह नहीं समझते कि अमेरिका एक बहुत खतरनाक शत्रु है और हमेशा अपने नीतिगत लक्ष्यों में एकदिश (एक दिशा में बढ़नेवाला) रहा है। पाकिस्तान में अब राजनीतिक दल परिपक्व हो गए हैं। उन्होंने उन्हें एक कामचलाऊ नागरिक सरकार को सत्ता सौंपने तथा पूर्णकालिक चीफ ऑफ आर्मी स्टाफ रखने की सलाह दी है। मुशर्रफ घरेलू तथा अंतरराष्ट्रीय स्तर पर अलग-थलग पड़ते जा रहे हैं।

उनकी परमाणु शस्त्र संबंधी ब्लैकमेलिंग नहीं चलेगी। यदि पाकिस्तान ने भारत के खिलाफ परमाणु हथियार इस्तेमाल किए तो अमेरिकी स्ट्राइक फोर्स पाकिस्तान की नाभिकीय सुविधाओं को समाप्त कर देंगे।[12] एक संभावित योजना पहले से बनाई जा चुकी है। वास्तव में, यदि मुशर्रफ राजनीतिक व भौतिक रूप से जीवित रहना चाहते हैं तो उनके पास अमेरिका के आदेशों को मानने के सिवा कोई विकल्प नहीं है। जो भी हो, मुशर्रफ का राजनीतिक जीवन बहुत लंबा नहीं लगता; क्योंकि भारत बिना हो-हल्ला किए अपने कार्डों को बहुत सावधानी से खेल रहा है।

यदि मुशर्रफ चतुर हैं तो वह खुलेआम नहीं, पर चुपचाप अतातुर्क की भूमिका निभा सकते हैं। यदि वह ऐसा कुछ करते हैं तो पाकिस्तान का मौन नागरिक समुदाय उनके बचाव के लिए आएगा। इसके लिए उन्हें भारत, अमेरिका, पश्चिमी विश्व तथा चीन के सहयोग की भी आवश्यकता होगी। अभी सभी पक्षों के हित एक दिशा में हैं। उन्हें क्षेत्रीय तथा वैश्विक स्थिति के अनुसार कश्मीर समस्या पर ध्यान देना होगा। क्या वह कुछ सकारात्मक कर पाएँगे या उन्हें एक तख्तापलट का सामना करना होगा?

ऐसे महत्त्वपूर्ण मुद्दे पाकिस्तान में असामान्य घटनाओं द्वारा सुलझाए जाते हैं। सेना से नागरिक शासन की ओर परिवर्तन हमेशा हिंसक था। इसकंदर मिर्जा को हिंसा के प्रदर्शन द्वारा हटाया गया। अयूब को एक हिंसक आंदोलन द्वारा हटाया गया। याहया खान को लेफ्टिनेंट जनरल गुल हसन तथा वायु सेना प्रमुख द्वारा गद्दी छोड़ने के लिए बाध्य किया गया। जिया एक विमान दुर्घटना में मारे गए, जो स्वयं सेना द्वारा कार्यान्वित किया गया कार्य माना जाता है।

टिप्पणियाँ एवं संदर्भ

1. 'द न्यूज'—11 सितंबर, 1999
2. कामरान खान—'द न्यूज', 20 अक्तूबर, 2000
3. 'द डॉन'—18 अक्तूबर, 1995
4. 'द फ्राइडे टाइम्स'—20-26 जून, 1998
5. 'द नेशन'—29 अप्रैल, 1999
6. 'द डॉन'—1 अक्तूबर, 1999
7. 'द डॉन'—22 सितंबर, 1999
8. 'द फ्राइडे टाइम्स'—28 अप्रैल-4 मई, 2000
9. 'द न्यूज'—4 अक्तूबर, 1999
10. तारिक अली—'ऑन दि अबिस', पृष्ठ 30
11. 'द न्यूज इंटरनेशनल'—10 मई, 2001
12. मुहम्मद अयूब—'एशियाज ड्रेगंस एंड यू.एस. फॉरेन पॉलिसी', ऑरबिस, विंटर 2001, पृष्ठ 133

□

8

जेहाद की संस्थापना

आतंकवाद पर विश्व का ध्यान अब मध्य-पूर्व के उसके पारंपरिक क्षेत्र से दक्षिण एशिया की ओर चला गया है। मध्य-पूर्व के आतंकवादियों अबू निदाल और उसके गुट का स्थान अब पाकिस्तान-अफगानिस्तान आधारित आतंकवादी समूहों, जैसे—अल-कायदा, लश्कर-ए-तोयबा, हरकत-उल-मुजाहिदीन, अल बद्र तथा जैश-ए-मुहम्मद ने ले लिया है। वे फिलीपींस, म्याँमार आदि देशों में चले गए हैं, जहाँ वे पश्चिमी देशों की दृष्टि से सुरक्षित हैं। अपने राष्ट्र के नीतिगत कारणों से जनरल मुशर्रफ उन्हें 'स्वतंत्रता सेनानी' कहते हैं। वह स्पष्ट करते हैं कि जेहादी आतंकवादी नहीं हैं। उनके अनुसार, सभी मुसलमानों को अपने धार्मिक कर्तव्य के रूप में 'जेहाद' करना चाहिए। इसी 'जेहादी' ब्रांड की नीति के कारण वह लश्कर के 'आज श्रीनगर, कल दिल्ली' के नारे की निंदा नहीं करते।

भारत के लिए 'बीयर ट्रैप' रणनीति

कश्मीर में पाकिस्तानी 'जेहाद' का तर्क एक सैन्य पराजय द्वारा सन् 1971 में पाकिस्तान के विखंडन का बदला लेने और भारत के विशाल भूभाग, विकास क्षमता तथा श्रेष्ठ सेना को छिन्न-भिन्न करने के सिद्धांत पर आधारित है। भारत अपनी सेना पर अपने सकल घरेलू उत्पाद का 2 प्रतिशत खर्च करता है (1998), जबकि पाकिस्तान रक्षा पर अपने सकल घरेलू उत्पाद का 5 प्रतिशत से अधिक खर्च करता है। इसलिए पाकिस्तान के लिए भारत में पूर्ण प्रशिक्षित 'मुजाहिदीन' भेजना आर्थिक रूप से संभव है। 'जेहादियों' को प्रशिक्षण देने, उन्हें शस्त्र-सज्जित

करने और आर्थिक सहयोग उपलब्ध कराने में पाकिस्तान की भागीदारी दिखाने के लिए अंतरराष्ट्रीय इंटेलिजेंस एजेंसियों के पास पर्याप्त प्रमाण हैं। अफगान युद्ध के दौरान यह नीति लाभकारी सिद्ध हुई, जहाँ आई.एस.आई. द्वारा प्रशिक्षित तथा समर्थित अफगानों की सात पार्टियों ने सोवियत सैनिकों पर विजय प्राप्त करने में सफलता प्राप्त की। यह रणनीति सी.आई.ए. और आई.एस.आई. द्वारा संयुक्त रूप से बनाई गई थी। धार्मिक पार्टियों, जैसे—मरकज दवा-अल-इरशाद, जमात-ए-इसलामी के तीन प्रकार, सिपह-ए-साहबा और जैश-ए-मुहम्मद के साथ मिलकर पाकिस्तान द्वारा जम्मू-कश्मीर में 'बीयर ट्रैप' रणनीति अपनाई जा रही है।

कश्मीर में 'जेहादियों' के प्रशिक्षण, आर्थिक समर्थन तथा कारवाइयों के लिए प्रारूप बनाया गया। संयुक्त जेहादी परिषद् आई.एस.आई. द्वारा अफगान 'जेहाद' के लिए बनाए गए सात पार्टियों के गठबंधन की तरह है। हिकमतयार की तरह सैयद सलाहुद्दीन जेहाद परिषद् के नाम मात्र के प्रमुख हैं। हिकमतयार को हटाकर उपेक्षित कर दिया गया था। जिस प्रकार आई.एस.आई. ने हिकमतयार को धोखा दिया, समय आने पर सैयद सलाहुद्दीन के साथ भी वैसा ही किया जाएगा। 'जेहादियों' तथा आई.एस.आई. के लिए संचार तंत्र अफगान 'जेहाद' की तरह ही है।

पाकिस्तानी और गैर-पाकिस्तानी लोगों (मुजाहिदीन) ने बाह्य ऑपरेशनों में अनूठा संबंध विकसित किया है। तथाकथित इसलामी हित के लिए जेहादियों तथा पाकिस्तान की राष्ट्रीय नीति का उद्देश्य एक है। पाकिस्तान के लिए खंडन की कुछ गुंजाइश है, क्योंकि आधिकारिक रूप से पाकिस्तान 'स्वतंत्रता सेनानियों' को 'नैतिक, राजनीतिक तथा कूटनीतिक समर्थन' देता है, जो अफगान लबादे में जेहादी हैं। खंडन का यह पुराना तरीका अब विश्वसनीय नहीं रहा है। परिणामस्वरूप 11 सितंबर के बाद विश्व में पाकिस्तान की छवि खराब हुई है।

हितों का यह मेल बाह्य इस्तेमाल के लिए अच्छा है; परंतु यह पाकिस्तान की आंतरिक स्थिरता के लिए अच्छा नहीं है।[1] सभी 'जेहादी' समूह कट्टर सुन्नी हैं, जो शियाओं, अहमदियाओं तथा अन्य मुसलिम संप्रदायों के विनाश के लिए भी उतने ही उत्सुक हैं। इसने पाकिस्तान में गंभीर सांप्रदायिक टकरावों की स्थिति उत्पन्न कर दी है। कश्मीर में 'जेहादी' गुट शियाओं को निशाना बनाते हैं और इस प्रकार कश्मीर में भावी सांप्रदायिक हिंसा के लिए अनुकूल स्थिति उत्पन्न कर रहे हैं।

स्कूलों से नफरत करो—जेहादियों की भरती का आधार

पाकिस्तान में वित्तीय अवरोधों ने बहुत सीमित संख्या में पब्लिक स्कूल स्थापित करने के लिए सरकार को बाध्य किया है। आधुनिक शिक्षा हासिल करने का कोई माध्यम ग्रामीण इलाकों के गरीब लोगों के पास नहीं है। उन्हें 'मदरसा' जाना पड़ता है, जो पाकिस्तान में हर जगह स्थित हैं। वहाँ छात्रावास, खाना और कपड़े के साथ शिक्षा भी निःशुल्क है। वे स्वाभाविक रूप से 'तालिबों' (विद्यार्थियों) को आकर्षित करते हैं। भुट्टो को फाँसी देने के बाद, जिया ने समर्थन के लिए धार्मिक दलों का सहारा लिया और 'मदरसों' को प्रायोजित किया। उससे पहले 'जकत' कोष से 'मदरसों' को आर्थिक सहायता मिलती थी ('जकत' कोष व्यक्तिगत बैंक खातों से अनिवार्य रूप से कुछ रकम काटकर बनता था)। इसने सरकार को स्कूली शिक्षा को नियंत्रित करने की कुछ क्षमता प्रदान की थी। अब धार्मिक स्कूलों को बड़े पैमाने पर खाड़ी के देशों, अमीर अरबों तथा पाकिस्तानियों द्वारा आर्थिक सहयोग उपलब्ध कराया जाता है। मसजिदें भी 'मदरसों' के लिए धन एकत्रित करती हैं। इसलामी विधिशास्त्र के विद्वान् उत्पन्न करने की बजाय वे जेहाद के लिए कट्टरपंथी पैदा करते हैं।[2] मदरसों में पढ़नेवाले बच्चों में जेहाद का जोश प्रेरित करने के लिए प्राथमिक पाठ्य पुस्तकों में कुछ नया जोड़ा गया। अब 'जीम' का अर्थ है 'जेहाद', 'टे' का अर्थ है 'तोप', 'काफ' का अर्थ है 'कलाश्निकोव' और 'खे' का अर्थ है 'खून'।[3]

लगभग पचास हजार मदरसों (आधिकारिक संख्या उपलब्ध नहीं है) में से अधिसंख्य 'जेहाद' के नाम पर नफरत तथा हिंसा का पाठ पढ़ाते हैं। ऐसे उपदेश पाकिस्तान में सांप्रदायिक हिंसा तथा विदेश में 'जेहाद' को प्रेरित करते हैं। मदरसों को पंजीकृत करने तथा उनकी पाठ्य सामग्री में आधुनिक विषयों को शामिल करने का निर्णय आधे मन से किया गया। प्रतिकूल प्रतिक्रिया के भय से इसे लागू नहीं किया गया। वास्तव में, व्यापारियों के खिलाफ दस्तावेजीकरण बाध्यता को रोकना था, क्योंकि व्यापारियों द्वारा 'जेहाद' के लिए काफी बड़ी रकम देने के कारण धार्मिक दलों ने ऐसे कार्यक्रम पर आपत्ति की। आपत्ति यह थी कि जेहादी हित के लिए व्यापारियों से प्राप्त दान को सरकार रोकने का प्रयास कर रही थी। किसी भी समय ढाई लाख हथियारबंद जेहादी पाकिस्तान में चारों ओर फैले रहते। पाकिस्तान के आंतरिक मंत्री (गृह मंत्री) मोइनुद्दीन हैदर ने शुरू में 'निरस्त्रीकरण' की एक नीति घोषित की थी, जो जल्द ही गायब हो गई। मिस्र और जॉर्डन में मदरसों के नियंत्रण ने जेहादियों पर ब्रेक लगाया और वस्तुतः जेहाद को समाप्त कर दिया।

परंतु पाकिस्तान इन दो देशों का अनुसरण करने की उम्मीद तब तक नहीं कर सकता जब तक वह आतंकवाद को अपनी विदेश नीति का माध्यम बनाने की रणनीति को त्याग न दे।

इन मदरसों का एकमात्र विषय 'कुरान' के उपदेश हैं। अधिकतर मदरसे विज्ञान या गणित नहीं पढ़ाते, जो विकास तथा एक आधुनिक समाज के कार्य करने के लिए महत्त्वपूर्ण हैं। पाकिस्तानी अधिकारियों ने जेसिका स्टर्न से कहा कि देश के 10 या 15 प्रतिशत मदरसे केवल कट्टरवादी विचारधाराओं का उपदेश देते हैं और उसे प्रोत्साहित करते हैं।[4]

जेसिका स्टर्न ने लाहौर स्थित एक महत्त्वपूर्ण मदरसे के प्रिंसिपल का अल्बर्ट आइंस्टीन के बारे में जानने के लिए साक्षात्कार लिया। प्रिंसिपल ने इस संबंध में अपनी अनभिज्ञता जताई, क्योंकि उसे विज्ञान पढ़ाने या सीखने की कोई आवश्यकता नहीं प्रतीत होती थी। उसने जेहाद के द्वारा उपलब्धि की सलाह दी। 'कोई नहीं जानता कि उसकी मौत कब होगी, इसलिए तुम्हें इसलाम की ओर यात्रा जरूर शुरू करनी चाहिए।'

दारुल उलूम हकानिया के चांसलर सामी उल-हक ने कहा कि मदरसों के पाकिस्तानी आलोचक 'पश्चिम के साथ कूटनीति का खेल' खेल रहे हैं। उन्होंने कहा, 'अमेरिका ने पाकिस्तान की सेना का गलत आकलन किया है। सेना अब इसलामी है। वह मदरसों के प्रति प्रतिबद्ध है।'

सिपह-ए-साहबा के एक नेता मुजीब-उर-रहमान इनकलाबी का यह मत था कि मदरसे जेहाद के लिए आधार हैं। 'मदरसे जेहाद की आपूर्ति के माध्यम हैं। यदि मिस्र तथा जॉर्डन की तरह यहाँ पर सरकार का नियंत्रण हो तो जेहाद की आवाजें शांत हो जाएँगी।'

जिन माँओं ने अपने पुत्रों को जेहाद के लिए समर्पित कर दिया था, वे यह सोचकर खुश थीं कि उनके पुत्र (मृत) अगले जीवन, वास्तविक जीवन में उन्हें मुक्ति देंगे। शहीदों के परिवार अपने बच्चों की मृत्यु के बाद प्रसिद्ध हो जाते हैं और उन्हें सम्मान की नजर से देखा जाता है। एक शहीद की मौत अन्य लोगों को जेहाद में शामिल होने के लिए प्रोत्साहित करती है। यह शृंखला जेहाद के उद्देश्य को ऑक्सीजन प्रदान करती है। जेहाद को एक उद्योग बनाने के लिए श्रम और पूँजी की आवश्यकता है। श्रम मदरसे में प्रशिक्षित विद्यार्थी प्रदान करते हैं, जबकि पूँजी मजहबी तथा गैर-मजहबी कार्यकर्ताओं से प्राप्त की जाती है।

जब पर्याप्त धन आ जाता है तो भ्रष्टाचार की काफी गुंजाइश होती है।

जेहादी नेता, साधु या फकीर नहीं होते। जेसिका स्टर्न, जिन्होंने कुछ उच्च पदाधिकारियों से भेंट की, ने उन्हें बड़े भवनों में नौकर-चाकर के साथ विलासितापूर्वक रहते हुए पाया, जबकि वास्तविक कार्य करनेवालों को नाममात्र का भत्ता मिलता था। कई उच्च कट्टरपंथी नेताओं के लिए जेहाद एक बड़ा व्यवसाय है।

जेहादी समूह अंतरराष्ट्रीय सुरक्षा एजेंसियों की छान-बीन के दायरे में रही हैं। एक दशक लंबे अफगान युद्ध के दौरान सी.आई.ए. ने उनमें से कई को जाना। कहा जाता है कि सी.आई.ए. तब ओसामा बिन लादेन को भी जानती थी जब वह अफगानिस्तान में जेहाद लड़ रहा था। बदले की भावना से अगस्त 1998 में अफगानिस्तान में खोस्ट में अमेरिकी मिसाइल हमले द्वारा हरकत-उल-मुजाहिदीन के प्रशिक्षण शिविरों को निशाना बनाया गया। ओसामा बिन लादेन, जो हमले से पहले किसी अन्य स्थान पर जा चुका था, अमेरिकी सजा से बच निकला।

प्रशिक्षण

तैमूर सिद्दीकी ने अल्लाह के इन सिपाहियों के बारे में एक लेख लिखा।[5] लेख का सार-तत्त्व यह था कि आतंकवादी शिविरों में थका देनेवाले प्रशिक्षण ने युवा और दृढ़ लड़ाकुओं की एक नस्ल तैयार की है, जिनके लिए जेहाद स्वर्ग जाने का रास्ता है।

उन्होंने आजाद कश्मीर के दूरस्थ पहाड़ी क्षेत्रों, जिसे आजाद कश्मीर सरकार द्वारा आधार शिविर घोषित किया गया है, में एक प्रशिक्षण कार्यक्रम देखा। शिविर का उनका वर्णन अन्य वर्णनों से मेल खाता है। प्रशिक्षण ले रहे दो सौ जेहादियों को उन्होंने देखा। शिक्षक ने कहा कि ये भावी मुजाहिदीन अपने जीवन को इसलाम के उपदेशों के अनुसार परिवर्तित करना सीखते हैं।

अल्लाह के सिपाहियों की श्रेणी में रहने के लिए दाढ़ी बढ़ाना और टखनों से ऊपर सलवार होना अनिवार्य है। साथ ही टेलीविजन देखना तथा संगीत सुनना निषिद्ध है। प्रशिक्षण भोर से शाम तक दिया जाता है। छान-बीन तथा चरित्र के आकलन के बाद ही वरिष्ठ लोग एक मुजाहिद को भारतीय कश्मीर में जाने की इजाजत देते हैं। प्रवक्ता ने स्वीकार किया कि कश्मीर में जेहाद अफगानिस्तान के जेहाद से अधिक कठिन है।

सन् 1989 तक अफगानिस्तान में प्रशिक्षण दिया जाता था। अब आजाद कश्मीर तथा अफगानिस्तान की सीमा के नजदीक उत्तर-पश्चिमी सीमा प्रांत के कुछ क्षेत्रों में वे शिविर स्थित हैं। चखवाल में स्थित अल अखवन अकादमी एक

बार में सात सौ पचास रंगरूटों को प्रशिक्षित कर सकती है, मरकज दवा-अल इरशाद चार सौ रंगरूटों को एक बार में प्रशिक्षण दे सकता है। मुजफ्फराबाद में अल बद्र 1 और अल बद्र 2 कमांडो प्रशिक्षण में विशेषज्ञता प्राप्त हैं। प्रशिक्षण देनेवाला स्टाफ सेवारत तथा सेवानिवृत्त पाकिस्तानी सैन्यकर्मियों और अफगान युद्ध के पूर्व सैनिकों से लिया जाता है।[6]

एक पूर्व लड़ाके के अनुसार, अल्लाह के आशीर्वाद तथा मदद का वादा, स्वर्ग का स्वप्न तथा उसके उपहार युवा 'जेहादियों' के लिए प्रमुख प्रेरक बल होते हैं। वे अमीर के आदेश से कश्मीर जाते हैं। 'हमारे पास धन या जेहादियों का कोई अभाव नहीं है। भारत थका हुआ है और लड़ाई से मुक्ति चाहता है; लेकिन हम भारतीय सेना को तब तक आराम नहीं करने देंगे जब तक कश्मीर उससे अलग न हो जाए।'

भारतीय निशानों पर आक्रमण

लाल किले में की गई आतंकवादी घटना की जिम्मेदारी लश्कर-ए-तोयबा ने ली थी। लश्कर-ए-तोयबा के प्रमुख हाफिज मुहम्मद सईद ने कहा, 'यह कारवाई बताती है कि हम जेहाद को भारत तक ले गए हैं।' भारतीय बलों पर उसके समूह के हालिया 'फिदाईन' (आत्मघाती) हमलों ने कश्मीर के जेहाद में एक अप्रत्याशित क्रूरता ला दी है। आत्मघाती हमला गैर-इसलामी है, लेकिन फिदाईन वह होता है, जिसे बुरी-से-बुरी परिस्थितियों में अपना मिशन पूरा करना होता है। वे शायद ही जीवित लौटते हैं। वे अधिक दुस्साहसी लड़ाकुओं में से चुने जाते हैं।

16 जनवरी, 2000 को श्रीनगर हवाई अड्डे पर किया गया हमला ऐसा ही 'फिदाईन' हमला था। पुलिस की वरदी में आए छह फिदाईन मारे जाने से पहले पैंतालीस मिनट तक संघर्ष करते रहे। वे सभी पाकिस्तानी थे। अफगान युद्ध का एक पूर्व सैनिक एबी अमर (पाकिस्तानी) और उसके पाँच सहयोगी मारे गए, जबकि चार पुलिसकर्मी तथा चौदह नागरिक जख्मी हुए। मारे गए सभी लोग बीस वर्ष से कम उम्र के थे। एक पाकिस्तानी पत्रकार ने याद किया कि हवाई अड्डे पर लश्कर-ए-तोयबा के हमले के दौरान क्या हुआ था। इसलामाबाद के एक सुरक्षित घर में एक वायरलेस से अचानक आवाज आई। श्रीनगर से किसी आवाज ने कहा, 'हमारे लड़के श्रीनगर हवाई अड्डे पर पहुँच गए हैं।' इसलामाबाद के उस सुरक्षित घर से चार दाढ़ीवाले आतंकवादी तुरंत इबादत के लिए चले गए। सेना को भी यही फ्रीक्वेंसी उपलब्ध थी। एक कर्नल सही स्थिति की जानकारी चाहता था। उसे

समान फ्रीक्वेंसीवाले अपने वायरलेस सेट को सुनने के लिए कहा गया। मुजफ्फराबाद में स्वचालित हथियारों से लैस लगभग पाँच हजार आतंकवादियों ने अपने लड़ाकों की मौत का बदला लेने और जेहाद को जारी रखने की कसम 'नमाज-ए-जनाज़ा' में खाई। उन्होंने 'जेहाद, जेहाद' जपा।[7] हाफिज मुहम्मद सईद ने अपने उत्साही समर्थकों से कहा, 'भारतीय सैनिकों को हम कश्मीर से बाहर खदेड़ देंगे। मुसलमानों को बाँटनेवाली सीमाएँ हमारे लिए कुछ मायने नहीं रखतीं। हम एक मुसलिम उम्माह के हिस्से हैं।'

25 दिसंबर, 2000 को बर्मिंघम (ब्रिटेन) के एक मुसलमान मुहम्मद बिलाल ने विस्फोटकों से भरी हुई अपनी कार को श्रीनगर स्थित मोरचेबंद सेना मुख्यालय से टकरा दिया। वह (बिलाल) जो मौलाना मसूद अजहर द्वारा भारतीय जेल से रिहा होने के बाद गठित जैश-ए-मुहम्मद का सदस्य था। जैश के कैडर बड़े पैमाने पर शहरी तथा ग्रामीण मध्य वर्ग एवं मदरसों से लिये जाते हैं और अफगान तालिबान व ओसामा बिन लादेन से उनके संबंध होते हैं।

9 जनवरी, 2001 को गुरिल्ला समूह उलूम हकाकिया नामक स्थान में एकत्र हुए और ओसामा बिन लादेन को बचाने तथा पश्चिम के खिलाफ एक पवित्र युद्ध शुरू करने की शपथ ली। सभी इसलामी तथा गुरिल्ला गुटों का प्रतिनिधित्व करते तीन सौ प्रमुख मुसलिम धर्म-प्रचारकों ने घोषणा की कि एक 'महान् मुसलिम योद्धा' ओसामा बिन लादेन की सुरक्षा करना दुनिया भर के मुसलमानों का धार्मिक कर्तव्य है। यह धार्मिक प्रशिक्षण केंद्र उत्तर-पश्चिमी सीमा प्रांत में स्थित है और अधिकतर तालिबान नेताओं तथा कैडरों की मातृ संस्था है।

कश्मीरी जेहाद की शुरुआत से ही बड़ी संख्या में अफगान, अरब और दुनिया के दूसरे देशों के मुसलमान इसमें शामिल रहे हैं। शमसुर रहमान नामक अफगान लश्कर का मुख्य कमांडर हुआ करता था। वह कश्मीर के बड़गाम जिले में मई 1995 में मारा गया।

रिपोर्टों के अनुसार, बड़ी संख्या में ब्रिटेन के मुसलिम युवक भारतीय सेना के खिलाफ कथित 'जेहाद' में शामिल हैं। लश्कर-ए-तोयबा तथा अन्य उग्रवादी संगठनों ने ब्रिटेन में भरती के लिए बेस बना रखे हैं। मौलाना अजहर मसूद ने कहा, 'जेहाद के दरवाजे पूरी दुनिया के मुसलमानों के लिए खुले हैं।' विदेशी समर्थन के कारण ही कश्मीर तथा भारत के अन्य हिस्सों में जेहाद इतने दिनों से टिका हुआ है। जमायत-उल-मुजाहिदीन के नेता शुलेम रसूल शाह का दावा है कि 'जेहादियों को स्थानीय लोगों का समर्थन भी हासिल है', वरना किसने उन्हें भारतीय पुलिस

की वरदी मुहैया कराई? किसने उन्हें श्रीनगर हवाई अड्डे की पूरी जानकारी और शरण दी?

श्रीनगर विश्वविद्यालय से वनस्पति विज्ञान में स्नातकोत्तर की डिग्री लेनेवाला सलीम हाशिम अब हिज्ब-उल-मुजाहिदीन का पाक स्थित प्रवक्ता है। वह खुलेआम कहता है कि जो भी कश्मीर में भारतीय शासन को समाप्त करना चाहता है, वह हमारे संगठन में शामिल हो सकता है। हिज्ब खासतौर पर जेहादियों की धार्मिक पहचान पर जोर नहीं देता। हाशिम का दावा है कि उनके संगठन में कई हिंदू भी है और उनमें से एक तो भारतीय जेल में है। हालाँकि उन्होंने उसका नाम बताने से परहेज किया। इस संगठन के सदस्यों के लिए बढ़ी हुई दाढ़ी रखना अनिवार्य नहीं है। धूम्रपान भी स्वीकृत है।[8]

जेहादी किसी सामान्य मनुष्य की तरह ही हैं। स्कूल बीच में ही छोड़नेवाले लश्कर-ए-तोयबा के पच्चीस वर्षीय सदस्य अबू उकरेमा (नकली नाम) का साक्षात्कार एक पाकिस्तानी पत्रकार ने लाहौर में तोयबा के मुख्यालय में लिया। अबू ने कहा, 'मेरी इच्छा है कि मैं शहीद कहलाऊँ। मेरा पूरा परिवार जेहाद के प्रति समर्पित है।' वह कश्मीरी नहीं, बल्कि लाहौर के एक गरीब परिवार से है। वह कश्मीर के उन हजारों तथाकथित पवित्र योद्धाओं में से एक है, जो दुनिया में जेहादियों के सबसे पसंदीदा स्थल कश्मीर के गुरिल्ला युद्ध में शरीक है। जेहादी मानते हैं कि उनका आखिरी लक्ष्य अन्य सभ्यताओं पर इसलाम का प्रभुत्व कायम करना है। लश्कर-ए-तोयबा प्रमुख हाफिज मुहम्मद सईद कहते हैं, 'हम सभ्यताओं के टकराव में विश्वास करते हैं।' लश्कर-ए-तोयबा तालिबानी इसलाम में यकीन रखता है और विश्वविद्यालयों, कॉलेजों तथा बेरोजगार शहरी युवाओं में से अपने रंगरूट चुनता है। एक लश्कर कार्यकर्ता नावेद कमर लाहौर यूनिवर्सिटी ऑफ इंजीनियरिंग से स्नातक है।

चंदका मेडिकल कॉलेज (लरकाना) के विद्यार्थी रहे और इंजीनियर पिता का एकमात्र पुत्र डॉ. मोआजिम शेख लश्कर-ए-तोयबा में शामिल होने के लिए प्रेरित हुआ। वह अबू हमजा के नाम से कार्य करता था। उसे एक आत्मघाती मिशन के लिए चुना गया। उसकी माँ ने 'इसलाम के हित' के लिए शहादत की प्रार्थना की। वह 7 अप्रैल, 2001 को जम्मू सेक्टर के डोडा में एक मुठभेड़ में मारा गया। 'फिदाईन' सदस्यों में जेहादी जोश उत्पन्न करने के लिए उन्हें इतिहास के इसलामी योद्धाओं का नाम दिया जाता है।[9]

दारुल इरफान (प्रशिक्षण केंद्र) इसलामाबाद से नब्बे मील दूर एक छोटे से

गाँव मुनरा में स्थित है। वह एक उग्रवादी इसलामी गुट तंजीमुल इखवान के मुख्यालय तथा प्रशिक्षण केंद्र के रूप में कार्य करता है। सेवानिवृत्त सैन्यकर्मी उस गुट के सदस्यों को मार्शल आर्ट का प्रशिक्षण देते हैं और उन्हें एक 'भावी इसलामी राष्ट्र' चलाने के लिए सैद्धांतिक रूप से तैयार करते हैं। नीली टोपी पहने एक सेवानिवृत्त सैनिक मुहम्मद अकरम अवान इस गुट का स्वघोषित सर्वोच्च नेता है। अवान उन सैकड़ों सेवानिवृत्त सैनिकों में से एक है, जो पाकिस्तान में एक इसलामी क्रांति लाने के लिए प्रतिबद्ध है। राष्ट्र के आर्थिक तथा राजनीतिक दलदल में गहरे डूबने के साथ ये जेहादी गुट अधिक कट्टर होते जा रहे हैं। तालिबान उग्रवादी इसलाम को अतिरिक्त इनपुट उपलब्ध कराते हैं। यह गुट पाकिस्तानी सेना के सेवारत कर्मियों तथा अधिकारियों को निशाना बना रहा है।

पाकिस्तानी सेना का जेहादीकरण

सेना के अंदर इसलामी आंदोलन के लिए बढ़ता समर्थन सबसे खतरनाक है। सैद्धांतिक आधार पर विभाजन का हलका भय उभरने लगा है। मुनरा शिविर ने 27 दिसंबर, 2000 को इसलामाबाद को इसलाम लागू करने का प्रस्ताव दिया, जो न होने पर कट्टरपंथी इसलामाबाद तक प्रदर्शन करेंगे। इस संबंध में एक पत्र जनरल मुशर्रफ तक पहुँचाया गया। सैन्य शासकों ने उन्हें आश्वस्त किया कि ऐसे कदम उठाए जाएँगे। फलतः प्रदर्शन स्थगित कर दिया गया। संगठन के अध्यक्ष कर्नल (सेवानिवृत्त) अब्दुल कयाम, जिसने बत्तीस वर्षों तक पाकिस्तानी सेना में अपनी सेवाएँ दी थीं, ने कहा, 'अपने वादे को पूरा करने के प्रति सरकार की प्रतिबद्धता परखने के लिए हमने अंतिम समय-सीमा आगे बढ़ा दी है।'

सेना के अंदर इखवान नेताओं का मजबूत तंत्र है। उल्लेखनीय है कि इखवान अधिकतर सेवानिवृत्त सेनाधिकारियों द्वारा चलाया जाता है; परंतु सेवारत अधिकारियों तथा जवानों को सैद्धांतिक प्रशिक्षण सत्रों के लिए बुलाया जाता है। लेफ्टिनेंट जनरल (सेवानिवृत्त) हमीद गुल ने कहा, 'पाकिस्तानी सेना के जवान हमेशा धार्मिक रहे हैं; परंतु अब बड़ी संख्या में अधिकारी इसलामवादी बन गए हैं।' इखवान का मानना है कि सैनिक शरीआ के लिए उनकी माँग का समर्थन करेंगे। 'यह कोई रहस्य नहीं है कि कट्टरपंथियों ने सेना में हर स्तर पर पैठ बना ली है।...और वे सत्ता पर कब्जा करना चाहते हैं, जिसके लिए उन्हें सेना की आवश्यकता है।'[10]

जाहिद हुसैन के अनुसार, जनरल मुशर्रफ ने इस सिद्धांत को अस्वीकार कर दिया और एक साक्षात्कार में कहा—

'कुल जनसंख्या के केवल 5 प्रतिशत लोग कट्टरपंथी हैं और वे सरकार के लिए कोई खतरा नहीं हैं।' आतंकवाद पर लगाम कसने में सरकार की हिचकिचाहट और लोकतांत्रिक प्रक्रिया की अनुपस्थिति कट्टरपंथियों के लिए बहुत सकारात्मक वातावरण बनाती है। जो वर्तमान राजनीतिक रिक्तता को भरने का प्रयास कर रहे हैं।

पाक अधिकृत कश्मीर में मुजाहिदीनों के लिए बहुत से प्रशिक्षण शिविर हैं। ऐसे शिविर को 'आधार शिविर' कहा जाता है। शिविर में हथियार रखने के लिए मिट्टी के घर और कमरे हैं। वहाँ रहनेवालों को जोरदार प्रशिक्षण दिया जाता है। उनके लिए दाढ़ी रखना तथा टखनों से ऊपर तक सलवार पहनना अनिवार्य है। इसके अलावा टेलीविजन देखना तथा संगीत सुनना उनके लिए वर्जित है। स्वयंसेवक (उग्रवादी) ग्रामीण इलाकों के और कम आयवाले परिवारों के हैं। उन्हें सुबह से शाम तक व्यस्त रखा जाता है। एक माह के प्रशिक्षण के बाद वे घर लौट आते हैं। फिर उन्हें बारह सप्ताह के एक कोर्स के लिए शामिल किए जाने से पहले संगठन के नेता उनका निरीक्षण करते हैं। घर पर रहते हुए उनके उत्साह, इसलाम की समझ और कोष जुटाने में उनके मिशन को परखा जाता है। इतने मूल्यांकन के बाद श्रेष्ठ प्रशिक्षुओं को लड़ाई के लिए कश्मीर भेजा जाता है।

जमायत उल-मुजाहिदीन

स्वघोषित जनरल अब्दुल्ला (तैंतालीस वर्ष) जम्मू-कश्मीर में जमायत उल-मुजाहिदीन का कमांडर-इन-चीफ है। उसका असली नाम गुलाम रसूल शाह है। वह कुपवाड़ा जिले का रहनेवाला है। उसे सन् 1993 से तीन बार गिरफ्तार किया गया, मगर वह हर बार भाग निकला। अंतिम बार वह 2 फरवरी, 2000 को श्रीनगर जेल से फरार हुआ। आखिरी बार उसका भागना बहुत नाटकीय था। उसे इलाज के लिए श्रीनगर के महाराजा हरि सिंह अस्पताल में ले जाने हेतु एक योजना बनाई गई। पैथोलॉजिकल जाँच के क्रम में वह शौचालय में गया। उसने अंदर से दरवाजा बंद किया और खिड़की से कूदकर भाग गया, जिसके ग्रिलों को योजनानुसार पहले ही तोड़ दिया गया था। उसे पकड़ना कठिन हो गया, क्योंकि निकट ही स्थित मुजाहिदीनों ने उसके बचाव के लिए गोलीबारी शुरू कर दी। 7 मार्च को वह पाकिस्तान पहुँचा। उसने कहा कि पाकिस्तान न केवल कश्मीरी स्वतंत्रता आंदोलन, बल्कि पूरे विश्व में इसलामी आंदोलन के लिए शक्ति का एक स्रोत है। वह पहली बार सन् 1987 में पाकिस्तान आया था। प्रशिक्षण के लिए वह अमानुल्लाह खान

के जे.के.एल.एफ. में शामिल हुआ था। उसने स्पष्ट किया कि वह कश्मीर को पाकिस्तान में मिलाने के पक्ष में है।[11]

उसने पुष्टि की कि मुजाहिदीनों ने पहला आक्रमण जे.के.एल.एफ. द्वारा श्रीनगर के टेलीग्राफ ऑफिस पर किया था। उसका मानना है कि शांति प्रयास जेहाद को कमजोर कर देंगे।

> 'हमारा लक्ष्य सिर्फ कश्मीर नहीं है। हम उससे बहुत आगे की सोच रहे हैं। इंशाअल्लाह, जैसे सोवियत संघ विखंडित हो गया, भारत भी टुकड़ों में बँट जाएगा।...यदि हम मृत्यु को प्राप्त होते हैं तो हम शहीद होंगे, यदि हम जीतते हैं तो 'गाजी' होंगे। भारत हमारे लिए एक दर्द है।...चाहे हम सफल हों या मर जाएँ, हम दोनों में संतुष्ट होते हैं।'

पाकिस्तान में जेहादी गुट

पिछले कुछ वर्षों में विश्व स्तरीय आतंकवाद पर अमेरिकी विदेश विभाग की रिपोर्ट के अनुसार, दक्षिण एशिया ने आतंकवाद के केंद्र के रूप में मध्य-पूर्व का स्थान ले लिया है। आतंकवाद को प्रोत्साहित करनेवाले गुट साथ मिलकर बढ़ रहे हैं और नेतृत्व संकट के कारण टूट रहे हैं। आई.एस.आई. और एम.आई. गुटों की संख्या पर वे नजर रखते हैं और किसी प्रकार सभी गुटों को किसी तरह के संरक्षण में साथ रखने में सफल होते हैं। पश्चिम तथा अमेरिका का ध्यान बँटाने के लिए इस सुरक्षा छतरी को 'संयुक्त जेहादी परिषद्' कहा जाता है।

यह आश्चर्यजनक प्रतीत हो सकता है कि सन् 1857 में भारत में विकसित होनेवाले देवबंद इसलाम ने सुन्नी कट्टरवाद की नींव रखी। पाकिस्तान में सुन्नी देवबंदी की अगुआई जमायत-उल-उलेमा-ए-इसलाम (जे.यू.आई.) द्वारा की जाती है। यह 'हनफी' कानून को बढ़ावा देता है, जिसके तहत 'उलेमा', इसलामी बुद्धिजीवी तथा विद्वान् शिया-विरोधी 'फतवे' (आदेश) जारी करते हैं। इस प्रकार उग्र शिया-विरोधी संप्रदायवाद तथा जेहादी मानसिकता के विकास में देवबंदी मदरसे सबसे आगे हैं।

जे.यू.आई. सिद्धांत नहीं, बल्कि व्यक्तित्व के टकरावों के कारण तीन गुटों में विभाजित हो चुकी है। जे.यू.आई. (एफ) फजलुर रहमान का समूह है; जे.यू.आई. (एस) का प्रमुख सामी-उल-हक है और जे.यू.आई. (क्यू) अजमल कादरी का संगठन है। उनका उद्देश्य शिया-विरोध तथा अमेरिका-विरोध का मिला-जुला रूप है।

हरकत-उल-मुजाहिदीन

धार्मिक मंचों के लड़ाकू समूहों को 'जेहादी' कहा जाता है। ऐसा ही एक समूह है हरकत-उल-मुजाहिदीन (पवित्र योद्धाओं का आंदोलन)। कश्मीर में अमेरिकी पर्यटकों की हत्या के कारण अमेरिका ने इसे एक विदेशी आतंकवादी संगठन घोषित कर रखा है। वह कश्मीर में जेहाद में पूरी तरह शामिल है और आई.एस.आई. से इसके करीबी संबंध हैं।

ओसामा बिन लादेन के साथ इसकी निकटता भी प्रसिद्ध है। उसके राजनीतिक मंच जे.यू.आई.(एफ) के प्रमुख फजलुर रहमान खलील बिन लादेन का नजदीकी माना जाता है। अगस्त 1998 में जब अमेरिका ने अफगानिस्तान में बिन लादेन के शिविरों पर मिसाइल हमला किया था तो उसमें बहुत से हरकत-उल-मुजाहिदीन कैडर मारे गए थे। इस आक्रमण के लिए खलील ने कहा कि 'ओसामा का मिशन हमारा मिशन है। वह पूरे इसलामी विश्व का मिशन है।' इससे अंतरराष्ट्रीय आतंकवाद के साथ हरकत-उल-मुजाहिदीन के संबंध के बारे में कोई संदेह नहीं रहा। यही नहीं, खलील ने सन् 1988 में लादेन द्वारा अमेरिका के खिलाफ जारी फतवे पर खुलेआम हस्ताक्षर किया था। इस प्रकार वह 'यहूदियों तथा ईसाइयों के खिलाफ जेहाद के अंतरराष्ट्रीय इसलामी मंच' से जुड़ा हुआ है। सबसे अंत में जेहाद के लिए इसलामी मंच ने कश्मीर में जेहाद का दायित्व ग्रहण कर लिया है।

फारूख कश्मीरी, जो पहले कश्मीर ऑपरेशन का प्रभारी था, को हरकत-उल-मुजाहिदीन का प्रमुख बना दिया गया है, ताकि उसे वास्तविक इसलामी जेहाद के रूप में प्रस्तुत किया जा सके। एक कश्मीरी की प्रमुखता में हरकत-उल-मुजाहिदीन एक 'स्वदेशी जेहादी गुट' का आभास देगा, जो विदेशी तत्त्वों के नेतृत्व में नहीं है। उसके कार्यकर्ता सिर्फ जम्मू-कश्मीर तक सीमित नहीं हैं, बल्कि विभिन्न स्थानों, जैसे—बोस्निया, चेचन्या, म्याँमार, फिलीपींस, तजाकिस्तान में भी सक्रिय हैं। वह एक इसलामी संघ का सपना देखता है, जो लाहौर से लेकर समरकंद तक एक पाक तालिबान लागू करेगा।[12]

सन् 1993 में दो गुटों को मिलाकर हरकत-उल-अंसार का गठन किया गया। जब अमेरिका ने हरकत-उल-अंसार को विदेशी आतंकवादी संगठन घोषित किया तो उसका नाम बदलकर 'हरकत-उल-मुजाहिदीन' रख दिया गया। हरकत-उल-जेहादी-ए-इसलामी हरकत-उल-अंसार का एक मूल गुट है और अब भी अपने असली नाम से कार्य करता है।

अमेरिका हरकत-उल-मुजाहिदीन का शिकार रहा है। कश्मीर में पश्चिमी

देशों के पर्यटकों की हत्या, सन् 1995 में कराची में दो अमेरिकी कूटनीतिज्ञों की हत्या और 1997 में कराची में चार अमेरिकी तेल कंपनी कर्मचारियों की हत्या में शामिल होने का संदेह उसके मूल गुटों पर व्यक्त किया जाता है। भारत में गिरफ्तार मौलाना मसूद अजहर मूल रूप से हरकत-उल-मुजाहिदीन से संबंध रखता था।

अपहृत करके कंधार ले जाए गए आई सी-814 के यात्रियों की रिहाई के बदले भारतीय जेल से छोड़े गए मौलाना मसूद अजहर ने 'जैश-ए-मुहम्मद' नामक एक नया लड़ाकू गुट तैयार किया, जो अपने शिया-विरोधी रुख पर हरकत-उल-मुजाहिदीन से अधिक उग्र है। उसका राजनीतिक मोर्चा सिपह-ए-साहबा है। वह आर्थिक मदद तथा स्वयंसेवकों के लिए उसपर निर्भर है। उसने परिसंपत्तियों तथा कार्यकर्ताओं के बँटवारे के लिए हरकत-उल-मुजाहिदीन को निशाना बनाया है। इस गुट को सैन्य इंटेलिजेंस का समर्थन हासिल है, आई.एस.आई. का नहीं। संयोगवश, भारत में बहुत से लोग यह नहीं जानते कि मिलिटरी इंटेलिजेंस (एम.आई.) भारत तथा कश्मीर में जेहाद का एक सक्रिय भागीदार है। एम.आई. के नेतृत्ववाले कई आतंकवादी पकड़े गए थे। राजस्थान सीमा से गिरफ्तार किया गया मेजर सुहैल आई.एस.आई. से नहीं, एम.आई. से संबंध रखता था। आई.एस.आई. तथा एम.आई. भारत की भूमि से 'गंदी चालें' चलने में एक-दूसरे के साथ प्रतियोगिता करते हैं।

तहरीक-ए-जेहाद, जमायत-उल-उलेमा-मुजाहिदीन आदि अन्य गुट भी जेहाद में अपनी भूमिका निभाते हैं। तहरीक की स्थापना सन् 1997 में तीन छोटे गुटों इंसार-उल-इसलाम, हिज्ब-उल-जेहाद और मुसलिम मुजाहिदीन द्वारा की गई थी। वे अपने दृष्टिकोण तथा काररवाई में देवबंदी हैं।

देवबंदियों के अलावा अहले हदिथ सुन्नी इसलाम की सबसे रूढ़िवादी शाखा है। वह पश्चिमी संस्कृति से दूर रहता है। वह बड़े पैमाने पर सऊदी सहयोग पर आधारित है।

लश्कर-ए-तोयबा (मदीना के सिपाही)

अहले हदिथ का सबसे महत्त्वपूर्ण राजनीतिक मोर्चा है मरकज-दवा-वल-इरशाद (एम.डी.आई.)। उसका लड़ाकू गुट लश्कर-ए-तोयबा है, जिसका अर्थ है 'पवित्र लोगों की सेना'। एम.डी.आई. की स्थापना '80 के दशक के अंत में लाहौर के एक इंजीनियरिंग कॉलेज के तीन प्राध्यापकों द्वारा की गई थी। तारिक अली कहते हैं, 'वह आई.एस.आई. की रचना है।'[13] अभी एम.डी.आई. का प्रमुख एक कट्टर इसलामी प्रो. हाफिज मुहम्मद सईद है, जो संभवतः पंजाब (भारत) का है।

विभाजन के एक शिकार के रूप में वह भारत का कट्टर विरोधी है। उसने पामेला कांस्टेबल से कहा कि विभाजन की हिंसा के दौरान उसके छत्तीस रिश्तेदार मारे गए। वृद्ध और क्षीण दृष्टिवाले इस मुसलिम धर्म-प्रचारक का कहना है—

> 'बदला लेना हमारा धार्मिक कर्तव्य है। हमने अफगानिस्तान में महाशक्ति रूस को हराया। हम भारतीय सेनाओं को भी हरा सकते हैं। हम अल्लाह की मदद से लड़ते हैं और एक बार जब हम जेहाद शुरू कर देते हैं तो कोई भी शक्ति हमारा सामना नहीं कर सकती।'[14]

जेहादियों ने पामेला को बताया—'हमारी हार्दिक इच्छा भारतीयों के खिलाफ जेहाद में मरना है, ताकि हम जन्नत में अपना स्थान बना सकें।' इन लड़कों को गरीब परिवारों से चुना गया। इन्हें कुरान पढ़ना और बंदूक चलाना सिखाया गया तथा एक घातक उद्देश्य के लिए तैयार किया गया।

उसका मिशन

सन् 1998 में अपने वार्षिक सम्मेलन में प्रो. हांफिज मुहम्मद सईद ने भारत, अमेरिका तथा इजराइल के खिलाफ जेहाद का आह्वान किया और प्रधानमंत्री निवास पर आक्रमण करने की बात कही। उन्होंने फिर से म्याँमार, फिलीपींस तथा भारत में जेहाद में शामिल होने का खुलेआम दावा किया। मरकज का प्रधान कार्यालय लाहौर से तीस किलोमीटर दूर मुंडके में स्थित है। वह दो सौ एकड़ भूमि पर बना हुआ है और वहाँ सशस्त्र लश्करों का पहरा है। नवंबर के पहले सप्ताह में हुए उसके वार्षिक सम्मेलन में जनरल हामिद गुल आदि सेवानिवृत्त आई.एस.आई. अधिकारी शामिल होते हैं। वहाँ दिए गए भाषण उत्तेजक होते हैं और मृत लश्करों के अभिभावकों से कहा जाता है कि वे जेहाद के उद्देश्य से मारे गए अपने बच्चों की उपलब्धियों पर कुछ बोलें।

सन् 1999 के सम्मेलन पर एक विस्तृत रिपोर्ट उपलब्ध है। सभी भवनों पर इस प्रकार के नारे लिखे गए थे—'ओ आस्थावान्, प्रतिशोध लेना हमारा कर्तव्य है', 'कल हमने रूस को हराया, अब अमेरिका, तुम्हारी बारी है।'[15] यह सब मुशर्रफ के तख्तापलट के बाद हुआ।

उसने केवल पाकिस्तान में दो हजार पाँच सौ भरती केंद्र स्थापित किए हैं। वह एक वर्ष में चालीस हजार लश्करों को प्रशिक्षित करता है। मुहम्मद इलियास आदि सेवानिवृत्त पाकिस्तानी अधिकारी प्रशिक्षण देने का काम करते हैं। सभी आतंकवादी गुटों का संबंध पाकिस्तानी सेना तथा कट्टरपंथी शक्तियों से है और

उन्हें संदिग्ध स्रोतों, जैसे—ओसामा बिन लादेन आदि से आर्थिक सहयोग प्राप्त होता है। लश्कर-ए-तोयबा के सूचना सचिव याहया मुजाहिद ने सन् 1999 में ओसामा बिन लादेन को कश्मीरी जेहाद का नेतृत्व करने के लिए भी आमंत्रित किया था।[16]

सन् 2001 में अमरनाथ तीर्थयात्रियों पर हुए हमले के बाद मुठभेड़ में मारे गए लश्कर के एक आतंकवादी से उर्दू में लिखा एक पत्र बरामद हुआ। उस पत्र में लिखा था—'लश्कर-ए-तोयबा : हम फिदाईन हैं। मैं एक फिदाईन हूँ और अल्लाह के नाम पर हम तब तक मारना और मरना जारी रखेंगे जब तक हम भारत में काफिरों को नष्ट नहीं कर देते और भारत पर विजय नहीं पा लेते।'

कई बयानों में प्रो. सईद ने जेहाद द्वारा भारत के विखंडन पर बल दिया है। पाकिस्तान पर शासन करनेवाली सैन्य सरकार ने ऐसे बयानों के लिए उसे गिरफ्तार नहीं किया, न ही लश्करों को नि:शस्त्र करने के लिए कोई प्रयास किया। वे अपने हथियारों का प्रदर्शन खुलेआम करते हैं। लश्कर अपनी भारत-विरोधी गतिविधियों के लिए आई.एस.आई. के संपर्क में रहते हैं। यह एक ऐसी वास्तविकता है, जिससे मुँह नहीं फेरा जा सकता। वह 'सेना के संरक्षण के बिना अस्तित्व में नहीं रह सकती। उसके पास पचास हजार आतंकवादियों की सदस्यता है।'[17]

एम.डी.आई. और लश्कर-ए-तोयबा लाहौर से तीस किलोमीटर दूर मुरिडके में अपने-अपने मुख्यालय से कार्य करते हैं। उनकी गतिविधियों—इसलामी धर्मशास्त्र की पढ़ाई तथा जेहाद के उपदेश के लिए दो सौ एकड़ भूमि उपलब्ध है। एम.डी.आई. द्वारा चलाए जा रहे कोर्सों में विदेशी विद्यार्थी शामिल होते हैं। लश्कर-ए-तोयबा एक वर्ष में चालीस हजार मुजाहिदीनों को प्रशिक्षित करने का दावा करता है। पूरे पाकिस्तान में उसके भरती केंद्र हैं। एक अनुमान के अनुसार, एक सौ पच्चीस मदरसे उसके नियंत्रण में हैं। 'लश्कर-ए-तोयबा' को खाड़ी देशों से आर्थिक सहयोग प्राप्त होता है और पूरे विश्व के मुसलमानों तथा प्रवासियों द्वारा नियमित दान मिलता है। दानों के आसान संग्रह के लिए उसके अपने बैंक खाते हैं। उसे सऊदी अरब तथा पाकिस्तान सरकार से आर्थिक मदद मिलती है।'''सरकार कश्मीर से लौटनेवाले हर शव के लिए पचास हजार रुपए देती है।'[18]

लश्कर-ए-तोयबा सिर्फ कश्मीर तक सीमित नहीं है, बल्कि म्याँमार, चेचन्या, कोसोवो, पाकिस्तान और फिलीपींस में भी उसका अस्तित्व है। उसकी अवधारणा यह है कि इन देशों में मुसलमान दमन के शिकार हैं। कानूनी सलाह के अनुसार उसने अमेरिका को निशाना इसलिए नहीं बनाया है, ताकि उसे विदेशी आतंकवादी

संगठन घोषित न किया जाए। अमेरिका में उसकी लॉबी ने अमेरिकी प्रशासन के सामने अपील की कि कुछ समय के लिए उसे विदेशी आतंकवादी संगठन घोषित न किया जाए। ब्रिटेन पहले ही इस संगठन को आतंकवादी संगठन घोषित कर चुका है।

वह जेहादियों के लिए अपने प्रशिक्षण कार्यक्रम को छिपाता नहीं है। वह सब इंटरनेट पर उपलब्ध है। उनके प्रेस रिलीज खुलेआम होते हैं। जेहाद प्रशिक्षण पर लश्कर-ए-तोयबा की एक ऐसी ही प्रेस रिलीज का उदाहरण निम्नलिखित है—

> 'अपने जेहाद शिविर में हम तीन सप्ताह का प्रशिक्षण देते हैं, जिसमें नवागंतुकों को कलाश्निकोव से लेकर मिसाइल तक का परिचय दिया जाता है। उसके बाद हम उन्हें और तीन सप्ताह तक 'दवा' के लिए प्रशिक्षित करते हैं, जिसे 'सुफा' यात्रा कहते हैं। इसके बाद विशेष टूर आता है, जिसमें उन्हें गुरिल्ला युद्ध और बारूदी सुरंग विस्फोट करना तथा मिसाइल व रॉकेट चलाना सिखाया जाता है। गुरिल्ला प्रशिक्षण की समाप्ति के बाद एक व्यक्ति कश्मीर में भेजने योग्य हो जाता है।…इस अभ्यास के बाद कुछ लड़कों को रिमोट कंट्रोल बम और मिसाइल बनाने में विशेषज्ञता हासिल करने के लिए चुना जाता है।…'जेहाद' प्रशिक्षण के लिए जाने पर कोई प्रतिबंध नहीं है।…इसके इच्छुक के पास मजबूत मांसपेशियाँ और देह होनी चाहिए। वर्तमान में भाग ले रहे अधिकतर लड़के आठ वर्ष के जेहाद में हैं।'[19]

प्रशिक्षण शिविर पाक अधिकृत कश्मीर तथा उत्तरी क्षेत्र में स्थित हैं। कई पाकिस्तानी पत्रकारों ने इन शिविरों का दौरा किया। इतना उच्च स्तरीय सैन्य प्रशिक्षण केवल सेवारत या सेवानिवृत्त सेनाधिकारियों और जवानों द्वारा ही दिया जा सकता है। जनरल (सेवानिवृत्त) अंसारी और अन्य लोग ऐसे प्रशिक्षण कार्यक्रमों का पर्यवेक्षण करते रहे हैं। पाकिस्तानी सेना का 'जेहादीकरण' और आंशिक रूप से 'तालिबानीकरण' किया जा रहा है।

हेड हंटर्स

जेहादी आदिम ढंग से व्यवहार करते हैं। गुलाम हसन ने 'टाइम' के 5 फरवरी, 2001 अंक में इस प्रकार के व्यवहार की एक घटना का वर्णन किया। बत्तीस वर्ष के एक युवा अबू हबीयतुल्लाह को '90 के दशक के मध्य में नियंत्रण रेखा के पार भेजा गया। उसे पूछताछ के लिए वापस लाने का काम एक भारतीय

सैनिक को सौंपा गया था। वह इसमें विफल रहा, क्योंकि भारतीय सैनिक ने उससे बंदूक छीनने का प्रयास किया। उसने उस सैनिक को मार डाला। वह उस सैनिक का सिर लेकर पाकिस्तान लौटा। सैकड़ों लोग भारतीय सैनिक के सिर को देखने के लिए आए। पाकिस्तानी सेना ने इस वीरता के लिए हबीयतुल्लाह की बहुत प्रशंसा की। हेड हंटिंग के और भी कई मामले हो सकते हैं, जिनका पता न चला हो। युद्ध नीति की कुरान संबंधी अवधारणा के संदर्भ में यह सब न्यायसंगत है।[20]

भारत में लश्कर-ए-तोयबा की गतिविधियाँ

लश्कर-ए-तोयबा के कार्यकर्ता हफीज क्वारी वली मुहम्मद सन् 1994 में हैदराबाद आया। वहाँ उसने अपनी एक नई पहचान बनाई और एक स्थानीय लड़की से विवाह किया। उसे ठिकाना बनाने और हैदराबाद, कुरनूल, कन्नूर (केरल), मेवार (हरियाणा), बागपत, मुजफ्फरनगर, अमरोहा, मेरठ, मुरादाबाद तथा मुंबई के उपनगरों में आतंकवादियों को भेजने का कार्य सौंपा गया।

सन् 1998 में लश्कर के वार्षिक सम्मेलन में प्रो. हाफिज मुहम्मद सईद ने हिमाचल प्रदेश के चंबा क्षेत्र में आतंकियों के प्रवेश का दावा किया। यह एक आई.एस.आई. एजेंट शवास-उल-हक के बयान से पुष्ट होता है। चंबा और काँगड़ा में बहुत से इसलामी स्कूल स्थापित किए गए हैं, जहाँ उग्रवादी अकसर आश्रय लेते हैं।[21] प्रो. सईद का हिमाचल प्रदेश के प्रति विशेष आकर्षण था, क्योंकि उसकी माँ इसी प्रदेश की थी।

सत्ताईस वर्षों से एक बँगलादेशी अबू नासिर की कहानी तथ्यों पर से परदा हटाती है। उसे आरंभ में बिन लादेन द्वारा चलाए जा रहे एक चैरिटेबल (स्वयंसेवी) संगठन के लिए भरती किया गया था। वह पाकिस्तान में रहा। उसकी प्रतिबद्धता मजबूत पाई गई। सितंबर 1998 में उसे ढाका में लश्कर-ए-तोयबा के आजम चीमा, प्रो. हाफिज मुहम्मद सईद से मिलवाया गया। वह अफगानिस्तान के कुनार में बिन लादेन से मिल चुका था। जल्दी ही वह लश्कर-ए-तोयबा में शामिल हो गया। उसे आई.एस.आई. द्वारा सिलीगुड़ी में एक बेस बनाने का निर्देश दिया गया। उसे भारत में अमेरिकी प्रतिष्ठानों को निशाना बनाने के उद्देश्य से भी भेजा गया था, जिसके लिए उसे स्थानीय रंगरूटों तथा विदेशी मुसलमानों (पाकिस्तान मूल के नहीं) द्वारा सहयोग दिया जा रहा था। समय पर उसकी गिरफ्तारी ने भारत में लश्कर की गतिविधियों के बारे में काफी जानकारी दी।

जमात-ए-इसलामी

जमात-ए-इसलामी का वर्तमान प्रमुख काजी हुसैन अहमद है। उसे पंथवाद से परे माना जाता है। वह एक इसलामी पार्टी के रूप में कार्य करता है। अफगान युद्ध के दौरान आई.एस.आई. ने उसे अल बद्र आदि लड़ाकू गुटों के गठन द्वारा अफगानिस्तान में 'जेहाद' फैलाने का काम सौंपा था। कश्मीर ऑपरेशनों के लिए उसने हिजबुल मुजाहिदीन आदि संगठनों के लिए छत्रच्छाया का काम किया, ताकि जे.के.एल.एफ. को हाशिए पर लाया जा सके, जो कश्मीर के लिए आजादी चाहते हैं। उसे पाकिस्तान में मिलाना नहीं चाहते। हिजबुल मुजाहिदीन की कुल क्षमता दस हजार मानी जाती है। जुलाई 2000 में स्थानीय हिज्ब कमांडर अब्दुल मजीद डार ने तीन माह के लिए युद्ध-विराम घोषित किया, लेकिन जल्द ही सुप्रीम कमांडर सलाहुद्दीन को युद्ध-विराम को रद्द करने की घोषणा करने के लिए इसलामाबाद से बाध्य किया गया। काजी हुसैन अहमद और आई.एस.आई. हिज्ब के कश्मीर कमांडर से क्रुद्ध हो गए। सलाहुद्दीन, जो एक कश्मीरी है, को कुछ अवधि के लिए संयुक्त जेहाद परिषद् से बाहर कर दिया गया। किंतु युद्ध-विराम को रद्द करने की घोषणा के बाद उसे वापस ले लिया गया।

आर्थिक सहयोग

पाकिस्तान के सभी बड़े बाजारों में हर तीसरी या चौथी दुकान में जेहादी गुटों के लिए दान पात्र रखे हैं, क्योंकि 'मुजाहिदीनों की मदद करना अल्लाह की नजर में अच्छा कार्य है।' इसलामी स्कूल या मदरसों, प्रत्येक मसजिद के एक हिस्से को जेहाद के केंद्र के रूप में बदल दिया गया है। वे कट्टर इसलामी योद्धाओं के लिए उत्पत्ति के आधार हैं। इसलामी दलों के छोटे-बड़े पैमाने पर अनुशासित तथा प्रेरित गुट पाकिस्तान में लगभग हर कहीं, सभी जिलों में सक्रिय हैं, जो कॉलेज व विश्वविद्यालय के विद्यार्थियों को आकर्षित करते हैं। जेहाद में अपने बच्चों को खो चुके परिवारों को आतंकवादी गुटों द्वारा वित्तीय मदद दी जाती है। जमात-ए-इसलामी द्वारा स्थापित शुद्ध-ए-इसलाम फरदलिच 'शहीदों' के परिवारों को धन देता है। अन्य ने ऐसा करने के लिए खैराती संस्थान बना रखे हैं।[23]

हरकत-उल-मुजाहिदीन

हरकत-उल-मुजाहिदीन पाकिस्तान से कार्य करनेवाला सबसे कट्टर सुन्नी आतंकवादी गुट है। अपने पूर्व जन्म में वह हरकत-उल-अंसार के नाम से जाना

जाता था। उसे '80 के दशक के आरंभ में मध्य पंजाब में कुछ धार्मिक तत्त्वों द्वारा शुरू किया गया था। उसका मुख्यालय पंजाब के रायविंड में था, जहाँ पाकिस्तान के सत्ताच्युत प्रधानमंत्री नवाज शरीफ का भी घर है। पहले वह उन अफगान शरणार्थियों को राहत उपलब्ध कराने का काम करता था, जिन्होंने अफगानिस्तान में सोवियत सैनिकों के आगमन के बाद उत्तर-पश्चिमी सीमा प्रांत में शरण ली थी। अश्रद्धालुओं तथा इसलाम-विरोधी शक्तियों के खिलाफ सशस्त्र संघर्ष जारी रखने के लिए इसकी स्थापना की गई थी। हरकत-उल-अंसार का प्रमुख फजलुर रहमान खलील है। वह एक कट्टर इसलामवादी है। 'हम भारत के खिलाफ जो कर रहे हैं, वह जेहाद है।'[24] पाक अधिकृत कश्मीर स्थित उसकी इकाई का मुखिया मौलाना सदातुल्लाह खान है। सन् 1998 में अमेरिका तथा इजराइल के खिलाफ युद्ध की घोषणा करते हुए ओसामा बिन लादेन के फतवे पर खलील ने भी हस्ताक्षर किए थे।

हरकत के सभी प्रशिक्षु आतंकवादी पाकिस्तानी हैं। उन्हें अफगानिस्तान में विभिन्न प्रशिक्षण केंद्रों पर भेजने से पहले आरंभिक जानकारी के लिए तालिबान के सैन्य शिविर रिशखोर में भेजा जाता था। हरकत पाकिस्तान के दूरस्थ स्थानों में भी कई प्रशिक्षण केंद्र चलाता है।[25]

अफगानिस्तान के कुख्यात जेहाद के दौरान आई.एस.आई. ने हरकत-उल-मुजाहिदीन को स्टिंगर मिसाइलें उपलब्ध कराईं। उसके आतंकवादी हमारे देश के अलावा बोस्निया, चेचन्या, तजाकिस्तान, म्याँमार और फिलीपींस में भी सक्रिय हैं।[26]

सन् 1994 में 'विश्व स्तरीय आतंकवाद के नमूने' विषय पर एक अमेरिकी रिपोर्ट में कहा गया कि इस गुट ने कश्मीर, म्याँमार, तजाकिस्तान तथा बोस्निया में जेहाद में भाग लिया है। मिस्र के एक दैनिक 'अल अहराम' ने 8 अप्रैल, 1993 को रिपोर्ट दी कि पाकिस्तान कट्टर इसलामी आतंकवादियों के लिए प्रजनन-स्थल बन गया है। 13 फरवरी, 1995 को इसलामाबाद के एक दैनिक 'द न्यूज' में प्रकाशित एक अज्ञात हरकत-उल-मुजाहिदीन कार्यकर्ता के साक्षात्कार ने इसकी पुष्टि की। उसने कहा—

> 'जहाँ भी हमारे मुसलमान भाइयों को आतंकित किया जाता है, वहाँ हम किसी मौद्रिक चिंता के बिना जाने का प्रयास करते हैं। हमारे सहकर्मी बोस्निया, चेचन्या, म्याँमार, फिलीपींस और निस्संदेह भारत जाकर दमनकारियों से लड़े हैं।'

यह संगठन जल्द ही सऊदी अरब के वहाबवाद के साथ सुन्नी देवबंदी बन गया। देवबंद उत्तर प्रदेश का एक स्थान है, जहाँ एक आंदोलन के रूप में इसलाम की शिक्षा शुरू हुई। देवबंदी अन्य धर्मों को सहन करने की सूफी परंपरा के खिलाफ हैं। सूफीवाद ने गुरु-शिष्य परंपरा को जन्म दिया। देवबंदियों के अनुसार, सूफी मार्ग द्वारा हिंदू प्रभाव से इसलाम भ्रष्ट हुआ।

तबलीगी जमात

हमारे देश में तबलीगी जमात की उत्पत्ति सन् 1926 में हुई। एम.डी.आई. की तरह तबलीगी जमात भी इसलामी शुद्धीकरण के लिए विश्व स्तर पर उपस्थित है। हरकत-उल-मुजाहिदीन बड़े पैमाने पर तबलीगी जमात से उग्रवादी लेता है, जैसा अफगान युद्ध के दौरान देखा गया। कई महत्त्वपूर्ण पाकिस्तानी शख्सियतें तबलीगी जमात के सदस्य या हमदर्द हैं। ऐसे प्रमुख लोगों में शामिल हैं पाकिस्तान के पूर्व राष्ट्रपति रफीक तरार, लेफ्टिनेंट जनरल मुहम्मद अजीज, लेफ्टिनेंट जनरल (सेवानिवृत्त) जावेद नासिर। नासिर ने आई.एस.आई. प्रमुख के रूप में कश्मीर में अव्यवस्था फैलाई थी; बंबई बम विस्फोटों के पीछे भी उनका दिमाग बताया जाता है। वह नवाज शरीफ के इंटेलिजेंस सलाहकार भी रहे और कुछ समय के लिए आई.एस.आई. के महानिदेशक भी। कथित रूप से अमेरिकी माँग पर उन्हें हटा दिया गया था। कहा जाता है कि वर्तमान में वह तबलीगी जमात के सबसे प्रमुख व्यक्ति हैं।

तबलीगी जमात की उपस्थिति पूरे विश्व में है। फिलीपींस में उसके लगभग तीन लाख सदस्य हैं।[27] उसने विश्व स्तर पर 'जेहादियों' की भरती की; धार्मिक अध्ययन और आई.एस.आई. की निगरानी में प्रशिक्षण प्राप्त करने के लिए पाकिस्तान आने का प्रस्ताव दिया।[28]

इस गुट (हरकत-उल-मुजाहिदीन) का मुहम्मद सफीक उर्फ अबू जिंदल सन् 1995 में भारतीय सुरक्षा बल द्वारा पकड़ा गया था। वह एक पाकिस्तानी है; उसने फैसलाबाद की जामिया मसजिद में पढ़ाई की और बाद में अरबी में स्नातकोत्तर (पोस्ट ग्रेजुएट) डिग्री हासिल की। इससे पहले वह एक 'मुजाहिद' के रूप में अफगानिस्तान में भी लड़ा। पूछताछ में उसने 'जेहाद' का धार्मिक सिद्धांत बताया—

> 'एक सच्चा मुसलमान सिर्फ अल्लाह के लिए लड़ता है। वह सिर्फ और सिर्फ अल्लाह है, जो यह फैसला करता है कि एक मुसलमान को कैसे मरना चाहिए। हम मौत से नहीं डरते। ऐसे सभी क्षेत्र, जो मुसलमानों

के हैं और उनपर दूसरों का कब्जा है, उन्हें स्वतंत्र होना चाहिए और वह स्वतंत्र होंगे। मैं यहाँ इसलिए आया हूँ, क्योंकि यह एक मुसलिम क्षेत्र है, जिसपर गैर-मुसलमानों का शासन है। हम यहाँ पर धर्म के लिए आए हैं। आर्थिक और भौतिक कारक मेरे लिए कोई अर्थ नहीं रखते।'

आई.एस.आई. में रहे ब्रिगेडियर तिरमाजी ने वर्णन किया है कि किस प्रकार जावेद नासिर अपनी सेवा के दौरान अकसर तबलीगी जमात के मुख्यालय में जाया करता था[29] और ऐसे दौरों के लिए अपने आधिकारिक पद का दुरुपयोग करता था। जावेद नासिर ने एक विश्व स्तरीय जेहाद प्रेरक होने की ख्याति प्राप्त की थी, जिसमें भारत, मिस्र, अल्जीरिया और ट्यूनिशिया में उसने जेहाद को प्रोत्साहित किया। वह सन् 1993 में अमेरिका की खोजी दृष्टि के अंतर्गत आ गया, जब क्लिंटन सरकार ने अंतरराष्ट्रीय आतंकवाद के संदिग्ध प्रायोजक देशों की निगरानी सूची में पाकिस्तान को रखा। परिणामस्वरूप उन्हें सी.आई.ए. द्वारा संदेह के घेरे में लाए गए अन्य अधिकारियों के साथ आई.एस.आई. से हटा दिया गया।

अड़तीस वर्षीय मौलाना फजलुर रहमान खलील हरकत-उल-मुजाहिदीन के प्रमुख हैं। इस संगठन का गठन सन् 1990 में किया गया था और हरकत-उल-अंसार के रूप में उसका पुनर्नामकरण किया गया। जब अमेरिका ने सन् 1997 में हरकत-उल-अंसार को एक आतंकवादी संगठन घोषित कर दिया तो उसने फिर से अपना मूल नाम धारण कर लिया।

हरकत-उल-मुजाहिदीन किसी भी राजनीतिक मंच से स्वतंत्र होने का दावा करता है। वह तालिबानी विचारधारा का समर्थक है और तालिबान से संपर्क कायम रखता है। लश्कर-ए-तोयबा या अल बद्र से उसका कोई संबंध नहीं है; लेकिन वे सभी सर्व-इसलामी विश्व का दृष्टिकोण रखते हैं।

अफ्रीका में दो अमेरिकी दूतावासों पर हमलों का बदला लेने के लिए जब अगस्त 1998 में अमेरिका ने खोस्ट में मिसाइल दागे तो हरकत के नौ सदस्य मारे गए। पाकिस्तान में सांप्रदायिक हिंसा के लिए फजलुर रहमान सामान्यतः भारतीय इंटेलिजेंस एजेंसी 'रॉ' को दोषी ठहराते हैं।[30]

हरकत-उल-मुजाहिदीन ने अफगानिस्तान तथा पाक अधिकृत कश्मीर में अपने उग्रवादी भेजे। उसे पाकिस्तान, मिस्र और सऊदी अरब से पर्याप्त मात्रा में आर्थिक मदद मिली। कहा जाता है कि ओसामा बिन लादेन ने हरकत को उल्लेखनीय मात्रा में धन दिया है। हरकत के उग्रवादियों को पाकिस्तानी सेना द्वारा प्रशिक्षण दिया जाता था और उसमें अन्य देशों, जैसे—जॉर्डन, ट्यूनिशिया, बँगलादेश, म्याँमार

तथा फिलीपींस के लोगों को भी भरती किया जाता है। अमेरिका इन गतिविधियों के बारे में जानता था, लेकिन चुप रहा, क्योंकि अफगान युद्ध मुजाहिदीनों की मदद से लड़ा जाना था। वस्तुतः सी.आई.ए. ने इस संगठन को हथियार और स्टिंगर मिसाइलें उपलब्ध कराईं। अफगान युद्ध के बाद अमेरिकी दबाव के बावजूद स्टिंगर मिसाइलें वापस नहीं की गईं। इस संगठन को स्टिंगर मिसाइलें सबसे ज्यादा प्राप्त हुई थीं। अनुमान लगाया जाता है कि लगभग दो सौ स्टिंगर मिसाइलें अब भी आई.एस.आई. तथा मुजाहिदीन गुटों के पास हैं।

अफगान युद्ध और अप्रैल 1992 में काबुल पर कब्जे के बाद हरकत-उल-मुजाहिदीन ने पूरे विश्व के 'मुसलमानों के अधिकारों की रक्षा के लिए' अंतरराष्ट्रीय आतंकवादी संगठन की भूमिका ग्रहण कर ली।

पाकिस्तान के एक दैनिक समाचार-पत्र 'द न्यूज' ने 13 फरवरी, 1995 को हरकत-उल-मुजाहिदीन के एक कार्यकर्ता का साक्षात्कार प्रकाशित किया। उसने कहा कि हरकत-उल-मुजाहिदीन भारत सहित विश्व के कई भागों में सक्रिय है। 'जब भी हमारे मुसलमान भाइयों को आतंकित किया जाता है तो हम वहाँ पहुँच जाते हैं। उनके पास प्रशिक्षण, ऑपरेशन तथा फंडिंग के लिए पूरी व्यवस्था है। प्रशिक्षण कार्यक्रम में आरंभिक सैन्य प्रशिक्षण देना और बाद में चालीस से एक सौ बीस दिनों तक जेहाद में भाग लेने के लिए फील्ड कमांडरों तक भेजा जाना शामिल है। मुहम्मद अकबर बट को दस किलोग्राम आर.डी.एक्स. तथा एक वायरलेस सेट के साथ गिरफ्तार किया गया था। वह डोडा, अनंतनाग तथा श्रीनगर में हरकत का ऑपरेशनल कमांडर था। उसके सहयोगी शाहनवाज को जामा मसजिद (दिल्ली) के निकट एक गेस्ट हाउस से पकड़ा गया। वह रशीद दोस्तम के खिलाफ लड़नेवाला एक पूर्व अफगान सैनिक है। पूरे विश्व में वह इसलाम की सर्वोच्चता की स्थापना, मुसलिम बहुल क्षेत्रों की आजादी तथा गैर-मुसलिम क्षेत्रों में मुसलमानों की सुरक्षा का दावा करता है।

'काफिरों' के खिलाफ 'जेहाद' छेड़ने के लिए पाकिस्तान के किशोरों को प्रेरित किया जाता है। वे शवों को वापस पाकिस्तान नहीं ले जाते। उन्हें वहीं दफना दिया जाता है, जहाँ वे जेहादी मिशन पर मारे जाते हैं। उन्होंने अफ्रीकी-अमेरिकी मुसलमानों को प्रशिक्षण दिया और ब्रिटेन में भारतीय मुसलमानों से धन प्राप्त करने का दावा किया।

विडंबना यह है कि अमेरिका, जिसने अपनी आँखें मूँदे रखीं, ने हरकत-उल-मुजाहिदीन (हरकत-उल-अंसार) पर ध्यान तभी दिया जब जून 1994 में दो

विमान आई सी 814 को अपहृत करने में सफल हो गए तो कंधार में बंधक बनाए गए यात्रियों के बदले अजहर तथा दो अन्य को रिहा करने के लिए भारत सरकार को झुकना पड़ा।

रिहाई के बाद पाकिस्तान में अजहर का जोरदार स्वागत हुआ। उसके सौ वरदीधारी जेहादियों ने लाहौर में अपने स्थानीय नायक का स्वागत किया। उसका मनोबल आसमान छूने लगा। उसने अपहरण को 'ट्रेलर' बताते हुए भारत के खिलाफ अधिक क्रूर कारखाइयों का वादा किया। 23 जनवरी, 1999 को 'द वीक' के संवाददाता को दिए गए एक साक्षात्कार में उसने कहा कि यदि पाँच लोग एक विमान का अपहरण करके मसूद अजहर को रिहा करा सकते हैं तो वे भारत की जीवन-रेखा भी काट सकते हैं।'

आतंकवाद के खिलाफ अंतरराष्ट्रीय रुख तभी दृढ़ होता है, जब आतंकवादी अमेरिका या पश्चिमी मित्र देशों पर आक्रमण करते हैं। ओसामा बिन लादेन को पकड़ने के लिए अमेरिका ने समय-समय पर अफगानिस्तान पर प्रतिबंध लगाए, जहाँ वह रह रहा था। आतंकवाद के खिलाफ अमेरिका के घरेलू कानून बहुत कड़े और सख्त हैं; लेकिन अमेरिका कई इसलामी आतंकवादी समूहों को विदेशी आतंकवादी संगठन और पाकिस्तान को एक आतंकवादी देश घोषित न करने के लिए कोई-न-कोई बहाना बना लेता है। किंतु 11 सितंबर, 2001 को वर्ल्ड ट्रेड सेंटर पर हमले के बाद सबकुछ बदल गया है।

अंतरराष्ट्रीय प्रयास

आतंकवाद पर नौ अंतरराष्ट्रीय संधियाँ हैं। एक बंधक बनाने को निषिद्ध करती है। अन्य आतंकवाद को वित्तीय मदद देने तथा आतंकवादी बमबारी को रोकने के लिए है। भारत तथा अमेरिका इन आतंकवादी गतिविधियों के शिकार हैं। इस बारे में आम सहमति विकसित हो रही है कि आसान शिकारों, नागरिकों तथा असैनिकों के विरुद्ध हिंसा और स्वतंत्रता आंदोलन की घोषणा करना भी आतंकवाद का एक कृत्य माना जाएगा।

पाकिस्तान को अंतरराष्ट्रीय आतंकवाद का केंद्रबिंदु माना जाता है। सभी राष्ट्रों के जेहादी गुट बड़े पैमाने पर पाकिस्तान में रहकर कार्य करते हैं। अंतरराष्ट्रीय आतंकवाद को प्रायोजित करनेवाले पाकिस्तान पर प्रतिबंध लगाने के लिए कोई अंतरराष्ट्रीय समझौता नहीं हुआ है।

विभिन्न देशों के घरेलू कानूनों में आतंकवादी गुटों के खिलाफ कानूनी

काररवाई का प्रावधान है। अमेरिकी कानून को 'एंटी टेररिज्म एंड इफेक्टिव डेथ पेनल्टी एक्ट, 1996' कहा जाता है। इस अधिनियम की धारा 219 के अंतर्गत जेहादी संगठन को आतंकवादी संगठन घोषित किया जा सकता है। यदि कोई विदेशी संगठन आतंकवादी गतिविधियों में लिप्त हो या आतंकवादी गतिविधियाँ अमेरिकी नागरिकों की सुरक्षा अथवा अमेरिका की राष्ट्रीय सुरक्षा के लिए खतरा हों, तो अमेरिकी सरकार उस संगठन को 'आतंकवादी' घोषित कर सकती है।

यह घोषणा उसी धारा के अंतर्गत की जाती है। ऐसी स्थिति में अमेरिका में वित्तीय सहयोग या किसी भी प्रकार का अन्य सहयोग उपलब्ध करानेवाले व्यक्ति को दस वर्ष की जेल हो सकती है। साथ ही ऐसे फंडों को भी जब्त कर लिया जाएगा। इस प्रकार अमेरिका के मुसलमानों द्वारा जेहादी फंड भेजना एक कानूनी अपराध है। आतंकवाद-विरोधी कानून की धारा 503 के तहत ऐसे लोगों को अमेरिकी धरती से निर्वासित भी किया जा सकता है।

आतंकवाद पर अमेरिकी आयोग एक अन्य कानून 'फॉरेन ऑपरेशंस' एक्सपोर्ट फाइनेंशिंग और संबंधित प्रोग्राम्स एप्रोप्रिएशन एक्ट, 1999 के अंदर काम करता है। उसे 1996 के आतंकवाद-निरोधी अधिनियम के तहत विदेशी आतंकवादी संगठन की शिनाख्त करने का अधिकार है। इस अधिनियम के तहत हरकत-उल-मुजाहिदीन को विदेशी आतंकवादी संगठन घोषित किया गया था। आयोग ने पाकिस्तान को 'पूरी तरह सहयोग न करनेवाले' देश का दर्जा दिया। कुछ पाकिस्तानी इसे 'बहुत गंभीर घटना' मानते हैं।[32]

अमेरिकी कानून के तहत अगला कदम 'असहयोगी देश का दर्जा देना' है। यदि ऐसी कोई घोषणा की जाती है तो अमेरिका उस देश पर व्यापार तथा रक्षा सौदों पर प्रतिबंध लगा सकता है। तालिबान शासन के दौरान अफगानिस्तान को यह दर्जा दिया गया था।

प्रतिबंधों को टालने के लिए पाकिस्तानी कानूनी मत यह है कि जेहादी गुटों को अमेरिकी नागरिकों तथा अमेरिकी संपत्ति की ओर शत्रुतापूर्ण दृष्टि नहीं रखनी होगी। साथ ही उन्हें यह भी कहना होगा कि किसी भी देश के नागरिकों को निशाना बनाने का उनका कोई इरादा नहीं है। 'संघर्ष में रत रहते हुए उन्हें युद्ध कानूनों, जैसे जेनेवा समझौते, को ध्यान में रखना होगा और मानवीय तथा राहत कार्य का सम्मान करना होगा।' इस प्रकार जेहादी संगठनों को उनकी रणनीति को पुनर्निर्मित करने की सलाह दी गई है।

लश्कर-ए-तोयबा ने अपने लिए उपयोगी कानूनी सलाह अपना ली है। अब

वह दावा करता है कि उसने कभी भी नागरिकों या असैनिकों को निशाना नहीं बनाया। उसने अमेरिकी अधिकारियों को भी ऐसी ही सूचना दी है। अमेरिकी कानूनों को इस प्रकार निर्मित किया गया है कि वह जेहादी गुटों को रणनीति बदलने की अनुमति देता रहे।

इस रणनीति को निष्प्रभावी करने के लिए भारत को कूटनीतिक हमला करना होगा, ताकि वह भारत तथा अन्य देशों तक आतंकवाद के निर्यात में पाकिस्तान को पूरी तरह शामिल देश घोषित कर सके और उसे 'सहयोग न करनेवाले देश' की श्रेणी के तहत लाया जा सके। दिसंबर 1999 के विमान अपहरण मामले को उभारा जाना चाहिए, क्योंकि अधिकतर दोषी पाकिस्तान सरकार की पूर्ण जानकारी में पाकिस्तान में रह रहे हैं। अंतरराष्ट्रीय संधि के तहत सहयोग करने और दोषियों को भारत के हाथों सौंपने के लिए पाकिस्तान बाध्य है।

भारत ने विदेशी आतंकवादी गुटों के भारतीय तथा विदेशी एजेंटों से निपटने के लिए आतंकवाद के विरुद्ध एक नया कानून बनाया है। देश के सामान्य कानून आतंकवादियों से निपटने के लिए पर्याप्त सशक्त नहीं हैं। टेलीफोन वार्त्ताओं को रिकॉर्ड करके अदालत में वैध प्रमाण के रूप में पेश करने की आवश्यकता है। गिरफ्तार अभियुक्त को पूछताछ के लिए आवश्यक समय तक हिरासत में रखना होगा। पुलिस रिमांड उससे अधिक होना चाहिए जितना सामान्य कानून उपलब्ध कराता है। सामान्यत: अदालत द्वारा जमानत नहीं मिलनी चाहिए। जाँच की अवधि नब्बे दिन से बढ़ाकर कम-से-कम एक सौ अस्सी दिन कर देना चाहिए। आर.डी.एक्स. रखने पर मौत की सजा का प्रावधान होना चाहिए। महाराष्ट्र के ऑर्गेनाइज्ड क्राइम कंट्रोल एक्ट की बेहतरीन विशेषताओं को नए आतंकवाद निरोधक अधिनियम में शामिल किया गया है। खुद को नरम बनाकर प्रस्तुत करने से देश को बचना चाहिए।

जेहाद के नवीनीकरण के लिए अफगान जड़ें

'80 के दशक में अफगान युद्ध में पाकिस्तान की व्यस्तता के कारण वहाँ एक 'जेहादी' संस्कृति पनप रही है। जेहाद का विचार पूर्ण रूप से पुनर्जीवित हो चुका है। सिर्फ अपनी पराजय (वियतनाम में) का बदला लेने के लिए अफगानिस्तान में जेहाद को प्रोत्साहित करने की अमेरिका की नीति गलत थी। पाकिस्तान सरकार, चाहे वह नागरिक सरकार हो या सैन्य सरकार, जेहादी संस्कृति को विकसित होने की अनुमति देती है, जिससे पाकिस्तानी युवा गुमराह होते हैं और उन्हें तथाकथित

काफिरों से लड़ने के लिए कश्मीर तथा अन्य स्थानों में भेज दिया जाता है।

जेहाद को प्रोत्साहन देना अनजाने में पाकिस्तान के अंदर मतवादी हिंसा को प्रोत्साहित करता है। कश्मीर में जेहाद और पाकिस्तान में शियाओं के खिलाफ हिंसा एक-दूसरे से जुड़े हुए हैं। एक शक्तिशाली सुन्नी संप्रदाय दल 'सिपह-ए-साहबा पाकिस्तान' का गहरा प्रभाव पाकिस्तान के सभी देवबंदी मदरसों पर है। कई मामलों में लिप्त सबसे कुख्यात सांप्रदायिक आतंकवादी रियाज बसरा ने अपना अधिकांश समय अफगानिस्तान में छिपते हुए बिताया।

पिछले दिनों यह जानकारी मिली है कि उसने अल उमर मुजाहिदीन को विकसित किया है। मूल रूप से जे.के.एल.एफ. का सदस्य होने के कारण शायद उसे तब तक पूरे विश्वास में नहीं लिया जा सकता जब तक वह पाकिस्तानी पक्ष के प्रति अपनी पूर्ण राजनीतिक प्रतिबद्धता प्रमाणित न कर दे।

पाकिस्तान के लिए दु:खद चक्र

पाकिस्तान की विदेश नीति भारत, विशेषकर कश्मीर में जेहाद को प्रोत्साहित करती है। एक दशक तक चले अफगान युद्ध (1979-89) में भागीदारी के कारण पाकिस्तान में जेहादी संस्कृति तेजी से विकसित हो रही है। जेहाद को पुनर्जीवित करने के दोषी अमेरिका और पश्चिमी देश हैं। अमेरिका को केवल वियतनाम में अपनी शर्मनाक पराजय का बदला लेने के लिए इतना कुछ नहीं करना चाहिए था। इसने 'बंदूक, धन और ईश्वर' (गन, गोल्ड एंड गॉड) यानी धर्म और वाणिज्य के विचित्र मिश्रण से रुचि का वातावरण बनाया। अब यह एक सुस्थापित सच्चाई है कि जेहाद को प्रोत्साहित करने से पाकिस्तान के अंदर भी मतवादी हिंसा को बढ़ावा मिल रहा है। भारत और शियाओं के विरुद्ध जेहाद एक-दूसरे से जुड़े हुए हैं। पाकिस्तान में मुसलमान ही मुसलमान को मार रहे हैं, जो सुन्नी कट्टरवाद के संदर्भ में अपरिहार्य है। मतवादी टकराव कई गुना और बढ़ने की संभावना है। पाकिस्तान की विदेश नीति ने पाकिस्तान के अंदर बढ़ती जेहादी संस्कृति से निपटने में उसकी क्षमता को कम किया है। उससे बचने का कोई उपाय नहीं है।

क्या मुशर्रफ जेहादियों को नियंत्रण में ला सकते हैं? जनरल हामिद गुल, जो जिया के कार्यकाल के दौरान आई.एस.आई. प्रमुख थे, का मानना है कि पाकिस्तान की यू-टर्न नीति अमेरिकी दबाव में अपनाई गई थी, जो पाकिस्तान के हितों के अनुकूल नहीं है। उससे पाकिस्तान के दीर्घकालीन हितों को क्षति पहुँचेगी। उन्हें लगता है कि नीति में इस परिवर्तन ने धार्मिक दलों को सरकार के खिलाफ कर

दिया है, जो एक विडंबना है; क्योंकि धार्मिक शक्तियाँ हमेशा रक्षा बजट, कश्मीर, अफगान तथा परमाणु नीतियों के संबंध में सेना के मतों से सहमत रही हैं। अंत में वह चेतावनी देते हैं कि वह एक बुरा दिन होगा, जब सैन्य संस्थान, पाकिस्तान के लोगों (जेहादियों) से संघर्ष में उलझेगा।[33] हामिद गुल एक कट्टर इसलामवादी हैं। उन्हें अकसर जेहादी सम्मेलनों में शामिल होते और उन्हें संबोधित करते देखा गया है। कुछ अन्य लोग भी हैं, जो महसूस करते हैं कि देश के अंग इन गतिविधियों को 'मौन स्वीकृति देते हैं' और 'पाकिस्तान वैश्विक समाज से पूर्ण रूप से अलग लगता है।'

अंतरराष्ट्रीय जटिलताएँ

चीन

जिनजियांग के उइगुरों ने अफगान युद्ध से लौटने पर अल्लाह की पार्टी बनाई। चीन ने उइगुरों को अफगानिस्तान में लड़ने के लिए संरक्षण प्रदान किया, ताकि रूसियों को सबक सिखाया जा सके। अब चीन खुद आतंकवाद की समस्या का सामना कर रहा है। एक रिपोर्ट के अनुसार, अप्रैल तथा मई 1996 में वहाँ पैंतालीस विद्रोह हुए। उइगुरों को पाकिस्तान तथा अफगानिस्तान के कट्टरपंथी तत्त्वों से हथियार प्राप्त होते हैं।

फरवरी 1999 में एक चीनी प्रतिनिधिमंडल अफगानिस्तान में छिपे उइगुर उग्रवादियों का निर्वासन प्राप्त करने के लिए अफगानिस्तान गया। तालिबान ने अफगानिस्तान में उनकी उपस्थिति स्वीकार करने से इनकार कर दिया।

ब्रिटेन तथा अमेरिका

ब्रिटेन में विभिन्न प्रकार के आतंकवादी गुटों की उपस्थिति से ब्रिटेन की टोनी ब्लेयर सरकार बहुत चिंतित है। वे जेहाद के लिए उग्रवादियों की भरती करते हैं, कोष एकत्रित करते हैं और पूरे विश्व में जेहाद के लिए प्रचार अभियान चलाते हैं।

मई 2001 में आतंकवाद के खिलाफ नया कानून लागू होने से पहले फरवरी में लंदन भूमिगत तंत्र में गतिरोध उत्पन्न हो गया; क्योंकि एक धमकी दी गई थी कि एक आतंकवादी गुट भीड़भाड़वाले स्थान पर नर्व गैस छोड़ेगा। सौभाग्य से ऐसा नहीं हुआ।

ब्रिटेन में अल-मजहरीन के प्रमुख शेख उमर बकरी मुहम्मद ने धमकी दी कि यदि सरकार ने उस संगठन पर प्रतिबंध लगाने का प्रयास किया तो 'ब्रिटिश मुसलमानों में विद्रोह हो सकता है।'

उस समय से ब्रिटेन ने लश्कर-ए-तोयबा, हरकत-उल-मुजाहिदीन तथा अन्य आतंकवादी संगठनों पर प्रतिबंध लगा दिया है। अमेरिका की रुचि केवल ओसामा बिन लादेन में है। अन्य उन संगठनों पर उसका ध्यान नहीं है, जिन्होंने अब तक अमेरिका को निशाना नहीं बनाया है। हरकत-उल-मुजाहिदीन इसका अपवाद है। अमेरिकी विदेश नीति कभी स्थिर नहीं रही है। पाकिस्तान में बड़ी संख्या में अमेरिकी नागरिकों की हत्याओं के बावजूद वह कट्टरपंथी संगठनों के खिलाफ काररवाई करने का कोई इरादा नहीं रखता। व्यापक प्रतिशोध का भय अमेरिका को कड़ा रुख अपनाने से रोकता है। ओसामा बिन लादेन अमेरिका को 'कागज का शेर' मानता है। सोमालिया में उसके अनुभव ने इस मत को प्रबल किया है। वह अपने ही सैनिकों के साथ आक्रमण करने से डरता है। एक अमेरिकी हताहत राजनीतिक विक्षोभ उत्पन्न कर देता है, जैसा सोमालिया में हुआ, जहाँ कुछ मृत अमेरिकियों का सार्वजनिक प्रदर्शन किया गया। अमेरिकी नागरिक तथा सैन्य दुर्घटनाओं को टालने के लिए अन्य देशों को अंतरराष्ट्रीय इसलामी आतंकवाद से लड़ने में उलझाना अमेरिका की अघोषित नीति रही है। वास्तविकता यह है कि 'अमेरिका अब एक दुर्ग नहीं रहा है। इसलामी आतंकवाद ने अमेरिका के भौगोलिक कवच को छेद डाला है और यह देश अब आतंकवादी गतिविधियों के निशाने पर है। अब यह आक्रमण से सुरक्षित नहीं रहा है।'

अफगानिस्तान में सी.आई.ए. की जीत ने त्रासदियों को खदेड़ दिया है। दस वर्षों तक सी.आई.ए. तथा आई.एस.आई. ने इसलामी कट्टरवाद को बढ़ावा दिया, जिसने पूरे विश्व में इसलामी आतंकवाद के शैतान को जन्म दिया। अफगानों से लड़नेवाले विदेशी मुजाहिदीनों ने अपने देश लौटने पर मिस्र, अल्जीरिया, तुर्की तथा मध्य एशियाई गणतंत्रों में उदार विचारोंवाली सरकारों पर हमले शुरू किए। चीन में जिनजियांग के उगेर, जिन्होंने चीनियों के प्रोत्साहन पर अफगान जेहाद में भाग लिया था, अब धर्म तथा जाति के आधार पर एक अलग मुसलिम देश की माँग कर रहे हैं। विश्व का ऐसा कोई हिस्सा नहीं है, जो इसलामी आतंकवाद से सुरक्षित हो। क्या अमेरिका का वियतनाम से मिली पराजय के लिए तथा सोवियत संघ से बदला लेने के एकमात्र उद्देश्य से इसलामवादियों से हाथ मिलाना एक मूर्खतापूर्ण कार्य नहीं था? अमेरिका अपने रणनीतिक विचारकों पर गर्व करता है;

लेकिन वे अफगान युद्ध के दीर्घकालीन परिणामों को देखने में विफल रहे। उन्होंने मॉस्को से मिलनेवाले संकेतों पर ध्यान नहीं दिया। संकेत थे कि सोवियत संघ '80 के दशक के मध्य में अफगानिस्तान से हटने के बारे में गंभीरता से सोच रहा था।

क्या जेहाद जारी रहेगा?

जनरल परवेज मुशर्रफ ने अगस्त 2001 में कहा कि वह मतवादी हत्याओं में शामिल आतंकवादियों को गोली मारना चाहेंगे। वह पाकिस्तान से बाहर कार्य करनेवाले आतंकवादी गुटों पर प्रतिबंध लगाने में विश्वास नहीं करते। ऐसे आतंकवादियों को 'स्वतंत्रता सेनानी' कहा जाता है। आंतरिक तथा बाह्य आतंकवाद के बीच यह भेदभाव पाखंड है। आंतरिक आतंकवादियों से हथियार छीने जाते हैं, जबकि बाहरी आतंकवादियों को आई.एस.आई. तथा एम.आई. द्वारा हथियार उपलब्ध कराए जाते हैं। उन्हें यह एहसास नहीं है और वे यह स्वीकार करने से डरते हैं कि आतंकवाद, धार्मिक कट्टरवाद और नशीले पदार्थों का व्यापार मिलकर एक घातक कॉकटेल बनाते हैं। एक गुब्बारे की तरह, जिसके एक सिरे को यदि आप दबाएँ तो वह दूसरे सिरे पर नजर आएगा। यही पाकिस्तान में हो रहा है। किसी में गुब्बारे को फोड़ने का साहस नहीं है। आखिरकार, पाकिस्तानी सैन्य प्रतिष्ठान इसलाम-पसंद दलों तथा उनके सशस्त्र गुटों का निकट सहयोगी रहा है। जेहाद सैन्य प्रतिष्ठान के नियंत्रण में विदेश नीति का एक घोषित अंग है। पाकिस्तान को यह एहसास नहीं है कि अफगानिस्तान की नजदीकी ने अफगान सीमा से जुड़े पाकिस्तान के बहुत से क्षेत्रों का तालिबानीकरण कर दिया है। इस प्रकार जेहाद जारी रहेगा। मुशर्रफ ने केवल अंतरराष्ट्रीय दबाव को संतुष्ट करने के उद्देश्य से जेहादी गुटों के खिलाफ कुछ कृत्रिम कदम उठाए हैं। उनकी सरकार पाकिस्तान में विदेशी नागरिकों की हत्या के मामलों में लिप्त प्रमुख जेहादियों को गिरफ्तार करने में विफल रही है। मुख्य सवाल, जिसका जवाब दिया जाना बाकी है, यह है कि क्या मुजाहिदीन गुट अपनी रक्षा करनेवालों के ही हाथ काटने के लिए तैयार हैं? ऐसा माना जा रहा है कि जेहाद की प्रेरणा देनेवाले लोग ऐशो-आराम से रहते हैं और अपने बच्चों को अमेरिका में पढ़ने के लिए भेजते हैं; जबकि दूसरों के बच्चों को कश्मीर में जेहाद के नाम पर मरने के लिए भेजते हैं। सेना द्वारा उन्हें आसानी से समाप्त किया जा सकता है। वे पाकिस्तानी सेना की अनुकंपा पर ही फूल-फल रहे हैं।

जेहादी संगठन

देवबंदी (सुन्नी) **असांप्रदायिक (सुन्नी)** या **अहले हदिथ**

अरब वहाबी

हिजबुल मुजाहिदीन

(अधिकतर कश्मीरी)

जमायत-उल-उलेमा-ए-इसलाम
(जे.यू.आई.)

(हनफी स्कूल)

मरकज दवा वल इरशाद
(प्रमुख—प्रो. हाफिज मुहम्मद सईद)

लश्कर-ए-तोयबा

जे.यू.आई. (एफ)
फजलुर रहमान गुट

जे.यू.आई. (एफ)
सामी-उल-हक गुट

जे.यू.आई. (क्यू)
अजमल कादरी गुट

हरकत-उल-मुजाहिदीन
वर्तमान प्रमुख—
फजलुल रहमान खलील

स्प्लिटर गुट
का समर्थक

जैश-ए-मुहम्मद
वर्तमान प्रमुख—
मौलाना मसूद अजहर

हिजबुल मुजाहिदीन
तालिबान
हरकत-उल-जेहादी-ए इसलामी

जमात-ए-इसलामी

टिप्पणी : कश्मीर तथा शेष भारत में कई अन्य जेहादी संगठन सक्रिय हैं। आई.एस.आई. स्थानीय जेहादी गुटों को सहयोग देने का प्रयास करती रही है। असम में पाकिस्तान मूल के कुछ आई.एस.आई. कार्यकर्ताओं की गिरफ्तारी के बाद उत्तर-पूर्व में ऐसे गुटों का पता चला। अधिकतर जेहादी गुटों को ओसामा बिन लादेन का संरक्षण तथा सहयोग प्राप्त है।

टिप्पणियाँ एवं संदर्भ

1. जेसिका स्टर्न—'पाकिस्तान्स जेहाद कल्चर', 'फॉरेन अफेयर्स', नवंबर-दिसंबर 2000, पृष्ठ 118

उनका सिद्धांत था कि कश्मीर पर कब्जा करने के लिए पारंपरिक युद्ध छेड़ने की कोई आवश्यकता नहीं है। अपारंपरिक युद्ध में यदि भारत बदले में आक्रमण करता है तो विश्व मत पाकिस्तान के पक्ष में होगा। उन्होंने इस बात पर पश्चात्ताप व्यक्त किया कि कश्मीर में 'शांति को खतरा' पहुँचानेवाली स्थिति बनाकर अंतरराष्ट्रीय हस्तक्षेप को आमंत्रित करके 'कश्मीर स्वतंत्रता आंदोलन' को सहयोग देने में पाकिस्तान विफल रहा।

उन्होंने अनुभव किया कि पाकिस्तानी सेना की मजबूती के लिए अमेरिका से हाथ मिलाकर कुछ भी उल्लेखनीय प्राप्त नहीं किया जा सकता। दुर्भाग्यवश 'पाकिस्तान एक खूबसूरत स्त्री की तरह था, जिसे खुद को सबसे ऊँची बोली लगाने वाले को बेचना था' (अकबर खान)। उस समय सबसे ऊँची बोली अमेरिका की थी और अब वह चीन है, जो पाकिस्तान का स्थायी मित्र बन गया है। उन्होंने दुःख व्यक्त किया कि बारह वर्षों तक अमेरिकी सहयोग द्वारा पाकिस्तानी सेना को मजबूत करने के बावजूद जनरल अयूब सन् 1965 के युद्ध में भारत के खिलाफ सत्रह दिनों से अधिक नहीं लड़ पाए। युद्धक्षेत्र में गए बिना खुद को 'फील्ड मार्शल' घोषित करने के लिए अयूब के प्रति अकबर खान की नाराजगी स्पष्ट थी।

सन् 1956 में जेल से रिहाई के बाद उन्होंने तीस पृष्ठों की एक पुस्तिका लिखी—'कश्मीर समस्या को कैसे सुलझाएँ?' उन्होंने दावा किया कि भारतीय प्रेस ने उस पुस्तिका को महत्त्व दिया और भारतीय संसद् में इस मुद्दे पर बहस भी हुई।

अकबर खान की मूल रणनीति थी कश्मीरियों को भारत के खिलाफ विद्रोह में मदद देना। उनका 'स्थानीय विद्रोह सिद्धांत' यह था कि इस भूभाग के 'गुरिल्ला तथा तोड़-फोड़ काररवाई' के अनुकूल होने के कारण पाकिस्तान पाँच सौ लोगों के साथ ऐसा कर सकता है। ऐसे लोग पाक अधिकृत कश्मीर से होकर घुसपैठ करेंगे। यदि स्थानीय लोग उपलब्ध न हों तो पाकिस्तानी सेना के लोग सादे कपड़ों में लिये जा सकते हैं। वे पुलों को उड़ाने के लिए डायनामाइट और तारों को काटने के लिए चिमटी साथ ले जाएँगे; और आत्मरक्षा के लिए ये घुसपैठिए चाकू या पिस्तौल अपने साथ रखेंगे। पाँच सौ लोगों के इस समूह के स्थान पर अन्य पाँच सौ लोगों को आरक्षित रखा जाएगा। पाकिस्तानी घुसपैठिए स्थानीय लोगों को एक साथ मिलकर आवाज उठाने के लिए प्रोत्साहित करेंगे। खान ने इसे कम लागतवाला एक ऑपरेशन बताया, जो सेना के नेतृत्व में होगा। उस समय आई.एस.आई. अपनी शैशवावस्था में ही थी। तत्कालीन प्रधानमंत्री फिरोजशाह नून ने अकबर खान को बताया कि एक स्थानीय विद्रोह का जिम्मा सी.आई.डी. के डिप्टी सुपरिंटेंडेंट

अनवर अली को सौंपा गया है। उन्हें लगा कि नून पागल हैं। वे उनकी रणनीति के मूलभूत तत्त्वों को भी नहीं समझते। निश्चित रूप से जम्मू-कश्मीर में बगावत का माहौल उत्पन्न करना और एक स्थानीय विद्रोह करवाना पुलिस के बलबूते का काम नहीं था।

उसके बाद अकबर खान ने गुरिल्ला युद्ध नीति का सुझाव दिया, जिसके लिए सीमा प्रांत के हथियारबंद कबाइली श्रेष्ठ छापामारों के रूप में काफी उपयुक्त थे। यह आज के परमाणु विश्व में भयंकर विनाश न करनेवाले एक युद्ध का प्रकार था। उन्होंने आर.ए.एफ. एयर मार्शल को यह कहते उद्धृत किया कि 'पिछले चालीस वर्षों में हम जिस पूर्ण युद्ध से परिचित थे, वह अतीत की चीज बन चुकी है।' वह सामूहिक आत्महत्या के समान था। जनरल अकबर खान को विश्व के सभी क्षेत्रों में युद्धों के इतिहास की अच्छी जानकारी थी। उन्होंने अपने हर बिंदु को प्रमाणित करने के लिए अधिकारियों को उद्धृत किया।

उन्होंने चीनियों की इस रणनीति का सहारा लिया कि लड़ाकू पहाड़ों, गुफाओं और गड्ढों में तब तक छुपे रहें जब तक शत्रु दो सौ मीटर की रेंज में न आ जाए। इस प्रकार संघर्ष का स्थानीयकरण किया जाएगा। उन्होंने भारत की बड़ी आंतरिक कमजोरी का फायदा उठाने पर ध्यान केंद्रित किया। 'सीमा प्रांत के कबाइली, जो तीन लाख हथियारबंद लोगों से कम नहीं हैं और जिन्होंने सदियों से भारत को एक आकर्षक शिकार स्थल माना है, को अब भी शत्रु की सीमाओं के खिलाफ छोड़ा जा सकता है।' उन्होंने आशा की कि 'अत्यंत संकट की अवस्था में' भारत विखंडित हो सकता है। यह भारत के विखंडन की आई.एस.आई. की उत्तरवर्ती रणनीति से मेल खाता है। भारतीयों का स्वभाव 'समर्पण एवं चापलूसी' का है, क्योंकि 'हमने (मुसलमानों ने) उनपर आठ शताब्दियों तक शासन किया है—यह लोगों की स्मृति से रातोरात हटाया नहीं जा सकता।' यही वह गौरव का एहसास था, जिससे जिन्ना ने अलग देश पाकिस्तान के आंदोलन का नेतृत्व किया था और मुसलिम जनता आँखें मूँदकर उनके पीछे चल पड़ी थी। अयूब के इस वाक्य को खान भी दोहरा रहे थे कि 'लड़ने का दम हिंदुओं में नहीं है।'

ऑपरेशन जिब्राल्टर

कूट नामवाला 'ऑपरेशन जिब्राल्टर', जिसे पाकिस्तान ने सन् 1965 में कश्मीर में भारत के खिलाफ शुरू किया था, का विशेष उल्लेख अकबर ने किया है। उन्होंने बताया कि 711 ईसवी में जिब्राल्टर में स्पेन के तट पर तारिक अली

जियाद केवल बारह हजार सैनिकों को लेकर उतरा था। उसके विपक्षी रोड्रिग्स के पास एक लाख सैनिक थे। फिर भी तारिक ने रोड्रिग्स की सेना को कुचल डाला। इस प्रकार जनरल अकबर कहना चाहते थे कि संख्या में कम होना एक अवरोधक नहीं है, अत: पाकिस्तान को इस बारे में चिंतित नहीं होना चाहिए।

अकबर को 'ऑपरेशन जिब्राल्टर' का प्रणेता कहा जा सकता है। उन्होंने कबाइली गुरिल्ला आक्रमण की वकालत की; क्योंकि सीमा प्रांत के कबाइलियों का इतिहास लूट-पाट का और भारत में छापामारी करने का रहा है। उन्होंने सन् 1947-48 में बारामूला से मुजफ्फराबाद तक की पूरी यात्रा के दौरान किए गए बलात्कारों के बारे में नहीं लिखा।[1]

26 दिसंबर, 1963 को हजरतबल मसजिद से पैगंबर मुहम्मद साहब के बाल रहस्यमय रूप से गायब होने के बाद कश्मीर में स्थितियाँ पाकिस्तान के अनुकूल हो गईं। सामान्य मत यह था कि 'हिंदुओं ने ही उसे चुराया होगा'; हालाँकि यह सच नहीं था। तत्कालीन इंटेलिजेंस ब्यूरो प्रमुख बी.एन. मल्लिक ने एक ग्लास ट्यूब में रखा गया वह स्मृति-चिह्न एक कुशल इंटेलिजेंस ऑपरेशन द्वारा बरामद कर लिया। इस बीच वहाँ जुलूसों व आंदोलनों के द्वारा अव्यवस्था फैल चुकी थी। पाकिस्तानी नेतृत्व को वह 'एक निर्णायक हस्तक्षेप' का उचित समय प्रतीत हुआ। यह सिद्धांत जुल्फिकार अली भुट्टो द्वारा विकसित किया गया था, जो उस समय अयूब द्वारा चुने गए विदेश मंत्री थे। भुट्टो ने भारत के खिलाफ सार्वजनिक बयानबाजी की कि 'कश्मीर में मुसलमानों का जीवन, सम्मान और धर्म सुरक्षित नहीं है।' जेहाद के आह्वान द्वारा पाकिस्तानियों को उत्तेजित किया गया। वहाँ की सेना ने भी महसूस किया कि कश्मीर को आजाद कराने का समय आ गया है। पाकिस्तानी इंटेलिजेंस एजेंसियों ने कश्मीर में अव्यवस्था फैलाने का अनावश्यक श्रेय लिया, जो सच्चाई से परे था।

संघर्ष में कूदने का खतरा उठाने के प्रति अयूब उत्सुक नहीं थे, क्योंकि वह 'कश्मीर के लिए पाकिस्तान को खतरे में डालने के लिए तैयार नहीं थे।' शेख अब्दुल्ला, जो सन् 1954 से जेल में थे, को 8 अप्रैल, 1964 को रिहा किया गया। वह दिल्ली आए। बाद में उन्हें पाकिस्तान आने का न्योता दिया गया। वह जिन्ना के द्विराष्ट्र के सिद्धांत में विश्वास नहीं करते थे। 24 मई को वह लाहौर पहुँचे और 25 मई को रावलपिंडी में उन्होंने अयूब के साथ पहली बैठक की। 27 मई, 1964 को नेहरू की मृत्यु हो जाने के कारण बातचीत अनिर्णीत रही। अयूब ने प्रसंगवश शेख अब्दुल्ला को हिंदू-मुसलमान एकता के लिए मसीहा के रूप में न उभरने को

कहा। नेहरू की मृत्यु और लाल बहादुर शास्त्री द्वारा प्रधानमंत्री पद ग्रहण करने से पाकिस्तान को लगा कि भारत में नेतृत्व कमजोर है। अत: यह काररवाई करने का उचित समय है; क्योंकि भारत प्रतिरोध करने की स्थिति में नहीं है। चीन का डर भारत को पाकिस्तान पर आक्रमण करने से रोक सकता था। अयूब ने यह निर्णय लंबित कर दिया; क्योंकि उस समय वह खुद संन् 1964 में चुनाव द्वारा वैधता प्राप्त करना चाहते थे, जिसमें उन्होंने अस्सी हजार मूल लोकतंत्रवादियों को धमकी तथा लालच देकर खुद को पाकिस्तान का राष्ट्रपति चुनने के लिए बाध्य किया। उन्हें एक मजबूत उम्मीदवार फातिमा जिन्ना (जिन्ना की बहन) के खिलाफ राष्ट्रपति पद का चुनाव लड़ना था।[2]

चीनी कारक

एक निर्वाचित राष्ट्रपति के रूप में सुव्यवस्थित होने के बाद अयूब को चीन द्वारा वहाँ आने का निमंत्रण प्राप्त हुआ, जिसे उन्होंने शीघ्र ही स्वीकार कर लिया और मार्च 1965 में चीन के लिए रवाना हुए। वहाँ एक मित्र तथा नायक के रूप में उनका जोरदार स्वागत हुआ। चीनी रणनीति पाकिस्तान को एक 'सार्वकालिक मित्र' के रूप में प्रस्तुत करके भारत को घेरने की थी, चाहे वहाँ किसी की भी सरकार हो। चीनियों द्वारा लड़े जन-युद्ध के बारे में अयूब को विस्तार से बताया गया। उन्होंने अयूब से कहा, 'गुरिल्ला पानी में मछली के समान हैं; जिस प्रकार पानी के बिना मछली नहीं रह सकती उसी प्रकार लोगों के बिना गुरिल्ला जीवित नहीं रह सकते।' उनकी चीन यात्रा ने उन्हें ऐसा निर्णय लेने के लिए उकसाया, जिससे वह अन्यथा परहेज करते। आखिरकार, अयूब सँभलकर चलनेवाले चतुर जनरल थे, जो अनावश्यक जोखिम उठाना पसंद नहीं करते थे। भारत में अयूब की छवि दोनों देशों के बीच जल-विवाद सुलझाने के कारण एक अच्छे राजनेता की बन गई थी। पाकिस्तान को भारत के खिलाफ चीनी कार्ड खेलने की नई आशा दिखी।

अयूब ने 23 मार्च, 1965 को राष्ट्रपति पद की शपथ ली। 3 अप्रैल से शुरू हुई उनकी मॉस्को यात्रा बहुत उत्साहवर्द्धक नहीं रही। उनका इरादा कश्मीर में कोई ऑपरेशन शुरू करने से पहले मॉस्को का भी विश्वास हासिल करना था। वह चाहते थे कि सोवियत संघ कश्मीर के मुद्दे पर सुरक्षा परिषद् में अपने 'वीटो' (विशेषाधिकार) का इस्तेमाल न करे। सोवियत समर्थन की शर्त के अनुसार अयूब द्वारा पाकिस्तान में अमेरिकी बेसों को समाप्त करने के निर्णय ने अमेरिका को नाराज कर दिया। उन्हें अपनी प्रस्तावित अमेरिका यात्रा में परिवर्तन करना पड़ा।

सोवियत संघ से मित्रता करने के प्रयास में अयूब ने अमेरिका से नाराजगी मोल लेकर खुद को परेशानी में डाल लिया। अमेरिका की यह नाराजगी भारत के खिलाफ सन् 1965 के युद्ध में पाकिस्तान को महँगी पड़ी।

गुरिल्ला युद्ध नीति में पाकिस्तानी सेना की भागीदारी कश्मीर में सन् 1947-48 के कबाइली हमले के अनुभव तक सीमित थी, जो एक विफलता साबित हुई थी। फिर भी भुट्टो के प्रभाव में आकर जनरल अयूब, विदेश सचिव अजीज अहमद तथा आई.एस.आई. के तत्कालीन प्रमुख ब्रिगेडियर रियाज ने 'ऑपरेशन जिब्राल्टर' शुरू करने का फैसला किया। यह कश्मीर में एक और छाया युद्ध की शुरुआत थी, जिसमें पाकिस्तानी सैन्य बलों को स्थानीय लोगों के वेश में घुसपैठ करनी थी, जैसा सन् 1956 में अकबर खान ने सुझाव दिया था। फिर से क्षेत्रीय विद्रोह का अकबर का सिद्धांत इस योजना का सबसे महत्त्वपूर्ण हिस्सा था। इसे जी.ओ.सी. 12 डिवीजन के कमांडर जनरल अख्तर मलिक को छोड़कर सभी कोर कमांडरों से गोपनीय रखा गया। 24 जुलाई, 1965 से घुसपैठ की प्रक्रिया आरंभ करने का फैसला किया गया। यदि किसी कारणवश 'ऑपरेशन जिब्राल्टर' विफल हो जाता है तो नियमित सेनाओं द्वारा जम्मू-कश्मीर के अखनूर सेक्टर में 'ऑपरेशन ग्रैंड स्लैम' शुरू किया जाना था। भुट्टो ने अयूब को विश्वास दिलाया कि 'भारत वर्तमान में पाकिस्तान के विध्वंस के लिए लंबी अवधि के सामान्य युद्ध का जोखिम उठाने की स्थिति में नहीं है।' इस प्रकार भुट्टो ने पाकिस्तान का नेतृत्व प्राप्त करने की अपनी दीर्घकालीन रणनीति के तहत अयूब को मूर्ख बनाया।

इतिहास के आक्रामक मुसलिम आक्रांताओं—तारिक, कासिम, खालिद, सलाहुद्दीन तथा गजनवी के नाम पर पाँच सैन्य यूनिट गठित की गईं। ये यूनिटें 28 जुलाई, 1965 को अपने गंतव्य पर पहुँच गईं और फिर इन्होंने युद्धविराम रेखा के पार घुसपैठ करने का प्रयास किया। पहाड़ पर चढ़ने के दौरान जलवायु के अनुकूल न ढल पाने पर कई लोग मृत्यु को प्राप्त हुए। तारिक यूनिट का यह परिणाम हुआ। कासिम फोर्स बाँदीपुरा पहुँचा और वहाँ तोड़-फोड़ की कारंरवाइयाँ करके 4 सितंबर को वापस चला गया। खालिद फोर्स त्रहगन पहुँचा; लेकिन उसे पाक अधिकृत कश्मीर में भागना पड़ा। एक गूजर गड़रिये लड़के मुहम्मदीन ने पीर पंजाल शृंखला के दक्षिण में तोशा मैदान में मेजर मंसा खान के नेतृत्ववाले सलाहुद्दीन फोर्स को देखा और टंग मार्ग की स्थानीय पुलिस को सूचित किया। इस फोर्स को पीर दस्तगीर उर्स मना रहे स्थानीय लोगों में मिश्रित हो जाना था और श्रीनगर पर हमला करना था। भारतीय बलों ने मेजर मंसा खान के दल पर आक्रमण किया।

वह वापस भाग गया। केवल गजनवी यूनिट युद्धविराम तक बुधिल में ठहरने में कामयाब रही।

नुसरत नामक एक अतिरिक्त यूनिट को पीछे से भारतीय बलों पर हमला करना था और बाद में अन्य यूनिटों के साथ मिल जाना था। किंतु नुसरत फोर्स कोई परिणाम प्राप्त करने में विफल रहा। अगस्त के अंत तक ऑपरेशन जिब्राल्टर पूर्णत: विफल हो चुका था। भुट्टो द्वारा गलत प्रस्तुत किए गए और जनरल (सेवानिवृत्त) अकबर खान द्वारा सन् 1956 में दिए गए सुझाव के अनुकूल कोई स्थानीय विद्रोह नहीं हुआ। स्थानीय मार्गदर्शन से भारतीय प्रत्याक्रमण निर्णायक था। उन्होंने दर्रा पीर साहब पर कब्जा कर लिया, जबकि मुजफ्फराबाद तो आसान सी पहुँच के अंदर था। भारतीय बलों ने हाजी पीर दर्रा पर भी कब्जा कर लिया। पाकिस्तान में पूरी तरह खलबली मच गई। भुट्टो और अजीज अहमद ने स्थिति का जायजा लिया और सियालकोट तथा जम्मू के बीच अंतरराष्ट्रीय सीमा के एक हिस्से को पार करते हुए ऑपरेशन ग्रैंड स्लैम शुरू करने का निर्णय लिया, जिसने अंतत: भारत-पाक युद्ध को प्रेरित किया।

इस समय, जब ऑपरेशन जिब्राल्टर धीमी गति में था। चीनी राजदूत ने भुट्टो को बताया कि गुरिल्ला युद्ध कैसे किया जाता है।[3] उसने बताया कि पहला कार्य उच्च प्रशिक्षित पाकिस्तानी व्यक्तियों द्वारा घुसपैठ करके गाँवों में किसानों या शिल्पकारों के रूप में रहना, स्थानीय लोगों को उत्तेजित तथा प्रशिक्षित करना और उन्हें स्वतंत्रता सेनानियों के रूप में प्रस्तुत करना है। छाया युद्ध का यह चीनी तरीका आखिरकार अफगानिस्तान में सोवियत संघ के खिलाफ तथा बाद में सन् 1989 से कश्मीर में लागू किया गया था। यह कथन पाकिस्तान के एक विद्वान् लेखक अल्ताफ गौहर का है। एक प्रसिद्ध पाकिस्तानी लेखक मुशाहिद हुसैन का भी यही मत है। उन्होंने कहा कि 'चीनी प्रकार के जन-युद्ध कौशल का इस्तेमाल करके कश्मीर समस्या का आखिरी समाधान प्राप्त करने का प्रयास किया गया।'[4]

ऑपरेशन जिब्राल्टर के दौरान जनरल अयूब तब स्वात में छुट्टियाँ मना रहे थे, जब भुट्टो ने 29 अगस्त, 1965 को उनसे मिलकर ऑपरेशन ग्रैंड स्लैम शुरू करने की इजाजत माँगी। अल्ताफ गौहर, जो अयूब के सूचना सचिव के रूप में उनके काफी करीब थे, ने सुबूतों के आधार पर कहा कि भुट्टो ने ऑपरेशन जिब्राल्टर की विफलता के बारे में अयूब को अँधेरे में रखा। उन्होंने ऑपरेशन ग्रैंड स्लैम शुरू करने के लिए विशिष्ट अर्थ में अयूब से कोई आदेश प्राप्त नहीं किया।

ऑपरेशन ग्रैंड स्लैम (जिसका अर्थ था पाकिस्तानी बलों द्वारा भारत पर

सीधा आक्रमण) को 31 अगस्त, 1965 को लॉञ्च किया गया। 2 सितंबर तक यह ऑपरेशन घिसटता रहा। उस दिन देर दोपहर अज्ञात कारणों से ऑपरेशन जिब्राल्टर के कमांडर जनरल अख्तर मलिक को हटाकर ऑपरेशन ग्रैंड स्लैम की कमांड जनरल याहया खान को सौंपने का आदेश दिया गया। उस समय तक (30 अगस्त को) अयूब रावलपिंडी लौट चुके थे। अयूब को जल्द ही पता चल गया कि उन्हें काल्पनिक सफलता की कहानियाँ सुनाई जा रही हैं। जनरल याहया खान को यह ऑपरेशन बंद करने का आदेश दिया गया। उस समय याहया शराब पी रहे थे, जो उनकी कमजोरी थी। जनरल मलिक से कार्यभार लेते हुए उन्हें ऑपरेशन जिब्राल्टर की कोई पूर्व जानकारी नहीं थी।

6 सितंबर को अयूब को पता चला कि पाकिस्तान भारत के साथ युद्ध में उलझ चुका है। भुट्टो दिल्ली में पाकिस्तान के उच्चायुक्त के द्वारा पहले ही भारतीय प्रत्याक्रमण के बारे में जान चुके थे। उन्हें इस संबंध में एक कूट संदेश प्राप्त हुआ था, जो अयूब को नहीं दिखाया गया। यदि यह सच है, जैसा अल्ताफ गौहर ने दावा किया है, तो यह स्वीकार करना होगा कि भारतीय सुरक्षा तंत्र में पाकिस्तानियों की अच्छी पहुँच थी। भुट्टो की रणनीति अयूब को बदनाम करने की थी और वह ऑपरेशन ग्रैंड स्लैम की विफलता के बाद खुद को अयूब से दूर रखते हुए ऐसा करने में काफी हद तक सफल रहे।

अमेरिकी राजदूत ने अयूब से कहा, 'श्रीमान राष्ट्रपति, भारतीयों ने आपका गला पकड़ लिया है।' जवाब में अयूब ने डींग हाँकते हुए कहा, 'पाकिस्तान के गले तक पहुँचनेवाले किसी भी हाथ को काट दिया जाएगा।'[5] ये अयूब के बड़े-बड़े दावे थे। वह एक द्विपक्षीय समझौते के तहत अमेरिका से प्रत्यक्ष सैन्य मदद प्राप्त कर रहे थे। यह बाद में एक प्रसिद्ध पाकिस्तानी नौकरशाह रोएदाद खान द्वारा संकलित 'अमेरिकी पेपर्स' से प्रमाणित हुआ।[6]

धीरे-धीरे अंतरराष्ट्रीय समुदाय को यह अनुभव हुआ कि चीन पाकिस्तान की ओर से हस्तक्षेप करेगा; क्योंकि अयूब चाउ-एन-लाई से सलाह-मशविरा करने के लिए पहले ही चीन जा चुके थे। पाकिस्तान पर युद्धविराम के लिए अंतरराष्ट्रीय दबाव पड़ रहा था। पाकिस्तान के पास कोई विकल्प नहीं था। अमेरिका पाकिस्तान-चीन संबंध के आर-पार देख चुका था। हताश अयूब ने कैबिनेट की एक बैठक में कहा, 'हमारा बेहतरीन कार्ड चीन-कार्ड है। हमें यह निर्णय करना है कि किस समय चीन की सहायता लेनी है।'[7] भुट्टो ने कहा—

'चीन की स्थिति बहुत महत्त्वपूर्ण है। चीन के कारण ही पूर्वी पाकिस्तान

युद्ध से दूर है। एक पराजित पाकिस्तान चीन के हितों के विरुद्ध होगा। चीनी कश्मीर को पाकिस्तान के कब्जे में देखना चाहते हैं। वास्तविक अवरोधक चीनी खतरा है। अमेरिका चीन को छेड़ना नहीं चाहता है। इसीलिए वे युद्धविराम चाहते हैं।'

पाकिस्तान एवं चीन के मध्य बढ़ रहे संबंध से अमेरिका को चिंता हो रही थी। जब जुल्फिकार अली भुट्टो नवंबर 1963 में जॉन एफ. केनेडी के अंतिम संस्कार में शामिल होने अमेरिका गए, तब वहाँ राष्ट्रपति जॉनसन को भुट्टो से बात करने का एक अवसर मिल गया। उन्होंने भुट्टो से कहा, 'देखिए, मेरी एक किशोरी बेटी है। वह अपने ब्वॉय फ्रेंड के साथ बाहर जाती है। मेरे पीछे वह क्या करती है, इसकी मुझे परवाह नहीं है; लेकिन यदि वह मेरे सामने कुछ करती है तो मैं उसे फटकार लगाऊँगा ही।'[8]

अमेरिका के इस स्पष्ट दृष्टिकोण को पाकिस्तान द्वारा टाल दिया गया।

यह पूरी तरह गलत आकलन नहीं था। युद्ध के मध्य में चीनी विदेश मंत्री मार्शल चेन की 4 सितंबर, 1965 को कराची में भुट्टो से मिले। चीन ने कश्मीर में 'भारत की सशस्त्र उत्तेजनात्मक काररवाई का जवाब देने के लिए पाकिस्तान द्वारा उठाए गए उचित कदम' के लिए पाकिस्तान का समर्थन किया। यह 6 सितंबर को भारतीय आक्रमण से पहले कहा गया था। चीन ने आधिकारिक रूप से भारत की निंदा की। गुरिल्ला युद्ध जारी रहने के दौरान 27 अगस्त, 1965 को चीनी सरकार ने भारतीय सेना के ऊपर सिक्किम तथा तिब्बत सीमा पर 'आक्रामकता तथा उत्तेजनापूर्ण गतिविधियों में लिप्त रहने' का आरोप लगाया। इस बयान की टाइमिंग स्पष्ट करती है कि ऑपरेशन जिब्राल्टर की सफलता के लिए चीन का पाकिस्तान के साथ मिलकर कार्य करने का समझौता पहले से ही था। उसने भारत तथा पाकिस्तान के बीच पूर्ण स्तरीय युद्ध शुरू होने के बाद 8 सितंबर को फिर से भारत को चेतावनी दी कि यदि 'वह (भारत) चीन की सीमा पर अपनी उन्मादी-उत्तेजनात्मक गतिविधियाँ बंद नहीं करता तो इसके परिणामों के लिए वह स्वयं जिम्मेदार होगा।' भारतीय जवाब से संतुष्ट न होने पर 12 सितंबर को, जब पाकिस्तान से युद्ध चरम सीमा पर था और पाकिस्तान की स्थिति असंतोषजनक थी, चीन ने एक अल्टीमेटम दिया कि भारत सरकार तीन दिनों के अंदर सीमा के चीनी पक्ष की ओर सभी सैन्य काररवाइयाँ बंद करे, चीन में घुसपैठ बंद करे, चीनी पशु धन तथा अपहृत नागरिकों को लौटाए और सीमा पार छापे बंद करने का वचन दे, अन्यथा उसे इसका परिणाम भुगतना होगा।

ये सभी आरोप पाकिस्तान के आक्रमण को सहयोग देने के लिए चीन की एक चाल थी। ऐतिहासिक तथ्यों ने इस चीन-पाकिस्तान षड्यंत्र को प्रमाणित किया है।

भारत की कुशल कूटनीति के त्वरित परिणाम निकले। सोवियत संघ ने भारत को हथियारों की नियमित आपूर्ति करने का वादा किया। अमेरिका ने चीनी आक्रमण की स्थिति में भारत का पक्ष लेने का वादा किया। ब्रिटेन ने चीनी हमले की स्थिति में भारत का समर्थन करने का वादा किया। इस प्रकार पाकिस्तान-चीन रणनीति पूरी तरह उजागर हो गई; लेकिन इसने चीन को सिक्किम तथा लद्दाख सीमा पर सैनिकों को जमा करने और भारतीय बलों को छेड़ने के लिए गोलीबारी करने से नहीं रोका। भारतीय बलों ने इसका जवाब नहीं दिया। 20 सितंबर, 1965 को भारतीय प्रधानमंत्री लाल बहादुर शास्त्री ने लोकसभा में स्पष्ट किया कि चीन पाकिस्तान के साथ मिलकर काम कर रहा है।

15 सितंबर, 1965 को वास्तविकता का एहसास करते हुए अयूब ने अमेरिकी हस्तक्षेप की माँग की। अयूब ने भुट्टो और उनके विदेशी मामलों के सचिव को उनके इस स्पष्ट आश्वासन की याद व्यंग्यपूर्वक दिलाई कि भारत कभी अंतरराष्ट्रीय सीमा पार नहीं करेगा। भुट्टो ने इस आकलन के लिए विदेश विभाग को दोषी ठहराया, जिसके वह सर्वेसर्वा थे।

अल्ताफ गौहर द्वारा सबसे दिलचस्प रहस्योद्घाटन यह किया गया कि अयूब ने 19-20 सितंबर को बीजिंग की गुप्त यात्रा की थी, जिसके बारे में पाकिस्तान में किसी को पता नहीं था। चीन के मित्र भुट्टो भी अयूब के साथ गए थे। चीनी प्रमुख चाऊ-एन-लाई ने भारत के साथ एक लंबे युद्ध की रणनीति पर लंबा भाषण दिया। लंबे युद्ध के चीनी अनुभव को सामने रखते हुए उन्होंने कहा कि 'एक या दो बड़े शहरों को खोकर भी देश-प्रेमी लोगों के समर्थन से पाकिस्तानी सेनाएँ आक्रमणकारियों पर विनाशकारी झटके दे सकती हैं।' चाऊ-एन-लाई ने आश्वस्त किया कि 'भारत के साथ लंबे युद्ध की स्थिति में यह मत भूलिए कि हम हर समय अपना दबाव बनाए रखेंगे।' अयूब ने पूछा, 'आप कब तक उस दबाव को बरकरार रख पाएँगे?' चाऊ-एन-लाई ने जवाब दिया, 'जब तक आवश्यक होगा; लेकिन आपको लड़ाई जारी रखनी होगी, चाहे आपको पहाड़ों की ओर ही क्यों न भागना पड़े।'[9]

ये सभी आधिकारिक बयान और निजी वार्तालाप कश्मीर में वर्तमान छाया युद्ध को समझने में सहायक हो सकते हैं। बहरहाल, भारत के साथ लंबे समय तक

युद्ध की यह रणनीति अयूब या भुट्टो को स्वीकार्य नहीं थी। अतः पाकिस्तान और चीन ने भारत से खूनी जंग लड़ने का निर्णय लिया। अब जिनजियांग मुसलमानों की स्वतंत्र पूर्वी तुर्किस्तान के निर्माण की बढ़ती माँग और ओसामा बिन लादेन द्वारा जिनजियांग में जेहाद के लिए सहयोग उपलब्ध कराने के वादे के बावजूद भारत के संबंध में चीन की रणनीति में अधिक परिवर्तन नहीं आया है।

11 दिसंबर, 1965 को अयूब अमेरिकी राष्ट्रपति हेरॉल्ड विल्सन से मिले। उन्होंने स्वीकार किया कि चीनियों ने उन्हें 'नैतिक सहयोग दिया और मदद की है; क्योंकि वे हमें पराजित होते नहीं देखना चाहते।'[10] विल्सन ने टिप्पणी की, 'दूसरे की मजबूरी का लाभ उठाने की चीन की प्रवृत्ति वास्तविक समस्या है और चीन इस क्षेत्र में सबसे बड़ा खतरा है।' क्योंकि वह सोवियत संघ से अधिक विस्तारवादी है।

पश्चिमी देश चीन के इरादों और उस क्षेत्र में उसकी गतिविधियों के बारे में बहुत चिंतित थे। हेरॉल्ड विल्सन ने अयूब से कहा कि पाकिस्तान सन् 1962 में चीनी परिधि में प्रवेश कर गया है। 'आपने पशु को अपने घर में, संभवतः एक अच्छे रक्षक कुत्ते के रूप में घुसने दिया है।' विल्सन ने रुखाई से कहा, 'अमेरिका के हाथ में असली शक्ति है।'

अयूब निराश होकर लौट आए।

ताशकंद में बैठकों के मध्य 6 जनवरी, 1966 को भी चीन ने भारत को कठिन स्थिति में डालने का प्रयास नहीं किया। साथ ही एक औपचारिक चेतावनी भी जारी की—'यदि भारत ने हिमालय सीमा के पास अपनी घुसपैठ और उत्तेजनात्मक काररवाई जारी रखी तो चीन निश्चित रूप से जवाबी काररवाई करेगा।'[11]

यह जानकर कई लोगों को आश्चर्य हो सकता है कि भारत के साथ सन् 1962 के युद्ध के दौरान चीन ने पाकिस्तान को चीन-भारत युद्ध का पूरा लाभ उठाने और सैन्य विकल्प का इस्तेमाल करते हुए कश्मीर मुद्दे को निपटाने की सलाह दी थी। अब कहा जाता है कि अयूब ने उस समय बहुत दब्बूपन दिखाया।[12] कृष्ण मेनन के पास इस संबंध में सूचना थी। उन्होंने पाकिस्तान स्थित भारत के उच्चायुक्त राजेश्वर दयाल को इस बारे में पता लगाने के लिए कहा। सत्यापन करने पर उच्चायुक्त ने इस सूचना को गलत पाया।

सरकारी स्वामित्ववाले चीनी मीडिया ने ताशकंद घोषणा की आलोचना चीन के आधिकारिक मूड को दिखाते हुए की। मार्च 1966 के मध्य में ढाका में नेशनल असेंबली सत्र के दौरान भुट्टो ने इसका अर्थ समझे बिना कहा कि 'युद्ध के दौरान चीनियों ने पूर्वी पाकिस्तान की सुरक्षा की।' चीन ने इस बयान का खंडन नहीं

किया। इस बात ने बंगालियों के दिमाग में एक भिन्न प्रतिक्रिया उत्पन्न की। उन्हें लगा कि भारत के साथ युद्ध की स्थिति में पश्चिमी पाकिस्तान पूर्वी पाकिस्तान की सुरक्षा करने में कोई रुचि नहीं रखता।

चूँकि चीन उत्तरी सीमाओं पर भारत के खिलाफ मोरचा खोलकर पाकिस्तान को अर्थपूर्ण सहयोग देने में विफल रहा, अतः चीन ने महसूस किया कि एक उच्च स्तरीय यात्रा भारत को घेरने की उसकी नीति पर आगे बढ़ने में उसे सक्षम बना सकती है। अध्यक्ष लियू शाओ ची मार्शल चेन यी के साथ 26 मार्च, 1966 को पाकिस्तान आए। चीनी अध्यक्ष का लाहौर में जबरदस्त स्वागत हुआ। चीन ने कश्मीर पर पाकिस्तान की नीति को दृढ़ तथा पक्का समर्थन देने की बात दुहराई। भुट्टो सर्वोच्च चीनी नेताओं के साथ अपने व्यक्तिगत संबंध प्रमाणित करने के लिए अध्यक्ष लियू शाओ ची के साथ गए। 'लोगों ने उस कार को उठा लिया, जिसमें भुट्टो सफर कर रहे थे। वे उसे अपने कंधों पर उठाकर ले गए।'[13] दूरदृष्टि ने भुट्टो को अपना राजनीतिक कैरियर एक नए अवतार के रूप में पुनः शुरू करने में मदद दी। अलबत्ता भुट्टो के वही चीनी मित्र बाद में उनकी न्यायिक हत्या को नहीं रोक पाए।

यह एक खुला रहस्य है कि सन् 1965 के युद्ध का सबसे बड़ा विजेता चीन था, जिसने 'पाकिस्तानियों के दिलों और दिमागों को जीत लिया।' मुशाहिद लिखते हैं कि अयूब ने दिसंबर 1965 में एक बात स्वीकार की। उन्होंने कहा, 'यदि हम पश्चिम के साथ संबंध तोड़ लें तो हम अपनी अर्थव्यवस्था खो सकते हैं। यदि हम चीन के साथ संबंध तोड़ लें तो अपने देश को खो सकते हैं।' इस प्रकार चीन पाकिस्तान का मार्गदर्शक और दार्शनिक बन गया। यह संबंध भारत के हितों की कीमत पर जारी है।

अफगानिस्तान में 'बीयर ट्रैप' रणनीति

अफगान युद्ध में आई.एस.आई. की 'बीयर ट्रैप' रणनीति को उल्लेखनीय सफलता मिली और सोवियत संघ को अफगानिस्तान से हटने के लिए बाध्य होना पड़ा। नशीले पदार्थों की मुफ्त आपूर्ति ने सोवियत सैनिकों को एक लंबा युद्ध लड़ने में असमर्थ बना दिया। इसे 'मॉसक्यूटो ऑपरेशन' कहा गया। इसकी कल्पना फ्रेंच इंटेलिजेंस के प्रमुख ने की थी। अमेरिकी राष्ट्रपति रोनाल्ड रीगन ने इसे एक महान् रणनीति बताते हुए उत्सुकतापूर्वक ग्रहण किया। सी.आई.ए. द्वारा मध्य एशियाई देशों में पवित्र कुरान की प्रतियों का मुफ्त वितरण स्थानीय मुसलमानों को सोवियत

लोगों से अलग करने का एक और कदम था। मुसलमान स्वयंसेवकों को अफगान जेहाद में शामिल होने के अंतरराष्ट्रीय आह्वान की व्यापक प्रतिक्रिया हुई। बहुत से विदेशी मुजाहिदीन सी.आई.ए. की पूर्ण जानकारी में और उसके सहयोग से वीजा औपचारिकताओं के बिना पाकिस्तान होते हुए अफगानिस्तान पहुँचे। जनरल अख्तर अब्दुर रहमान, जो लगभग एक दशक तक आई.एस.आई. प्रमुख रहे, ने अफगान छाया युद्ध या 'बीयर ट्रैप', जैसा ब्रिगेडियर यूसुफ कहना पसंद करते थे, को व्यवस्थित किया। पाकिस्तान ने अफगान युद्ध के दौरान सोवियत संघ के विखंडन का अनावश्यक श्रेय लिया। 'बीयर ट्रैप' या छाया युद्ध वास्तव में सोवियत संघ को महँगा पड़ रहा था। अफगान युद्ध के इन सबकों को आई.एस.आई. ने अच्छी तरह सीख लिया, ताकि बाद में कश्मीर में इसी रणनीति का इस्तेमाल किया जा सके। अब जम्मू-कश्मीर में विदेशी जेहादी हस्तक्षेप की अधिक मात्रा के साथ 'बीयर ट्रैप' रणनीति का इस्तेमाल किया जा रहा है।

ऑपरेशन टोपेक

छाया युद्ध के लाभों को देखते हुए '80 के दशक के उत्तरार्द्ध में पाकिस्तानी आकाओं के दिमाग में यह विचार उपजा कि 'बीयर ट्रैप' रणनीति को जम्मू-कश्मीर में दुहराया जा सकता है। सन् 1989 में सोवियत संघ ने अफगानिस्तान छोड़ दिया था। उसी वर्ष आई.एस.आई. तथा एम.आई. द्वारा जम्मू-कश्मीर में छाया युद्ध शुरू किया गया। अफगान युद्ध के लिए अमेरिका से प्राप्त धन को आई.एस.आई. ने बचाकर कश्मीर ऑपरेशन में लगा दिया। अमेरिका द्वारा छोड़े गए परिष्कृत संचार तंत्र का इस्तेमाल जम्मू-कश्मीर में किया गया। सी.आई.ए. द्वारा भेजे गए विदेशी मुजाहिदीनों को कश्मीर भेज दिया गया। जैसा जनरल अख्तर अब्दुर रहमान ने सोचा था, कश्मीर घाटी में अच्छी उपस्थिति रखनेवाले जे.के.एल.एफ. को हथियार प्रदान करके स्थानीय विद्रोह का आधार तैयार कर दिया गया।

कश्मीर में पाकिस्तान के छाया युद्ध के बारे में कुछ भी छिपा हुआ नहीं है। 21 मई, 1990 को एक लेख में आरिफ निजामी ने कश्मीर में विद्रोह की मजबूत नींव रखने के लिए जनरल जिया को इसका पूरा श्रेय दिया। प्रतिष्ठित कारनेग फाउंडेशन के सेलिग हैरिसन ने 20 अप्रैल, 1990 के 'वाशिंगटन पोस्ट' में एक लेख में पंजाब में विद्रोह तथा कश्मीर में छाया युद्ध को प्रेरित करनेवाली घटनाओं का वर्णन किया।

पाकिस्तान द्वारा पंजाब में विद्रोह को बढ़ावा देने का काम सन् 1978 (जिया उल-हक सरकार के समय) से ही जारी था। सन् 1984 तक पाकिस्तानी सेना की फील्ड इंटेलिजेंस यूनिट भारतीय कश्मीर में लिबरेशन फ्रंट (मुक्ति मोरचा) गठित करने में मदद कर रही थी। सन् 1988 तक इसलामाबाद में आई.एस.आई. निदेशालय ने पाक अधिकृत कश्मीर में प्रशिक्षण शिविर स्थापित करने शुरू कर दिए थे, जो सेवानिवृत्त पाक सैन्य अधिकारियों द्वारा चलाए जा रहे थे।

जनरल जिया इस मामले में बेहद चतुर थे, वह भारत के महत्त्वपूर्ण लोगों को महँगे उपहार आदि देते रहते थे। वह समय को लंबा खींच रहे थे और फिर बड़े पैमाने पर आक्रमण करने की योजना बना रहे थे। पाकिस्तान के खिलाफ कोई दंडात्मक काररवाई करने से भारत को दूर रखने के लिए जनरल जिया लगभग बिना निमंत्रण के एक क्रिकेट मैच देखने के लिए जयपुर पहुँच गए और वापस जाने से पहले राजीव गांधी से कहा कि पाकिस्तान के पास भी 'वही हथियार' (परमाणु बम) है।[14]

इस बीच सी.आई.ए. प्रमुख रॉबर्ट गेट ने पुष्टि की कि पाकिस्तान उग्रवादियों को प्रशिक्षण दे रहा है। गेट को यह सूचना वहाँ आनेवाले पाकिस्तानी अधिकारियों से मिली थी।[15]

जे.के.एल.एफ. के कार्यकर्ताओं को स्वतंत्र कश्मीर के निर्माण के झूठे वादे द्वारा प्रेरित किया जा रहा था, क्योंकि वही उनका लक्ष्य था। जे.के.एल.एफ. पर से जल्दी ही आई.एस.आई. के संरक्षण को हटा लिया गया। उन्हें उपेक्षित किया गया, क्योंकि आई.एस.आई. ने वहाँ एक अन्य स्थानीय गुट 'हिजबुल मुजाहिदीन' को गठित कर लिया था और पाकिस्तान में कश्मीर के विलय के लिए उन्हें प्रेरित कर रही थी। जेहादी गुटों का मिलना और अलग होना तो चलता ही रहता था। कई नए गुट भी उभरे; लेकिन पाकिस्तानी तथा विदेशी आतंकवादियोंवाले हरकत-उल-मुजाहिदीन, अल-बद्र तथा लश्कर-ए-तोयबा के आगमन से पहले हिजबुल मुजाहिदीन प्रमुख जेहादी संगठन था। ये जेहादी लड़ाकू गुट आई.एस.आई. के कई हाथों के रूप में काम करते हैं और फिर आई.एस.आई. से अपने संबंधों के खंडन के लिए गुंजाइश भी रखते हैं। अफगानिस्तान में यही कार्यविधि अपनाई गई थी और अब कश्मीर में वही रणनीति लागू की जा रही है।

अफगान 'बीयर ट्रैप' को यहाँ सफलतापूर्वक दुहराया नहीं जा सका, क्योंकि भारतीय सुरक्षा बल उत्तर-पूर्व के अनुभवों के कारण विद्रोह दबाने में दक्ष थे। कश्मीरियों ने भी पूर्ण रूप से जेहाद में भाग नहीं लिया। विकल्प देने पर अधिकतर

कश्मीरी पाकिस्तान में शामिल नहीं होना चाहेंगे। पाक अधिकृत कश्मीर तथा उत्तरी क्षेत्र की स्थिति कश्मीरियों को अच्छी तरह मालूम है।

छाया युद्ध की रणनीति को पाकिस्तान से प्राप्त इंटेलिजेंस सूचनाओं के आधार पर भारतीय सुरक्षा विश्लेषकों द्वारा 'ऑपरेशन टोपाक' में प्रस्तुत किया गया है। यह श्रेय भारतीय विश्लेषकों को जाता है, जिन्होंने 'ऑपरेशन टोपाक' के तीन चरणों का सही पूर्वानुमान लगाया। छाया युद्ध 'ऑपरेशन टोपाक' की रूपरेखा के अनुसार चलता रहा।

इसी प्रकार सन् 1999 में करगिल तथा द्रास की पहाड़ियों पर कब्जा करने की योजना की संकल्पना भारतीय रणनीतिज्ञों ने सन् 1990 के एक्स-फाइल में की थी। पाकिस्तान ने इस योजना को कार्यान्वित करने में नौ वर्ष लगाए। अब यह प्रमाणित हो चुका है कि बेनजीर भुट्टो ने करगिल पर ऑपरेशन फाइल को मंजूरी नहीं दी थी। सैन्य और युद्ध मामलों के विशेषज्ञ पाकिस्तानियों ने भी इसकी पुष्टि की है। नागरिक शासन के दौरान करगिल अभियान शुरू नहीं किया जा सकता था। यह माना जाता है कि नवाज शरीफ को बहकाया गया—और उन्होंने अपनी गिरफ्तारी के बाद यही बात कही।

छाया युद्ध अपने उद्देश्यों को प्राप्त करने में विफल रहा है। चूँकि कश्मीर की स्थिति अफगानिस्तान से पूर्णत: भिन्न है। अत: छाया युद्ध जारी रखने की कीमत पाकिस्तान को हतोत्साहित कर रही है। वास्तव में, कई तरीकों से छाया युद्ध में भारत आसानी से पाकिस्तान के रक्षा बजट को बढ़ा सकता है। उदाहरण के लिए—नियंत्रण रेखा पर गोलीबारी भारत से अधिक पाकिस्तान को नुकसान पहुँचाती है। प्रत्याक्रमण रणनीति पाक अधिकृत कश्मीर और उत्तरी क्षेत्र में मूलभूत संरचना को विनष्ट कर सकती है, जहाँ कश्मीरियों का एक विद्रोही गुट आसानी से निशानों पर आघात कर सकता है। पाकिस्तानी सेना भारतीय नीति-निर्माताओं की सहनशीलता को परखते रहे हैं। पाकिस्तान के लिए सीमा को पार करना बहुत विनाशकारी हो सकता है। छाया युद्ध दोतरफा मामला हो सकता है। पाकिस्तान प्रत्यक्ष युद्ध या छाया युद्ध द्वारा कश्मीर पर कब्जा करने की स्थिति में नहीं है। कश्मीर की प्राप्ति के लिए चीन पर निर्भर रहना अब ठोस सच्चाई का गलत आकलन है। क्या पूर्वी तुर्किस्तान को स्वतंत्र मुसलिम राज्य बनाने के लिए जिनजियांग में बिन लादेन द्वारा चलाए गए छाया युद्ध को चीन सहन कर सकता है?

छाया युद्ध का कोई भविष्य नहीं है। अनावश्यक हिंसा व हत्याओं से कश्मीरी ऊब चुके हैं। स्थानीय समर्थन के बिना छाया युद्ध कभी भी बरकरार नहीं रखा जा

सकता। इसी कारण से पाकिस्तान ने लश्कर-ए-तोयबा तथा अन्य गुटों की तुलना में हिजबुल मुजाहिदीन को किनारे कर दिया है। ये गुट विश्व के कई क्षेत्रों में जेहाद में हिस्सा ले रहे हैं। विदेशी गुप्तचर एजेंसियाँ अपनी सरकारों को जेहाद के खतरे से सतर्क करती रहती हैं। ओसामा बिन लादेन कारक ने कश्मीर के छाया युद्ध में एक नया आयाम जोड़ दिया है। भारत व अमेरिका के खिलाफ जेहाद के लिए मौलाना मसूद अजहर द्वारा गठित नए संगठन जैश-ए-मुहम्मद ने पाकिस्तान को अंतरराष्ट्रीय स्तर पर फिर से अलग-थलग कर दिया है।

एक विचारधारा के अनुसार, चूँकि भारत और पाकिस्तान के पास परमाणु अस्त्र हैं, अत: पाकिस्तान के पास एकमात्र विकल्प छाया युद्ध छेड़ना और अपना उद्देश्य प्राप्त होने तक उसे जारी रखना है—यह एक भ्रम है। छाया युद्ध को पहले ही कश्मीरियों पर अत्याचार के रूप में देखा जा रहा है, जिन्होंने कुल मिलाकर पाकिस्तान का साथ देने से इनकार कर दिया है। पाक अधिकृत कश्मीर से एक उपनिवेश जैसा व्यवहार किया जा रहा है, जैसा अब बलूचिस्तान तथा सिंध के साथ किया जा रहा है और पहले पूर्वी बंगाल के साथ किया जाता था। कोई भी भारतीय प्रधानमंत्री कभी कश्मीर पर पाकिस्तान तो क्या, किसी भी अन्य देश का कब्जा नहीं होने देगा। इस मामले में देश का संकल्प मजबूत और दृढ़ है।

कश्मीर में छाया युद्ध का भविष्य

पंजाबी प्रभुत्ववाली सेना ने बंगाल में रह रहे बहुसंख्यक पाकिस्तानियों का दमन करते हुए पाकिस्तान को दो भागों में बाँट दिया। पाकिस्तान में बंगाली बहुसंख्यक थे। सिंधी और बलूची कश्मीर में नहीं लड़ रहे हैं। पाक अधिकृत कश्मीर पहले ही अपनी कश्मीरी पहचान खो चुका है। तथाकथित आजाद कश्मीर में शिया हमेशा पीड़ित रहे हैं। वे भी पाकिस्तान से आजादी की माँग कर रहे हैं। छाया युद्ध अब अपनी चमक खो चुका है।

चीन, जिसने एक लंबा गुरिल्ला युद्ध चलाने में पाकिस्तान की मदद की थी, कश्मीर में पाकिस्तान की गतिविधियों को समर्थन देना जारी नहीं भी रख सकता है। आत्मनिर्णय का सिद्धांत जिनजियांग के उइगुरों और तिब्बतियों को चीन से अलग होने की अपनी माँग को तेज करने के लिए प्रोत्साहित कर सकता है। उइगुर, जो तुर्की मूल के मुसलमान हैं, चीनी प्रतिष्ठानों तथा पुलिसकर्मियों पर हमला करके जिनजियांग प्रांत में विद्रोह करते रहे हैं। चीन किसी भी प्रकार से उनकी माँगों को नहीं मानता। भारत के लिए कश्मीर घाटी राजस्व और प्राकृतिक

संसाधनों के दोहन का स्रोत नहीं है। जिनजियांग चीन का छठा भाग है, जहाँ तेल और प्राकृतिक गैस का विशाल भंडार है। चीन अपनी दोहरी नीति—एक कश्मीर के लिए और दूसरी जिनजियांग तथा तिब्बत के लिए—कैसे जारी रख सकता है?

सन् 1999 में करगिल दुस्साहस के दौरान अंतरराष्ट्रीय समुदाय ने नियंत्रण रेखा की यथास्थिति बनाए रखने के लिए कहा। भुट्टो शिमला समझौते के समय वास्तविक नियंत्रण रेखा (लाइन ऑफ एक्चुअल कंट्रोल) को नियंत्रण रेखा (लाइन ऑफ कंट्रोल) मानने के लिए तैयार हो गए थे। दूसरे शब्दों में, उसका अर्थ यह था कि नियंत्रण रेखा को सीमा के रूप में किसी अन्य परिवर्तन के बिना स्थिर रखा जाएगा। परिभाषा के अनुसार, लाइन ऑफ एक्चुअल कंट्रोल में हर युद्ध के बाद रेखा को बदलने की गुंजाइश रहती है। क्लिंटन ने कहा कि सीमाओं को खून से नहीं बदला जा सकता। कम क्षमता का युद्ध या छाया युद्ध भारत से अधिक पाकिस्तान को क्षति पहुँचाएगा, जब तक कि कोई महाशक्ति या समृद्ध मध्य-पूर्व उसे बरकरार न रखे।

सन् 1965 तथा 1971 के दौरान चीन की दोहरी नीति पूरी तरह सामने आ चुकी थी। पूर्ण रूप से प्रमाणित सभी ऐतिहासिक तथ्य पाकिस्तान-चीन अंत:संबंध की पुष्टि करते हैं। उत्तर-पूर्व में विद्रोह पहले प्रत्यक्ष चीनी मदद से उत्पन्न किया गया था और बाद में यह जिम्मा आई.एस.आई. को दे दिया गया। मामले को गरम रखने के लिए भारत के साथ सीमा-विवाद को चीन अनसुलझा ही रखेगा। क्या गुमराह पाकिस्तानी सेना कश्मीर की कीमत पर पाकिस्तान के विखंडन का एक और जोखिम उठाने के लिए तैयार है? ऑपरेशन जिब्राल्टर शुरू करने से पहले अयूब इसी बात को लेकर चिंतित थे। सन् 1971 में भारत-पाकिस्तान युद्ध ने पाकिस्तान के विखंडन को प्रेरित किया। भारत-पाक के बीच हुआ हर युद्ध पाकिस्तान के लिए विभाजक बनकर आया।

व्यवहारशीलता से विकसित चीनी सिद्धांत को समझना आवश्यक है। चीन के दो सिद्धांत हैं—जी-मी और झी-यी। जी-मी तुष्टीकरण है और झी-यी शत्रुओं के एक सेट को एक-दूसरे के खिलाफ खड़ा करना है; जैसे अरबों के खिलाफ पर्सिया को, रूस के खिलाफ अमेरिका को, भारत के खिलाफ पाकिस्तान को। जब तक भारत के साथ अपनी शत्रुता के कारण चीन पाकिस्तान के साथ रणनीतिक मेल रखता है तब तक छाया युद्ध की स्थिति जारी रहेगी। यदि पाक-अफगान इसलामी बल चीन में बड़े पैमाने पर आतंकवाद फैलाते हुए जिनजियांग की एकता को खतरे में डालें तो इसका उलट हो सकता है।[16]

टिप्पणियाँ एवं संदर्भ

1. अकबर खान—'राडर्स इन कश्मीर', आर्मी पब्लिशर्स, दिल्ली
2. अल्ताफ गौहर—'अयूब खान', यूनाइटेड प्रेस, ढाका, 1996, पृष्ठ 166; अयूब खान पर लिखी गई इस पुस्तक में अयूब-शेख वार्त्ता का जीवंत वर्णन है। भारत के खिलाफ छाया युद्ध में चीनी कारक का भी उल्लेख इसमें है।
3. वही, पृष्ठ 215
4. मुशाहिद हुसैन—'पाकिस्तान पॉलिटिक्स', कोणार्क, 1999, दिल्ली, पृष्ठ 7
5. अल्ताफ गौहर—'अयूब खान', पृष्ठ 224
6. 'द अमेरिकन पेपर्स', रोएदाद खान द्वारा संकलित, ऑक्सफोर्ड, 1999
7. अल्ताफ गौहर—'अयूब खान', पृष्ठ 231
8. मुशाहिद हुसैन—'पाकिस्तान पॉलिटिक्स', पृष्ठ 9
9. अल्ताफ गौहर—'अयूब खान', पृष्ठ 237
10. वही, पृष्ठ 219
11. वही, पृष्ठ 264
12. मेजर जनरल आगा हुमायूँ—'डिफेंस जर्नल', पाकिस्तान, सितंबर 2000
13. अल्ताफ गौहर—'अयूब खान', पृष्ठ 281
14. 'द टाइम्स ऑफ इंडिया', 31 अगस्त, 1994
15. निजामी—'द नेशन', 13 जून, 1990
16. जॉन के. कुली—'अनहोली वार'

□

10

क्या पाकिस्तान का अस्तित्व बचेगा?

पृष्ठपट

जनरल मुशर्रफ द्वारा तख्तापलट किए जाने के बाद पाकिस्तान में आंतरिक राजनीतिक गति ने देश को दशकों पीछे धकेल दिया है। मौन बहुसंख्यक जनता को उम्मीद थी कि कमाल अतातुर्क की तरह जनरल मुशर्रफ देश को एक नई राह पर ले जाएँगे। आरंभ में उन्होंने अतातुर्क तथा कवि इकबाल की प्रशंसा की। काजी हुसैन अहमद, फजलुर रहमान आदि कट्टरपंथियों ने उन्हें अतातुर्क के पदचिह्नों पर सुधारों के खिलाफ चेतावनी दी। आखिरकार, अतातुर्क ने कई सुधारों द्वारा तुर्की को बड़े पैमाने पर धर्मनिरपेक्ष बना दिया था, जैसे आधुनिक शिक्षा का आरंभ, लैटिन वर्णमाला का अंगीकरण, धर्मनिरपेक्ष विधिशास्त्र, एक नई नागरिक संहिता, बहु-विवाह की समाप्ति तथा महिलाओं को समान अधिकार। इकबाल ने समकालीन आवश्यकताओं के संदर्भ में इसलाम की पुनर्व्याख्या की थी। इसलिए जनरल जिया उल-हक के दिनों से कट्टरपंथी ताकतों ने उन्हें उपेक्षित कर दिया है।

वर्तमान परिस्थितियों में पाकिस्तान में कोई सुधार लागू करना पूर्ण रूप से असंभव है। जनरल मुशर्रफ ने एक महत्त्वाकांक्षी योजना आरंभ की, लेकिन जल्दी ही उन्होंने हार मान ली। उन्होंने ईश-निंदा कानून को बदलने के अपने घोषित इरादे को छोड़ दिया; क्योंकि 'इसलाम-पसंद' दलों ने इस बात का जोरदार विरोध किया था। उन्होंने सेना में भ्रष्टाचार की ओर से आँखें मूँद लीं। वह विदेशी पूँजी के अंत:प्रवाह के लिए वातावरण बनाने में विफल रहे हैं। शिया-सुन्नी टकराव

जोरों पर है। सुन्नी आतंकवाद ने नई ऊँचाइयाँ प्राप्त कर ली हैं। उन्होंने विश्व में कहीं भी मुसलमानों के दमन के खिलाफ विद्रोह की बाध्यता के रूप में कश्मीर में जेहाद को न्यायोचित ठहराया। शांति भंग करने में जनरल मुशर्रफ कट्टरपंथी गुटों के साथ मिलकर काम कर रहे हैं। निरस्त्रीकरण कार्यक्रम विफल रहा, क्योंकि वह उग्रवादियों को नुकसान पहुँचा सकता था। कबाइली क्षेत्रों और उत्तर-पश्चिमी सीमा प्रांत के अधिकतर हिस्से तालिबानीकृत उग्रवादियों के कब्जे में हैं। कट्टरवादी समूहों को धन देनेवाले व्यापारियों को कर के घेरे में नहीं लाया जा सकता।

देशव्यापी लोकतंत्र को बहाल करने की बजाय मुशर्रफ ने जिला लोकतंत्र की संकल्पना प्रस्तुत की। उन्होंने सफलतापूर्वक दो बड़ी राजनीतिक पार्टियों में दरार डाल दी। यह कार्य आई.एस.आई. तथा एम.आई. को सौंपा गया। सेना द्वारा लंबे शासन के लिए आधार तैयार करने के उद्देश्य से यह करना जरूरी था। अपनी सेवानिवृत्ति की तिथि को सेवानिवृत्त होने का उनका कोई इरादा नहीं था। उन्होंने जुलाई 2001 में अपनी नई दिल्ली की यात्रा तथा आगरा शिखर वार्त्ता से पहले स्वयं को पाकिस्तान का राष्ट्रपति घोषित करते हुए और फिर पाँच और वर्षों तक राष्ट्रपति बने रहने के लिए 30 अप्रैल, 2002 को जनमत-संग्रह कराने का नाटक करके अपना यह इरादा स्पष्ट कर दिया। जिया की तरह मुशर्रफ को एक अन्य जुनेजो को नियुक्त करते हुए नेशनल असेंबली (हालाँकि भंग) को नियंत्रित करना है। वह अपने एजेंडा को प्रोत्साहित करने के लिए आम चुनाव की अनुमति दे सकते हैं। उन्हें अमेरिका तथा पश्चिमी यूरोप में स्वीकार कर लिया गया है; क्योंकि वह उन्हें विश्वास दिलाने में सफल हो गए हैं कि वह एक उदार पाकिस्तान की अंतिम आशा हैं, अन्यथा मुल्ला जनरल और कट्टरपंथी गुट सत्ता पर अधिकार कर लेंगे। वास्तविकता यह है कि पाकिस्तान के निरंतर तालिबानीकरण के लिए मुल्ला सेनाधिकारी उनका इस्तेमाल कर रहे हैं।

सभी पाकिस्तानी सैन्य शासकों ने व्यवस्था को बदलने का प्रयास किया है। व्यवस्था बहुत से सुधारों के अधीन थी। वह प्रगतिशील नहीं थी। पाकिस्तान में विकास की कोई अवधारणा नहीं है। हर शासक ने तथाकथित 'क्रांति' लाने का प्रयास किया; परंतु उनका कोई स्थायी परिणाम नहीं निकला। जल्दी-जल्दी होनेवाले सत्ता-परिवर्तन के परिणामस्वरूप सबसे अधिक पीड़ित होनेवाले वे संस्थान रहे, जो ज्यादती का आघात झेलने में असमर्थ रहे। न्यायपालिका सुस्त है, नौकरशाही गतिहीन है और सेना अंतिम सरपंच बनी रही।

पाकिस्तान में अतीत को नकार दिया जाता है। प्रत्येक देश अपने पिछले

नेताओं को सम्मान से देखता है; लेकिन पाकिस्तान में ऐसा नहीं होता है। पिछले नेताओं, जैसे—गुलाम मुहम्मद, जनरल अयूब, इसकंदर मिर्जा, याहया खान, जुल्फिकार अली भुट्टो तथा जिया उल-हक के बारे में बात करना वर्जित है। ये सभी विस्मृति के गर्त में चले गए। सभी बदनाम हैं। यहाँ तक कि दक्षिणपंथी नेताओं द्वारा अकसर जिन्ना की भी आलोचना की जाती है। वहाँ 'सहन-शक्ति का अभाव' है। निश्चित रूप से भविष्य में जनरल मुशर्रफ के साथ भी यही होगा।

पाकिस्तान का भविष्य

'इसलाम-पसंद' दलों और उनके जेहादी समूहों की शक्ति

इसलाम-पसंद दलों का राजनीतिक एजेंडा शासन के इसलामी प्रकार को थोपना है। सुन्नी प्रभुत्ववाले पाकिस्तान में इसलामी एजेंडा सुन्नी अवधारणाओं के आस-पास घूमता है। जिन्ना इसलामी धर्मराज्य के पक्ष में नहीं थे; लेकिन वह पाकिस्तान में मुसलिम लोकतंत्र चाहते थे। उनके जीवनकाल में संविधान सभा ने ऐसा प्रस्ताव अंगीकृत नहीं किया। सन् 1953 में मुनीर आयोग यह व्याख्या करने में विफल रहा कि कौन मुसलमान है। संविधान सभा द्वारा स्वीकृत वास्तविक प्रस्ताव ने एक आम धारणा बनाई कि इसलाम देश का मार्गदर्शन करेगा। परिणामस्वरूप गैर-मुसलमानों की स्थिति जिम्मियों जैसी हो गई। उन्हें सुरक्षा का आश्वासन दिया गया; लेकिन राष्ट्र प्रमुख या सरकार प्रमुख का पद ग्रहण करने का अधिकार नहीं दिया गया, क्योंकि उनपर विश्वास नहीं किया जा सकता था। बाद में (सन् 1974 में) अहमदिया वर्ग को गैर-मुसलमान घोषित किया गया और दंड संहिता में बहु-विवाह कानून को शामिल किया गया। अहमदिया वर्ग को इसलामी अभिवादनों का प्रयोग करने से मना कर दिया गया। हिंदुओं को पाकिस्तान से भगा दिया गया। अब सिंध में कुछ ही हिंदू हैं और पंजाब में संभवत: एक भी नहीं।

शियाओं को हमेशा अन्याय भुगतना पड़ता है। सैद्धांतिक आधार पर शियाओं को हेय दृष्टि से देखा जाता है। शिया-सुन्नी टकरावों तथा हत्याओं की अंतहीन प्रक्रिया चलती रहती है। यह समस्या विश्वव्यापी है। अफगानिस्तान में भी शियाओं को निशाना बनाया जाता है।

शिया तथा सुन्नियों के अपने-अपने सशस्त्र समूह हैं। इस विवाद को समाप्त करने की कहीं कोई राजनीतिक इच्छा-शक्ति दिखाई नहीं देती है। शियाओं को गैर-मुसलमान घोषित करने की माँग की जाती है। बलूचिस्तान में जिकरी वर्ग के मामले में भी यही बात है, जो सुन्नी होने का दावा करते हैं; लेकिन सुन्नी कट्टरवादी

उन्हें स्वीकार करने से इनकार करते हैं।

सेना काफी समय से पाकिस्तान के शासन में अपने लिए एक भूमिका की माँग करती रही है। जो संस्थागत प्रबंध हैं, उनका उद्देश्य सेना के महत्त्वपूर्ण प्रतिनिधित्व के साथ राष्ट्रीय सुरक्षा परिषद् का निर्माण करना है। जनरल करामत को इस तरह के विचार रखने पर बरखास्त कर दिया गया। अब जनरल मुशर्रफ इस विचार को आगे बढ़ा रहे हैं। इस विचार के पीछे सोच यह है कि यदि प्रधानमंत्री किसी ऐसी राजनीतिक दिशा में बढ़ रहे हों, जो सेना को पसंद नहीं हो, तो उन्हें रोका जाए। पाकिस्तान में स्थायी और वास्तविक लोकतंत्र का मतलब यह है कि लोकतंत्र पूरी तरह सेना की सरपरस्ती में हो। प्रत्यक्ष या परोक्ष रूप से सैन्य शासन के इस लक्ष्य को हासिल करने का एक रास्ता आठवें संशोधन को पुनःस्थापित करने से निकलता है, जिसके द्वारा राष्ट्रपति को किसी निर्वाचित प्रधानमंत्री को बरखास्त करने का मौका मिलता है। जनरल मुशर्रफ ने 12 जुलाई, 2002 को दिए राष्ट्र के नाम संदेश में यह बिलकुल स्पष्ट कर दिया कि मार्ग से विचलित प्रधानमंत्री को राष्ट्रपति अपनी अध्यक्षतावाली ग्यारह सदस्यीय राष्ट्रीय सुरक्षा परिषद् के द्वारा बरखास्त कर सकता है। सेना और राजनीतिज्ञों के बीच इस संघर्ष ने लोकतंत्र को दबा दिया है तथा पाकिस्तान को अत्यंत अस्थिर कर दिया है।

आखिर सेना एक निर्वाचित असैनिक सरकार से चाहती क्या है? अवकाश प्राप्त जनरल हामिद गुल इसका जवाब देते हैं, 'पाकिस्तान की सुरक्षा को खतरे में न डाला जाए। सुरक्षा के बारे में सेना की समझ सर्वोपरि है। इसपर असैनिक राजनीतिक ढाँचे के द्वारा निर्णय नहीं लिया जा सकता।'

रॉबर्ट एम. कैपलेन के अनुसार, पाकिस्तान अगले पंद्रह से बीस वर्षों में विखंडित हो जाएगा; क्योंकि उसे उपमहाद्वीप का सबसे अधिक समस्याग्रस्त हिस्सा विरासत में मिला है।[1] विखंडित होने के अन्य कारण हैं—प्रांतों में विसंगतियाँ, अफगान युद्ध, कराची की स्थिति और संस्थागत पतन। अमेरिकी थिंक टैंक से जुड़े रैंड कॉरपोरेशन के एश ले टैलीज के अनुसार, 'अंततः भारत और अमेरिका की भागीदारी होगी, जो पाकिस्तान के पक्ष में नहीं होगी। निकट भविष्य में भारत दक्षिण एशिया में अमेरिका की पसंद होगा। राष्ट्रीय सुरक्षा पर एक अमेरिकी आयोग, जिसके अध्यक्ष पूर्व सीनेटर वारेन रूडमैन और गैरी हार्ट हैं, ने अफगान युद्ध सहित विभिन्न परिस्थितियों का विश्लेषण किया है, जिसके अनुसार कट्टरपंथी संघर्ष के कारण पाकिस्तान का विखंडन हो सकता है; जबकि भारत सन् 2025 तक विश्व शक्ति बन सकता है। जमात-ए-इसलामी और तालिबान पाकिस्तान को

अस्थिरता और विखंडन की ओर ले जा सकते हैं।

जनरल अयूब, जिन्होंने पाकिस्तान पर एक दशक से ज्यादा शासन किया, ने आखिरकार सन् 1969 में यह मान लिया कि पाकिस्तान दो स्वतंत्र देशों में बँट सकता है, और ऐसा सन् 1971 में हो भी गया। शेष पाकिस्तान के लिए उन्होंने कोई भविष्य नहीं देखा।

उन्होंने कहा कि यह बस 'घिसटता और घिसटता' रहेगा।[2] जी.एम. सईद, जिन्होंने सन् 1943 में सिंध विधानसभा में पाकिस्तान-प्रस्ताव स्वीकृत करवाया था, ने बाद में इस कदम के लिए खेद प्रकट किया और कहा कि पाकिस्तान का निर्माण एक 'सामूहिक पागलपन' था। तथ्य यही है कि पाकिस्तान 'एक देश' के रूप में अपनी पहचान बनाने में विफल हो गया है।

संरचनात्मक कमी

पाकिस्तान उच्च स्तरीय अस्थिरता का एक उदाहरण है। इसका सबूत यह है कि लोकतंत्र, प्रांतीय स्वायत्तता, अल्पसंख्यकों की भूमिका और सांप्रदायिक मुद्दों को सूत्रबद्ध रूप में प्रस्तुत करने में वह अयोग्य साबित हुआ है। इसने काफी पहले संविधान निर्माण की प्रक्रिया शुरू की। सन् 1973 में निर्मित संविधान को जनरल जिया ने बिगाड़ दिया। इसे दुबारा नवाज शरीफ ने इसके वास्तविक स्वरूप में लागू किया। इस कदम को बेनजीर भुट्टो ने भी अपना समर्थन दिया। 'राजशाही, तानाशाही और वंशानुगत शासन से मुसलिम इतिहास भरा पड़ा है और निरंकुश शासन हमारी राजनीतिक संस्कृति का हिस्सा है।'[3]

पूर्व अनुभव बताते हैं कि सुरक्षा बल देश चलाने के लिए न तो प्रशिक्षित होते हैं और न ही शिक्षित। किसी भी ऐसे जनरल, जो देश भी चला रहा हो, से कोई लड़ाई नहीं जीती गई। अयूब को छोड़कर अन्य किसी चीफ ऑफ आर्मी स्टाफ ने उस पद को छोड़ा नहीं। मुशर्रफ अपवाद नहीं हैं। जिया ने सभी महत्त्वपूर्ण पदों पर अपने विश्वासपात्र जनरलों को बिठाया था। अब जनरल मुशर्रफ भी वही कर रहे हैं। उनको उम्मीद है कि ऐसा करने से उनका कार्यकाल दीर्घकालिक होगा।

भारत में अमेरिका के राजदूत रॉबर्ट डी. ब्लैकविल ने अपने लेख 'एशिया में अमेरिकी गठबंधनों को मजबूत बनाने के लिए एक आक्रामक एजेंडा' में लिखा—

> 'अगले पाँच वर्षों में पाकिस्तान की परिस्थितियाँ एशिया में अमेरिकी रुचि पर भारी प्रभाव डाल सकती हैं। पाकिस्तान विफल राज्य की पारंपरिक

परिभाषा को पूरा करने के कगार पर है और इसके अस्तित्व पर सवाल खड़ा हो गया है। अगर राज्य-संरचना ध्वस्त हो जाती है तो परमाणु अस्त्र के प्रसार और इसलामी आतंकवाद का निर्यात एक स्पष्ट संभावना होगी। अन्य मुसलिम देशों या गैर-राष्ट्रीय तत्त्वों तक परमाणु अस्त्र प्रौद्योगिकी एवं विखंड्य सामग्री पहुँच सकती है।'[4]

पाक़िस्तानी एयर मार्शल (सेवानिवृत्त) एयाज अहमद खान का विचार है कि कयामत का परिदृश्य प्रस्तुत करने की कोई आवश्यकता नहीं है। उनका मानना है कि जमात-ए-इसलामी वास्तव में पाकिस्तान को विखंडित होने से बचा रहा है। पख्तून अब पख्तूनिस्तान की माँग नहीं कर रहे हैं। पठान पूरी तरह एकीकृत हैं। वे तर्क देते हैं कि अब रक्षा तथा अर्द्धसैनिक सेवाओं में पचास प्रतिशत अधिकारी व कर्मचारी पख्तून हैं। उनकी स्थिति इतनी बेहतर कभी नहीं रही थी। अलबत्ता, वे यह स्वीकार करते हैं कि धार्मिक कट्टरता, संप्रदायवाद, तालिबानीकरण और कबाइली तथा जातीय उन्माद के खतरे नियंत्रण से बाहर हो सकते हैं। वे यह भी स्वीकार करते हैं कि जेहादी संगठन कानून का उल्लंघन कर रहे हैं और अव्यवस्था फैला रहे हैं। उन्हें राजनेताओं से यह नाराजगी है कि वे सेना के विरुद्ध इस सिद्धांत का प्रचार करते हुए बयानबाजी करते हैं कि 'सेना को पाकिस्तान की आवश्यकता है।' वे महसूस करते हैं कि ईमानदार लोकतंत्र की बहाली के बाद सेना बैरकों में लौट जाएगी और देश का विकास होगा।

अलबत्ता, ठोस हकीकतों को झुठलाया नहीं जा सकता। यह एक ऐतिहासिक तथ्य है कि सन् 1954 से 1988 तक पाकिस्तान को उसके पश्चिमी मित्रों तथा अमेरिका ने बचाकर रखा था। जनरल अयूब और जुल्फिकार अली भुट्टो के कार्यकाल की अंतिम अवधि में संक्षिप्त व्यवधान रहा। अब पाकिस्तान अंतरराष्ट्रीय वित्तीय संस्थानों से प्राप्त सहायता के बल पर कमजोर तरीके से टिका हुआ है। अयूब तथा जिया के काल में पाकिस्तान की आर्थिक विकास दर ऊँची थी; इसका बड़ा श्रेय उसके पश्चिमी मित्रों तथा अमेरिका द्वारा दी गई विदेशी सहायता को जाता है।

बढ़ती आक्रामकता द्वारा पाकिस्तान के तालिबानीकरण को अब और अधिक उपेक्षित नहीं किया जा सकता। अफगानिस्तान पाकिस्तान को 'रणनीतिक गहराई' देने में असमर्थ रहा। विपरीत प्रक्रिया शुरू हो सकती है। ऐतिहासिक रूप से अफगानिस्तान हमेशा स्वतंत्र रहा है और किसी विदेशी शक्ति को पठानों पर शासन नहीं करने दिया है। संभवतः जल्द ही अफगान पाकिस्तान की आर्थिक शक्ति को

कब्जे में कर सकते हैं। अंतिम युद्ध पाकिस्तान के पंजाबीकरण तथा तालिबानीकरण में होने की संभावना है। अभी भारत तथा अमेरिका से कथित खतरे के कारण पंजाब के दक्षिणपंथी दलों तथा तालिबानों का हित एक दिशा में है। पाकिस्तान में राजनीति के पारस्परिक व्यवहार में कश्मीर साथ-साथ चल रहा है। जल्दी ही पाक अधिकृत कश्मीर पंजाबियों तथा पठानों के लिए युद्धक्षेत्र बन जाएगा और दोनों उसपर प्रभुत्व स्थापित करने का प्रयास करेंगे। भारतीय कश्मीर धारा 370 के कारण ऐसी किसी समस्या से ग्रस्त नहीं है; क्योंकि शेष भारत के भारतीय स्थायी रूप से जम्मू-कश्मीर में नहीं बस सकते।

वर्षों पहले वली खान ने कहा था कि वह चार हजार वर्षों से पख्तून था, चौदह सौ वर्षों से मुसलमान था और चालीस वर्षों से पाकिस्तानी था।[5] एक पाकिस्तानी के लिए अपनी जड़ों को पहचानना बहुत कठिन रहा है। वहाँ हिंदू और बौद्ध का लंबा अतीत रहा है। सभी खोजें एक गौरवशाली ऐतिहासिक अतीत की ओर संकेत करती हैं। केवल एक मुसलमान होने के कारण अब उसे नकारा नहीं जा सकता। कई लोगों ने इस सांस्कृतिक पहचान को छिपाने के लिए पश्चिम के मुसलमानों का वंशज होने का दावा किया है, जो पूरी तरह झूठा दावा है। अधिकतर मुसलमान धर्म-परिवर्तन करके हिंदू से मुसलमान बने थे। सिंधु घाटी वेदों की उत्पत्ति-भूमि रही है। सभ्यता संबंधी जुड़ावों की छाप हटाने की प्रवृत्ति सबसे बड़ी दुविधा रही है, जो एक देश के रूप में पाकिस्तान को चुनौती देती है।

भौगोलिक-राजनीतिक बाध्यताएँ

बंगालियों को 'आधा मुसलमान' कहा जाता था, क्योंकि वे हिंदू बंगालियों की तरह लगते थे और वैसे ही कपड़े पहनते थे। बंगालियों ने अपनी समृद्ध भाषा को नहीं छोड़ा; लेकिन साथ ही वे निष्ठावान् मुसलमान भी हैं। सबसे बड़ा अपमान तब होता है जब एक जातीय या धार्मिक अल्पसंख्यक को राजनीतिक रूप से अस्पृश्य मान लिया जाता है। बंगालियों पर इस विश्वास के अभाव के कारण पूर्वी पाकिस्तान, जिसे अब 'बँगलादेश' कहा जाता है, में मुसलमानों ने मुसलमानों की हत्याएँ कीं। अब भी संप्रदायवादी टकरावों में मुसलमान ही मुसलमानों को मारते हैं। सुन्नी पाकिस्तान में हिंदुओं, अहमदिया, ईसाइयों तथा शियाओं से अस्पृश्य जैसा व्यवहार किया जाता है। इस परिस्थिति में शिया प्रभुत्ववाला ईरान भारत के करीब आएगा, इसकी संभावना है।

चीन को पाकिस्तान का 'सार्वकालिक मित्र' माना जाता है। यह स्थिति चीन

के जिनजियांग प्रांत में तालिबान जैसी गतिविधियों की उपस्थिति में बदल सकती है। चाहे जो हो जाए, चीन इस प्रांत को किसी प्रकार की स्वायत्तता नहीं देगा। इस प्रांत में अशांति बहुत अधिक है। यदि पाकिस्तान मुसलिम कट्टरपंथियों को जिनजियांग में प्रवेश करने से नहीं रोक पाता है तो चीन के पास पाकिस्तान से दूरी बनाने के सिवा कोई विकल्प नहीं होगा। हालाँकि पाकिस्तान इस बात को बहुत अच्छी तरह समझता है। अत: वह ऐसा कुछ नहीं कर रहा है, जो चीनियों को नाराज करे।

पाकिस्तान का यह दावा कि वह खुद आतंकवाद का एक शिकार है, अमेरिकियों पर कोई प्रभाव नहीं छोड़ पा रहा है। पाकिस्तान में आंतरिक आतंकवाद के लिए भारत के खिलाफ दुष्प्रचार से पाकिस्तान को कोई लाभ नहीं मिलता दिख रहा है। अमेरिका ने लोकतंत्र, मानवाधिकार तथा परमाणु अप्रसार के मुद्दों पर थोड़ा कम ध्यान देने का फैसला किया है। 'दक्षिण एशिया में आतंकवाद को नियंत्रित करना अब अमेरिका की प्राथमिकता है और पाकिस्तान इस कसौटी पर खरा नहीं उतर रहा है।'

पाकिस्तान समर्थक अमेरिकी सीनेटर सैम ब्राउनबैक ने पाकिस्तान में एक साक्षात्कार में कहा, 'कई देश पाकिस्तान की ओर देख रहे हैं और कह रहे हैं कि आतंकवाद से लड़ने के लिए कुछ और किया जाना चाहिए।'[6]

आंतरिक तथा बाह्य कट्टरपंथी इसलामी बलों के अंतर्व्यवहार के कारण पाकिस्तान अंतरराष्ट्रीय स्तर पर अलग-थलग पड़ रहा है। अंतरराष्ट्रीय वैधता पाने के लिए पाकिस्तान को एक उचित अवसर की बहुत आवश्यकता है। कश्मीर वह अवसर प्रदान कर सकता है। सीमा पार के आतंकवाद पर लगाम लगाए बिना भारत के साथ 'कहीं भी, कभी भी' बात करने का आग्रह भारत को फँसाने की एक सुविचारित चाल है।

मियाँ अजहर के नेतृत्व में पी.एम.एल. में विखंडन हो गया है। इसके पीछे आई.एस.आई. तथा एम.आई. का हाथ माना जा रहा है। बेनजीर भुट्टो को सर्वोच्च न्यायालय में दोषी नहीं सिद्ध किया जा सका, लेकिन उसके बाद एक अन्य अदालत द्वारा उपस्थित न होने के कारण उन्हें दोषी ठहराया जा चुका है। आई.एस.आई. के कार्यकर्ताओं तथा अन्य ने सुलह-सफाई द्वारा मामले को निपटाने के लिए बेनजीर से संपर्क किया है। मुशर्रफ आर्थिक क्षति को पूरा करने के लिए सी.टी.बी.टी. पर हस्ताक्षर करने के विचार के साथ खिलवाड़ कर रहे हैं। 'जून 2004 तक पाकिस्तान को डेब्ट सर्विसिंग में इक्कीस अरब डॉलर चुकाना है, जो लगभग सात अरब

डॉलर प्रतिवर्ष के बराबर है।'[7] इसके अतिरिक्त राष्ट्रीय ऋण कुल मिलाकर चार अरब का और विदेशी ऋण अड़तीस अरब डॉलर का है।

चीन-पाक सहयोग

इसलामाबाद और बीजिंग के बीच विशेष मैत्री संबंध अब भी भारत को राजनीतिक, आर्थिक तथा सैन्य रूप से घेरने के लिए अपवित्र गठबंधन का आधार है। दक्षिण एशिया, पश्चिम एशिया तथा मध्य एशियाई क्षेत्र में चीन के हितों के विकास के लिए पाकिस्तान एक माध्यम है। अफगान युद्ध (1979-89) के दौरान अमेरिका तथा चीन ने पाकिस्तान को परमाणु क्षमता विकसित करने के लिए समय, संरक्षण और सहयोग दिया। चीन ने भारत के परमाणु परीक्षणों की निंदा की, जबकि पाकिस्तान के परीक्षणों पर उसने केवल 'खेद' प्रकट किया। जब सत्ता पर कब्जा करने के बाद जनरल मुशर्रफ चीन गए तो बीजिंग ने वादा किया कि वह पाकिस्तान के साथ अपनी विस्तृत भागीदारी को बढ़ावा देना जारी रखेगा।

पाकिस्तान और उत्तरी कोरिया का संबंध ऐसे सहयोग को बढ़ावा देने में चीन की भूमिका के कारण है, जबकि पाकिस्तान को अपने परमाणु हथियारों के लिए चीन से परीक्षित डिजाइन प्राप्त हुए। उत्तरी कोरिया ने उसे परीक्षित लॉञ्च वेहिकल-हो डेंग मिसाइल दिए। एक दिवालिया देश उत्तरी कोरिया ने संभवतः इन सौदों से अच्छी विदेशी मुद्रा अर्जित की।

दक्षिण एशिया के सुरक्षा वातावरण को काफी क्षति पहुँचाने के बाद अब चीन संभवतः खुद को पाकिस्तान के सैन्य दुस्साहस और अति साहसिकता से अलग कर सकता है। यह करगिल संकट के दौरान पाकिस्तान को खुला समर्थन देने में चीन की हिचकिचाहट से जाहिर होता है; जबकि इस दौरान जनरल मुशर्रफ चीन भी गए थे। चीन की प्रति व्यक्ति आय लगभग सात सौ डॉलर प्रतिवर्ष है। आधुनिकीकरण योजना के तहत चीन को कई पीढ़ियों के निरंतर प्रयासों और कड़े संघर्ष की जरूरत है, जिसका अर्थ शांति तथा स्थिरता का एक दीर्घकालीन स्थिर अंतरराष्ट्रीय वातावरण एवं अच्छे पड़ोसी संबंधों का मित्रतापूर्ण वातावरण है।

चीन बहुत ही व्यावहारिक देश है। भारत और पाकिस्तान के बीच उसकी नई विकसित सकारात्मक निरपेक्षता भारत के साथ मित्रता पर आधारित नहीं है, बल्कि एक चतुर चाल है। चीन और अमेरिका का संबंध सबसे महत्त्वपूर्ण है। संभवतः चीन भारत के प्रति शत्रुतापूर्ण नहीं दिखना चाहता है; जबकि ताइवान के मामले में वह अमेरिका के साथ संघर्ष की स्थिति में है, जिसपर चीन 'एक चीन,

दो प्रणालियाँ' नारे के तहत कब्जा करना चाहता है। जासूसी विमान की घटना तथा अमेरिका के एन.एम.डी. कार्यक्रम ने अमेरिका तथा चीन के संबंधों को और भी तनावपूर्ण बना दिया है।

इसलामी आतंकवाद के विस्तार के आधार पर भारत-अमेरिका संबंधों की निकटता चीन की सुरक्षा चिंताओं को बढ़ा सकती है। आखिरकार, अमेरिका आज के विश्व की एकमात्र महाशक्ति है। अमेरिका के आधिपत्य पर नियंत्रण करने का एकमात्र तरीका भारत और रूस को खुश रखना है और शंघाई वार्त्ताओं तथा भारत-चीन सीमा वार्त्ता द्वारा चीन यही करने का प्रयास कर रहा है।

चीन को जिनजियांग में उइगुरों की इसलामी महत्त्वाकांक्षा से संघर्ष करना है। चीन ने इस परिवर्तनशील क्षेत्र में हैन चीनियों को स्थापित करते हुए इस मुसलिम प्रांत की जनसंख्या संबंधी संरचना को बदलने में सफलता प्राप्त की है। जिनजियांग में इसलामी विद्रोह को नियंत्रित करने के लिए चीन को पाकिस्तान की मदद की जरूरत है। इससे कुछ लाभ तो मिला है, लेकिन भावी परिदृश्य अभी अनिश्चित है।

एशिया का भविष्य भारत-चीन संबंध पर निर्भर है। लगभग तीन शताब्दियों तक ये दोनों विशाल देश शांतिपूर्वक अपने अस्तित्व में रहे हैं। सन् 1962 का अनुभव भारतीयों के लिए एक आघात रहा है। इक्कीसवीं शताब्दी को 'एशियाई शताब्दी' मानने का व्यापक दृष्टिकोण रखते हुए चीन को क्षेत्रीय मुद्दों को कुशलतापूर्वक सँभालते हुए इस क्षति को कम करना होगा। भारत के साथ मित्रता करना चीन के हित में है, अन्यथा यह 'एशियाई शताब्दी' अवसर गँवाने की शताब्दी बन जाएगी। दस से पंद्रह वर्षों तक अभी से चीन पर निगरानी रखना उतना ही महत्त्वपूर्ण है जितना पाकिस्तान पर निगरानी रखना।

परमाणु शक्ति-संपन्न पाकिस्तान

अब यह दृष्टिकोण बन रहा है कि पाकिस्तान परमाणु क्षमता में भारत की अपेक्षा अधिक लाभदायक स्थिति में है। एन.बी.सी. टेलीविजन नेटवर्क के साथ एक साक्षात्कार में अमेरिका सेंट्रल कमांड के प्रमुख मैरीन कोर जनरल एंथोनी जिन्नी ने कहा कि लंबे समय से लगाया जा रहा यह अनुमान संदिग्ध है कि दक्षिण एशियाई रणनीतिक संतुलन में भारत का पलड़ा भारी है। पहले समझा जा रहा था कि पाकिस्तान के पास दस से पंद्रह परमाणु बम और भारत के पास पच्चीस से सौ तक परमाणु बम हैं। मुशर्रफ के मित्र जिन्नी ने कहा, 'यह मत समझिए कि पाकिस्तान

की परमाणु क्षमता भारत के मुकाबले कम है।' जब सन् 1998 में बिन लादेन द्वारा अफ्रीका में दो अमेरिकी दूतावासों में किए गए विस्फोटों का बदला लेने के लिए अमेरिका ने अफगानिस्तान पर क्रूज मिसाइलें दागीं तो जिन्नी इसलामाबाद में थे। सभी विश्लेषकों का मानना है कि पाकिस्तान 'उदार चीनी सहयोग' पर निर्भर था। क्लिंटन ने जून 2000 में मॉस्को में कहा, 'हमारे भरसक प्रयासों के बावजूद यह आशंका रहती है कि परमाणु तथा अन्य घातक हथियार खतरनाक हाथों में जा सकते हैं।' चूँकि पाकिस्तान एक खतरनाक देश के रूप में उभरा है, अत: परमाणु अस्त्रों के कट्टरवादी जनरलों के हाथों में जाने की संभावना से कभी भी इनकार नहीं किया जा सकता। पाकिस्तान का परमाणु सिद्धांत पाकिस्तान की क्षेत्रीय और सैद्धांतिक एकता की ओर खतरे की स्थिति में पहले इस्तेमाल का है। यह अवधारणा बहुत नाजुक है और भारत-पाक संबंधों के संदर्भ में इसे गलत समझा जा सकता है। इसमें भारत को ब्लैकमेल करना भी शामिल है कि यदि पाक अधिकृत कश्मीर में आतंकवादियों की तलाश में भारत आक्रामक रुख अपनाने का फैसला करता है तो पाकिस्तान परमाणु अस्त्रों का प्रयोग कर सकता है। भारतीय सिद्धांत सुरक्षात्मक है और अच्छे-खासे समय तक छाया युद्ध जारी रखने की गुंजाइश पैदा करता है; जबकि वह कश्मीर में छाया युद्ध को सीमित करने के लिए एक आक्रामक रक्षा नीति का प्रयोग नहीं करेगा।

कहा जाता है कि ओसामा बिन लादेन को तत्परता से 'अधिक घातक, अधिक सस्ते तथा अधिक उपलब्ध संहार के माध्यमों' की तलाश है। परमाणु, रासायनिक तथा जैविक हथियारों का प्रसार एक संभावना है; क्योंकि इस उद्देश्य के लिए प्रौद्योगिकी, आतंकवादियों या धन की कोई कमी नहीं है।

एक और भारत-पाक युद्ध की संभावना

अप्रैल 1999 में कराची में दिए गए अपने भाषण में जनरल मुशर्रफ ने कश्मीर विवाद के निपटारे के बाद भी सीमित युद्ध की संभावना से इनकार नहीं किया। उन्होंने पाकिस्तान के मुख्य कार्यकारी का पद सँभालने के बाद इस बात को दुहराया नहीं है; लेकिन उनकी मानसिकता स्पष्ट है।

मध्य जून 2000 में अमेरिकी डिफेंस इंटेलिजेंस एजेंसी ने एक रिपोर्ट में कहा कि कश्मीर विवाद दोनों देशों के बीच युद्ध छेड़ सकता है। इसका कारण यह बताया गया कि कश्मीर के मुद्दे पर कोई सार्थक हल निकलने वाला नहीं है, क्योंकि कश्मीर पर उनका दृष्टिकोण बहुत दृढ़तापूर्वक स्थापित है। दोनों देशों ने

नियंत्रण रेखा पर विशाल सैन्य टुकड़ियाँ तैनात कर रखी हैं। 13 दिसंबर, 2001 को भारतीय संसद् पर किए गए आतंकवादी हमले को देखते हुए भारत ने नियंत्रण रेखा तथा पाकिस्तान के साथ अंतरराष्ट्रीय सीमा पर छह लाख से अधिक सैनिकों को तैनात कर दिया था।

पाकिस्तान में देश की नीति के माध्यम के रूप में जेहाद को वैध बना दिया गया है। जनरल मुशर्रफ कश्मीर में चल रहे छाया युद्ध को जेहाद नाम देते हैं। पाकिस्तान सन् 1947-48, 1965 तथा फिर 1971 की तरह भारतीय राजनीतिक स्थिति का गलत पूर्वानुमान करके दहलीज को पार कर सकता है।

पाकिस्तान का सैन्य प्रतिष्ठान जानता है कि भारत के साथ एक और युद्ध सन् 1971 की तरह पाकिस्तान के विखंडन का कारण बन सकता है। इस कारण पाकिस्तान भारत में सभी प्रकार की आतंकवादी गतिविधियों को सहयोग तथा समर्थन देते हुए भारत को अस्थिर करने के प्रयासों को तेज करेगा। ऐसा हो रहा है और निकट भविष्य में यह समाप्त नहीं होगा। आई.एस.आई. हमारे देश में जेहाद के लिए स्थानीय लोगों को भरती कर रही है। कई स्थानीय लोगों को अफगानिस्तान और पाकिस्तान में प्रशिक्षित किया गया।

पाकिस्तान को एक 'बुरे देश' के रूप में देखा जाता है। ऐसे राष्ट्र का विश्व के प्रति दृष्टिकोण संकीर्ण होता है। इतिहास की भावना से वंचित और मुल्लाओं तथा जनरलों द्वारा नियंत्रित ऐसा अतार्किक देश गुस्से में आकर या केवल कुंठा के कारण परमाणु बटन दबाकर विश्व की शांति को खतरा पहुँचा सकता है। पाकिस्तान विश्व का एकमात्र ऐसा देश है, जहाँ परमाणु बटन पर सेना का नियंत्रण है। इसके अलावा पाकिस्तान का परमाणु सिद्धांत इतना लचीला है कि वह अपने आंतरिक विक्षोभ को पाकिस्तान के प्रति खतरे के रूप में देख सकता है। जब आर्थिक तथा सामाजिक ढाँचे के ढहने से उसकी सुरक्षा को खतरा होगा तो वह उस बहाने से भारत के विरुद्ध परमाणु शक्ति का प्रयोग कर सकता है। सकल घरेलू उत्पाद में सैन्य बजट के बढ़ते अनुपात के कारण वह असहनीय है। इस समय भारत-पाकिस्तान के बीच होने वाला कोई मुकाबला भारत के पक्ष में ही होगा; जबकि वह पाकिस्तान की सुरक्षा के लिए अत्यंत विनाशकारी हो सकता है।[8]

चीनी कारक

सन् 1987-88 में राजीव गांधी के प्रयास के बाद द्विपक्षीय संबंधों में सुधार की उम्मीदें गलत साबित हुईं। चीन ने निर्लज्जतापूर्वक पाकिस्तान को लेफॉर परमाणु

प्रौद्योगिकी तथा उत्तरी कोरिया द्वारा मिसाइल प्रौद्योगिकी उपलब्ध करवाई। म्याँमार को हथियारबंद करके, तिब्बत में सुविधाजनक स्थानों पर परमाणु मुखाग्र स्थापित करके और म्याँमार के कोको द्वीपों पर परमाणु पनडुब्बियाँ स्थापित करके भारत की घेराबंदी लगभग पूरी कर ली गई है। यह घेराबंदी का भयावह चित्र है, जिसे अमेरिका ने पहले नजरअंदाज कर दिया था। सन् 1970 के बाद से दुष्कर शासन-प्रणाली के तहत अमेरिकी प्रशासन चीनियों के प्रति नरम था; क्योंकि वह एशिया का एकमात्र परमाणु शक्ति-संपन्न देश था। चीन तथा पाकिस्तान के बीच रणनीतिक मिली-भगत पर ध्यान नहीं दिया गया। 3 जून, 1999 की अमेरिकी रिपोर्ट ने अमेरिका के परमाणु रहस्यों को चुराने तथा उन्हें अन्य देशों तक पहुँचाने का काम करने के लिए चीन की निंदा की। मई 1991 में चीन तथा पाकिस्तान पर लगाए गए सीमित प्रतिबंधों को 1 नवंबर, 1994 को राष्ट्रपति क्लिंटन ने उठा लिया। सन् 1962 के चीनी आक्रमण के बावजूद भारत 1947 से ही चीन को शांत करने का प्रयास करता रहा है। सन् 1950 में भारत ने ताइवान को चीन का एक हिस्सा मान लिया। सन् 1954 में भारत ने तिब्बत पर चीन के प्रभुत्व को भी स्वीकार कर लिया। इसके विपरीत, चीन सिक्किम को भारत का भाग मानने से इनकार करता है और अरुणाचल प्रदेश पर अपना दावा करता है। भारत की अनभिज्ञता में चीन ने अक्साई चिन को हथिया लिया। भारत के नरम रुख तथा अपने हितों पर ध्यान केंद्रित करने की उसकी अक्षमता ने चीन को भारत के खिलाफ कट्टर रुख अपनाने में सक्षम बनाया। पाकिस्तान ने भी संघर्ष की नीति अपनाते हुए यही किया। इन सबने भारत में भयावह आतंकवाद को प्रेरित किया है। पाकिस्तान-तालिबान अंतर्संबंध, जिसे अमेरिका भी स्वीकार करता है, को भारत द्वारा गंभीरता से लिये जाने की आवश्यकता है। इसके लिए उसे ईरान, अमेरिका, रूस और मध्य एशियाई देशों के साथ रणनीतिक भागीदारी करनी होगी।

निष्कर्ष

सिंधी अब मानते हैं कि पाकिस्तान का निर्माण एक 'सामूहिक पागलपन' था। मुहाजिर खुद को छला हुआ महसूस करते हैं, क्योंकि उन्होंने पाकिस्तान के निर्माण के लिए सबसे अधिक संघर्ष किया था। अफगान युद्ध ने दोनों देशों के बीच की 'डूरंड रेखा' को धुँधला कर दिया है। पाकिस्तान तक अफगानों की आसान पहुँच है। 11 सितंबर, 2001 के बाद की गतिविधियों के बाद अमेरिका-नीत बहुराष्ट्रीय सैन्य काररवाई द्वारा अफगानिस्तान में तालिबान शासन को बलपूर्वक

हटाए जाने के साथ रणनीतिक गहराई का सिद्धांत समाप्त हो गया है। अंत:प्रांतीय अशांति द्वारा जल-संकट पाकिस्तान में विनाश ला सकता है। क्षेत्र में शांति तथा स्थिरता के अभाव में निवेश वातावरण में सुधार होने की उम्मीद नहीं है। यदि पाकिस्तान की संतुष्टि के अनुसार कश्मीर समस्या हल हो जाती है तो पाकिस्तान के विखंडन की प्रक्रिया तेज हो जाएगी। कश्मीर समस्या का समाधान पाकिस्तान के हित में नहीं है; क्योंकि तब कट्टरपंथी बल मुद्देविहीन हो जाएँगे। शिया-सुन्नी समझौते का प्रश्न ही नहीं उठता। सभी संकेतक अफगानिस्तान की तरह एक संभावित गृहयुद्ध की ओर इशारा करते हैं। इस स्थिति में पाकिस्तानी सेना देश को सँभालना जारी रखेगी।

भारत को चाहिए कि वह पाकिस्तान की आंतरिक गतिविधियों को पूरी तरह विकसित होने दे। अगले पाँच वर्षों में पाकिस्तान के इतिहास का आकार भिन्न होगा। भारत नीति पाकिस्तानी सेना को प्रभावहीन करने की होनी चाहिए। यदि युद्ध सामग्री की लागत पाकिस्तान के लिए अत्यधिक हो जाए तो यह उद्देश्य प्राप्त किया जा सकता है। भारतीय रक्षा-व्यय में एक प्रतिशत का इजाफा करना चाहिए। परमाणु युद्ध के भय ने पाकिस्तान की युवा पीढ़ियों को विदेश जाने के लिए बाध्य कर दिया है। यह परमाणु ब्लैकमेलिंग पाकिस्तान के लिए ही हानिकर साबित हो रही है। उसने पाकिस्तान में निवेश वातावरण को कमजोर बना दिया है।

भारत को सूक्ष्मता से पाकिस्तान पर नजर रखनी चाहिए और उन तथाकथित शांति प्रयास करनेवाले गुटों द्वारा दी गई सूचनाओं के आधार पर अपनी नीति नहीं बनानी चाहिए, जिनका 'ब्रेन वॉश' पाकिस्तान अपने यहाँ आने पर कर देता है। उनके सभी कार्यक्रम पाकिस्तानी सेना द्वारा व्यवस्थित होते हैं। ये गुट कभी भी कट्टरपंथी नेताओं, जेहादियों से नहीं मिलते और कभी भी पाक अधिकृत कश्मीर तथा उत्तरी क्षेत्र के कश्मीरियों से संपर्क करने का प्रयास नहीं करते।

यह भारत के लिए कोई महत्त्व की बात नहीं है कि पाकिस्तान टुकड़ों में बँट जाता है या एक अखंड देश बना रहता है। भारत को राष्ट्रीय एकता, आर्थिक विस्तार तथा सामाजिक संगति का अपना कार्यक्रम तैयार करना है। आंतरिक रूप से भारत को पाकिस्तान द्वारा प्रशिक्षित और समर्थित अलगाववादी तत्त्वों से लड़ना है। भारत के पास पाक-प्रायोजित आई.एस.आई. रणनीति का सामना करने की क्षमता है।

परमाणु प्रसार को सीमित करने और इसलामी कट्टरवाद के केंद्र पाकिस्तान व अफगानिस्तान से विदेशों में इसलामी कट्टरता को फैलाने से रोकने की विश्व-

शक्तियों, विशेषकर अमेरिका, की चिंता जायज है। अफगानिस्तान का तालिबानीकरण से मुक्त होना पश्चिमी विश्व तथा अमेरिका द्वारा डाले गए दबाव पर निर्भर करता है। ऐसी स्थिति में जापान की भी महत्त्वपूर्ण भूमिका हो सकती है। रणनीतिक कारणों से चीन की स्थिति हमेशा अस्पष्ट रहेगी।

टिप्पणियाँ एवं संदर्भ

1. 'एलाएंस मंथली', सितंबर 2000
2. अल्ताफ गौहर—'थॉट्स आफ्टर थॉट्स', पृष्ठ 340
3. वही, पृष्ठ 163
4. 'आउटलुक', 2 अप्रैल, 2001, पृष्ठ 46-47
5. अकबर एस. अहमद—अपने भाषण 'आइडेंटिटी एंड एथनिसिटी' (पहचान और जातीयता) में, जैसा इयान टालबोट ने 'पाकिस्तान : ए मॉडर्न हिस्ट्री' में उद्धृत किया है, पृष्ठ 1
6. 'हेरॉल्ड', पाकिस्तान, फरवरी 2000
7. सुल्तान अहमद—'आउटलुक', 2 अप्रैल, 2001
8. खालिद अहमद—'द फ्राइडे टाइम्स', 28 अप्रैल-4 मई, 2000

□

परिशिष्ट 1

ऑल इंडिया मुसलिम लीग के लाहौर अधिवेशन का पाकिस्तान प्रस्ताव, 22 फरवरी-4 मार्च, 1940

ऑल इंडिया मुसलिम लीग की कार्यकारी समिति और परिषद् द्वारा की गई काररवाई को स्वीकृति तथा समर्थन देते हुए, जैसा कि संवैधानिक मुद्दे पर 27 अगस्त, 17 व 18 सितंबर और 22 अक्तूबर, 1939 तथा 3 फरवरी, 1940 के उनके प्रस्तावों में उल्लिखित है। ऑल इंडिया मुसलिम लीग का यह अधिवेशन जोर देकर दुहराता है कि गवर्नमेंट ऑफ इंडिया एक्ट, 1935 में रूपायित संघ की योजना इस देश की विचित्र अवस्थाओं के लिए बिलकुल अनुकूल और व्यवहार्य नहीं है तथा मुसलिम भारत को पूर्ण रूप से अस्वीकार्य है।

वह आगे अपना सशक्त मत रखता है कि वायसराय द्वारा सरकार की ओर से 18 अक्तूबर, 1939 को की गई घोषणा कुछ आश्वस्त करनेवाली है; क्योंकि उसके अनुसार, गवर्नमेंट ऑफ इंडिया एक्ट, 1939 जिस नीति तथा योजना पर आधारित है, उसपर भारत के विभिन्न दलों, हितों तथा समुदायों से विचार-विमर्श करके पुनर्विचार किया जाएगा। मुसलिम भारत तब तक संतुष्ट नहीं होगा, जब तक पूरी संवैधानिक योजना पर नए सिरे से पुनर्विचार न किया जाए—और मुसलमानों को कोई संशोधित योजना स्वीकार नहीं होगी जब तक कि उनकी स्वीकृति तथा सहमति के साथ तैयार न की जाए।

यह ऑल इंडिया मुसलिम लीग के इस अधिवेशन का मत है कि कोई संवैधानिक योजना इस देश में तब तक व्यवहार्य नहीं होगी या मुसलमानों को स्वीकार नहीं होगी जब तक उसे निम्नलिखित आधार सिद्धांतों पर डिजाइन न किया जाए—

कि भौगोलिक रूप से समीपस्थ इकाइयों को क्षेत्रों के रूप में रेखांकित किया जाए, जिन्हें इस प्रकार पुनर्व्यवस्थित किया जाए; कि जिन क्षेत्रों में मुसलमान बहुसंख्यक हैं, जैसे—भारत के उत्तर-पश्चिमी तथा पूर्वी अंचलों में, उन्हें एक समूह में लाकर 'स्वतंत्र राज्य' का दर्जा दिया जाए, जिसमें संबद्ध इकाइयाँ स्वायत्त और प्रभुसत्ता-संपन्न होंगी।

इन इकाइयों तथा क्षेत्रों में अल्पसंख्यकों के धार्मिक, सांस्कृतिक, आर्थिक, राजनीतिक, प्रशासनिक तथा अन्य अधिकारों व हितों की सुरक्षा के लिए उनसे विचार-विमर्श करके संविधान में उनके लिए उपयुक्त, प्रभावी और अनिवार्य सुरक्षा उपायों का विशेष रूप से उल्लेख होना चाहिए। भारत के अन्य भागों में भी ऐसा ही होना चाहिए, जहाँ मुसलमान अल्पसंख्यक हैं। उनके तथा अन्य अल्पसंख्यकों की धार्मिक, सांस्कृतिक, आर्थिक, राजनीतिक, प्रशासनिक तथा अन्य अधिकारों व हितों की सुरक्षा के लिए उनसे बातचीत करके संविधान में उनके लिए उपयुक्त, प्रभावी तथा अनिवार्य सुरक्षा के उपाय होने चाहिए।

□

परिशिष्ट 2

भारत में दो अलग राष्ट्र
(जिन्ना का भाषण, 1940 *)

अब मैं इस विषय पर अपने विचारों को आपके सामने रखना चाहता हूँ, क्योंकि वह वर्तमान में मुझे हर चीज पर विचार करने के लिए प्रेरित करता है। ब्रिटिश सरकार और संसद् तथा ब्रिटिश राष्ट्र ने कई दशकों से भारत के भविष्य के बारे में निश्चित धारणाएँ विकसित कीं, जो ब्रिटिश संविधान निर्मित करने में उनके अपने देश की गतिविधियों पर निर्भर थी। उनका संविधान अब हाउस ऑफ पार्लियामेंट तथा कैबिनेट प्रणाली के द्वारा कार्य कर रहा है। राजनीतिक धरातल पर कार्य करनेवाली दलीय सरकार की उनकी अवधारणा उन्हें हर देश में बेहतरीन प्रकार की सरकार के लिए आदर्श प्रतीत होती है, और ब्रिटिशों को स्वाभाविक रूप से इस एकपक्षीय तथा सशक्त प्रचार ने उन्हें गवर्नमेंट ऑफ इंडिया एक्ट, 1935 के अनुसार संविधान प्रस्तुत करके एक गंभीर भूल करने के लिए बाध्य कर दिया है। हमने पाया है कि ऐसे विचारोंवाले ग्रेट ब्रिटेन के अधिकतर प्रमुख राजनेताओं ने अपनी घोषणाओं में गंभीरता से दावा किया है और उम्मीद जताई है कि समय बीतने के साथ भारत के असंगत तत्त्वों में तालमेल हो जाएगा।

प्रमुख पत्रिका 'लंदन टाइम्स' ने गवर्नमेंट ऑफ इंडिया एक्ट, 1935 पर टिप्पणी करते हुए लिखा है कि 'निस्संदेह हिंदुओं व मुसलमानों के बीच भिन्नता सिर्फ 'धर्म' के शाब्दिक अर्थ के मामले में नहीं है, बल्कि कानून और संस्कृति की भी है। यह कहा जा सकता है कि वे पूरी तरह भिन्न दो सभ्यताओं का प्रतिनिधित्व करते हैं। अलबत्ता, समय बीतने के साथ ये अंधविश्वास समाप्त हो जाएँगे और

* मार्च 1940 में ऑल इंडिया मुसलिम लीग के लाहौर अधिवेशन में अपने अध्यक्षीय भाषण में मुहम्मद अली जिन्ना द्वारा भारत के संविधान की प्रस्तावित रूपरेखा तथा उसमें मुसलमानों की स्थिति के संबंध में दिया गया भाषण।

भारत एक राष्ट्र के रूप में ढल जाएगा।' (इसलिए 'लंदन टाइम्स' के अनुसार अंधविश्वास ही एकमात्र समस्या है।) इन आध्यात्मिक, आर्थिक, सांस्कृतिक, सामाजिक तथा राजनीतिक—मौलिक और गहरी—भिन्नताओं को मात्र 'अंधविश्वास' के रूप में प्रस्तुत किया गया है; परंतु निश्चित रूप से उन्हें केवल 'अंधविश्वास' का नाम देना भारतीय उपमहाद्वीप के पिछले इतिहास तथा समाज के 'मूलभूत हिंदुत्व' की अवधारणा की तुलना में इसलामी अवधारणा की शर्मनाक अवहेलना है। हजारों वर्षों के निकट संबंध और राष्ट्रीयता के बावजूद जो हमेशा की तरह आज भी उतने ही भिन्न हैं, उन्हें केवल एक लोकतांत्रिक संविधान के अधीन करते हुए और ब्रिटिश संसदीय कानूनों के अप्राकृतिक तथा कृत्रिम तरीकों द्वारा बलपूर्वक साथ रखते हुए एक राष्ट्र के रूप में बदलने की आशा नहीं की जा सकती। भारत की एकात्मक सरकार एक सौ पचास वर्षों तक जो प्राप्त करने में विफल रही, उसे एक केंद्रीय सरकार की स्थापना द्वारा प्राप्त नहीं किया जा सकता। यह समझना थोड़ा मुश्किल है कि इस प्रकार गठित की गई सरकार के आदेश का पालन सशस्त्र बलों के माध्यम के अलावा कभी भी पूरे उपमहाद्वीप की विभिन्न राष्ट्रीयताओं द्वारा करने की उम्मीद की जा सकती है।

भारत में अंत:सांप्रदायिक नहीं, बल्कि अंतरराष्ट्रीय प्रकृति की समस्या है, और इसे उसी तरह सुलझाया जाना चाहिए। जब तक इस मूलभूत सच्चाई को स्वीकार नहीं किया जाता तब तक किसी भी संविधान का निर्माण उपयोगी नहीं होगा। वह केवल मुसलमानों के लिए ही नहीं, बल्कि ब्रिटिशों तथा हिंदुओं के लिए भी विनाशकारी और हानिकर होगा। यदि ब्रिटिश सरकार वास्तव में इस उपमहाद्वीप के लोगों की शांति तथा खुशहाली चाहती है तो हम सबके लिए एकमात्र रास्ता भारत को 'स्वायत्त राष्ट्रीय राज्यों' में विभाजित करते हुए अलग राष्ट्रों के गठन को अनुमति देना चाहिए। कोई कारण नहीं है कि ये राज्य एक-दूसरे के प्रति शत्रुतापूर्ण दृष्टिकोण रखेंगे। दूसरी ओर, देश की सरकार में एक द्वारा सामाजिक व्यवस्था पर प्रभुत्व कायम करने और दूसरे पर राजनीतिक सर्वोच्चता स्थापित करने की स्वाभाविक इच्छा तथा शत्रुता समाप्त हो जाएगी। यह स्वाभाविक सद्भावना को प्रेरित करेगा और वे अपने पड़ोसियों के साथ शांतिपूर्वक रह सकते हैं। यह अल्पसंख्यकों के संदर्भ में आपसी समझौतों तथा मुसलिम भारत एवं हिंदू भारत के बीच तालमेल द्वारा एक दोस्ताना समाधान को प्रेरित करेगा, जो अधिक उपयुक्तता तथा प्रभावी ढंग से मुसलमानों और अन्य अल्पसंख्यकों के अधिकारों व हितों की सुरक्षा करेगा।

परिशिष्ट 3

11 अगस्त, 1947 को संविधान सभा में दिया गया जिन्ना का उद्घाटन भाषण

माननीय अध्यक्ष महोदय, महिलायो और सज्जनो!

मैं पूरे सद्भाव से उस सम्मान के लिए आपको हार्दिक धन्यवाद देता हूँ, जो आपने मुझे अपना पहला राष्ट्रपति चुनकर प्रदान किया है—सबसे बड़ा सम्मान, जो इस प्रभुसत्ता-संपन्न सभा में प्रदान करना संभव है। मैं उन नेताओं को भी धन्यवाद देता हूँ, जिन्होंने मेरी सेवाओं की प्रशंसा की है और मेरे संबंध में अपनी व्यक्तिगत राय दी है। मैं दिल से उम्मीद करता हूँ कि आपके सहयोग तथा समर्थन से हम इस संविधान सभा को दुनिया के लिए एक उदाहरण बना देंगे।

इस संविधान सभा को दो मुख्य कार्य करने हैं। पहला—पाकिस्तान के भावी संविधान की रूपरेखा तैयार करने का भारी और उत्तरदायित्वपूर्ण कार्य है और दूसरा—पाकिस्तान के पूर्ण प्रभुसत्ता-संपन्न संघीय विधानसभा के रूप में कार्य करना। हमें पाकिस्तान की संघीय विधानसभा के लिए अस्थायी संविधान अंगीकृत करने हेतु अपना बेहतरीन प्रयास करना चाहिए। आप जानते हैं कि न केवल हम आश्चर्यचकित हैं, बल्कि मुझे लगता है कि पूरा विश्व इस अप्रत्याशित तूफानी क्रांति पर आश्चर्यचकित है, जिसने इस उपमहाद्वीप में दो स्वतंत्र प्रभुसत्ता-संपन्न शासनों का निर्माण तथा स्थापना की योजना को जन्म दिया। वह अप्रत्याशित रहा है; विश्व के इतिहास में ऐसी और कोई घटना नहीं घटी है। सभी प्रकार के निवासियोंवाले इस विशाल उपमहाद्वीप को ऐसी योजना के तहत लाया गया है, जो विशाल, अपरिचित तथा अद्वितीय है। इस संबंध में सबसे महत्त्वपूर्ण बात यह है कि हमने इसे शांतिपूर्वक तथा अधिकतम संभव नैतिक बल के माध्यम से प्राप्त किया है।

इस सभा में अपनी पहली कारवाई पर विचार करते हुए मैं इस आरंभिक स्थिति में कोई सुविचारित उद्घोषणा नहीं कर सकता। मैं इस बात पर बल देना चाहता हूँ—याद रखिए कि अब आप एक प्रभुसत्ता-संपन्न विधायिका हैं और आपके पास सभी शक्तियाँ हैं। अत: आप पर सबसे अधिक यह उत्तरदायित्व है कि आप अपने निर्णय कैसे लेंगे। मैं पहली टिप्पणी यह करना चाहता हूँ कि आप निस्संदेह इस बात पर मुझसे सहमत होंगे कि एक सरकार का पहला कर्तव्य कानून-व्यवस्था को बरकरार रखना है, ताकि राष्ट्र द्वारा उसके नागरिकों के जीवन, संपत्ति तथा धार्मिक विश्वास पूरी तरह सुरक्षित हों।

दूसरी चीज जो मुझे दिखती है, वह है बड़े अभिशापों में से एक, जिससे भारत ग्रस्त है—घूसखोरी और भ्रष्टाचार। मैं यह नहीं कहता कि दूसरे देश इससे मुक्त हैं; परंतु मुझे लगता है कि हमारी स्थिति सबसे दयनीय है। यह वास्तव में एक समस्या है। हमें दृढ़तापूर्वक इसे समाप्त करना होगा। मैं उम्मीद करता हूँ कि इस सभा द्वारा ऐसा करने के लिए आप शीघ्र यथासंभव उपयुक्त उपाय करेंगे।

कालाबाजारी एक अन्य अभिशाप है। मैं जानता हूँ कि कालाबाजारी करनेवाले अकसर पकड़े जाते हैं और उन्हें सजा दी जाती है। न्यायिक दंड दिए जाते हैं या कभी-कभी केवल जुर्माना लगाया जाता है। अब आपको इस शैतान से निपटना होगा, जो आज हमारी निराशाजनक अवस्था में समाज के विरुद्ध एक बड़ा अपराध है, जब हम लगातार खाद्य पदार्थ तथा जीवन की अन्य अनिवार्य वस्तुओं की कमी का सामना करते हैं। मुझे लगता है कि जो नागरिक कालाबाजारी करता है, वह सबसे बड़े और सबसे गंभीर प्रकार के अपराधों से भी बड़ा अपराध करता है। कालाबाजारी करनेवाले लोग वास्तव में जानकार, बुद्धिमान् तथा सामान्य रूप से जिम्मेदार व्यक्ति होते हैं। जब वे कालाबाजारी में लिप्त होते हैं तो मुझे लगता है कि उन्हें कड़ा दंड मिलना चाहिए; क्योंकि वे खाद्य पदार्थों तथा अनिवार्य वस्तुओं के नियंत्रण तथा नियमन की पूरी प्रणाली को कमजोर बना देते हैं और बड़े पैमाने पर भूख, गरीबी और यहाँ तक कि मौत का कारण बनते हैं।

एक अन्य बात, जो मुझे चोट पहुँचाती है, वह है हमें मिली यह विरासत। कई अन्य अच्छी तथा बुरी बातों की तरह एक बड़ी बुराई हमें मिली है—भाई-भतीजावाद तथा रिश्वतखोरी की बुराई। इस बुराई को निष्ठुरता से कुचला जाना चाहिए। मैं यह बिलकुल स्पष्ट कर देना चाहता हूँ कि मैं कभी भी किसी प्रकार की रिश्वतखोरी, भाई-भतीजावाद या किसी प्रकार का प्रत्यक्ष या अप्रत्यक्ष प्रभाव बरदाश्त नहीं करूँगा। जब भी मुझे पता चलेगा कि ऐसा कार्य प्रचलन में है, या

कहीं भी कम या अधिक मात्रा में जारी है, तो मैं निश्चित रूप से ऐसा नहीं होने दूँगा।

मैं जानता हूँ कि बहुत से लोग भारत के बँटवारे तथा पंजाब व बंगाल के विभाजन से सहमत नहीं हैं। उसके खिलाफ बहुत कुछ कहा गया; लेकिन अब जब इसे स्वीकार कर लिया गया है तो यह हममें से प्रत्येक का कर्तव्य है कि निष्ठापूर्वक इसका पालन करें और सम्मानपूर्वक समझौते के अनुसार कार्य करें, जो अब सबके लिए अंतिम तथा बाध्यकारी है। लेकिन जैसा मैंने कहा, आपको यह याद रखना चाहिए कि यह विशाल क्रांति अप्रत्याशित है। कोई दोनों समुदायों के बीच की भावना को समझ सकता है, जहाँ एक समुदाय बहुसंख्यक है और दूसरा अल्पसंख्यक। लेकिन प्रश्न यह है कि जो कुछ किया गया है, क्या उसके विपरीत करना संभव या व्यावहारिक था? एक विभाजन तो होना ही था। दोनों ओर—हिंदुस्तान तथा पाकिस्तान में—ऐसे लोग हैं, जो इससे सहमत नहीं हो सकते हैं, जो इसे पसंद नहीं कर सकते हैं; परंतु मेरे विचार में इसका कोई अन्य समाधान नहीं था और मुझे विश्वास है कि भविष्य का इतिहास इसके पक्ष में अपना निर्णय देगा। इससे अधिक यह हमारे वास्तविक अनुभव से प्रमाणित होगा कि यह भारत की संवैधानिक समस्या का एकमात्र हल था।

एकीकृत भारत का कोई विचार कभी भी व्यावहारिक नहीं होता और मेरे विचार में वह हमें भयावह विनाश की ओर ले जाता। हो सकता है कि वह दृष्टिकोण सही हो; हो सकता है कि वह सही न हो—यह देखना बाकी है। इस विभाजन में दोनों शासनों के तहत अल्पसंख्यकों के प्रश्न को उपेक्षित करना असंभव था। अब वह अपरिहार्य था—कोई अन्य समाधान नहीं है। अब हम क्या करें? अब, यदि हम इस महान् देश पाकिस्तान को खुशहाल और संपन्न बनाना चाहते हैं तो हमें लोगों, विशेषकर गरीब लोगों, के कल्याण पर पूरी तरह ध्यान केंद्रित करना चाहिए। यदि आप अतीत को भूलकर और विवादों को सुलझाकर आपसी सहयोग से काम करते हैं तो सफलता जरूर मिलेगी। आप में से प्रत्येक—चाहे वह किसी भी समुदाय का हो, चाहे अतीत में आपसे उसका कोई संबंध रहा हो, चाहे उसका वर्ण, जाति या मत कुछ भी हो—वह पहले, दूसरे और सबसे अंत में इस राष्ट्र का नागरिक है, जिसके समान अधिकार, विशेषाधिकार तथा कर्तव्य हैं। यदि आप अपने अतीत को बदलकर जोश के साथ कार्य करते हैं तो आप अंतहीन प्रगति कर सकते हैं।

मैं इसपर बहुत अधिक जोर नहीं दे सकता। हमें उस उत्साह से भरकर कार्य

करना आरंभ कर देना चाहिए और समय बीतने के साथ बहुसंख्यक तथा अल्पसंख्यक समुदायों—मुसलिम समुदाय व हिंदू समुदाय—की विसंगतियाँ गायब हो जाएँगी; क्योंकि मुसलमानों में भी पठान, पंजाबी, शिया, सुन्नी व अन्य जातियाँ हैं और हिंदुओं में ब्राह्मण, वैष्णव, क्षत्रिय, बंगाली, मद्रासी आदि हैं। वास्तव में यदि आप मुझसे पूछें तो स्वतंत्रता प्राप्त् करने में भारत के रास्ते में यह सबसे बड़ी बाधा रही है, वरना हम बहुत पहले स्वतंत्र हो गए होते। कोई शक्ति एक अन्य देश पर कब्जा नहीं रख सकती, खासकर चालीस करोड़ लोगों की जनसंख्यावाले देश पर। कोई आप पर विजय नहीं प्राप्त कर पाता, और यदि ऐसा होता भी तो कोई आप पर लगातार शासन नहीं कर सकता था। इसलिए हमें इससे एक सबक लेना चाहिए। आप स्वतंत्र हैं; आप अपने मंदिरों में जाने के लिए स्वतंत्र हैं; आप इस पाकिस्तान में अपनी मसजिदों या किसी भी उपासना-स्थल में जाने के लिए आजाद हैं। आप किसी धर्म, जाति या पंथ से संबंधित हो सकते हैं—इसका कोई संबंध इस देश से नहीं है। जैसा आप जानते हैं, इतिहास बताता है कि कुछ समय पहले इंग्लैंड में स्थिति इससे भी खराब थी, जैसी आज भारत में है। रोमन कैथोलिक तथा प्रोटेस्टेंट एक-दूसरे की हत्याएँ कर रहे थे। अब भी कुछ ऐसे क्षेत्र हैं, जहाँ भेदभाव किया जाता है और किसी खास वर्ग के खिलाफ प्रतिबंध लगाए जाते हैं। खुदा का शुक्र है कि हम उन दिनों में शुरुआत नहीं करने जा रहे हैं। हम इन दिनों शुरुआत कर रहे हैं, जब कोई पक्षपात नहीं है, एक या दूसरे समुदाय के बीच कोई भेदभाव नहीं है, एक जाति या पंथ और अन्य जाति या पंथ के बीच कोई भेदभाव नहीं है। हम इस मूलभूत सिद्धांत के साथ शुरुआत कर रहे हैं कि हम सभी एक देश के नागरिक और समान नागरिक हैं। इंग्लैंड के लोगों को समय के साथ स्थिति की यथार्थता का सामना करना पड़ा और उन जिम्मेदारियों तथा उत्तरदायित्वों को निभाना पड़ा, जो उनके देश की सरकार ने उनपर डाला था। आज आप यह कह सकते हैं कि वहाँ रोमन कैथोलिकों और प्रोटेस्टेटों का अस्तित्व नहीं है; अब सिर्फ यही सच है कि हर व्यक्ति एक नागरिक है—ग्रेट ब्रिटेन का समान नागरिक और वे सभी एक देश के सदस्य हैं।

अब मुझे लगता है कि हमें उसे एक आदर्श के रूप में अपने सामने रखना चाहिए। तब आप पाएँगे कि समय के साथ हिंदू हिंदू नहीं रहेंगे और मुसलमान मुसलमान नहीं रहेंगे—धार्मिक अर्थ में नहीं, क्योंकि वह हर व्यक्ति की अपनी व्यक्तिगत आस्था है; परंतु देश के नागरिकों के रूप में राजनीतिक अर्थ में ऐसा होगा।

सज्जनो, मैं आपका और अधिक समय नहीं लेना चाहता। मुझे आपने जो सम्मान दिया है, उसके लिए मैं आपको फिर से धन्यवाद देता हूँ। जैसा राजनीतिक भाषा में कहा जाता है, मैं बिना किसी पूर्वग्रह या दुर्भाव के, दूसरे शब्दों में—पक्षपात या तरफदारी के बिना हमेशा न्याय तथा उचित व्यवहार के सिद्धांत का पालन करूँगा। मेरा मार्गदर्शक सिद्धांत न्याय तथा पूर्ण निष्पक्षता का होगा। मुझे यकीन है कि आपके सहयोग से मैं पाकिस्तान को विश्व के महानतम देशों में एक बनते हुए देख सकता हूँ।

मुझे अमेरिका से एक संदेश प्राप्त हुआ है। उसमें लिखा है—

'संविधान सभा के अध्यक्ष के रूप में आपकी क्षमता में मुझे निम्नलिखित संदेश आप तक पहुँचाने का सम्मान प्राप्त हुआ है, जो मुझे अभी-अभी अमेरिका के विदेश मंत्री से प्राप्त हुआ है—

> 'पाकिस्तान की संविधान सभा की पहली बैठक के अवसर पर मैं उस महान् कार्य, जिसका जिम्मा आपने लिया है, के सफल अंत के लिए आपको तथा सभा के सदस्यों को अमेरिका की सरकार तथा लोगों की शुभकामनाएँ देता हूँ।'

□

परिशिष्ट 4

2 मार्च, 1963 को बीजिंग में चीन तथा पाकिस्तान द्वारा हस्ताक्षरित 'समझौते' की विषय-वस्तु

चीन जनगणराज्य की सरकार तथा पाकिस्तान की सरकार;

सीमा पर व्याप्त शांति तथा सद्भाव को सुनिश्चित करने के दृष्टिकोण से, ईमानदारी, उत्तरदायित्व, आपसी समझ तथा आपसी समायोजन के वातावरण में और बानडुंग सम्मेलन में घोषित दस सिद्धांतों के आधार पर चीन के सिनकियांग व समीपस्थ क्षेत्रों, जिनकी सुरक्षा पाकिस्तान के नियंत्रण में है, के बीच सीमा की औपचारिक हदबंदी तथा सीमांकन के लिए सहमत हैं;

हमें विश्वास है कि यह न केवल चीन तथा पाकिस्तान के लोगों के दोस्ताना तथा अच्छे पड़ोसियों जैसे संबंधों की इच्छा को पूर्ण अभिव्यक्ति देगी, बल्कि एशिया तथा विश्व की शांति को सुरक्षित करने में भी मदद देगी।

इस उद्देश्य से वर्तमान समझौता करने का संकल्प किया गया है और हमने अपने संबंधित पूर्ण अधिकार-प्राप्त दूतों के रूप में निम्नलिखित को नियुक्त किया है—

चीन जनगणराज्य की सरकार के लिए—विदेश मंत्री चेन यी;

पाकिस्तान सरकार के लिए—विदेश मंत्री जुल्फिकार अली भुट्टो;

इन्होंने आपस में अपनी पूर्ण शक्तियों का परीक्षण किया और उन्हें अच्छे तथा अपेक्षित रूप में पाया एवं निम्नलिखित के लिए सहमत हुए हैं—

अनुच्छेद 1

इस तथ्य को ध्यान में रखते हुए कि चीन के सिनकियांग और समीपस्थ क्षेत्रों, जिनकी सुरक्षा पाकिस्तान के वास्तविक नियंत्रण में है, की कभी भी औपचारिक हदबंदी नहीं की गई है। दोनों पक्ष प्राकृतिक विशेषताओं सहित पारंपरिक सामान्य सीमा रेखा के आधार पर समानता, आपसी लाभ तथा मित्रवत् सहयोग के वातावरण में उसका सीमांकन करने के लिए सहमत हैं।

अनुच्छेद 2

वर्तमान समझौते के अनुच्छेद 1 में प्रतिपादित सिद्धांत के अनुसार, दोनों पक्षों ने चीन के सिनकियांग तथा संबद्ध क्षेत्रों, जिनकी सुरक्षा पाकिस्तान के वास्तविक नियंत्रण में है, के बीच पूरी सीमा रेखा की व्यवस्था इस प्रकार निर्धारित की है—

(1) 5,630 मीटर की ऊँचाईवाले उसके उत्तर-पश्चिमी सिरे (लगभग 74 डिग्री 34 मिनट पूर्व देशांतर रेखा तथा 37 डिग्री 03 मिनट उत्तर अक्षांशवाली चोटी) से शुरू करते हुए यह सीमा सामान्यतः पूर्व की ओर चलती है और फिर तारिम जल-प्रणाली के ताशकुरगन नदी की सहायक नदियों तथा दूसरी ओर सिंधु जल-प्रणाली की हुंजा नदी की उप-नदियों के बीच के मुख्य जल-विभाजक के साथ-साथ दक्षिण-पूर्वी दिशा में चलती है। यह किलिक दाबान, मिनटेक दाबान (दर्रा), खार्चनाई दाबान (केवल चीनी मानचित्र पर नामकरण), मुत्सजिगला दाबान (केवल चीनी मानचित्र पर नामकरण) और पार्पिक दर्रा (केवल पाकिस्तानी मानचित्र पर नामकरण) से होते हुए कुंजरेब (युत्र) दाबान तक पहुँचती है।

(2) कुंजरेब (युत्र) दाबान से गुजरने के बाद सीमा रेखा उपर्युक्त मुख्य जल-विभाजक के साथ-साथ सामान्यतः दक्षिण की ओर इस दाबान के एक दक्षिणी शिखर तक जाती है, जहाँ यह मुख्य जल-विभाजक को सामान्यतः दक्षिण-पूर्वी दिशा में स्थित एक पहाड़ की चोटी का अनुसरण करने के लिए छोड़ देती है, जो एक ओर अकजिल्गा नदी (पाकिस्तानी मानचित्र पर एक नामरहित तत्समान नदी) और दूसरी ओर तागुंबेश (ऑपरंग) दी तथा केलिमन सू (ओरंग जिल्गा) के बीच का जल-विभाजक है।

चीनी पक्ष के मानचित्र के अनुसार, सीमा रेखा इस पहाड़ की ढलान के दक्षिण-पूर्वी सिरे को छोड़ने के बाद केलिमन सू के तल की मध्य रेखा के एक छोटे भाग के साथ-साथ चलती है, ताकि वह एलेचिन नदी के साथ अपने संगम तक पहुँच सके। पाकिस्तानी पक्ष के मानचित्र के अनुसार, सीमा रेखा इस पहाड़ी

ढलान के दक्षिण-पूर्वी सिरे को छोड़ने के बाद शक्सगम या मुज्तग नदी के तेज घुमाव तक पहुँचती है।

(3) उपर्युक्त बिंदु से, सीमा रेखा केलचिन नदी (शक्सगम या मुज्तग नदी) के तल के मध्य भाग के साथ ऊपर की ओर चलते हुए (लगभग 76 डिग्री 02 मिनट पूर्व देशांतर और 36 डिग्री 26 मिनट उत्तर अक्षांश के समतुल्य) शोरबुलक दरिया (शिमशल दी या ब्रल्दू नदी) के साथ अपने संगम तक पहुँचती है।

(4) उपर्युक्त दोनों नदियों के संगम से, सीमा रेखा, चीनी पक्ष के मानचित्र के अनुसार, एक पहाड़ी ढलान की चोटी पर चढ़ती है और एक शिखर पर कराकोरम श्रेणी मुख्य जल-विभाजक (लगभग 75 डिग्री 54 मिनट पूर्व देशांतर तथा 36 डिग्री 15 मिनट उत्तर अक्षांश के समतुल्य), जिसे इस मानचित्र में शोरगुलक पहाड़ से संबद्ध दिखाया गया है, से मिलने के लिए उसके साथ-साथ चलती है। पाकिस्तानी पक्ष के मानचित्र के अनुसार, उपर्युक्त दो नदियों के संगम से एक समतुल्य पहाड़ी ढलान की चोटी तक चढ़ी है और 6,520 मीटर (21,390 फीट) की ऊँचाई से गुजरते हुए उसके साथ-साथ तब तक चलती है जब तक वह एक शिखर (लगभग 75 डिग्री 57 मिनट देशांतर तथा 36 डिग्री 03 मिनट उत्तरी अक्षांश के समतुल्य) पर कराकोरम श्रेणी मुख्य जल-विभाजक तक पहुँचती है।

(5) इस प्रकार, सीमा रेखा सामान्यत: दक्षिण की ओर तथा फिर पूर्व की ओर चलती हुई पूर्ण रूप से कराकोरम श्रेणी मुख्य जल-विभाजक के पीछे चलती है, जो तारिम नदी जल निकास-प्रणाली को सिंधु नदी जल निकास-प्रणाली से अलग करती है, और पूर्वी मुज्तग दर्रा, छोगरी शिखर के ऊपर (के-2), ब्रॉड शिखर के ऊपर, गशेरब्रम पहाड़ (8,068) के ऊपर, इंदिराकोली दर्रा (केवल चीनी मानचित्र के नाम) और टेरम कांक्री के ऊपर से गुजरते हुए कराकोरम दर्रा के दक्षिण-पूर्वी सिरे तक पहुँचती है।

(दो) जैसा इस धारा के अनुच्छेद एक में वर्णित है, पूरी सीमा रेखा को पाकिस्तानी पक्ष के एक मिलियन स्केल मानचित्र पर अंग्रेजी में बनाया गया है, जिसपर हस्ताक्षर करके उसे वर्तमान समझौते के साथ संबद्ध किया गया है।

(तीन) इस तथ्य को देखते हुए कि दोनों पक्षों के मानचित्र स्थलाकृतिक विशेषताओं की अपनी प्रस्तुति में पूरी तरह समान नहीं हैं, दोनों पक्ष इस बात पर सहमत हैं कि जहाँ तक अनुच्छेद एक में वर्णित सीमा की व्यवस्था तथा स्थिति का प्रश्न है, वास्तविक मैदानी विशेषताएँ व्याप्त रहेंगी और उन्हें यथासंभव संयुक्त सर्वेक्षण द्वारा निर्धारित किया जाएगा।

अनुच्छेद 3

दोनों पक्ष इस बात पर सहमत हैं—

(1) जहाँ भी सीमा एक नदी का अनुसरण करती है वहाँ नदी तल की मध्य रेखा सीमा रेखा होगी; और

जहाँ भी सीमा एक दाबान (दर्रा) से होकर गुजरती है, वहाँ जल-विभाजक रेखा सीमा रेखा होगी।

अनुच्छेद 4

एक : दोनों पक्ष जल्द-से-जल्द एक संयुक्त सीमा रेखांकन आयोग गठित करने के लिए सहमत हो गए हैं। प्रत्येक पक्ष एक अध्यक्ष, एक या अधिक सदस्य तथा एक निश्चित संख्या में सलाहकारों व तकनीकी स्टाफ को नियुक्त करेगा। संयुक्त सीमा रेखांकन आयोग के पास वर्तमान समझौते के प्रावधानों के अनुसार, लाभदायक विचार-विमर्श जारी रखने और संयुक्त रूप से निम्नलिखित कार्यों को निष्पादित करने की जिम्मेदारी होगी—

(1) वर्तमान समझौते के अनुच्छेद 2 के अनुसार, मैदान पर सीमा क्षेत्र के आवश्यक सर्वेक्षण करवाना, ताकि दोनों पक्षों के द्वारा उपयुक्त माने गए स्थानों पर सीमा-चिह्न स्थापित किए जा सकें और संयुक्त रूप से तैयार किए गए सटीक मानचित्रों की सीमा रेखा को अंकित करना।

पूरी सीमा रेखा की व्यवस्था और सभी सीमा-चिह्नों की स्थिति को विस्तार में व्यक्त करते हुए एक राजनयिक आचार-संहिता (प्रोटोकॉल) का प्रारूप तैयार करना और प्रकाशित विस्तृत मानचित्र को राजनयिक आचार-संहिता के साथ संबद्ध करना, जिसपर सीमा रेखा और सीमा-चिह्नों की स्थिति दिखाई गई हो।

दो : दोनों देशों की सरकारों के प्रतिनिधियों द्वारा हस्ताक्षरित उपर्युक्त राजनयिक आचार-संहिता वर्तमान समझौते के साथ संबद्ध होगी और वर्तमान समझौते के साथ संबद्ध मानचित्रों का स्थान विस्तृत मानचित्र ले लेंगे।

तीन : ऊपर उल्लिखित आचार-संहिता के निष्कर्ष पर संयुक्त सीमा रेखांकन आयोग के कार्य समाप्त हो जाएँगे।

अनुच्छेद 5

दोनों पक्ष इस बात पर सहमत हैं कि सीमा से संबंधित कोई विवाद, जो दोनों देशों के बीच विद्यमान सीमा रेखा की हदबंदी के बाद उभरेगा, को दोनों पक्षों द्वारा

मित्रवत् विचार-विमर्श से शांतिपूर्वक निपटाया जाएगा।

अनुच्छेद 6

दोनों पक्ष इस बात पर सहमत हैं कि पाकिस्तान व भारत के बीच कश्मीर-विवाद के निपटारे के बाद संबंधित प्रभुसत्ता-संपन्न अथॉरिटी, चीन जनगणराज्य की सरकार के साथ वर्तमान समझौते के अनुच्छेद 2 में वर्णित सीमा पर फिर से समझौता-वार्त्ता शुरू करेगी, ताकि वर्तमान समझौते के स्थान पर एक औपचारिक सीमा-संधि पर हस्ताक्षर किए जाएँ, इस शर्त पर कि पाकिस्तान के प्रभुसत्ता-संपन्न अथॉरिटी होने की स्थिति में चीन जनगणराज्य तथा पाकिस्तान के बीच हस्ताक्षरित औपचारिक सीमा-संधि में वर्तमान समझौते तथा उपर्युक्त राजनयिक आचार-संहिता के प्रावधान बरकरार रखे जाएँगे।

अनुच्छेद 7

वर्तमान समझौता इसके हस्ताक्षर की तिथि से लागू होगा।

2 मार्च, 1963 को बीजिंग में चीनी तथा अंग्रेजी भाषा में दुबारा तैयार किया गया। दोनों पक्ष इसपर आधिकारिक रूप से समान विचार रखते हैं तथा सहमत हैं। □

परिशिष्ट 5

संसद् में चीन-पाक समझौते के संबंध में प्रधानमंत्री पं. नेहरू द्वारा दिया गया वक्तव्य

(5 मार्च, 1963)

जैसा सदन को पता है, पाकिस्तान तथा चीन जनगणराज्य की सरकारों के प्रतिनिधियों ने सिनकियांग तथा जम्मू-कश्मीर में भारतीय क्षेत्र के उस भाग, जो पाकिस्तान के अवैध कब्जे में है, के संबंध में एक तथाकथित समझौते पर हस्ताक्षर किए हैं। समझौते के विवरण प्रेस में पहले ही प्रकाशित हो चुके हैं। कराची में पाकिस्तान सरकार द्वारा जारी किए गए समझौते की एक प्रति सदन के पटल पर मौजूद है।

कराची में आधिकारिक रूप से जारी किए गए विवरणों के अनुसार, पाकिस्तान सरकार ने पहले अनौपचारिक रूप से चीन से संपर्क किया और फिर 28 मार्च, 1961 को एक कूटनीतिक संदेश भेजकर सीमा के रेखांकन की इच्छा जाहिर की। चीनी सरकार ने लगभग एक वर्ष बाद, यानी फरवरी 1962 में, इस प्रस्ताव के प्रति औपचारिक प्रतिक्रिया जाहिर की। 3 मई, 1962 को पाकिस्तान तथा चीन की सरकारों ने एक संयुक्त विज्ञप्ति जारी की, जिसमें वे इस विषय पर समझौता-वार्त्ता करने के लिए सहमत हुए। हमने दोनों सरकारों में इस घटना के खिलाफ विरोध जताया है। इन घटनाओं को देखते हुए सुरक्षा परिषद् में हमारे प्रतिनिधि ने 4 मई और 22 जून, 1962 को कश्मीर पर चर्चाओं के दौरान अधिकारपूर्वक हमारी स्थिति स्पष्ट की है।

कश्मीर तथा अन्य संबद्ध मुद्‌दों पर भारत-पाक वार्त्ता की पूर्व संध्या पर चीन व पाकिस्तान सरकार ने सिद्धांत रूप में कश्मीर के अवैध रूप से हथियाए गए क्षेत्र के साथ सिनकियांग की सीमा को जोड़ने पर एक समझौते की घोषणा की।

भारतीय प्रतिनिधिमंडल के प्रमुख सरदार स्वर्ण सिंह ने तुरंत रावलपिंडी में राष्ट्रपति अयूब खान तथा श्री भुट्टो के सामने हमारा पक्ष रखा और फिर जब जनवरी के अंत में दिल्ली में यह बातचीत बहाल की गई तो श्री भुट्टो के सामने फिर से हमारा पक्ष रखा गया। 26 जनवरी को हमने पाकिस्तान सरकार के सामने उनके द्वारा 28 दिसंबर, 1962 को जारी की गई संयुक्त विज्ञप्ति में घोषित निर्णय के खिलाफ विरोध दर्ज कराया। पीकिंग में इस चीन-पाकिस्तान सीमा समझौते पर हस्ताक्षर के खिलाफ पाकिस्तान सरकार के सामने एक और विरोध दर्ज कराया जा रहा है।

कराची में यह कहा गया है कि चीनी दावेवाली रेखा और पाकिस्तानी दावे वाली रेखा में तीन हजार चार सौ वर्ग मील का फर्क है। अंतिम समझौते में पाकिस्तान ने एक हजार तीन सौ पचास वर्ग मील प्राप्त करने का दावा किया है, जिसमें सात सौ वर्ग मील चीन के कब्जे में था। चीनियों ने इस समझौते के तहत दो हजार पचास वर्ग मील दे दिया है।

पाकिस्तानी मानचित्रों के सर्वेक्षण के अनुसार, जो सन् 1962 में भी प्रकाशित किया गया था, सिनकियांग क्षेत्र का लगभग ग्यारह हजार वर्ग मील कश्मीर का एक हिस्सा बनाता है। यदि इन मानचित्रों का निरीक्षण किया जाए तो पाकिस्तान ने लगभग तेरह हजार वर्ग मील का क्षेत्र दे दिया है।

हालाँकि समझौते के अनुसार, दोनों पक्षों ने प्राकृतिक विशेषताओं सहित पारंपरिक सामान्य सीमा रेखा के आधार पर सीमा की हदबंदी पर सहमति व्यक्त की है, परंतु सहमति के अनुसार सीमा ऐसा नहीं करती। उस मानचित्र के अनुसार, जो पाकिस्तान सरकार ने हमारे उच्चायोग तक पहुँचाया है, पाकिस्तानी वास्तविक नियंत्रण रेखा, किलिक, मिनटेक-कुंजरेब दर्रों के आर-पार स्थित है; लेकिन उसके बाद रेखा जल-विभाजक को छोड़कर एगिल श्रेणी का अनुसरण करती है, जो चीन सरकार द्वारा की गई व्यवस्था है। वास्तव में, पाकिस्तानी वास्तविक नियंत्रण रेखा किसी निश्चित प्राकृतिक विशेषताओं के साथ नहीं चलती है, बल्कि शक्सगम नदी की उपनदियों को पार करती है और कभी-कभी ढलानों के ऊपर आधे रास्ते तक रहती है। उसके बाद वह कराकोरम दर्रा पहुँचती है। पारंपरिक रेखा के दक्षिण की ओर चलती हुई पाकिस्तानी वास्तविक नियंत्रण रेखा लगभग एक हजार छह सौ वर्ग मील चीन को दे देती है। पाकिस्तानी तथा चीनी व्यवस्थाओं के बीच लगभग दो हजार एक सौ वर्ग मील की भिन्नता थी।

इस समझौते के अस्थायी होने का दावा किया जाता है, फिर भी उसे समाप्त

करने में काफी हड़बड़ी दिखाई गई है। यह महत्त्वपूर्ण है कि वह अभिपुष्टि के अधीन नहीं है। इस प्रकार नेशनल असेंबली, प्रेस तथा पाकिस्तानी जनता को इस समझौते की शर्तों की जाँच का कोई अवसर न दिया गया है, न दिया जाएगा।

मैं पहले ही इस सदन में बोल चुका हूँ कि हम पाकिस्तान के साथ एक समझौता करने के लिए स्वाभाविक रूप से उत्सुक हैं; परंतु मैं इस भावना को रोक नहीं सकता कि पीकिंग में सीमा समझौते पर हस्ताक्षर के लिए 26 दिसंबर को संयुक्त घोषणा, 22 फरवरी को पाकिस्तान सरकार की घोषणा और अंततः इस समझौते पर हस्ताक्षर कश्मीर तथा अन्य संबद्ध मामलों पर संयुक्त वार्त्ता के परिणाम को दुष्प्रभावित कर सकते हैं। अलबत्ता, पाकिस्तान के साथ एक सम्माननीय समझौते के लिए अपनी इच्छा की गंभीरता के रूप में हम कलकत्ता में वार्त्ता जारी रखने का प्रस्ताव करते हैं। मैं यह भी कह चुका हूँ कि समझौते का अर्थ यह नहीं है कि हम पाकिस्तान द्वारा प्रस्तावित हर बात—सही या गलत—को स्वीकार कर लें। हम उन सिद्धांतों को नहीं त्याग सकते हैं, जिन्हें हमने हमेशा सम्मान दिया है।

समझौते का दूसरा पक्ष, अर्थात् चीन, अपनी इस घोषणा कि उसने कभी भी कश्मीर संबंधी विवाद में खुद को शामिल नहीं किया या उसका बेतुका दावा कि सीमा समझौता-वार्त्ता ने चीनी तथा पाकिस्तानी जनता के बीच मित्रता को बढ़ावा दिया है और वह एशिया तथा विश्व की शांति के हित में है, के बावजूद वह भारत-पाकिस्तान के संबंधों में हस्तक्षेप कर रहा है। ऐसा करते हुए चीन अपनी विस्तारवादी नीति को आगे बढ़ाने के लिए कश्मीर के मुद्दे पर भारत तथा पाकिस्तान के मतभेदों का लाभ उठाने का प्रयास कर रहा है। भारत सरकार ने चीन जनगणराज्य की सरकार के सामने विरोध दर्ज कराते हुए इस समझौते के प्रति अपना पक्ष स्पष्ट कर दिया है।

□

परिशिष्ट 6

शिमला समझौता, 1972
(भारत सरकार और पाकिस्तान सरकार के बीच द्विपक्षीय संबंधों पर हुआ समझौता)

1. भारत सरकार और पाकिस्तान सरकार ने यह निश्चय किया है कि दोनों देश उस संघर्ष और युद्ध पर विराम लगाएँ, जिसने अब तक उनके संबंधों को बिगाड़ा है—और एक दोस्ताना तथा सद्भावनापूर्ण संबंध के विकास और उपमहाद्वीप में स्थायी शांति की स्थापना के लिए कार्य करें, ताकि दोनों देश भविष्य में अपने संसाधनों और ऊर्जा को अपनी जनता के कल्याण के महत्त्वपूर्ण कार्य में लगाएँ।

इस उद्देश्य को प्राप्त करने के लिए भारत सरकार तथा पाकिस्तान सरकार इन बातों पर सहमत हुए हैं—

(क) कि संयुक्त राष्ट्र चार्टर के सिद्धांत व उद्देश्य दोनों देशों के संबंध को निर्देशित करेंगे।

(ख) कि दोनों देश अपने मतभेदों को शांतिपूर्ण तरीके से द्विपक्षीय वार्त्ता या किसी अन्य शांतिपूर्ण उपाय, जिसपर वे सहमत हों, से निपटाने के लिए दृढ़ संकल्पित हैं। दोनों देशों के बीच किसी समस्या का अंतिम समाधान लंबित रहने पर दोनों पक्ष एकपक्षीय रूप से स्थिति में परिवर्तन का प्रयास नहीं करेंगे और दोनों पक्ष शांतिपूर्ण व सद्भावनापूर्ण संबंधों के लिए हानिकारक किसी भी संगठन के सहयोग या प्रोत्साहन से दूर रहेंगे।

(ग) कि उनके बीच मेल, अच्छे पड़ोसियों जैसे संबंध और शांति की स्थापना के लिए दोनों देश समानता व आपसी लाभ के आधार पर शांतिपूर्ण सहअस्तित्व, एक-दूसरे की क्षेत्रीय अखंडता व संप्रभुता

11 सितंबर, 2001 को अमेरिका स्थित वर्ल्ड ट्रेड सेंटर और पेंटागन पर हुए हमलों के कुछ समय पहले वाशिंगटन में अपना पक्ष रखने के भारतीय प्रयासों के विरुद्ध अमेरिकी सीनेट के पास भेजा गया हाफिज सईद का पत्र

आतंकवाद के बारे में लश्कर-ए-तोयबा का दृष्टिकोण

मैं लश्कर-ए-तोयबा, जो पराधीन कश्मीर में भारतीय बलों के खिलाफ लड़ रहे कश्मीरी स्वतंत्रता सेनानियों का एक संगठन है, से संबंधित एक संवेदनशील मुद्दे पर अपना मत स्पष्ट करना चाहता हूँ। लश्कर-ए-तोयबा का लक्ष्य यह है कि विश्व के अन्य राष्ट्रों की तरह कश्मीरी लोगों को आत्मनिर्णय का अधिकार मिले।

हम यह जानकर क्षुब्ध हैं कि अमेरिकी सरकार में कुछ तत्त्व लश्कर-ए-तोयबा को एक आतंकवादी संगठन घोषित करने के बारे में सोच रहे हैं। निश्चित रूप से भारत सरकार द्वारा उपलब्ध कराई गई भ्रामक सूचना ने उन लोगों को प्रभावित किया है, जो इस कदम का समर्थन कर रहे हैं। तथ्यों को हम स्पष्ट करना चाहते हैं और निम्नलिखित बिंदुओं पर ध्यान आकर्षित करना चाहते हैं—

1. लश्कर-ए-तोयबा के नियंत्रण में कश्मीर में सभी ऑपरेशन स्थानीय लोगों को भारतीय सेना के दमन से बचाने के एकमात्र उद्‍देश्य से सेना के खिलाफ किए गए।
2. लश्कर-ए-तोयबा हिंदुओं, सिखों या भारतीय कब्जेवाले कश्मीर के किसी अन्य समुदाय के प्रति कोई दुर्भावना नहीं रखता और हमने कभी भी कश्मीर

में जान-बूझकर नागरिकों को निशाना नहीं बनाया, चाहे वे हिंदू या सिख या अन्य गैर-मुसलमान हों, हालाँकि भारतीय सेना के साथ मुठभेड़ के दौरान आकस्मिक नागरिक क्षति एक खेदजनक अपवाद है।

3. हमें यकीन है कि आप हमारे सशस्त्र संघर्ष के दौरान एक भी ऐसी घटना नहीं पाएँगे, जहाँ किसी समुदाय के लोगों को प्रत्यक्ष रूप से निशाना बनाया गया हो।
4. हम कभी भी बंधक बनाने, विमान अपहरण, अपहरण या ऐसी किसी अन्य घटना में लिप्त नहीं रहे हैं। ऐसे किसी बीभत्स कार्य के लिए हमें दोषी नहीं ठहराया जा सकता। हमारा मत अमेरिकी नीति से भिन्न हो सकता है और यह हमारा अधिकार है; परंतु हम किसी अमेरिकी नागरिक या संपत्ति को क्षति पहुँचाने का इरादा नहीं रखते। न ही हम दूतावासों पर हमला करने या किसी, यहाँ तक कि भारतीय नागरिकों के खिलाफ भी, धमकी जारी करने में यकीन रखते हैं ।
5. हम अमेरिका, ब्रिटेन या भारतीय नागरिकों के खिलाफ भी किसी प्रकार की दुर्भावना नहीं रखते हैं। इसलिए उनके खिलाफ किसी प्रकार की हिंसा का सहारा लेने का कोई कारण हमारे पास नहीं है। हम विश्वास करते हैं कि वे भी दुनिया के किसी अन्य नागरिक की तरह शांति तथा हिंसा से सुरक्षा के हकदार हैं और किसी देश के नागरिकों को किसी प्रकार का नुकसान पहुँचाने का कोई प्रश्न नहीं है। इसी प्रकार, किसी भी देश (मुसलिम या गैर-मुसलिम) से हमारा कोई प्रत्यक्ष संघर्ष नहीं है। अतः ऐसी किसी गतिविधि में हमारे शामिल होने की बिलकुल संभावना नहीं है, जो अमेरिका या विश्व में और कहीं अमेरिकी संपत्ति या नागरिकों को खतरे में डाले।
6. अमेरिकी विदेश विभाग या कोई अन्य देश अंतरराष्ट्रीय आतंकवाद में हमारी भागीदारी को प्रमाणित नहीं कर सकता है।
7. हमारी गतिविधियाँ (कश्मीरी लोगों की इच्छा के अनुसार) भारतीय कब्जे से उन्हें आजाद करने के लिए पूरी तरह कश्मीर पर केंद्रित हैं। हम भारतीय सेना की क्रूरताओं से उनकी सुरक्षा भी करना चाहते हैं।
8. हमारी गतिविधियों का फोकस कश्मीरी लोगों की इच्छा के खिलाफ भारतीय बलों द्वारा कश्मीर पर बलपूर्वक कब्जा करना रहा है। हम विश्वास करते हैं कि अंतरराष्ट्रीय मानकों तथा व्यवहारों के तहत आजादी की लड़ाई लड़ रहे लोगों को सहयोग देना हमारा कर्तव्य है। यहाँ तक कि संयुक्त राष्ट्र

महासभा (प्रस्ताव) भी इसकी अनुमति देती है। इसी प्रकार, अफगानिस्तान तथा वियतनाम में अमेरिका का पिछला अंतरराष्ट्रीय प्रयास हमारे दृष्टिकोण का समर्थन करता है। एकमात्र भिन्नता यह है कि हम सरकारी अंग नहीं हैं, परंतु ऐसे स्वयंसेवक हैं, जो कश्मीरी भाइयों के दमन के बारे में गंभीरता से सोचते हैं।

9. इसके आगे यह याद रखना चाहिए कि भारत के कब्जेवाला कश्मीर अब भी एक विवादित क्षेत्र है, जैसा हालिया संयुक्त राष्ट्र सुरक्षा परिषद् के प्रस्ताव में अंतरराष्ट्रीय समुदाय द्वारा स्वीकार किया गया। इस प्रकार, उस क्षेत्र में हमारी गतिविधियों को भारतीय मामलों में हस्तक्षेप के रूप में नहीं देखा जाना चाहिए। हमारा सहयोग भारत अधिकृत कश्मीर में कश्मीरी भाइयों तक सीमित है।

10. हमारी माँग है कि न केवल पाकिस्तान, बल्कि शांति चाहनेवाले सभी मुसलिम तथा गैर–मुसलिम देश भारतीय सेना के खिलाफ हमें पूरा समर्थन दें, जो निर्दोष कश्मीरियों को उत्पीड़ित कर रही है। हमें पूरे विश्व में हमारे हमदर्दों तथा शुभचिंतकों का समर्थन प्राप्त है, जो कश्मीर की आजादी पर हमारे दृष्टिकोण से सहमत हैं। इस बात पर बल दिया जाना चाहिए कि यदि पूर्वी तिमोर के लोगों को बहुत कम अवधि में आजादी मिल सकती है तो कश्मीरियों को क्यों नहीं? इस विसंगति में निहित कारण यह है कि पूर्वी तिमोर के लोग ईसाई थे और कश्मीरी मुसलमान हैं।

11. भारत ने सन् 1971 में अंतरराष्ट्रीय सीमा का उल्लंघन किया और पूर्वी पाकिस्तान पर हमला किया। सन् 1947 में उसने जूनागढ़ तथा हैदराबाद के राज्यों पर आक्रमण किया; जबकि ये राज्य पार्टिशन ऑफ इंडिया एक्ट के तहत पाकिस्तान में शामिल होने की घोषणा कर चुके थे। आज भारत में सभी समुदाय उसकी आक्रामकता झेल रहे हैं। विश्व का तथाकथित सबसे बड़ा लोकतंत्र कट्टरपंथी हिंदुओं के एक समूह का गुलाम बन चुका है। इससे 'धर्मनिरपेक्ष भारत' के चेहरे से नकाब उठता है। भारत में न तो ईसाइयों का गिरजाघर, न ही मुसलमानों का सम्मान सुरक्षित है। क्या ऐसे देश को सुरक्षा परिषद् का सदस्य बनाना चाहिए? यह पूरे विश्व की सुरक्षा को खतरे में डालने के बराबर होगा।

12. भारतीय सेना छत्तीसिंहपुरा में सिखों की हत्या में प्रत्यक्ष रूप से शामिल थी। इसी प्रकार, अमरनाथ यात्रियों की हत्या भारतीय सेना का ही काम

था। यदि इन घटनाओं की जाँच के लिए एक स्वतंत्र आयोग गठित किया जाए तो लश्कर-ए-तोयबा पूरी दुनिया के सामने अपना पक्ष स्पष्ट कर सकता है।

13. लश्कर-ए-तोयबा केवल एक सैन्य संगठन नहीं है; वह 'द' वाह' एवं 'जेहाद' में संलग्न है। उसकी सभाओं तथा सम्मेलनों में विशाल उपस्थिति उसकी लोकप्रियता को दरशाती है। यह एक लोकप्रिय आंदोलन है, जिसे शांति के इच्छुक लोगों का पूर्ण समर्थन प्राप्त है। उसके अस्पताल लोगों को आदर्श सेवाएँ प्रदान कर रहे हैं; उसके स्कूल पाकिस्तान में शिक्षा का प्रसार करते हुए अज्ञान को दूर कर रहे हैं।

यह सब कहने के बाद हम यह पूछना चाहते हैं कि अफगान जेहाद तथा कश्मीरी जेहाद में क्या अंतर है? अमेरिका ने एक जेहाद को जोरदार तरीके से समर्थन दिया और वह दूसरे जेहाद की इतनी बुरी तरह निंदा क्यों कर रहा है? क्या अपने हितों की बात आने पर उसके मानदंड इतनी जल्दी बदल जाते हैं? उसने अफगानिस्तान में जेहाद को समर्थन दिया, क्योंकि वह सोवियत संघ के खिलाफ था; जबकि वह भारत के साथ अपने रिश्तों के कारण जेहाद-ए-कश्मीर की निंदा कर रहा है। फिर एक बहुत महत्त्वपूर्ण सवाल—अमेरिका ने इराक के निर्दोष लोगों पर आक्रमण क्यों किया? उसने अफगानिस्तान एवं सूडान पर क्रूज मिसाइलों का वार क्यों किया? क्या आतंकवाद के खिलाफ उसके कानून सभी प्रकार की आक्रामकता पर लागू नहीं होते? जहाँ तक हमारी निंदा का प्रश्न है, हम अपनी आजादी के लिए लड़ रहे हैं।

प्रो. हाफिज मुहम्मद सईद
आमिर लश्कर-ए-तोयबा

□

परिशिष्ट 8

इसलामाबाद में दिया गया राष्ट्र के नाम जनरल मुशर्रफ का संदेश

(12 जनवरी, 2002)

मैं सबसे उपकारी, सबसे दयालु अल्लाह के नाम पर अपना संदेश शुरू करता हूँ।

पाकिस्तानी भाइयो और बहनो!

जैसा कि आपको याद होगा, जब से मैंने शासन सँभाला है, मैंने समाज को कट्टरवाद, हिंसा और आतंकवाद से छुटकारा दिलाने की मुहिम छेड़ी है और इसलाम को उसके वास्तविक संदर्भ में प्रस्तुत करने का प्रयास किया है। 17 अक्तूबर, 1999 को अपने पहले भाषण में मैंने कहा था और मैं उद्धृत करता हूँ, 'इसलाम घृणा नहीं, सहनशक्ति; दुश्मनी नहीं, सार्वभौमिक भाईचारा; हिंसा नहीं, शांति सिखाता है। मेरे मन में 'उलेमाओं' के लिए बहुत सम्मान है और मैं उनसे आगे आकर इसलाम को उसकी सच्ची रोशनी में प्रस्तुत करने की उम्मीद करता हूँ। मैं उनसे उन तत्त्वों को नियंत्रित करने का आग्रह करता हूँ, जो निहित स्वार्थों के लिए धर्म का लाभ उठा रहे हैं और हमारे धर्म को बदनाम कर रहे हैं।'

इसके बाद, मैंने इस संबंध में कई कदम उठाए। पहला, सन् 2000 में मैंने तालिबान के साथ संपर्क करना आरंभ किया और उन्हें सहनशक्ति अपनाने तथा अपने तरीकों में सुधार लाने का परामर्श दिया। मैंने उनसे यह भी कहा कि जो लोग पाकिस्तान में आतंकवादी गतिविधियों में लिप्त थे और अफगानिस्तान में शरण ले रहे हैं, उन्हें हमें वापस कर देना चाहिए। दुर्भाग्यवश हम सफल नहीं हुए।

सन् 2001 में, शायद जनवरी में, हमने पाक-अफगान सीमाओं को सील कर दिया और मैंने निर्देश दिया कि किसी 'मदरसे' (धार्मिक विद्यालय) के विद्यार्थियों

को संबंधित दस्तावेजों के बिना अफगानिस्तान में नहीं जाने दिया जाए। इसके बाद मैंने मुल्ला उमर से मिलने के लिए कई प्रतिनिधिमंडल भेजे। मैं उन्हें सहनशीलता तथा संतुलन की सलाह देता रहा। बाद में 15 फरवरी, 2001 को हमने निरस्त्रीकरण अध्यादेश लागू किया। इस कानून के द्वारा हमने पाकिस्तान में एक निशस्त्रीकरण अभियान चलाया।

5 जून को, सीरत सम्मेलन के अवसर पर, मैंने सभी विचारधाराओं के उलेमाओं को संबोधित किया और धार्मिक कट्टरता के खिलाफ दृढ़ता से उनसे बात की। 14 अगस्त, 2001 को हमने अंततः लश्कर-ए-झंगवी तथा सिपह-ए-मुहम्मद पर प्रतिबंध लगाने का बहुत महत्त्वपूर्ण फैसला किया और सिपह-ए-साहबा तथा टी.जे.पी. (तहरीक-ए-जफरिया पाकिस्तान) को निगरानी में रखा। इसके अतिरिक्त, कई अवसरों पर मैंने 'उलेमाओं' और 'मशेख' को बुलाया तथा उनके साथ विस्तृत विचार-विमर्श किया। इसका उद्‌देश्य उन्हें आतंकवाद तथा कट्टरवाद के खिलाफ अपने अभियान में शामिल करना था। ये उपाय सन् 1999 में हमारे सत्ता सँभालने के बाद से जारी हैं। मैं इतने विस्तार में यह सब केवल आपको इसलिए बता रहा हूँ, क्योंकि शुरुआत से ही कट्टरवाद के खिलाफ हमारा अभियान हमारे अपने राष्ट्रीय हित में है। हम यह किसी की सलाह या दबाव के तहत नहीं कर रहे हैं, बल्कि हम जानते हैं कि यह हमारे राष्ट्रीय हित में है। हम जानते हैं कि हमें समाज को कट्टरवाद से मुक्त करने की आवश्यकता है। हम शुरू से ही इसका प्रयास कर रहे हैं।

यह घरेलू सुधार प्रक्रिया चल रही थी, जब 11 सितंबर को अमेरिका पर आतंकवादी हमला किया गया। इस आतंकवादी गतिविधि ने पूरे विश्व में महत्त्वपूर्ण परिवर्तनों को प्रेरित किया। हमने आतंकवाद के खिलाफ अंतरराष्ट्रीय गठबंधन में शामिल होने का फैसला किया और इस संबंध में मैं कई अवसरों पर पहले ही बोल चुका हूँ। हमने अपने सिद्धांतों और राष्ट्रीय हित में यह निर्णय किया।

खुदा के फजल से हमारा फैसला पूरी तरह सही था। हमारे इरादे नेक थे और खुदा ने हमारी मदद की। मुझे यह कहते हुए खुशी हो रही है कि पाकिस्तानियों के विशाल बहुमत ने हमारे निर्णय का समर्थन किया। मैं अपने देश के यथार्थवादी फैसले पर गर्व महसूस करता हूँ। मुझे दुःख इस बात का है कि कुछ धार्मिक कट्टरवादी दलों और गुटों ने इस फैसले का विरोध किया। इससे अधिक दुःख इस बात का है कि उनका विरोध सिद्धांतों पर आधारित नहीं था। हमारे इतिहास में एक महत्त्वपूर्ण मोड़ पर उन्होंने राष्ट्रीय हितों की तुलना में अपने व्यक्तिगत तथा दलीय

हितों को प्रमुखता दी।

उन्होंने देश को भ्रमित करने का पूरा प्रयास किया, जुलूस निकाले और आंदोलनों का सहारा लिया; परंतु उनके सभी प्रयास विफल रहे। पाकिस्तान के लोगों ने उनके इरादों को नाकाम कर दिया। जैसा मैंने कहा है, मुझे पाकिस्तान के लोगों पर गर्व है, जो सही फैसलों का समर्थन करते हैं और उनपर ध्यान नहीं देते, जो उन्हें गुमराह करने का प्रयास करते हैं।

मैंने कई अवसरों पर धार्मिक उलेमाओं से बात की है और उनके साथ विचारों का आदान-प्रदान किया है। मैं यह कहते हुए खुशी महसूस करता हूँ कि हमारी बातचीत बहुत लाभदायक रही। उनमें से अधिकतर बुद्धिमान् और दूरदर्शी हैं तथा धर्म को राजनीति के साथ मिश्रित नहीं करते। कुछ कट्टरवादी, जो विरोधों में शामिल थे, ऐसे लोग हैं, जो एकाधिकार स्थापित करने और अपने तरीके के धर्म का प्रचार करने की कोशिश करते हैं।

वे इस तरह सोचते हैं मानो दूसरे लोग मुसलमान नहीं हैं। ये वे लोग हैं, जिन्होंने तालिबान को इसलाम का एक प्रतीक बताया और कहा कि तालिबान इसलामी पुनर्जागरण ला रहे हैं या इसलाम के सबसे पवित्र रूप को व्यवहार में ला रहे हैं। उन्होंने ऐसा जताया मानो उत्तरी गठबंधन, जिनके खिलाफ तालिबान लड़ रहे थे, वे गैर-मुसलमान हैं। जबकि वास्तव में दोनों मुसलमान थे और आस्थावान् भी। ये कट्टरवादी ऐसे लोग हैं, जो 'हकूकुल इबाद' (अन्य मनुष्यों के प्रति कर्तव्य) की बात नहीं करते। वे इन कर्तव्यों की बात नहीं करते, क्योंकि उनका पालन करना आत्मत्याग की माँग करता है। वे अपने पजेरो और महँगी गाड़ियों का स्पष्टीकरण कैसे देंगे? मैं इन कट्टरवादियों से पूछना चाहता हूँ कि हजारों पाकिस्तानियों को गुमराह करके अफगानिस्तान में जन-संहार का शिकार बनाने के लिए कौन जिम्मेदार था? इन गुमराह लोगों को उन्हीं लोगों ने निराश किया जिनके सहयोग के लिए वे गए थे। हम सबको इससे एक सबक लेना चाहिए। हमें यह याद रखना चाहिए कि हम पाकिस्तानी हैं। पाकिस्तान हमारी पहचान, हमारी मातृभूमि है। हम पाकिस्तान के बाहर विदेशी होंगे और हमसे विदेशियों जैसा ही व्यवहार किया जाएगा। पाकिस्तान हमारी भूमि है। यह हमारी धरती है। यदि हम इसे त्याग देंगे तो हमें मुश्किलों का सामना करना पड़ेगा। हमें यह सबक जरूर सीखना चाहिए।

संप्रदायवादी आतंकवाद वर्षों से जारी है। हममें से हर कोई इससे तंग आ चुका है। यह असहनीय होता जा रहा है। हमारे शांति-समर्थक लोग कलाश्निकोव

और शस्त्र संस्कृति से छुटकारा पाने को व्यग्र हैं। हर कोई उससे परेशान है। इसी कारण हमने लश्कर-ए-झंगवी तथा सिपह-ए-मुहम्मद पर प्रतिबंध लगाया। फिर भी जरा सा ही सुधार हुआ। कयामत का दिन आ गया है। क्या हम पाकिस्तान को एक धर्मतांत्रिक मुल्क बनाना चाहते हैं? क्या हम मानते हैं कि केवल धार्मिक शिक्षा ही शासन के लिए पर्याप्त है या हम पाकिस्तान को एक प्रगतिशील और ओजस्वी इसलामी कल्याणवाले मुल्क के रूप में उभरते हुए देखना चाहते हैं? जनता का निर्णय एक प्रगतिशील इसलामी मुल्क के पक्ष में है।

पवित्र पैगंबर के उपदेशों पर आधारित तथा कायदे-आजम और अल्लामा इकबाल की शिक्षा के अनुरूप यह निर्णय पाकिस्तान को प्रगति तथा संपन्नता के पथ पर ले जाएगा। हमें ईमानदारी से यह विश्लेषण करना चाहिए कि चंद धार्मिक कट्टरपंथियों ने पाकिस्तान और इसलाम के साथ क्या करने का प्रयास किया है।

पहला—अफगानिस्तान के संबंध में वे आंदोलनकारी गतिविधियों में लिप्त हुए। इससे हुई क्षति को देखिए! पाकिस्तान की अंतरराष्ट्रीय छवि कलंकित हुई और अंतरराष्ट्रीय मीडिया द्वारा हमें अज्ञानी तथा पिछड़े के रूप में प्रस्तुत किया गया। हमारी अर्थव्यवस्था प्रभावित हुई। पाकिस्तानी उद्योग को पहले से मिल चुके कई निर्यात अनुबंध रद्द कर दिए गए और उन्हें कोई नई माँग नहीं मिली। इससे कुछ फैक्टरियाँ बंद हो गईं और बेरोजगारी को बढ़ावा मिला। गरीब-दैनिक वेतनभोगी लोग अपनी जीविका खो बैठे। कट्टरवादियों ने एक पाकिस्तान-अफगानिस्तान सुरक्षा परिषद् का भी निर्माण किया। पाकिस्तान को क्षति पहुँचाने के अलावा उनकी सोच नकारात्मक थी और उनमें अफगानिस्तान के कल्याण का कोई विचार नहीं था। क्या उन्होंने कभी भी तालिबान तथा उत्तरी गठबंधन के बीच समझौता कराकर अफगानिस्तान में शांति स्थापना करने के बारे में सोचा? क्या उन्होंने उन्हें सहनशीलता की सलाह दी? क्या उन्होंने कभी भी युद्ध-पीड़ित अफगानिस्तान के कल्याण, पुनर्वास तथा पुनर्संरचना के लिए फंड जमा करने या गरीब अफगानों की पीड़ा कम करने की बात सोची? क्या उन्होंने अफगानिस्तान में भूख, गरीबी तथा विनाश के समाधान के बारे में सोचा? मेरी जानकारी में केवल मौलाना अब्दुल सत्तार इदी, खुदा उन्हें खुश रखे, और कुछ विदेशी गैर-सरकारी संगठन तथा संयुक्त राष्ट्र संगठन अफगानों को भोजन तथा दवाइयाँ उपलब्ध करा रहे थे। इन कट्टरवादियों ने अफगानिस्तान में रक्तपात में योगदान देने के अलावा कुछ नहीं किया। मैं उनसे पूछता हूँ—क्या वे विनाश तथा घृणा के बीज बोने के अलावा भी कुछ जानते हैं? क्या इसलाम इसी की शिक्षा देता है?

चाहिए कि इन कट्टरपंथियों द्वारा हमें किस दिशा की ओर ले जाया जा रहा है।

सरकारी आदेश को चुनौती दी जाती है। पाकिस्तान को एक उदार मुल्क बना दिया गया है, जहाँ कानून की सर्वोच्चता पर सवाल उठाए जाते हैं। इस स्थिति को और सहन नहीं किया जा सकता। प्रश्न यह है कि सही राह क्या है? सबसे पहले, हमें सांप्रदायिक घृणा और आतंकवाद से छुटकारा पाना होगा, आपसी सद्भावना को प्रोत्साहित करना होगा। याद रखिए कि जोर-जबरदस्ती तथा दबाव से मानसिकता को नहीं बदला जा सकता है। किसी पर कोई विचार जबरन लादा नहीं जा सकता। हो सकता है कि वह व्यक्ति बाहर से बदल जाए, परंतु बल से दिलोदिमाग को नहीं बदला जा सकता। वास्तविक परिवर्तन व्यक्तिगत उदाहरण, आदर्श चरित्र तथा श्रेष्ठ बुद्धि द्वारा ही लाया जा सकता है। उसे हकूक-उल-इबाद (अन्य मनुष्यों के प्रति कर्तव्य) से ही लाया जा सकता है।

क्या हम पवित्र पैगंबर के उदाहरण को भूल गए, जहाँ इसलाम का प्रसार उनके व्यक्तिगत व्यवहार, सच्चे नेतृत्व के कारण हुआ था और इस प्रकार उस समय दुनिया में परिवर्तन हुए? हम इसलाम की प्रतिष्ठित शख्सियतों, जैसे—हजरत दाता गंज बख्श, हजरत लाल शाहबाज कलंदर, फरीद गंज शकर, बहाउद्दीन जकरिया आदि की शिक्षा को भूल गए। क्या उन्होंने बल तथा दबाव द्वारा इसलाम का प्रसार किया था? नहीं। उन्होंने खुद को उदाहरण बनाते हुए इसलाम की शिक्षा दी। मैंने इन उदाहरणों का उल्लेख इसलिए किया, क्योंकि यह देखकर मुझे दुःख होता है कि हम अपने आप को कितना नीचे ले आए हैं। हमें मादरिस को फिर से उसी स्थिति में लाना होगा, जैसा वह अपने मूल रूप में था। हमें वस्तुस्थिति को बदलना होगा और उन्हें सुधार की राह पर लाना होगा। दूसरी चीज, जिसके बारे में मैं बात करना चाहता हूँ, वह है अपनी पूर्णता में जेहाद की अवधारणा। मैं इसका विस्तृत वर्णन करना चाहता हूँ; क्योंकि यह एक विवाद का विषय है, जिसकी पूर्ण समझ तथा जानकारी की आवश्यकता है। इसलाम में जेहाद केवल सशस्त्र संघर्ष तक सीमित नहीं है। क्या हमने कभी भी अशिक्षा, गरीबी, पिछड़ापन और भूख के खिलाफ जेहाद छेड़ने की बात सोची है? यह विशाल जेहाद है। मेरे विचार में, पाकिस्तान को इन बुराइयों के खिलाफ जेहाद छेड़ने की आवश्यकता है। खैबर के युद्ध के बाद पैगंबर ने कहा कि जेहाद-ए-असगर (छोटा जेहाद) पूरा हो चुका है; परंतु जेहाद-ए-अकबर (बड़ा जेहाद) आरंभ हो गया है। इसका अर्थ था कि सशस्त्र जेहाद यानी छोटा जेहाद पूरा हो चुका था और पिछड़ेपन व अशिक्षा के खिलाफ बड़ा जेहाद शुरू हो गया था। पाकिस्तान को इस मोड़ पर जेहाद-ए-

अकबर की आवश्यकता है।

वैसे हमें यह याद रखना चाहिए कि प्रत्येक व्यक्ति नहीं, केवल सरकार सशस्त्र जेहाद की घोषणा कर सकता है। कट्टरपंथी अल्पसंख्यकों को यह महसूस करना चाहिए कि पाकिस्तान विश्व में सशस्त्र जेहाद छेड़ने के लिए जिम्मेदार नहीं है। मुझे लगता है कि 'हकूक अल्लाह' (खुदा के प्रति कर्तव्य) के साथ हमें 'हकूक-अल-एबाद' (साथी मनुष्यों के प्रति कर्तव्य) पर भी ध्यान केंद्रित करना चाहिए। स्कूलों, कॉलेजों तथा मादरिस में मनुष्यों के प्रति कर्तव्य की शिक्षा दी जानी चाहिए। हम जानते हैं कि हमने मनुष्यों के साथ सही व्यवहार के महत्त्व को पूरी तरह उपेक्षित कर दिया है। इसलामी उपदेशों में कलह का कोई स्थान नहीं है। यह अनिवार्य है कि हम सच्चे इसलाम, यानी सहनशीलता, क्षमा, करुणा, न्याय, उचित व्यवहार, मैत्री और सद्भावना की शिक्षा दें, जो इसलाम की वास्तविक आत्मा है। हमें इसे स्वीकार करना चाहिए। हमें नकारात्मक विचारों को छोड़ना चाहिए। हमने मादरिस के लिए एक नई रणनीति बनाई है और उनके अच्छे पक्षों को प्रेरित करने तथा उनकी बुराइयों को मिटाने के लिए उसे कार्यान्वित करने की आवश्यकता है। हमने उनके लिए एक नई पाठ्य-सामग्री विकसित की है, जिसमें पाकिस्तान के विषयों की शिक्षा का प्रावधान है। यदि हम इन मादरिसों से धार्मिक नेता भी उत्पन्न करना चाहते हैं तो उन्हें इसी रूपरेखा के साथ शिक्षित किया जाना चाहिए। ऐसे लोग समाज में अधिक सम्मान के साथ देखे जाएँगे; क्योंकि वे अच्छी योग्यता-प्राप्त होंगे। मेरा विचार है कि धार्मिक स्कूलों के विद्यार्थियों को समाज की मुख्यधारा में लाना चाहिए। यदि उनमें से कोई कॉलेज या यूनिवर्सिटी में दाखिला लेना चाहता है तो उसके पास आधुनिक शिक्षा प्राप्त होने का विकल्प होना चाहिए। यदि एक मदरसे में पढ़ रहा बच्चा पेश इमाम नहीं बनना चाहता है, एक बैंक अधिकारी बनना चाहता है या किसी अन्य क्षेत्र में रोजगार प्राप्त करना चाहता है, तो उसे वे सुविधाएँ प्रदान की जानी चाहिए।

इसका अर्थ होगा कि मादरिस के विद्यार्थियों को एक बेहतर शिक्षा प्रणाली द्वारा मुख्यधारा में लाना चाहिए। यही मदरसा रणनीति का मर्म है। यह किसी भी प्रकार धार्मिक-शैक्षिक संस्थानों को सरकारी नियंत्रण के तहत लाने का प्रयास नहीं है, न ही हम इन संस्थानों की उत्तम विशेषताओं को विकृत करना चाहते हैं। मेरा एकमात्र लक्ष्य इन संस्थानों को अपनी कमजोरियों पर काबू पाने में मदद करना तथा उन्हें बेहतर सुविधाओं और इन संस्थानों में गरीब बच्चों को अधिक विकल्प देने का है। हमें मसजिदों और मादरिसों के शोषण पर नजर रखनी होगी और उन्हें

राजनीतिक तथा संप्रदायवादी पूर्वग्रह फैलाने के लिए इस्तेमाल नहीं किया जाना चाहिए। हम यह सुनिश्चित करना चाहते हैं कि मसजिदों को स्वतंत्रता मिले। हम उसे बरकरार रखने के लिए मौजूद हैं। साथ ही, हम उनसे स्वतंत्रता के साथ जिम्मेदारी दिखाने की भी उम्मीद करते हैं। यदि मसजिदों के इमाम जिम्मेदारी का प्रदर्शन करने में विफल रहे तो उनपर लगाम लगाई जाएगी। इस विश्लेषण के बाद अब मैं कुछ निष्कर्षों तथा निर्णयों पर आना चाहता हूँ।

पहला, हमें सरकारी आदेश को स्थापित करना होगा। पाकिस्तान के सभी संगठन एक नियमित तरीके से कार्य करेंगे। पाकिस्तान में कोई व्यक्ति या संगठन अनियमित तरीके से कार्य नहीं करेगा। किसी व्यक्ति, संगठन या दल को यहाँ का कानून तोड़ने की इजाजत नहीं दी जाएगी। आंतरिक वातावरण में सुधार लाना होगा। समाज में परिपक्वता तथा संतुलन कायम करना होगा। हमें सहनशीलता, परिपक्वता, उत्तरदायित्व, धैर्य तथा समझदारी के वातावरण को प्रेरित करना होगा; कट्टरवाद, उग्रवाद, हिंसा तथा रूढ़िवादिता पर अंकुश रखना होगा; घृणा तथा क्रोध के वातावरण को समाप्त करना होगा; देश के साधारण गरीब लोगों का शोषण रोकना होगा और उन्हें झगड़ों तथा हिंसा में शामिल होने से रोकना होगा। हमें अपने देश के बारे में ही सोचना चाहिए। पाकिस्तान सबसे पहले है। हमें दूसरों के साथ खुद को संबंधित करने या उनके मामले में हस्तक्षेप करने की आवश्यकता नहीं है। अन्य देशों में हस्तक्षेप करने की कोई जरूरत नहीं है।

अब मैं अन्य महत्त्वपूर्ण मुद्दों पर आता हूँ। मेरे विचार में, हमारे दिमाग में संघर्ष तथा आंदोलन उत्पन्न करनेवाली तीन समस्याएँ हैं। उनमें शामिल हैं : पहला—कश्मीर मुद्दा, दूसरे—मुसलमानों से संबंधित अंतरराष्ट्रीय स्तर पर सभी राजनीतिक विवाद और तीसरे—आंतरिक संप्रदायवादी विवाद तथा मतभेद। ये तीन समस्याएँ हमारे दिमाग में भ्रम उत्पन्न करती हैं। मैं इन तीनों के संबंध में व्यवहार के नियम स्थापित करना चाहता हूँ।

पहले कश्मीर मुद्दे को लें। कश्मीर हमारे खून में है। कोई पाकिस्तानी कश्मीर के साथ अपने संपर्क तोड़ना सहन नहीं कर सकता। पूरा पाकिस्तान और विश्व यह जानता है। कश्मीरियों को हम अपना नैतिक, राजनीतिक तथा कूटनीतिक समर्थन देना जारी रखेंगे। हम कश्मीर पर अपने पक्ष से एक इंच भी नहीं हटेंगे। कश्मीर समस्या को कश्मीरी लोगों की इच्छा और संयुक्त राष्ट्र प्रस्तावों के अनुरूप बातचीत तथा शांतिपूर्ण प्रयासों द्वारा सुलझाने की आवश्यकता है। हमें इस विवाद का हल खोजना है। किसी भी संगठन को कश्मीर के नाम पर आतंकवाद में लिप्त

होने की इजाजत नहीं दी जाएगी। हम 11 सितंबर, 1 अक्तूबर और 13 दिसंबर की आतंकवादी कारवाइयों की निंदा करते हैं। किसी आतंकवादी कृत्य में संलग्न पाए गए किसी व्यक्ति के साथ सख्ती से पेश आया जाएगा। देश के अंदर या बाहर आतंकवाद में लिप्त पाए गए किसी भी पाकिस्तानी व्यक्ति, संगठन या गुट के खिलाफ सख्त कदम उठाए जाएँगे। हमारा व्यवहार हमेशा अंतरराष्ट्रीय मानकों के अनुरूप होना चाहिए।

इस अवसर पर पाकिस्तान के राष्ट्रपति के रूप में मैं भारतीय प्रधानमंत्री वाजपेयी तक एक संदेश पहुँचाना चाहता हूँ—यदि हम पाकिस्तान और भारत के बीच संबंधों को सामान्य बनाना चाहते हैं और इस क्षेत्र में शांति लाना चाहते हैं तो कश्मीरी लोगों की उम्मीदों के आधार पर बातचीत द्वारा शांतिपूर्वक कश्मीर विवाद को सुलझाया जाना चाहिए। कश्मीर मुद्दे को सुलझाना हम दोनों देशों की संयुक्त जिम्मेदारी है। श्री वाजपेयी, मैं आपके द्वारा की गई कुछ टिप्पणियों को दुहराना चाहता हूँ। आपने कहा था, 'मानसिकता को बदलना होगा और ऐतिहासिक सामान को त्यागना होगा।' मैं इस प्रस्ताव पर विचार करने के लिए तैयार हूँ। चलिए, इसी प्रवृत्ति से बातचीत शुरू करते हैं।

अब पाकिस्तान के सैन्य बलों के कमांडर के रूप में मैं एक अन्य संदेश प्रेषित करना चाहता हूँ। पाकिस्तान की सेना किसी भी चुनौती का सामना करने के लिए पूरी तरह तैयार और तैनात है। वह अपने देश की सुरक्षा में अपने खून की आखिरी बूँद तक बहा देगी। किसी सेक्टर में सीमा पार करने का कोई प्रयास न किया जाए, क्योंकि इसका पूरी शक्ति से सामना किया जाएगा। इस मामले में कोई भ्रम न पालें।

मैं इस अवसर पर अंतरराष्ट्रीय समुदाय, विशेषकर अमेरिका, को भी संबोधित करना चाहता हूँ। जैसा मैंने कई अवसरों पर पहले भी कहा है, पाकिस्तान हर प्रकार और अभिव्यक्तिवाले आतंकवाद को अस्वीकार तथा उसकी निंदा करता है। पाकिस्तान विश्व में कहीं भी किसी आतंकवादी कारवाई के लिए अपने क्षेत्र का इस्तेमाल नहीं होने देगा। अब इस क्षेत्र में स्थायी शांति तथा सद्भावना के लिए कश्मीर मुद्दे को हल करने में आपको एक सक्रिय भूमिका निभानी चाहिए। हमें इस बारे में कोई भ्रम नहीं होना चाहिए कि कश्मीर के लोगों की माँग को उनके न्यायपूर्ण फैसले के बिना दबाया जा सकता है। कश्मीरी यह उम्मीद करते हैं कि आप भारत को राज्य आतंकवाद तथा मानवाधिकार उल्लंघन समाप्त करने के लिए कहें। मानवाधिकार संगठनों, अंतरराष्ट्रीय संगठनों, अंतरराष्ट्रीय मीडिया तथा संयुक्त

तहत उनकी काररवाई को नियंत्रित किया जाएगा। अन्य स्कूलों, कॉलेजों तथा विश्वविद्यालयों पर लागू नियम और कानून इन मदरसों पर भी लागू होंगे। 23 मार्च, 2002 से सभी मदरसों को पंजीकृत किया जाएगा और सरकार की अनुमति के बिना कोई भी नया मदरसा नहीं खोला जा सकेगा। यदि किसी मदरसे को कट्टरवाद या तोड़-फोड़ या आतंकवादी गतिविधि में लिप्त पाया गया अथवा उनके पास किसी प्रकार के हथियार पाए गए तो उसे बंद कर दिया जाएगा। सभी मदरसों को इस वर्ष के अंत से नया पाठ्यक्रम अंगीकृत करना होगा। पहले से ऐसे पाठ्यक्रमों का अनुसरण कर रहे मदरसे इसे जारी रख सकते हैं। सरकार ने ऐसे मदरसों को वित्तीय सहयोग देने का फैसला किया है। सरकार मदरसों को उनके शिक्षकों के प्रशिक्षण में भी मदद देगी। शिक्षा मंत्रालय को सभी स्कूलों तथा कॉलेजों के इसलामी पाठ्यक्रम की समीक्षा करने का निर्देश दिया गया है, ताकि उनमें सुधार लाया जा सके। जहाँ तक मदरसों में शामिल होनेवाले विदेशी छात्रों का प्रश्न है, उनके लिए नियम स्थापित किए गए हैं। जिन विदेशी विद्यार्थियों के पास उचित दस्तावेज नहीं हैं, उन्हें 23 मार्च, 2002 तक औपचारिकताएँ पूरी करनी होंगी, वरना उन्हें निर्वासन का सामना करना पड़ सकता है।

पाकिस्तान में मदरसों में शामिल होने की इच्छा रखनेवाले किसी विदेशी को उसके अपने देश से आवश्यक दस्तावेज तथा सरकार से अनापत्ति प्रमाण-पत्र (नो ऑब्जेक्शन सर्टिफिकेट) लेना होगा। उसके बाद ही उसे दाखिला मिल सकेगा। यही नियम विदेशी शिक्षकों पर भी लागू होगा।

कुछ उलेमाओं का मानना था कि धार्मिक शिक्षा के लिए पाकिस्तान आनेवाले कुछ गरीब लोगों को उनके मूल देश में निर्वासित नहीं करना चाहिए।

मैं इस बात पर सहमत हूँ कि यह एक उचित माँग है; परंतु ऐसे लोगों को अपने दूतावासों द्वारा पाकिस्तान में अपने निवास को नियमबद्ध करना चाहिए। जैसा मैंने कहा है, ऐसी सभी गतिविधियों को नियमित करने की आवश्यकता है और सरकारी आदेश को स्थापित किया जाना चाहिए।

संघर्ष को समाप्त करने के विचार से मैंने अपने दिमाग में भ्रम उत्पन्न करनेवाले तीन क्षेत्रों की चर्चा विस्तार से की। नियम-कानून बनाना और अध्यादेश जारी करना आसान है, लेकिन उनका कार्यान्वयन कठिन है। बहरहाल, मुझे लगता है कि मैंने जो कदम घोषित किए हैं, वे बहुत महत्त्वपूर्ण हैं। हमें उन्हें कार्यान्वित करना होगा। इस संबंध में पुलिस सहित कानून लागू करनेवाली एजेंसियों को अपना कर्तव्य निभाना चाहिए।

हम पुलिस की सक्षमता बढ़ाने के उद्देश्य से उनमें सुधार लाने का प्रयास कर रहे हैं। उनके कंधों पर एक बड़ी जिम्मेदारी होती है। मैंने पुलिस को सरकार द्वारा घोषित कदमों का कार्यान्वयन सुनिश्चित करने का निर्देश दिया है और मुझे कोई संदेह नहीं है कि वे अपने कर्तव्य को पूरा करेंगे। सुधारों के बाद हम उम्मीद करते हैं कि वे अपने दायित्व को निभाने के लिए बेहतर प्रशिक्षित तथा उपकरणों से लैस हों। रेंजर्स और असैनिक बल उनके सहयोग के लिए होंगे।

हम न्यायपालिका के साथ विचार-विमर्श करके आतंकवाद और कट्टरवाद से संबंधित मामलों के तेजी से समाधान के लिए भी कदम उठा रहे हैं। आतंकवाद-विरोधी अदालतों को मजबूत किया जा रहा है। कुछ ही दिनों में आवश्यक आदेश जारी किए जाएँगे।

भाइयो और बहनो! इन मुद्दों के अलावा मैं आपको यह भी बताना चाहता हूँ कि भारत द्वारा हमें बीस लोगों की एक सूची भेजी गई है। मैं इसपर अपना पक्ष रखना चाहता हूँ। हमारे द्वारा किसी भी पाकिस्तानी को उन्हें सौंपने का प्रश्न ही नहीं उठता। ऐसा कभी नहीं किया जाएगा। यदि हमें इन लोगों के खिलाफ प्रमाण दिए जाते हैं तो हम अपने कानूनों के तहत पाकिस्तान में उनके खिलाफ काररवाई करेंगे। जहाँ तक गैर-पाकिस्तानियों का सवाल है तो हमने किसी को शरण नहीं दी है। जब भी इस श्रेणी के तहत किसी को पाया गया तो उसके खिलाफ काररवाई की जाएगी।

मेरे भाइयो और बहनो!

पाकिस्तान एक इसलामी गणराज्य है। इस देश में 98 प्रतिशत मुसलमान हैं। हमें भाइयों की तरह रहना चाहिए और अन्य इसलामी देशों के लिए एक उदाहरण प्रस्तुत करना चाहिए। हमें एक जिम्मेदार तथा प्रगतिशील देश के रूप में उभरना चाहिए।

हमें पाकिस्तान को एक शक्तिशाली तथा मजबूत देश बनाना है। हमारे पास संसाधन और क्षमता है। हम बाहरी खतरे का सामना करने में सक्षम हैं। हमें आंतरिक खतरों के खिलाफ अपनी सुरक्षा करनी है। मैं हमेशा कहता रहा हूँ कि आंतरिक संघर्ष हमें दीमक की तरह खाए जा रहा है। यह मत भूलिए कि पाकिस्तान इसलाम का गढ़ है। यदि हम इसलाम की सच्ची सेवा करना चाहते हैं तो हमें पहले पाकिस्तान को मजबूत और खूब शक्तिशाली बनाना होगा। सभी देशों के बीच प्रगति की दौड़ चल रही है।

हम संघर्ष तथा विवादों की नीति के द्वारा प्रगति हासिल नहीं कर सकते। हम मानव संसाधन विकास, मानसिक आत्मज्ञान, उच्च नैतिक चरित्र तथा प्रौद्योगिकी संबंधी विकास से प्रगति हासिल कर सकते हैं। देश को ऊपर उठाने की अपील मैं अपने सभी देशवासियों से करता हूँ। हमें असहिष्णुता तथा घृणा से छुटकारा पाना होगा और उसकी बजाय सहनशीलता तथा सद्भावना को प्रेरित करना होगा।

खुदा इसलाम की सच्ची शिक्षा पर चलने के लिए हमारा मार्गदर्शन करे। वह हमें कायदे-आजम के आदर्श—एकता, आस्था और अनुशासन का अनुसरण करने में मदद करे। यह हमेशा याद रखना चाहिए। एकता के बिना हमारा कोई अस्तित्व नहीं रहेगा।

और मैं फिर से अल्लामा इकबाल का एक शेर पढ़ना चाहता हूँ—

फर्द कायम रब्ते मिल्लत से है तनहा नहीं,
मौज है दरिया में और बरून-ए-दरिया कुछ नहीं।

जिस प्रकार नदियों की लहरों का पानी से बाहर कोई अस्तित्व नहीं है उसी प्रकार समुदाय के बीच ही व्यक्ति का अस्तित्व कायम रहता है, तनहा रहकर नहीं।

पाकिस्तान पैंदाबाद।

□

परिशिष्ट 9

कश्मीर पर लेखकों की टिप्पणी

कश्मीर : क्या कोई हल है?

कई विवादित क्षेत्रों का इतिहास हमें कश्मीर मुद्दे के उचित समाधान का एक उदाहरण सामने रखता है। तीनों पक्षों को इस बात पर सहमत होना चाहिए कि ऐसे संवेदनशील मुद्दे को व्यावहारिक तरीके से सुलझाना चाहिए। यदि घाटी पाकिस्तान को दे दी गई तो कश्मीरियों की वही स्थिति होगी, जो बंगालियों, सिंधियों तथा बलूचियों की हुई। घाटी के लोगों को पाकिस्तानी सेना, जो किसी भी मामले में बंदूक उठा लेती है, के दमन का शिकार बनना होगा। उन्हें कोई सुरक्षा प्राप्त नहीं होगी, जो उन्हें भारतीय संविधान की धारा 370 के तहत प्राप्त है। इसलामी उम्माह के नाम पर घाटी में पाकिस्तानी पंजाब तथा सीमा प्रांत के लोग भर जाएँगे। कश्मीरियों को अल्पसंख्यक बना दिया जाएगा। पाकिस्तानी कश्मीर में लूट-पाट और बलात्कार में मशगूल रहेंगे, जैसा कि विभाजन के दौरान सन् 1947-48 में और 1971 में बँगलादेश में हुआ था।

जम्मू और कश्मीर को भारतीय संविधान के तहत मिली हुई अधिकतम स्वायत्तता को रहने दें, जो लचीली है। पाक़ अधिकृत कश्मीर को भी पाकिस्तान ऐसी ही स्वायत्तता दे। पाकिस्तान को आजाद कश्मीर और उत्तरी क्षेत्र के भाग्य का फैसला करने दें। इसी प्रकार, भारत अपने कश्मीरियों के बारे में सोचेगा। पाकिस्तान के प्रति निष्ठा रखनेवाले हुर्रियत के एक हिस्से को उपेक्षित किया जा सकता है। भारत जे.के.एल.एफ. या कश्मीर लोकतांत्रिक दल का नेतृत्व करनेवाले शब्बीर शाह या यहाँ तक कि हिजबुल मुजाहिदीन, जो एक कश्मीरी आतंकी संगठन है, के साथ एक नया अध्याय शुरू कर सकता है।

यदि नेता संवेदनशील हों तो जम्मू-कश्मीर में बहुदलीय प्रणाली होनी चाहिए। यासीन मलिक, शब्बीर शाह और कई अन्य लोगों को समय की आवश्यकता है, जो उन्हें मिलना चाहिए। फारूक अब्दुल्ला तथा उनके नेशनल कॉन्फ्रेंस को चाहिए

कि स्वस्थ विपक्ष को स्वीकार करे या विपक्ष में बैठे। एकदलीय शासन लोकतंत्र की आत्मा के विरुद्ध है। इसी प्रकार, जम्मू-कश्मीर में पंचायती राज का आरंभिक लोकतंत्र अभी लागू किया जाना बाकी है, जिसका विरोध कट्टरवादी जरूर करेंगे।

देश के सभी भागों में कश्मीरी व्यवसाय कर रहे हैं। यहाँ तक कि आंध्र प्रदेश के पुट्टापर्थी आदि सुदूर स्थानों में भी कश्मीरियों ने दुकानें खोली हैं और उन्नति कर रहे हैं। एकीकरण प्रक्रिया शुरू हो चुकी है। कश्मीर के अधिक-से-अधिक लड़के-लड़कियों को अखिल भारतीय तथा केंद्रीय सेवाओं में शामिल होने के लिए प्रोत्साहित किया जाना चाहिए। उनमें से कई एम.बी.ए. के लिए उपयुक्त पात्र हैं। कश्मीरियों का व्यवसाय, नौकरी, व्यापार तथा वाणिज्य भारत में स्थापित है। अमरनाथ यात्रियों, बिहारी मजदूरों और छत्तीसिंहपुरा के पैंतीस सिखों की हत्याओं द्वारा पाकिस्तान की आई.एस.आई. ने 16 अगस्त, 1946 के सीधी काररवाई कार्यक्रम को फिर से शुरू किया है। वास्तव में सीधी काररवाई योजना का उद्देश्य दंगों, आगजनी तथा निर्दोष व्यक्तियों की हत्याओं द्वारा सांप्रदायिक फूट उत्पन्न करना था। कट्टर पाकिस्तानी यह भूल जाते हैं कि मुसलिम लीग के सन् 1946 के ज्ञापन ने संघीय प्रांतों को जनमत-संग्रह के बाद अपनी इच्छा से पाकिस्तान से अलग होने की आजादी का आश्वासन दिया था। क्या पाकिस्तान में कोई भी सरकार अब सिंध या बलूचिस्तान द्वारा इस विकल्प का इस्तेमाल करना सहन कर सकती है? क्या पाकिस्तान संघीय प्रांतों का मत जानने के लिए इन समस्याग्रस्त प्रांतों में जनमत-संग्रह करा सकता है? जनमत-संग्रह कराने का सन् 1946 का जिन्ना का वादा उतना ही उचित था जितना नेहरू का। इतिहास बहुत आगे निकल चुका है। अब सन् 1946 या 1947 में वापस जाने का कोई औचित्य नहीं है। कश्मीर का तीन भागों में विभाजन व्यावहारिक नहीं है, क्योंकि यह कश्मीरियों की भावनाओं को चोट पहुँचाएगा।

भारत सन् 1947 जैसे विभाजन के दुहराव के लिए तैयार नहीं है, जिसमें पुरुषों, महिलाओं और बच्चों का संहार हुआ तथा विश्व के इतिहास में अपूर्व सामूहिक पलायन हुआ। भारत चाहेगा कि मुशर्रफ के रिश्तेदार, जो अब भी भारत में रह रहे हैं, शांतिपूर्वक रहें। उच्च पदासीन जनरलों, जैसे—असलम बेग, मोइनुद्दीन हैदर, अमजद खान तथा उस्मानी, जिन्होंने भारत में परिवारों को विभाजित किया है, को यह समझना चाहिए कि भारत में उनके निकट संबंधियों का भविष्य सुरक्षित होना चाहिए। पाकिस्तान और भारत के बीच समझौता एक्सप्रेस तथा बस सेवा, जो भारतीय संसद् पर 13 दिसंबर के हमले के बाद बंद कर दी गई, का उद्देश्य